Dieter Ahlert/Josef Hesse/John Jullens/Percy Smend (Hrsg.)

Multikanalstrategien

Dieter Ahlert/Josef Hesse/
John Jullens/Percy Smend (Hrsg.)

Multikanalstrategien

Konzepte, Methoden und Erfahrungen

GABLER

BBDO
CONSULTING

Distribution & Handel

Wissenschaft & Praxis

Bibliografische Information Der Deutschen Bibliothek
Die Deutsche Bibliothek verzeichnet diese Publikation in der Deutschen Nationalbibliografie;
detaillierte bibliografische Daten sind im Internet über <http://dnb.ddb.de> abrufbar.

Prof. Dr. Dieter Ahlert ist Direktor des Lehrstuhls für Betriebswirtschaftslehre, insbesondere
Distribution und Handel, an der Westfälischen Wilhelms-Universität Münster.

Josef Hesse ist wissenschaftlicher Assistent am Lehrstuhl für BWL, insbesondere Distribution
und Handel, an der Westfälischen Wilhelms-Universität Münster.

John Jullens ist Principal der BBDO Consulting, München. Er leitet die Automotive Practice.

Percy Smend ist Senior Consultant der BBDO Consulting, Düsseldorf.

1. Auflage Januar 2003

Alle Rechte vorbehalten
© Betriebswirtschaftlicher Verlag Dr. Th. Gabler GmbH, Wiesbaden 2003

Lektorat: Barbara Roscher / Jutta Hinrichsen

Der Gabler Verlag ist ein Unternehmen der Fachverlagsgruppe BertelsmannSpringer.
www.gabler.de

Umschlaggestaltung: Ulrike Weigel, www.CorporateDesignGroup.de
Druck und buchbinderische Verarbeitung: Lengericher Handelsdruckerei, Lengerich
Gedruckt auf säurefreiem und chlorfrei gebleichtem Papier
Printed in Germany

ISBN 3-409-12292-3

Vorwort

Die Absatzsysteme der Zukunft werden nur wenig mit ihren Ebenbildern des zwanzigsten Jahrhunderts gemein haben. Getrieben insbesondere von kundenseitigen und technologischen Entwicklungen findet ein rasanter Wandel der Distributionslandschaft statt. Gewachsene Absatzketten werden außer Kraft gesetzt, traditionelle Absatzmittler umgangen, während neue Intermediäre auftreten und Hersteller den direkten Kontakt zum Kunden wieder entdecken. Es entsteht eine ungekannte Mannigfaltigkeit an Distributionsmöglichkeiten, deren effiziente, parallele und integrierte Nutzung sich zunehmend als essenzielle Erfolgsvoraussetzung etabliert. So werden zur Zeit nur wenige Themen in Marketingforschung und -praxis so stark diskutiert wie das Management von Multikanalstrategien. Dabei ist die gleichzeitige Nutzung mehrerer Absatzkanäle keineswegs ein neues Phänomen – doch lassen die Etablierung virtueller Distributionskanäle, die anhaltende Fragmentierung des Konsumentenverhaltens und zunehmende Bedeutung von Kanalkonflikten die Thematik der Multikanalstrategien eine Renaissance erleben. Ein wesentliches Merkmal künftiger Erfolgsrezepte scheint es zu sein, dem Kunden ein einheitliches und nahtloses Informations- und Kauferlebnis über die verschiedenen Kanäle hinweg zu ermöglichen.

Das vorliegende Buch soll einen Überblick über mögliche Ausgestaltungsformen von Multikanalsystemen sowie ihrer Koordination geben. Mit aktuellen Forschungsergebnissen, konzeptionellen Grundlagen und Erfahrungsberichten aus der Praxis wird das Thema aus unterschiedlichen Perspektiven beleuchtet. Praxisrelevanz und -nähe standen bei der Konzeption und Realisation des Buches im Vordergrund. Um tatsächliche Unterstützung bei der Entscheidungsfindung innerhalb der Kanalselektion und -steuerung geben zu können, wird bewusst eine Vielzahl heterogener Branchen untersucht. Es wird eine Sammlung von Beiträgen vorgelegt, die in theoretischer wie praktischer Sicht eine managementorientierte Perspektive einnimmt. Die ersten drei Beiträge widmen sich dem theoretischen Fundament des Multikanalvertriebs unter besonderer Berücksichtigung der zentralen Stellgrößen Markenwert und Kundenwert. Es wird ein Überblick über den Stand der wissenschaftlichen Forschung sowie über notwenige begriffliche Grundlagen gegeben.

Zahlreiche Multikanal-Untersuchungen weisen einen relativ hohen Abstraktionsgrad auf. Aus diesem Grund wird in einem zweiten Teil eine situative Relativierung der Problemstellung vorgenommen, und mittels Fallstudien und Konzepten aus der Praxis werden branchenspezifische Gestaltungsansätze für das Management von Multikanalsystemen aufgezeigt. Die charakteristischen Herausforderungen und erfolgreiche Lösungsansätze aus Medien, Banken, Konsumgüter, Versicherung, Handel und Automobilindustrie werden dargestellt.

Ein wesentliches Merkmal der Multikanaldistribution ist die hohe Komplexität. Komplexe Distributionssysteme stellen besondere Anforderungen an eine systematische Erfolgskontrolle und leistungsfähige Informationssysteme. Häufig werden die einzelnen Kanäle nicht ausreichend untereinander sowie in Markt und Unternehmung integriert. Kanalkonflikte sind in der Praxis allgegenwärtig. Um dem Rechnung zu tragen, werden in einem dritten Teil die spezifischen Anforderungen an Controlling und Informationstechnologie bei der Implementierung von Multikanalstrategien untersucht. Ein besonderer Fokus gilt dabei der Bewältigung der Kanalkonflikte.

Eine Grundlage des vorliegenden Buches bildet das im Herbst 2001 durchgeführte Symposium zum Thema *Multikanalstrategien*, welches vom Institut für Handelsmanagement und Netzwerkmarketing sowie der BBDO Consulting durchgeführt wurde. Organisation und Durchführung des Symposiums sowie die Erstellung des vorliegenden Buches wären ohne zahlreiche Helfer nicht möglich gewesen. An dieser Stelle gilt unser Dank Frau Anne Feldhaus für akribische Korrekturarbeit, Daniel Wenker und Sebastian Hupf für die professionelle Organisation des Symposiums, André-Bastian Soudah und Volker Pinsdorf für ihr großes Engagement bei Formatierung und Koordination sowie den Teams des Instituts für Handelsmanagement und Netzwerkmarketing und der BBDO Consulting für viele wertvolle Denkanstöße und unermüdliche Diskussionsbereitschaft. Frau Barbara Roscher und Frau Jutta Hinrichsen vom Gabler Verlag danken wir für großartige Unterstützung und Beratung.

Der besondere Dank der Herausgeber gilt den Autoren, die trotz ausfüllendem Tagesgeschäft in Lehre, Unternehmenspraxis und Beratungsprojekten mit großem Engagement wesentlich zu diesem Buch beigetragen haben.

Münster, München, Düsseldorf

im November 2002

Dieter Ahlert
Josef Hesse
John Jullens
Percy Smend

Inhalt

Vorwort V

Abkürzungsverzeichnis IX

Herausgeberverzeichnis XIII

Autorenverzeichnis XV

Teil I: Multikanalstrategien im Spannungsfeld zwischen Marke und Kunde

Dieter Ahlert, Josef Hesse

Das Multikanalphänomen – viele Wege führen zum Kunden 3

Christian Böing, John Jullens, Marc Falko Schrader

Customer Relationship Management im Multikanalvertrieb 33

Christian Böing, Andreas Daniel Huber

Markenmanagement im Multikanalvertrieb – identitätsorientierte
Markenführung über alle Absatzkanäle 67

Teil II: Das Management von Multikanalstrategien in ausgewählten Branchen

John Jullens, Percy Smend

Multi-Channel Management – the Future of Automotive Retailing? 93

Patricia Schulz-Moll, Elke Walthelm

Kundenbeziehungen mit Multikanalstrategien gezielter managen
– Ein Beispiel aus dem Finanzdienstleistungsmarkt 111

Klaus Engberding, Simone Wastl

Brick + Brick = Click? – Allianzen der Old Economy zur Erschließung
des eBusiness 133

Markus Naewie, Simon Thun

Controllinggestütztes Multikanal-Management am Beispiel
Der Club Bertelsmann... 155

Lars Köster, Frank Spitzhüttl

Multikanalstrategien in der Brauwirtschaft 171

Heiner Evanschitzky, Helmut Gawlik

Banking im Aufbruch: Kundenbindung durch Multikanal-Management 197

Teil III: Implementierung von Multikanalstrategien

Anita Hukemann, Martin Weich

Business Intelligence-Anwendungen für Multikanal-Strategien 225

Clemens Brandstetter, Marc Fries und Jan Sonderman

E-Business im Vertrieb – Integrierte Lösungskonzepte zur
Vermeidung von Absatzkanalkonflikten 247

Abkürzungsverzeichnis

Abb.	Abbildung
AD	Außendienst
AG	Aktiengesellschaft
AIDA	Attention – Interest – Desire – Action
Aufl.	Auflage
B2C	Business-to-Consumer
B2B	Business-to-Business
Bd.	Band
BGB	Bürgerliches Gesetzbuch
BMT	Brand Management Toolkit
bspw.	Beispielsweise
bzw.	Beziehungsweise
C/D	Confirmation/Disconfirmation
ca.	Circa
CEM	Customer Equity Management
CIC	Customer Interaction Center
CLV	Customer Lifetime Value
Cp.	Compare
CPFR	Collaborative Planning, Forecasting and Replenishment
CRM	Customer Relationship Management
CTP	Customer Touchpoints
d.h.	Das heißt
DIY	Do It Yourself
DVD	Digital Versatile Disc
EC	Eurocheque
ECR	Efficient Consumer Response
EDI	Electronic Data Interchange
e.g.	Exempli gratia
esp.	Especially
et al	Et aliter
etc.	Et cetera
EU	European Union / Europäische Union
EUR	Euro
evtl.	Eventuell
f.	Folgende

ff.	Fortfolgende
FAQ	Frequently Asked Questions
FAZ	Frankfurter Allgemeine Zeitung
GAM	Getränke-Abholmarkt
GFGH	Getränke-Fachgroßhandel
GfK	Gesellschaft für Konsumforschung
ggf.	Gegebenenfalls
GmbH	Gesellschaft mit beschränkter Haftung
Hrsg.	Herausgeber
HC	Home Cinema
i.d.R.	In der Regel
i.e.	Id est
IfHM	Institut für Handelsmanagement und Netzwerkmarketing
Inc.	Incorporated
IT	Information Technology
IuK	Information und Kommunikation
KAM	Key-Account-Management
KFZ	Kraftfahrzeug
KKV	Komparativer Konkurrenzvorteil
LEH	Lebensmittel-Einzelhandel
Mrd.	Milliarde
NRW	Nordrhein-Westfalen
o.ä.	Oder ähnlich
OEM	Original Equipment Manufacturer
OLAP	Online Analytical Processing
O.V.	Ohne Verfasser
O.S.	Ohne Seitenangabe
POP	Point of Purchase
POS	Point of Sale
ROS	Return on Sales
S.	Seite
sog.	So genannt
SUV	Sports Utility Vehicle

TQM	Total Quality Management
TV	Television
u.a.	Und andere
UK	United Kingdom
UMTS	Universal Mobile Telecommunications Service
USA	United States of America
v.a.	Vor allem
vgl.	Vergleiche
VKF	Verkaufsförderung
VM	Verbrauchermarkt
WiST	Wirtschaftswissenschaftliches Studium
XML	Extensible Markup Language
z.B.	Zum Beispiel

Herausgeberverzeichnis

Prof. Dr. Dieter Ahlert ist Ordinarius an der Westfälischen Wilhelms-Universität Münster, Inhaber des Lehrstuhls für Betriebswirtschaftslehre, insbesondere Distribution & Handel im Marketing Centrum Münster (MCM) und geschäftsführender Direktor des Instituts für Handelsmanagement und Netzwerkmarketing (IfHM), des Marketinginstituts für Textilwirtschaft (FATM) sowie des Internationalen Centrums für Franchising & Cooperation (F&C). Seine Schwerpunkte sind das *Netzwerkmarketing* sowie das *Distributions- und Handelsmanagement.*

Josef Hesse studierte Betriebswirtschaftslehre in Münster mit den Schwerpunkten Marketing und Distribution & Handel. Er arbeitete als Vertriebsleiter der Efinum AG Frankfurt sowie als freier Mitarbeiter der Warsteiner Brauerei, Haus Cramer KG. Seit Januar 2001 promoviert er am Institut für Handelsmanagement und Netzwerkmarketing von Prof. Dr. Dieter Ahlert an der Universität Münster. Seine Forschungsschwerpunkte sind das *vertikale Marketing zwischen Hersteller und Handel* sowie das *Management von Multikanalsystemen.*

John Jullens ist Principal bei BBDO Consulting und zeichnet dort verantwortlich für den Bereich Automobil. Er gehört seit August 2001 zum Unternehmen. Vor seinem Eintritt bei BBDO Consulting war Jullens vier Jahre bei Andersen Consulting Strategic Services und fünf Jahre bei der Ford Motor Company tätig, wo er Aufgaben in den Bereichen Corporate Finance, Consumer Ligitation und Sales & Marketing wahrnahm. Mit seiner weit reichenden Beratungserfahrung in der Automobilbranche und im Finanzdienstleistungssektor verfügt Jullens über umfassendes Know-how auf den Gebieten Strategic Brand Management, CRM und Organisationsstrategie und -entwicklung. Jullens besitzt einen BS in Marketing und International Business (New York University) sowie einen MBA (Universiteit Nyenrode, NL).

Percy Smend ist Senior Consultant bei BBDO Consulting. Nach Schulausbildung in Japan, Deutschland und England studierte er BWL mit den Schwerpunkten Marketing, Internationales Management und Distribution & Handel an der Universität Münster, an der er im Frühjahr 2000 seinen Abschluss als Diplom-Kaufmann machte. Anschließend arbeitete er als Marketingleiter bei einem Internet-StartUp, bevor er zur BBDO Consulting nach Düsseldorf wechselte. Seitdem ist er insb. auf den Feldern Automotive, CRM und E-Business tätig. Percy Smend nimmt am Doktorandenprogramm der BBDO Consulting teil und promoviert derzeit am Lehrstuhl für ABWL und Marketing II von Prof. Dr. Hans H. Bauer an der Universität Mannheim zum Thema *Mehrkanalsysteme in der Automobildistribution.*

Autorenverzeichnis

Dr. Christian Böing wuchs in Bocholt/Nordrhein-Westfalen auf und studierte BWL mit den Schwerpunkten Marketing und Finanzierung an der Westfälischen Wilhelms-Universität in Münster, an der er im Jahr 1996 seinen Abschluss zum Diplom-Kaufmann machte. Anschließend arbeitete als wissenschaftlicher Mitarbeiter von Prof. Dr. Dr. h.c. mult. Heribert Meffert am Institut für Marketing und promovierte im Jahr 2001 zum Dr. rer. pol. Für seine Doktorarbeit mit dem Thema „Erfolgsfaktoren im Business-to-Consumer-E-Commerce" wurde Dr. Christian Böing mehrfach mit Wissenschaftspreisen ausgezeichnet. Seit Oktober 2001 arbeitet er für BBDO Consulting in Düsseldorf, wo er Projekte in den Bereichen Brand Management und Customer Relationship Management leitet.

Clemens Brandstetter studierte Wirtschaftswissenschaften an der Bergischen Universität Gesamthochschule Wuppertal. Im Anschluss arbeitete er zweieinhalb Jahre als Management Consultant bei einer Unternehmensberatung für Markt- und Strategieberatung. Mitte 1997 wechselte er zum debis Systemhaus (der heutigen T-Systems), wo er seit 1999 zusammen mit Herrn Fries für den Auf- und Ausbau des Geschäftsfeldes E-Business in den Märkten Handel und Konsumgüterindustrie verantwortlich ist.

Klaus Engberding studierte Betriebswirtschaftslehre an der Westfälischen Wilhelms-Universität Münster mit den Schwerpunkten Organisation, Personal & EDV sowie Wirtschaftssoziologie. Studienbegleitend absolvierte er ein Volontariat bei Siemens. Nach Beendigung seines Studiums war Klaus Engberding bis 1997 als Unternehmensberater (Schwerpunkt Produktions-, Lager- und Transportlogistik, Prozesskostenrechnung) tätig, bis er in die Unternehmensentwicklung der Firma Tengelmann wechselte. 1999 ging er zu Obi. Hier war Klaus Engberding mit dem Aufbau einer Tochterfirma für strategischen Einkauf und Qualitätssicherung beauftragt. Seit 10/2000 ist er Geschäftsführer von OBI@OTTO.

Heiner Evanschitzky studierte in Saarbrücken, Lausanne (Schweiz) und Austin (USA) Betriebswirtschaftslehre, Philosophie und Politik. Seit Januar 2000 promoviert er am Institut für Handelsmanagement und Netzwerkmarketing von Prof. Dr. Dieter Ahlert an der Universität Münster zum Thema „Erfolg von Dienstleistungsnetzwerken". Er ist Leiter des BMBF-Projektes „Internationales Benchmarking von Netzwerken des Tertiären Sektors".

Marc Fries studierte nach seiner kaufmännischen Ausbildung Betriebswirtschaftlehre mit dem Schwerpunkt Informatik an der Fachhochschule Düsseldorf. Anfang 1997 stieg Herr Fries beim debis Systemhaus (der heutigen T-Systems) ein und baute dort das Competence Center „E-Commerce" auf. Seit 1999 arbeitet er zusammen mit Herrn Brandstetter am Auf- und Ausbau des Geschäftsfeldes E-Business in den Märkten Handel und Konsumgüterindustrie.

Helmut Gawlik war im Anschluss an seine Sparkassenausbildung 14 Jahre in verschiedenen Funktionen (Schwerpunkte: Marketing, Steuerung) in der Sparkassenorganisation tätig. Danach folgten ein Jahr Beratungstätigkeit in einer ausländischen Sparkassenorganisation und Führungsaufgaben in Sparkassen-Rechenzentralen. Nach zwei Jahren Tätigkeit als Geschäftsführer eines EDV-Handels- und Servicehauses im Banken-Umfeld hat Herr Gawlik den Aufbau eines Unternehmens zur Unterstützung des telefonischen Vertriebsweges für Volksbanken und Raiffeisenbanken betrieben. Parallel hierzu wurde ihm die Aufgabe des Aufbaus der VR-NetWorld GmbH übertragen.

Andreas Huber wuchs in Spanien und Südamerika auf, studierte BWL mit Schwerpunkt Marketing, internationales Marktmanagement und Distribution & Handel an der Westfälischen Wilhelms-Universität in Münster, wo er im Frühjahr 2000 seinen Abschluss zum Diplom-Kaufmann machte. Während des Studiums sammelte er Erfahrungen in Werbeagenturen, der Automobil- und der Elektroindustrie. Seit November 2000 arbeitet er für BBDO Consulting in München und Madrid, wo er überwiegend mit Projekten im Bereich Brand Management und Automotive beschäftigt ist.

Anita Hukemann studierte an der Universität Paderborn und der ESC Nice (Frankreich) Betriebswirtschaftslehre mit den Schwerpunkten Wirtschaftsinformatik und Marketing. Seit Mai 1999 ist sie wissenschaftliche Mitarbeiterin am Lehrstuhl für Wirtschaftsinformatik und Controlling an der Westfälischen Wilhelms-Universität in Münster und promoviert dort zum Thema Controlling im Online-Handel. Parallel ist sie als freie Mitarbeiterin der Horváth Customer Intelligence GmbH Münster im Bereich Business Intelligence tätig.

Lars Köster studierte Betriebswirtschaftslehre an der Westfälischen Wilhelms-Universität in Münster mit den Schwerpunkten Marketing und Distribution & Handel. Parallel zu seinem Studium absolvierte er ein universitäres Trainee-Programm bei der Nestlé Deutschland AG, Frankfurt und arbeitete als freier Mitarbeiter bei der Westfälischer Anzeiger Verlagsgesellschaft mbH & Co. KG, Hamm. Seit November 2001 promoviert er am Institut für Handelsmanagement und Netzwerkmarketing von Prof. Dr. Dieter Ahlert an der Universität Münster zum Thema „Vertikale Kooperation".

Markus Naewie ist Leiter Business Development, Der Club-Bertelsmann. Nach seinem Studium an der WHU Koblenz trat der ehemalige Tennisprofi 1998 ins Zentrale Nachwuchsprogramm der Bertelsmann AG ein. Im Anschluss an seine Assistenztätigkeit des Vorstandes Geschäftsbereich Multimedia (Dr. Klaus Eierhoff) war Markus Naewie als Mitglied der Geschäftsleitung verantwortlich für Finance und Controlling der AND-SOLD GmbH. Im September 2000 wechselte er innerhalb der Bertelsmann AG zu Der Club.

Dr. Patricia Schulz-Moll ist seit 2001 Projektleiterin bei BBDO Consulting mit den Schwerpunkten Brand und Customer Equity Management in der Finanzdienstleistungsindustrie. Weiterhin leitet sie in der Strategic Brand Management Practice die Bereiche

Brand Analysis und Brand Strategy. Nach ihrer wissenschaftlichen Tätigkeit und Promotion zum Thema Dienstleistungsqualität war sie seit 1997 bei der Unternehmensberatung Roland Berger & Partner beschäftigt. Von dort wechselte sie 1999 in der Start-up-Phase zu Deutschlands größtem branchenübergreifenden Kundenbindungsprogramm Payback, bei dem sie das Direkt Marketing und den Aufbau des Prämienprogramms verantwortete.

Jan Sondermann studiert seit 1999 Betriebswirtschaftslehre in Münster mit den Schwerpunkten Marketing und Distribution & Handel. Er arbeitet seit Juli 2000 als studentische Hilfskraft am Institut für Handelsmanagement und Netzwerkmarketing (IfHM). Parallel zum Studium absolviert er das universitäre Trainee-Programm bei der Brillux GmbH & Co. KG.

Frank Spitzhüttl studierte Betriebswirtschaftslehre in Münster mit den Schwerpunkten Marketing und Absatz. Stationen seiner Karriere in der Brauwirtschaft waren König (Projektmanager Vertrieb), Hannen (Koordinator Vertrieb), Holsten (Vertriebsdirektor), Lübzer (Geschäftsführer Marketing & Vertrieb), Paulaner (Vorstand Marketing und Vertrieb) und Warsteiner Brauerei (Geschäftsführer Marketing und Vertrieb). Seit November 2002 ist er geschäftsführender Gesellschafter der FS.ibex.Consulting GmbH.

Simon Thun absolvierte ein Studium der Betriebswirtschaftslehre mit dem Schwerpunkt Marketing-Kommunikation an der Fachhochschule Pforzheim. Nach freier Mitarbeit in mehreren Werbeagenturen und einer auf die 'Life Science'-Branche spezialisierten Unternehmensberatung stieg der ehemalige Stipendiat der Studienstiftung des Deutschen Volkes im April 2001 bei BBDO Consulting ein. Simon Thun ist vorwiegend in Projekten im Bereich Brand Management und Financial Services tätig.

Elke Walthelm studierte BWL mit Schwerpunkt Marketing, Internationales Management und Controlling an der Westfälischen Wilhelms-Universität in Münster, an der sie im Frühjahr 2001 ihren Abschluss zur Diplom-Kauffrau machte. Praxis-Erfahrungen sammelte sie während des Studiums in der Medien- und Luftfahrtindustrie im In- und Ausland sowie bei einem Marktforschungsinstitut. Bei der BBDO Consulting München ist sie seit August 2001 tätig, wo sie insbesondere mit Projekten im Bereich Financial Services beschäftigt ist.

Simone Wastl studierte an der Universität Konstanz Verwaltungswissenschaften mit den Schwerpunkten Management und Internationale Beziehungen, wo sie 1998 ihren Abschluss zur Diplom-Verwaltungswissenschaftlerin machte. Während ihres Studiums sammelte sie Erfahrungen in Werbeagenturen, der Konsumgüter- und Luxusgüterindustrie sowie im Handel. Nach dem Studium arbeitete sie 3,5 Jahre bei Roland Berger Strategy Consultants in München, wo sie dem Competence Center „Consumer Goods & Retail" angehörte. Die Schwerpunkte ihrer Arbeit bildeten CRM- und Branding-Projekte in der Konsum- und Luxusgüterbranche sowie Handelsmarketingprojekte. Seit November 2001 arbeitet Simone Wastl für BBDO Consulting GmbH in Düsseldorf, wo sie überwiegend mit Projekten im Bereich Brand Management beschäftigt ist.

Martin Weich, seit 1997 bei Horváth & Partner tätig, ist Geschäftsführer der Horváth Customer Intelligence GmbH Münster. Beratungsschwerpunkt ist die Nutzung aller elektronisch verfügbaren Kundendaten, um mithilfe von Methoden des Business Intelligence betriebswirtschaftliche Fragestellungen aus den Bereichen Marketing und Controlling zu beantworten.

Teil I

Multikanalstrategien im Spannungsfeld zwischen Marke und Kunde

Dieter Ahlert, Josef Hesse

Das Multikanalphänomen – viele Wege führen zum Kunden

1 Einleitung
2 Mehrkanalsysteme in der Distribution
  2.1 Multiple-Channel-Retailing
  2.2 Multi-Channel-Retailing
  2.3 Multi-Channel-Marketing
3 Chancen und Risiken des Multi-Channel-Marketing
  3.1 Chancen des Multi-Channel-Marketing
  3.2 Risiken des Multi-Channel-Marketing
4 Netzwerke mit Systemkopf zur Umsetzung von Mehrkanalsystemen
5 Vom Multi-Channel-Marketing zum Multi-Composition-Marketing
  5.1 Komplexe Konsumprobleme
  5.2 Das Multi-Composition-Marketing
6 Ausblick und Schluss

1. Einleitung

„Wir müssen dort verkaufen, wo die Verbraucher sind".[1] Das Zitat des ehemaligen Nestlé-Deutschland-Chefs Hans G. Güldenberg beschreibt treffend den derzeitigen Entwicklungsstand der Absatzkanäle deutscher Handels- und Industrieunternehmungen. Während in den vergangenen Jahren eine Konzentration auf die Großflächen die größten Umsatz- und Ertragszuwächse ermöglichte, gewinnen heute **alternative Vertriebswege** neben den etablierten, klassischen Vertriebswegen zunehmend an Bedeutung.[2] Dazu gehören neben den von Güldenberg angesprochenen Vertriebswegen, wie Fußballstadien und Kinos, auch und insbesondere solche Vertriebswege, die durch die technologischen Fortschritte der letzten Jahre ermöglicht wurden. Allen voran ist hier das Internet als zusätzlicher Vertriebskanal zu nennen.

Neben der Möglichkeit der Umsatz- und Ertragssteigerung beeinflussen insbesondere drei Entwicklungen die **Distribution** respektive die Nutzung weiterer Absatzkanäle erheblich.[3] Zum einen ist ein **Wandel der Kauf- und Konsumgewohnheiten** der Verbraucher zu erkennen. Convenience-orientierte Verbraucher suchen im Rahmen ihres Kaufprozesses generell nach Entlastung. Die Bequemlichkeit des Einkaufes und die Verfügbarkeit[4] der Produkte stehen dabei für den convenience-orientierten Verbraucher im Vordergrund. Dementsprechend wählen diese Verbraucher ihre Beschaffungskanäle aus. Zum anderen beeinflusst die **Dynamik der Betriebsformen im Handel** die Distribution bei deutschen Handels- und Industrieunternehmungen. Der Marktanteilsverlust von Betriebstypen, wie bspw. Kauf- und Warenhäusern zugunsten von Discountern und alternativen Vertriebskanälen, wie Bahnhöfen, Flughäfen, Sportstadien usw., erweitert das Spektrum möglicher Beschaffungskanäle für den Konsumenten bzw. Absatzkanäle für Handels- und Industrieunternehmen erheblich. Die Fortschritte im Bereich der **Kommunikations- und Informationstechnologien** stellen den dritten Einflussfaktor auf die Entwicklung der Distribution dar. Sie bilden die informationstechnische Grundlage für die effizientere Gestaltung bestehender Absatzkanäle, beispielsweise im Rahmen einer kooperativen Zusammenarbeit zwischen Hersteller und Handel im Rahmen von Efficient Consumer Response.[5] Des Weiteren ermöglichen die Entwicklungen im Bereich der In-

---

[1] Vgl. o.V., 1997, S. 20.

[2] Vgl. Schögel, M., 1998, S.72.

[3] Vgl. jetzt und im Folgenden Tomczak, T., Schögel, M., 2001, S. 52 ff.

[4] Vgl. Auer, S., Koidl, R., 1997, S. 14.

[5] Vgl. Ahlert, D., Borchert, S., 2000, S. 10 ff.; Borchert, S., 2001 und die dort angegebene Literatur.

formations- und Kommunikationstechnologien die Integration neuer Absatzkanäle in die bestehenden Kanalstrukturen.

Die **Integration und Vernetzung zusätzlicher Absatzkanäle** stellt eine der zentralen künftigen Herausforderungen für deutsche Handels- und Herstellerunternehmungen dar. Folgerichtig teilte die Karstadt Quelle AG bereits in einer Pressemitteilung vom 17.10.2000 mit, dass die Vernetzung aller Vertriebskanäle und Branchen in einem **Multi-Channel-Netzwerk** einen der zentralen Dreh- und Angelpunkte des konzernübergreifenden Restrukturierungs- und Wachstumsprogramms darstellt.[6] Obwohl die Zeit der übermäßigen www-Euphorie vergangen scheint, gewinnt das Internet als zusätzlicher Vertriebskanal an Bedeutung.[7] Betrachtet man die erfolgreichsten Retail-Websites in Deutschland, so fällt auf, dass mehr als die Hälfte dieser Seiten zu einem etablierten Offline-Unternehmen gehören.[8] Reine Internetanbieter, die so genannten **Pure-Player**, verschwinden zunehmend vom Markt oder ergänzen ihre bestehenden „online" Absatzkanäle um weitere, alternative Absatzkanäle. Beispiele für reine Internethändler, die sich nachhaltig am Markt durchgesetzt haben, sind daher rar.[9] Einer der Gründe für das Angebot verschiedener Beschaffungskanäle ist in dem Verlangen der Konsumenten begründet, auf verschiedenen Wegen mit den Unternehmen in Kontakt zu treten. Die Konsumenten möchten dabei die Wahl zwischen den traditionellen Kanälen und neuen, innovativen Kanälen, wie beispielsweise dem Internet, haben.[10] Zwar haben sich erste Unternehmen das Thema Multikanal bei der Gestaltung ihrer Vertriebs- und Kommunikationsstrategien auf die Fahnen geschrieben, dabei ist jedoch oftmals zu erkennen, dass es sich bei den ersten Realisationen eher um **„Multiple"-Kanalstrategien** als um wirklich integrierte „Multi"-Kanalstrategien handelt.

Dieses Problem greift der vorliegende Beitrag auf, indem er die Chancen und Risiken eines integrierten Multi-Channel-Marketing aufzeigt. Aufbauend auf den in Kapitel 2 gelegten begrifflichen Grundlagen wird das Konzept des Multi-Channel-Marketing vorgestellt.[11] Anschließend werden die spezifischen Vor- und Nachteile eines Multi-Channel-Marketing erläutert. In Kapitel 5 wird das Konzept des Multi-Composition-Marketing vorgestellt, das die Lösung komplexer Konsumprobleme der Verbraucher unter Einsatz eines Multi-Channel-Marketing zum Ziel hat und insofern als Innovation betrachtet werden darf. Dabei wird insbesondere auf die Organisationsform des Netzwerkes zur Umsetzung einer Multi-Channel-Strategie verwiesen.

---

[6] Vgl. o.V., 2000, S. 1.

[7] Vgl. Armbruster, K., Schober, F., 2002, S. 347 f.

[8] Vgl. Eierhoff, K., 2002.

[9] Vgl. Janz, M., Swoboda, B., 2001, S. 6.

[10] Vgl. Gronover, S., Riempp, G., 2001, S.1 f.

[11] Anmerkung der Verfasser: Auf die Darstellung und Erläuterung des Begriffs Distribution, Distributionspolitik sowie deren Abgrenzung zum derzeitigen Marketingverständnis wird an dieser Stelle verzichtet und auf die einschlägige Literatur (Meffert, H., 2000; Ahlert, D., 1996, u.a.) verwiesen.

2. Mehrkanalsysteme in der Distribution

Dass der Konsument das Angebot mehrerer Beschaffungskanäle (Absatzkanäle aus Sicht der Hersteller- oder Handelsunternehmung) wünscht, haben verschiedene Untersuchungen des Instituts für Handelsmanagement und Netzwerkmarketing der Universität Münster gezeigt. So gaben in einer Konsumentenbefragung zum Thema „E-Zufriedenheit" mehr als 70 % an, dass sie künftig in ihrem Beschaffungsverhalten die Wahl zwischen **„offline" und „online" Beschaffungskanälen** haben möchten. Mehr als 40 % der Befragten gaben sogar an, bei der Wahl des Anbieters denjenigen zu bevorzugen, der über verschiedene Absatz- bzw. Beschaffungskanäle verfügt.[12] Eine weitere Untersuchung zum Thema Zufriedenheit im Internet hat gezeigt, dass das Angebot verschiedener Absatzkanäle, insbesondere die Kombination von Online- und Offlineabsatzkanälen signifikant zur Steigerung der Kundenzufriedenheit beiträgt.[13]

In der deutschen Handels- und Industrielandschaft stellt die Nutzung unterschiedlicher Absatzkanäle keine neue Entwicklung dar. So nutzt beispielsweise die **DirectGroup Bertelsmann** seit mehr als 50 Jahren mehrere Kanäle für den Vertrieb von Medienprodukten, insbesondere Kataloge und stationäre Geschäfte.[14] Auch Herstellerunternehmungen der Lebensmittelbranche verfügen schon seit vielen Jahren über mehrere Absatzkanäle. So nutzen Getränkehersteller beispielsweise den Fachgroßhandel und die Zentralen der großen Filialsysteme als Absatzkanäle für ihre Produkte.[15] Vergleicht man die beiden herangezogenen Beispiele, so fällt auf, dass in der **Getränkeindustrie** unterschiedliche indirekte (verkürzte und unverkürzte) Absatzkanäle miteinander kombiniert werden. Demgegenüber wurde bei der DirectGroup ein direkter (Katalogversand) mit einem indirekten Absatzkanal (stationäre Geschäfte) kombiniert. Es wird dabei unmittelbar ersichtlich, dass nicht die reine Nutzung verschiedener Absatzkanäle als neue Entwicklung bezeichnet werden kann, sondern eher der Versuch, die verschiedenen Absatzkanäle aufeinander abzustimmen, um so mit dem Konsumenten über verschiedene Kanäle in Kontakt zu treten. Die Abbildung 1 stellt mögliche alternative Absatzwege dar, die im Sinne einer Mehrkanalstrategie kombiniert werden können. Dabei werden die einzelnen Alternativen dem Bring- oder Hol-Prinzip zugeordnet. Beim Hol-Prinzip werden die Produkte und Leistungen für den Konsumenten an einem bestimmten Ort gebündelt – der Konsument übernimmt selbst den Transport der Leistung vom Verkaufsort

---

[12] Vgl. Evanschitzky, H., Hesse, J., 2001.

[13] Vgl. Ahlert, D., Evanschitzky, H., Hesse, J., 2002.

[14] Vgl. Eierhoff, K., 2002.

[15] Vgl. Köster, L., Spitzhüttl, F. im vorliegenden Buch.

zum Haushalt.[16] Nach dem Bring-Prinzip übernimmt die Unternehmung dabei den Transport der Leistung bzw. des Produktes zum Haushalt des Kunden.[17]

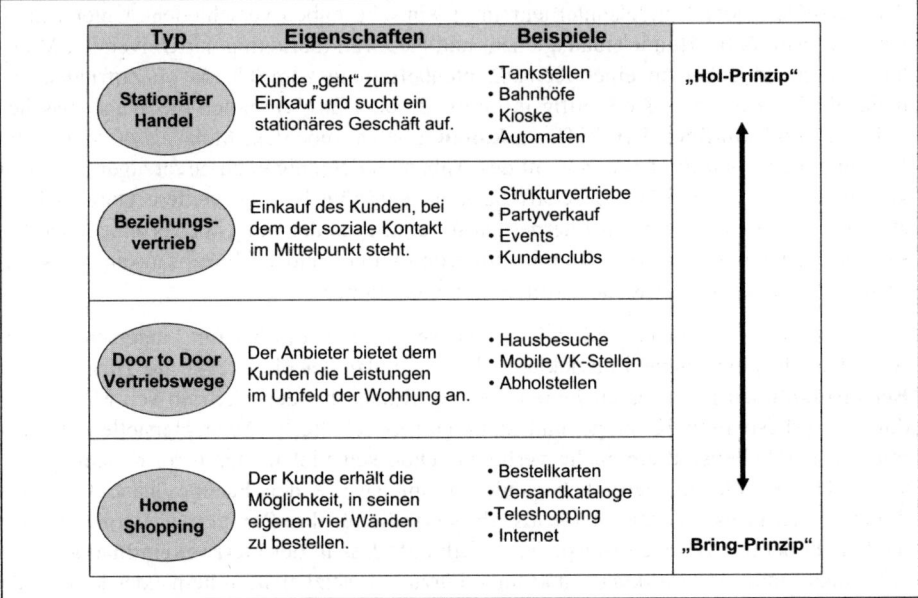

Abbildung 1:   Ausgewählte Typen alternativer Vertriebswege (Quelle: Schögel, M., 1998, S. 78)

Vereinfacht lassen sich zwei Grundformen unterscheiden. Die **indirekten** Absatzkanäle und die **direkten** Absatzkanäle.

Der vorliegende Beitrag beschäftigt sich mit solchen Mehrkanalsystemen, bei denen beide Grundformen von möglichen Absatzkanälen (indirekte und direkte Absatzkanäle) von einer Unternehmung eingesetzt werden. Solche Mehrkanalsysteme können in **Multi- und Multiple-Channel-Systeme** differenziert werden. Dabei beziehen sich die Ausführungen auf solche Multi- bzw. Multiple-Channel-Systeme, bei denen der Verbraucher beispielsweise eine Handelsunternehmung anhand einer einheitlichen Betriebstypenmarke in den verschiedenen Beschaffungskanälen eindeutig identifizieren kann.

---

[16] Vgl. Schögel, M., 1998, S.76.

[17] Vgl. ebenda.

	Indirekte Absatzkanäle	Direkte Absatzkanäle
Indirekte Absatzkanäle	Kombination von indirekten Absatzkanälen. Z. B.: Kombination von indirekten, unverkürzten und verkürzten Absatzkanälen in der Getränkeindustrie.	*Kombination von direkten und indirekten Absatzkanälen. Mehrkanalsysteme nach dem hier zugrunde liegenden Begriffsverständnis.*
Direkte Absatzkanäle	*Kombination von direkten und indirekten Absatzkanälen. Mehrkanalsysteme nach dem hier zugrunde liegenden Begriffsverständnis.*	Kombination von direkten Absatzkanälen. Z. B.: Kombination von E-Commerce und Versandhandel. Lediglich zwei verschiedene Akquisitionsmedien (Katalog und Internet) werden kombiniert.

Tabelle 1:   Mehrkanalsysteme nach dem zugrunde liegenden Begriffsverständnis

Unter dem Begriff der Betriebstypenmarke soll dabei eine Marke verstanden werden, die sich im rechtlichen Eigentum einer Handelsunternehmung befindet und mit der eine Handelsunternehmung ihren Betriebstyp kennzeichnet.[18] Für Herstellerunternehmungen gilt eine einheitliche Markierung entsprechend. Systeme von Unternehmungen, die ihre Waren und Leistungen in verschiedenen Sparten bzw. Vertriebsschienen unter verschiedenen Markierungen respektive Betriebstypenmarken anbieten, sollen somit nicht als Mehrkanalsystem im Sinne eines Multiple- oder Multi-Channel-Systems bezeichnet werden. Es ist zu beachten, dass Unternehmungen innerhalb der einzelnen Sparten wiederum verschiedene Absatzkanäle im Sinne eines Multiple- bzw. Multi-Channel-Retailing einsetzen können. So ist die deutsche Metro AG mit ihren verschiedenen Vertriebsschienen bzw. Sparten (Media Markt, Real, Kaufhof u.a.) nicht als ein Multiple- bzw. Multi- Channel-Retailer zu bezeichnen.[19] Demgegenüber stellt die Metro-Tochter Media Markt ein Mehrkanalsystem im Sinne eines Multiple- bzw. Multi-Channel-Retailers dar, da sowohl der stationäre Handel vor Ort als auch der Versandhandel über das Internet als Vertriebskanal genutzt werden. Unter dem Begriff des Mehrkanalsystems im Sinne eines Multiple- bzw. Multi-Channel-Retailing soll somit die Kombination der verschiedenen Grundformen von Absatzkanälen (direkte und indirekte) verstanden werden, die durch die einheitliche Markierung von den Konsumenten eindeutig einem Unternehmen zugeordnet werden können.

Während des Prozesses seiner Kaufentscheidung kann ein Konsument unterschiedliche Beschaffungskanäle für seine spezifischen Anforderungen innerhalb der Prozessphasen nutzen. Der **Prozess der Kaufentscheidung** gliedert sich allgemein in folgende Phasen:[20]

---

[18] Vgl. Ahlert, D., Kenning, P., Schneider, D., 2000, S. 104.

[19] Vgl. Janz, M., Swoboda, B., 2001, S. 6.

[20] Vgl. Ahlert, D., 1996, S. 77 f.

1. Situation vor Beginn des Kaufentscheidungsprozesses
2. Anregungsphase
3. Suchphase
4. Phase der Kaufentscheidungsfindung (Kaufentschluss)
5. Phase der Kaufentscheidungsdurchsetzung (Kaufhandlung)
6. Situation nach Beendigung des Kaufentscheidungsprozesses (Nachkaufphase, bestehend aus Lieferung/Versand, Reklamation, Umtausch etc.)

Bei einer Kombination eines indirekten und direkten Absatzkanals (beispielsweise durch die Kombination des Absatzes über den stationären Handel mit einem E-Commerce-Angebot) wären folgende Kombinationsvarianten innerhalb des Kaufentscheidungsprozesses denkbar:

1. Kaufanbahnung (Phasen 1-4) über das Internet mit Kaufhandlung und Nachkaufphase (Phasen 5-6) im Ladengeschäft
2. Kaufanbahnung (Phasen 1-4) über ein Ladengeschäft mit Kaufhandlung und Nachkaufphase (Phasen 5-6) im Internet
3. Kauf im Internet (Phase 5) und Auslieferung (Phase 6) über ein Ladengeschäft
4. Kauf im Internet (Phase 5) und Auslieferung über Versand (Phase 6)

Die Vielfalt der Kombination der Beschaffungskanäle im Kaufentscheidungsprozess des Konsumenten ist insbesondere für die **Differenzierung zwischen Multiple- und Multi-Channel-Systemen** von Bedeutung. Die folgende Abbildung stellt die Unterscheidung in Multiple- und Multi-Channel-Systeme hinsichtlich der Koordination der zu kombinierenden Absatzkanäle dar. Zusätzlich wird dabei bereits die Ebene der Problemorientierung zur Lösung der komplexen Konsumprobleme der Konsumenten eingeführt. Die so entstehende Vier-Felder-Matrix wird dabei im Folgenden sukzessive beschrieben und findet im Konzept des Multi-Composition-Marketing ihren Abschluss.

Koordination Problem - orientierung	Integrierter und koordinierter Einsatz verschiedener Absatzkanäle ist NICHT vorhanden	Integrierter und koordinierter Einsatz verschiedener Absatzkanäle IST vorhanden
Fehlende Orientierung an den komplexen Konsumproblemen der Konsumenten	Multiple-Channel-Retailing	Multi-Channel-Retailing
Orientierung an den komplexen Konsum-problemen der Konsumenten		Multi-Composition-Marketing

Abbildung 2:   Systematische Darstellung von Multiple-Channel-Retailing, Multi-Channel-Retailing und Multi-Composition-Marketing

Der Einsatz verschiedener Absatzkanäle im Sinne eines Multiple- bzw. Multi-Channel-Retailing ist grundsätzlich ohne Orientierung an den komplexen Konsumproblemen der Konsumenten (vgl. Kapitel 5.1) möglich. Der Einsatz eines **Multi-Composition-Marketing** ist jedoch nur dann realisierbar, wenn eine integrierte und koordinierte Abstimmung zwischen verschiedenen Absatzkanälen einer Unternehmung vorhanden ist (vgl. Kapitel 5.2).

2.1 Multiple-Channel-Retailing

Unter dem Begriff des Multiple-Channel-Retailing kann eine erste, einfachere Form eines Mehrkanalsystems aus direkten und indirekten Absatzkanälen unter einheitlicher Markierung verstanden werden. Die verschiedenen Absatzkanäle einer Handels- oder Herstellerunternehmung werden parallel und unkoordiniert nebeneinander eingesetzt. Die aus einem Multiple-Channel-Retailing resultierenden Probleme sind insbesondere auf das veränderte Konsumverhalten der Verbraucher zurückzuführen. Der „convenience"-orientierte Konsument zeichnet sich dabei zunehmend durch das sogenannte **Channel-Hopping** aus.

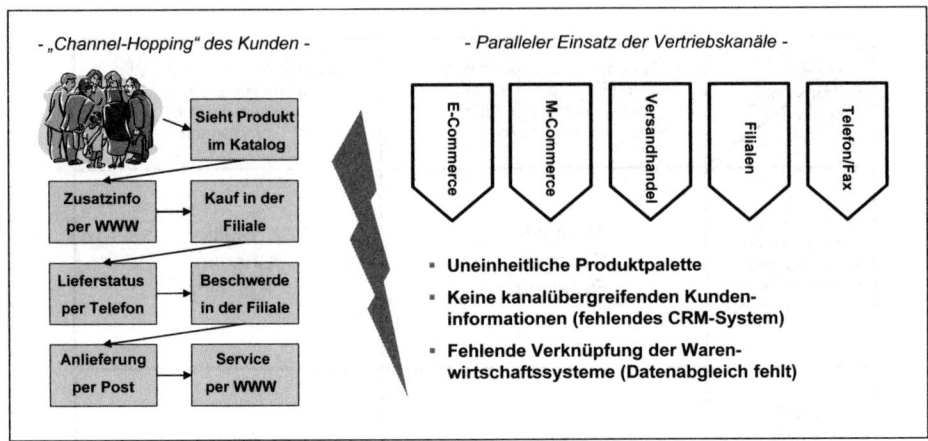

Abbildung 3:   Resultierende Probleme des Channel-Hopping in Multiple-Channel-
                 Systemen (Quelle: Eigene Darstellung in Anlehnung an Schneider, D.,
                 2001, S. 175)

Abbildung 3 verdeutlicht, dass Konsumenten innerhalb ihres Kaufentscheidungsprozesses oftmals die **Absatzkanäle einer Unternehmung** wechseln können. So wird ein
Konsument beispielsweise in einem Katalog auf ein Produkt aufmerksam, über das er
sich im Internet weitere Informationen beschaffen kann. Anschließend kann er eine Filiale der Unternehmung aufsuchen, um das gewünschte Produkt zu bestellen. Was aber
geschieht, wenn der Konsument im Internet etwas bestellt, per Post zugestellt bekommt
und anschließend in der Filiale reklamieren bzw. umtauschen möchte? Wie Abbildung 4
zeigt, ist bei einer als Multiple-Channel-System zu bezeichnenden Absatzkanalstruktur
eine integrative Verknüpfung der einzelnen Absatzkanäle nicht gegeben. Der Umtausch
eines online bestellten und per Versand erhaltenen Produktes ist in der Filiale vor Ort
nicht möglich. Fehlende Kundeninformationen bzw. eine in der Regel unzureichende
Integration des Warenwirtschaftssystems innerhalb der verschiedenen Absatzkanäle machen es unmöglich, auf den Konsumenten als Channel-Hopper einzugehen. Zusätzliche
Probleme für eine Hersteller- oder Handelsunternehmung treten auf, wenn der Konsument in verschiedenen Absatzkanälen einer Unternehmung unterschiedliche Produktpaletten vorfindet. Bei einer Mehrkanalstrategie im Sinne des Multiple-Channel-Retailing
besteht die Gefahr, dass ein Konsument mögliche negative Erfahrungen auf die übrigen
Absatzkanäle der Unternehmung überträgt. Wenn es die Zielsetzung eines Unternehmens ist, nebeneinander liegende, nicht verknüpfte Absatzkanäle aufzubauen, um beispielsweise **kanalspezifische Produktpaletten** anzubieten, so sollten diese nicht unter
einer einheitlichen Markierung gegenüber dem Kunden präsentiert werden. Ein Multiple-Channel-Retailing beschreibt somit lediglich den parallelen, und nicht den integrierten
Einsatz verschiedener Absatzkanäle (direkte und indirekte). Abbildung 4 stellt dies noch
einmal grafisch dar.

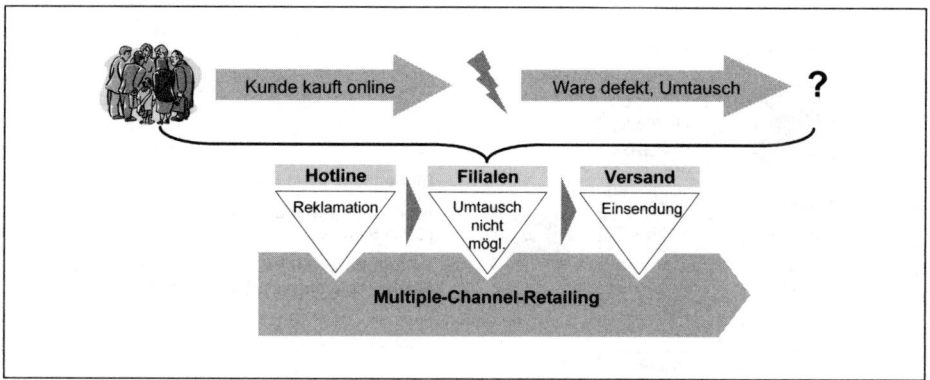

Abbildung 4: Probleme des Multiple-Channel-Retailing

In der deutschen Handelslandschaft sind einige große Unternehmungen zu finden, deren „Multi-Channel-Strategie" wohl eher als Multiple-Channel-Strategie zu bezeichnen ist. Es bleibt jedem Leser überlassen, die Hotline einzelner Unternehmen anzurufen, um beispielsweise die Möglichkeit eines Umtausches von online bestellten Waren in Filialen des stationären Handels zu erfragen. Es wird dabei oftmals zu erkennen sein, dass der Konsument an den Absatzkanal gebunden ist, in dem er den Kauf getätigt hat.

2.2 Multi-Channel-Retailing

Ein Mehrkanalsystem im Sinne eines Multi-Channel-Retailing bietet den Konsumenten die Möglichkeit, den Beschaffungskanal beliebig zu wechseln. Wie in Abbildung 5 zu erkennen ist, kann ein Konsument dabei auf eine einheitliche Produktpalette vertrauen. Kanalübergreifende Kundeninformationen sowie eine **Verknüpfung der Warenwirtschaftssysteme** zwischen den Kanälen schaffen die informationstechnische Voraussetzung für das Unternehmen, an jedem Ort – online oder offline – auf die spezifischen Wünsche des Konsumenten zu reagieren.

Unter Multi-Channel-Retailing versteht man also den parallelen, integrierten und koordinierten Einsatz verschiedener, indirekter und direkter Absatzkanäle durch eine Handels- oder Industrieunternehmung. Die Konsumprobleme des Kunden innerhalb des Kaufprozesses stehen im Zentrum der Bemühungen.

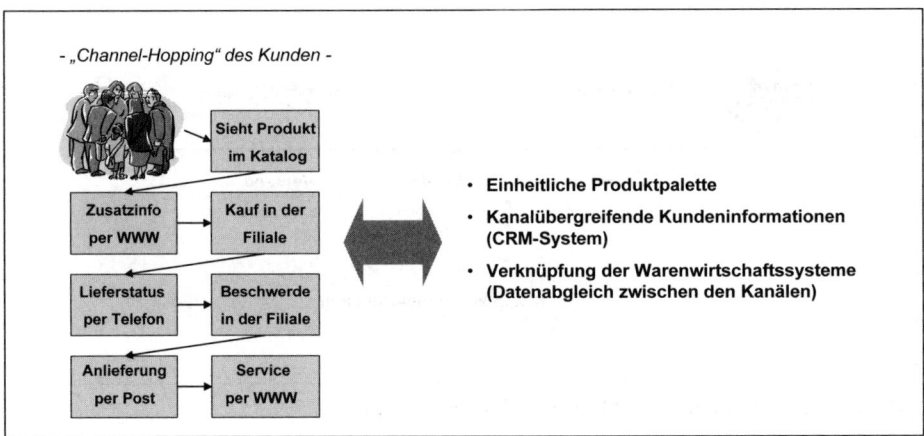

Abbildung 5:   Das Channel-Hopping und dessen Bewältigung innerhalb eines Multi-
                Channel-Systems (Quelle: Eigene Darstellung in Anlehnung an
                Schneider, D., 2001, S. 175)

Der Kunde kann somit im Internet ein Produkt bestellen und dieses bei jeder Filiale der
Unternehmung reklamieren oder umtauschen. Abbildung 6 zeigt einen solchen Vorgang.
Viele der derzeit erfolgreichen Multi-Channel-Unternehmen stellen dem Kunden die
Wahl seines Beschaffungskanals in jeder Phase seines Kaufentscheidungsprozesses frei.
Beispielhaft wären hier Karstadt bzw. Karstadt.de, Conrad Electronic sowie Der Club
Bertelsmann zu nennen. Alle Unternehmen integrieren die verschiedenen Absatzkanäle
zum Kunden. Betrachtet man die Nutzung der verschiedenen Absatzkanäle der genannten Unternehmen genauer, so wird deutlich, dass die Unternehmen auch ihre Marketing-
respektive Kommunikationsmaßnahmen auf das Angebot verschiedener Absatzkanäle
ausrichten und die spezifischen Vorteile jedes einzelnen Absatzkanals zur Kontaktaufnahme mit den Konsumenten nutzen. Ein solches Vorgehen, also die Nutzung eines
Multi-Kanal-Systems nicht nur als Absatzkanal, sondern auch als Kommunikationskanal, soll im Folgenden als Multi-Channel-Marketing bezeichnet werden.

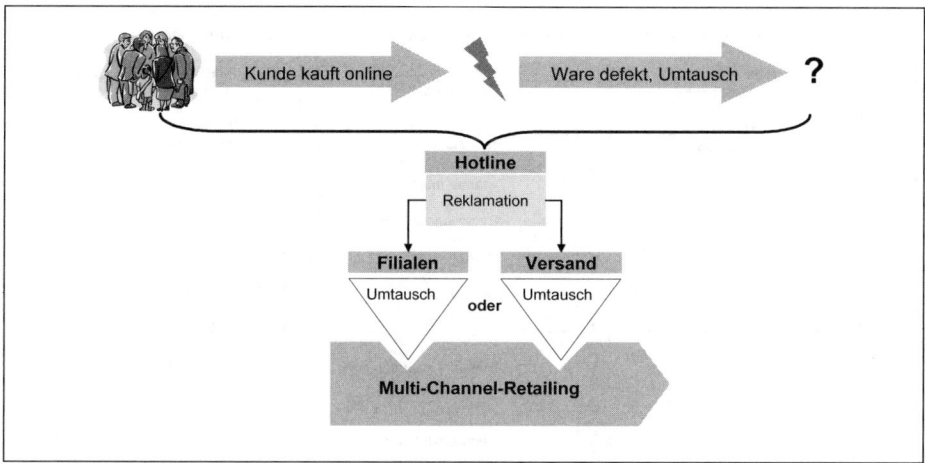

Abbildung 6:   Multi-Channel-Retailing ermöglicht Channel-Hopping der Konsumenten

2.3 Multi-Channel-Marketing

Wie in Abbildung 7 zu erkennen ist, werden neben dem Warenstrom als Teilbereich der Distribution auch regelmäßig Dienstleistungen, Geld und Informationen ausgetauscht.[21] Insbesondere dem **Informationsaustausch mit dem Verbraucher** kommt im Rahmen des Multi-Channel-Marketing eine besondere Bedeutung zu.

Aufbauend auf dem Konzept des Multi-Channel-Retailing sollten Unternehmen ihre Informationsmaßnahmen im Rahmen der Kommunikation kanalspezifisch einsetzen. Beispiele für Unternehmungen, die im Rahmen ihrer Strategie zur Umsetzung eines Multi-Channel-Systems eine kanalspezifische Kommunikation einsetzen, sind die Unternehmen Conrad (conrad.de) und Promarkt (promarkt.de). Beide Unternehmen haben den direkten Absatzkanal des Internets in ihre Absatzkanalstruktur integriert und erfüllen somit die Anforderungen an ein Multiple- bzw. Multi-Channel-Retailing.

---

[21] Vgl. Ahlert, D., 2001/2002, S. 6.

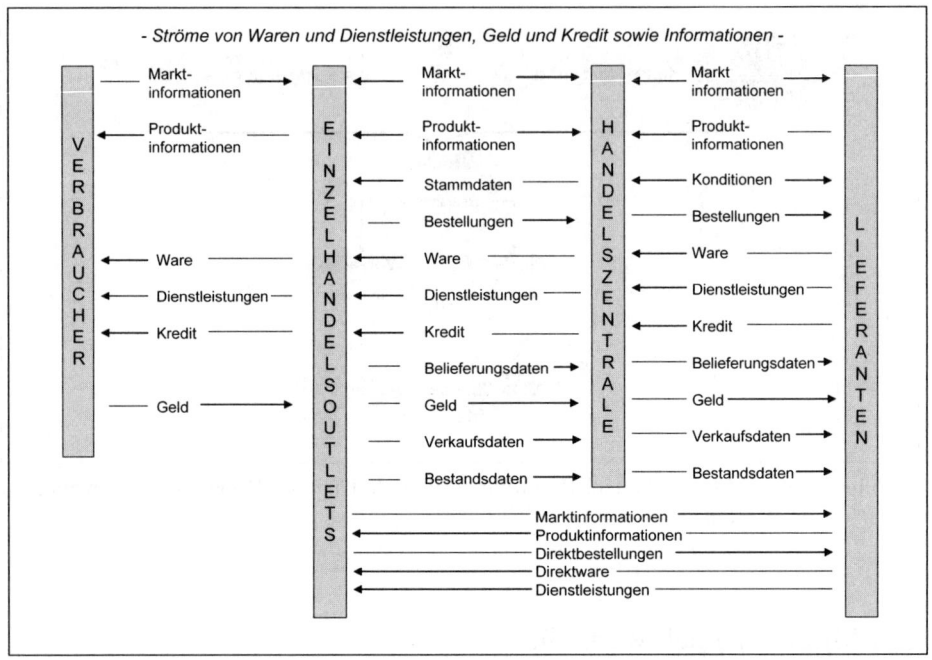

Abbildung 7:   Warenwirtschaft in der Konsumgüterdistribution (Quelle: Ahlert, D.,
                 1998, S. 34)

Ein Multi- bzw. Multiple-Channel-Anbieter kann grundsätzlich nur dann einen Vorteil
aus dem Angebot mehrerer Absatzkanäle realisieren, wenn ein Konsument im Rahmen
seines Kaufentscheidungsprozesses innerhalb der verschiedenen Absatzkanäle einer Unternehmung verbleibt – er also nicht nur seinen Informationsbedarf deckt, sondern auch
Produkte oder Leistungen erwirbt. So informierten sich ca. ein Drittel aller an einer Untersuchung teilgenommenen Verbraucher vor dem Kauf von Gebrauchsgütern auch in
anderen Kanälen über die Produkte. Das Geschäftsvolumen, das durch **Informationsaustausch mit dem Kunden im Internet** beeinflusst wird, ist viel größer als das Geschäftsvolumen durch den Kauf im Internet (dem eigentlichen E-Commerce) selbst.[22] Es
gilt demnach, die Konsumenten mit gezielten kommunikativen Maßnahmen innerhalb
der eigenen Absatzkanäle zu halten. Grundsätzlich kann aber auch im Bereich der
Kommunikation zwischen einer Multiple- und Multi-Channel-Kommunikationsstrategie
unterschieden werden. Auf eine ausführliche Erklärung wird an dieser Stelle verzichtet,
da der Unterschied zwischen beiden Formen mit denen des Multi- und Multiple-
Channel-Retailing (Kapitel 2.1 und 2.2) vergleichbar ist.

---

[22] Vgl. Schneider, D., 2002, S. 37 f.

Wie aus der folgenden Abbildung zu erkennen ist, bildet der Konsument das Zentrum und den Ausgangspunkt der Bemühungen im Bereich des Multi-Channel-Marketing. Dabei nutzt die Unternehmung die verschiedenen Absatzkanäle auch als Medium, um mit dem Konsumenten in Kontakt zu treten.

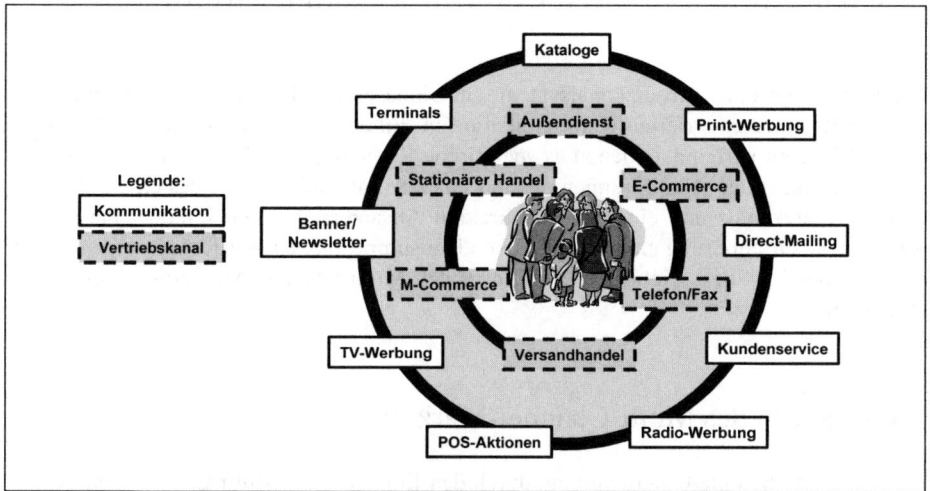

Abbildung 8:   Durchgängige Präsenz über alle Kanäle und Kontaktpunkte hinweg
                 (Quelle: Eigene Darstellung in Anlehnung an Schneider, D., 2002, S.
                 179)

Die Nutzung der verschiedenen **Kommunikationskanäle** ist dabei als eine notwendige, jedoch nicht hinreichende Bedingung für den erfolgreichen Einsatz eines Multi-Channel-Marketing zu verstehen. Der integrierte, koordinierte Einsatz kommunikativer Maßnahmen im Absatz- und Kommunikationssystem einer Unternehmung zeichnet ein Multi-Channel-Marketing aus. So weist das Unternehmen Conrad in seinen verschiedenen Absatzkanälen bzw. bei den dort eingesetzten kommunikativen Maßnahmen auch immer auf den jeweils anderen Absatzkanal und die damit verbundenen Vorteile hin.

Zusammenfassend geht es beim Multi-Channel-Marketing vor allem darum, die unterschiedlichen Kommunikations- und Distributionskanäle optimal aufeinander abzustimmen und zu nutzen, um neue Dialogmöglichkeiten zu erschließen, den Vertrieb respektive die Absatzkanäle effizienter zu gestalten und Kosten zu senken.[23] Bevor in Kapitel 5 eine Erweiterung des Multi-Channel-Marketing zum Multi-Composition-Marketing er-

---

[23] Vgl. TECTEM, 2001, S. 2.

folgt, sollen zunächst die spezifischen Vor- und Nachteile eines Multi-Channel-Marketing vorgestellt und erläutert werden.

3. Chancen und Risiken des Multi-Channel-Marketing

Die Realisation eines Absatzkanalsystems im Sinne eines Multi-Channel-Retailing und der Einsatz einer integrierten Kommunikation im Sinne eines Multi-Channel-Marketing ist mit Chancen verbunden, denen es spezifische Risiken gegenüberzustellen gilt. Dabei sollen die folgenden Ausführungen anhand einer Kombination eines bestehenden, indirekten Absatzkanals und eines neuen, direkten Absatzkanals, dem Internet, dargestellt werden. Die Orientierung an den komplexen Konsumproblemen der Konsumenten findet dabei in der hier beschriebenen Grundform des Multi-Channel-Marketing noch keine Beachtung.

3.1 Chancen des Multi-Channel-Marketing

Die Chancen, die eine Unternehmung durch den Einsatz eines Multi-Channel-Marketing realisieren kann, sind vielfältig. So kann es durch die Integration verschiedener Absatzkanäle gelingen, die Verbraucher an unterschiedlichen Kontaktpunkten auf die eigene Unternehmung aufmerksam zu machen. Durch eine abgestimmte Kommunikation werden die Verbraucher dabei auf die unterschiedlichen **Beschaffungskanäle und ihre spezifischen Vorteile** für den Kunden hingewiesen. So wird ein Mitglied des Bertelsmann Buchclubs sowohl in Katalog und Filialen des stationären Handels als auch bei einer telefonischen Bestellung immer auch auf die Möglichkeit eines Besuchs der Internetseite hingewiesen. Eine erhöhte Marktabdeckung, verbunden mit einer umfassenderen Erschließung von Marktpotenzialen, kann durch die Hinzunahme eines weiteren Absatzkanals erreicht werden.[24]

Synergien und Kosteneinsparungen durch den Einsatz eines Multi-Channel-Marketing können sowohl aufseiten einer Unternehmung als auch aufseiten der Verbraucher realisiert werden. Eine Unternehmung kann durch die Abbildung verschiedenster Aufgaben im „**virtuellen Raum**" des Internets auf vielfache Weise Kosten einsparen und Synergien nutzen. So kann eine Bestellung über das Internet direkt in das Warenwirtschaftssystem übergeben werden. Personal- und kostenintensive Bestellannahmen, beispielsweise durch eine Hotline, entfallen. Zusätzlich kann ein Unternehmen Aufgabenbereiche

---

[24] Vgl. Schögel, M., Sauer, A., 2002, S. 27.

des personal- und kostenintensiven Service Centers in den virtuellen Raum verlegen. So genannte FAQ-Bereiche (Bereiche mit häufig gestellten Fragen) können Konsumenten helfen, bestimmte Probleme auch ohne die Kontaktaufnahme zum Unternehmen zu lösen. Des Weiteren können unter Einsatz eines **kanalübergreifenden Warenwirtschaftssystems Kundeninformationen** in den verschiedenen Absatzkanälen erhoben und zwischen diesen ausgetauscht werden. Gerade bei der Nutzung eines eigenen Internetauftritts als Absatzkanal für Produkte oder Informationen ist die Erfassung von Daten kostengünstig zu realisieren. Diese Informationen stehen dann weiteren Absatzkanälen zur Verfügung, so dass jeder Kontaktpunkt über die Kaufhistorie des Konsumenten informiert ist. Auf Grundlage dieser Daten können **Aussagen über das Kaufverhalten** der aktuellen und potenziellen Kunden getroffen und in neue kundengerechte Konzepte umgesetzt werden.

Sowohl für den Konsumenten als auch für die Unternehmung besteht ein weiterer Vorteil eines Multi-Channel-Systems darin, die Sortimente kundenspezifisch anzupassen. Am Beispiel des kooperativen **Category Managements** von Hersteller- und Handelsunternehmungen soll dies kurz verdeutlicht werden.[25] Das klassische, konventionelle Category Management bezeichnet eine kooperative Sortimentserstellung durch Kombination von Flächen- und Sortiments-Know-how des Händlers mit dem Marktforschungs- und Marketing-Know-how des Herstellers. Die Zielsetzung der Kooperationspartner ist es, gemeinsam unterscheidbare, eigenständig steuerbare Gruppen von Waren zu bilden, die von den Verbrauchern als zusammenhängend und/oder austauschbar empfunden werden sowie ihre Bedürfnisse befriedigen können. Die Kriterien der Warengruppenzusammenstellung unterscheiden sich dabei in der Bedürfnisorientierung, der Orientierung nach Erlebnisbereichen und der Orientierung an Zielgruppen. Die Orientierung nach Bedarfsbereichen sieht die Bündelung solcher Waren vor, die der Verbraucher in der Verwendung als zusammenhängend betrachtet. So könnten in solchen Categories alle Waren gebündelt werden, die ein Konsument benötigt, um eine bestimmte Aufgabe zu erfüllen. Die Zusammenstellung der Categories nach Erlebnisbereichen sieht vor, dass die Waren für einen bestimmten Anlass für den Verbraucher gebündelt werden. So ist es dem Konsumenten beispielsweise möglich, alles Notwendige für eine anstehende Geburtstagsfeier zu besorgen. Die Orientierung nach Zielgruppen beschreibt eine Zusammenführung von zielgruppenspezifischen Waren. Hier wäre eine Category mit der Bezeichnung „Alles für Studenten" denkbar. Die Reduktion der Suchkosten stellt somit eine der wesentlichen Vorteile eines Category Management aus Kundensicht dar. Um die Bedürfnisse einzelner Kunden hinsichtlich der Zusammenstellung von Categories zu erfüllen, müssten vielfältige Warenkombinationen vor Ort vorhanden sein. Durch die Vielfalt der möglichen Warenkombinationen wird unmittelbar das als „100.000 x 100.000 Kombinationen" bezeichnete Problem ersichtlich.[26] So ist der notwendige Raumbedarf für eine

---

[25] Vgl. jetzt und im Folgenden: Ahlert, D., Hesse, J., 2002, S. 21 ff.

[26] Vgl. Ahlert, D., Hesse, J., 2002, S. 23 f.

solche Kombinationenvielfalt im stationären Handel nicht vorhanden bzw. unter Kosten-gesichtspunkten nicht zu realisieren. Im Gegensatz zum konventionellen Category Ma-nagement findet die kundenorientierte Zusammenstellung der Categories im Rahmen des **digitalen Category Managements** im virtuellen Raum des Internets statt. Die Waren-gruppen können dabei anhand der Benutzerdaten kundenspezifisch zusammengestellt werden. Eine Kombination des konventionellen und digitalen Category Managements, also die Kombination von kooperativen Konzepten sowohl im stationären Einzelhandel als auch im Bereich des E-Commerce, kann das „100.000 x 100.000 Kombinationen"-Problem lösen. So kann einem Konsumenten im virtuellen Raum des Internets eine spe-zifische Category dargeboten werden. Nach Bestellung können diese Waren entweder direkt an den Konsumenten geliefert oder von diesem in einer Filiale des stationären Handels vor Ort abgeholt werden.

Am Beispiel des Category Managements wird deutlich, dass es das Ziel einer Unterneh-mung bei der Umsetzung einer Multi-Channel-Strategie sein muss, einen Mehrwert für den Konsumenten zu bieten. So muss ein Konsument bei der Nutzung des Internets als Beschaffungskanal einen spezifischen Einkaufsvorteil gegenüber einem anderen Be-schaffungskanal (bspw. dem stationären Handel) erhalten.[27] Wie bereits zuvor erwähnt, wird gerade bei der Integration eines E-Commerce-Angebotes dem „convenience"-orientierten Verbraucher entsprochen. Die Technologie stellt hier eine notwendige, je-doch nicht hinreichende Verknüpfung dar. Als hinreichend kann in diesem Fall der in-tegrierte Einsatz der Absatzkanäle bezeichnet werden. Der Konsument erhält seinen Mehrwert dabei beispielsweise durch die Möglichkeit des bereits erwähnten Channel-Hoppings während des gesamten Prozesses der Kaufentscheidungsphase. Die Entspre-chung der Anforderungen der Verbraucher durch das Angebot kundengerechter oder so-gar kundenindividueller Methoden kann dazu führen, sie auch weiterhin an die eigene Unternehmung zu binden, um so den **„share of customer"** für das eigene Unternehmen zu erhöhen. Wie bereits erwähnt, haben Untersuchungen gezeigt, dass das Angebot von Multi-Kanal-Systemen zu einer Steigerung der Kundenzufriedenheit führt, welche wie-derum Einfluss auf die **Kauf- und Wiederkaufhäufigkeit** der Konsumenten hat.[28]

Grundsätzlich bringen Multi-Kanal-Kunden mehr Umsatz, wenn sie richtig angespro-chen werden. So berichteten die US-Händler JCPenney und Eddie Bauer, die ihre Pro-dukte per Katalog, E-Commerce und in Filialen vertreiben, dass Kunden, die zwei Kanä-le aktiv nutzen, durchschnittlich den vierfachen Umsatz und Kunden, die alle drei vorhanden Kanäle nutzen, sogar den achtfachen Umsatz erzielen.[29] Es wird somit deut-lich, dass das Angebot verschiedener Absatzkanäle im Sinne eines Multi-Channel-Retailing im Fall von JCPenney und Eddie Bauer nicht zu Kannibalisierungseffekten, sondern zu einer Steigerung des Umsatzes mit bestehenden Kunden geführt hat. Durch

---

[27] Vgl. Tomczak, T., Schögel, M., Birkhofer, B., 1999, S. 136 f.

[28] Vgl. Ahlert, D., Evanschitzky, H., Hesse, J., 2002 sowie die dort angegebene Literatur.

[29] Vgl. Schneider, D., 2002, S. 37.

die Hinzunahme eines weiteren Absatzkanals wird zusätzlich die Abhängigkeit einer Unternehmung von den bisher eingesetzten Absatzkanälen reduziert, da durch neue Absatzkanäle auch neue Kunden angesprochen werden können.

3.2 Risiken des Multi-Channel-Marketing

Den Vorteilen und Chancen eines Multi-Channel-Marketing stehen Risiken gegenüber, die eine Unternehmung bei der Umsetzung einer Multi-Kanal-Strategie beachten muss. Dabei ergeben sich die Risiken bei der Umsetzung durch eine **mangelhafte Integration** der verschiedenen Absatzkanäle in ein einheitliches, integriertes Absatzkanalsystem im Sinne eines Multi-Channel-Marketing. Gerade dem Verhalten des Konsumenten als Channel-Hopper wird dabei in vielen Fällen nicht entsprochen. Die meisten Unternehmungen sind auf einen Kanalwechsel im Kaufentscheidungsprozess nicht eingestellt. Das **Fehlen eines kanalübergreifenden Warenwirtschaftssystems** stellt ein weiteres Risiko bei der Umsetzung dar. Um einheitliche Kundeninformationen in den unterschiedlichen Absatzkanälen zu gewährleisten, gilt es, auf eine einheitliche Datengrundlage zurückzugreifen. Nur so kann sichergestellt werden, dass jeder Kundenkontaktpunkt im Absatzkanalsystem einer Unternehmung jederzeit feststellen kann, wie die Kundenhistorie bis dato verlaufen ist, welche Probleme der Konsument hatte und inwieweit ihm schon geholfen wurde. Bei der Umsetzung einer Multi-Channel-Strategie gilt es, die Defizite eines Multiple-Channel-Systems zu vermeiden.

Die **einheitliche Markierung** der verschiedenen Kanäle im Sinne des Multi-Channel-Marketing stellt eine Bedingung dar, aus der ebenfalls erhebliche Risiken für das gesamte Absatzkanalsystem entstehen können. So kann es geschehen, dass Konsumenten die möglicherweise schlechten Erfahrungen auf die gesamte Unternehmung übertragen. Einer entstehenden Verwirrung der Kunden, die durch nicht abgestimmte, nicht integrierte Absatzkanäle erheblich verstärkt wird, muss mit geeigneten Maßnahmen entgegen gewirkt werden. Auch eine **uneinheitliche Sortimentstruktur und -zusammensetzung** kann einen solchen negativen Effekt haben. Das Internet ist für einen Multi-Channel-Anbieter mit einem großen Schaufenster zu vergleichen, an dem jeder Konsument jederzeit und von jedem Ort ein Produkt ansehen kann. Falls sich ein Konsument anschließend dazu entscheidet, das Produkt in einem anderen Absatzkanal zu erwerben, so ist die Verfügbarkeit dieses Produktes von entscheidender Bedeutung.

Betrachtet man derzeit erfolgreiche Multi-Kanal-Systeme, so fällt auf, dass diese oftmals aus dem **Bereich des Versandhandels** kommen oder mit einem Versandhandelsunternehmen eng zusammen arbeiten. So kann das Unternehmen Karstadt bei Versand der Artikel auf das Know-How von Quelle zurückgreifen. Der Otto Konzern verfügt bei den verschiedenen Multi-Kanal-Strategien ebenfalls über Know-How aus dem Versandgeschäft. Bei der Integration eines direkten Absatzkanals ist es von entscheidender Bedeutung, über Kompetenz im Bereich der Logistik zu verfügen, damit die Produkte möglichst schnell und günstig zum Konsumenten gelangen. Gerade die Logistik bzw. die kostengünstige Bewältigung der anfallenden Aufgaben ist bei direkten Absatzkanälen eines der wesentlichen Hindernisse für einen erfolgreichen Einsatz.[30] Unternehmen, die diesen Aspekt vernachlässigt haben, konnten sich im Wettbewerb nicht durchsetzen. Verschiedene Unternehmen der New Economy stellen dafür gute Beispiele dar.

Die steigende Komplexität durch das Angebot mehrerer Absatzkanäle[31] sowohl innerhalb der einzelnen Absatzkanäle als auch zwischen den Absatzkanälen und die Einflussnahme der Unternehmung stellen ein weiteres Risiko bei der Umsetzung einer Multi-Kanal-Strategie dar. Werden beispielsweise die einzelnen Absatzkanäle als eigenverantwortliche Stellen – möglicherweise im Sinne eines **Profit Centers** – geführt, so kann ein **opportunistisches Verhalten der einzelnen Absatzkanäle** zu einem weiteren Risiko bei der Umsetzung führen.[32] Warum sollte der Geschäftsführer einer Filiale seinen Kunden empfehlen, einen Einkauf im Internet seinem stationären Geschäft vorzuziehen? Es gilt, in der Absatzkanalstruktur einer Unternehmung geeignete Anreiz- und Kontrollsysteme zu etablieren, die von einer umsatz- oder absatzabhängigen Beurteilung abstrahieren und so eine zielsetzungsgerechte Koordination ermöglichen. Unter einem Anreizsystem werden dabei die Menge von Anreizen und die Menge von Bemessungskriterien verstanden, um eine Verhaltenssteuerung von Mitarbeitern – in diesem Fall der verantwortlichen Mitarbeiter im Absatzkanal – in Richtung der Unternehmensziele zu erreichen.[33]

Sowohl bei der Bewältigung der anfallenden Kosten als auch bei der Koordination der verschiedenen Absatzkanäle stellt sich für eine Unternehmung die Frage, ob die Realisation eines Multi-Channel-Systems aus eigener Kraft zu bewältigen ist. Derzeit wird insbesondere die Organisationsform eines Unternehmensnetzwerkes zur Bewältigung komplexer Aufgaben diskutiert. Im Folgenden soll das Netzwerk als Organisationsform kurz dargestellt werden. Dabei wird insbesondere darauf verwiesen, dass es einer zentralen Stelle in Form eines Systemkopfes bedarf, die ein solches Multikanalsystem koordiniert und steuert.

---

[30] Vgl. Schnedlitz, P., Madlberger, M., 2002, S. 330 f.

[31] Vgl. Schögel, M., Sauer, A., 2002, S. 27.

[32] Vgl. Schneider, D., 2002, S. 39.

[33] Vgl. Borchert, S., Wehling, M., 2002, S. 159 f.

4. Netzwerke mit Systemkopf zur Umsetzung von Mehrkanalsystemen

Bei der Integration eines zusätzlichen Absatzkanals muss eine Unternehmung eine Anzahl neuer Aufgaben und Probleme lösen.

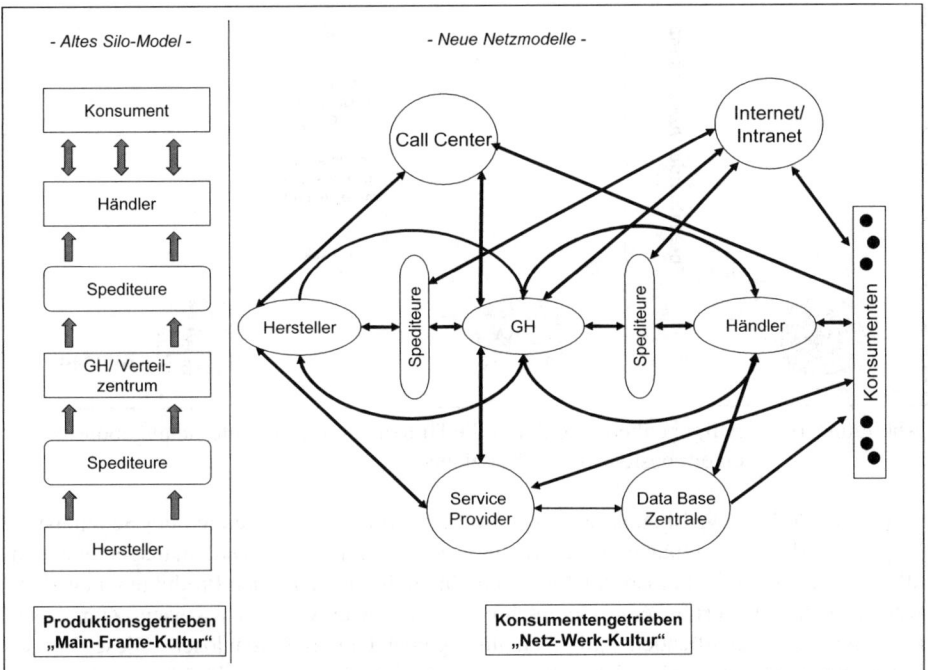

Abbildung 9:   Vertriebsmodelle heute und morgen (Quelle: Eigene Darstellung in Anlehnung an BBE-Spezial-Report: System-Handel und Systemvertrieb, S. 3)

Wie in Abbildung 9 zu erkennen ist, gab es in der als „altes Silo-Modell" bezeichneten Struktur noch eine klar aufeinander folgende Schnittstellenstruktur. Durch die Hinzunahme weiterer Absatzkanäle respektive Kontaktmöglichkeiten der Konsumenten in die Absatzkanalstruktur einer Unternehmung haben sich Art und Umfang der Schnittstellen deutlich verändert. So ist die Struktur bei dem heute oftmals, insbesondere bei Mehrkanal-Systemen, anzutreffenden **Netz-Modell** bereits deutlich komplexer. Diese Komplexität erschwert es, das System einheitlich zu steuern.

Um diesen Sachverhalt zu verdeutlichen, soll folgende Situation angenommen werden: Eine Unternehmung möchte zu einem bestehenden „klassischen" Absatzkanal des stationären Handels einen weiteren, direkten Absatzkanal in Form eines eigenen E-Commerce-Angebotes hinzufügen.

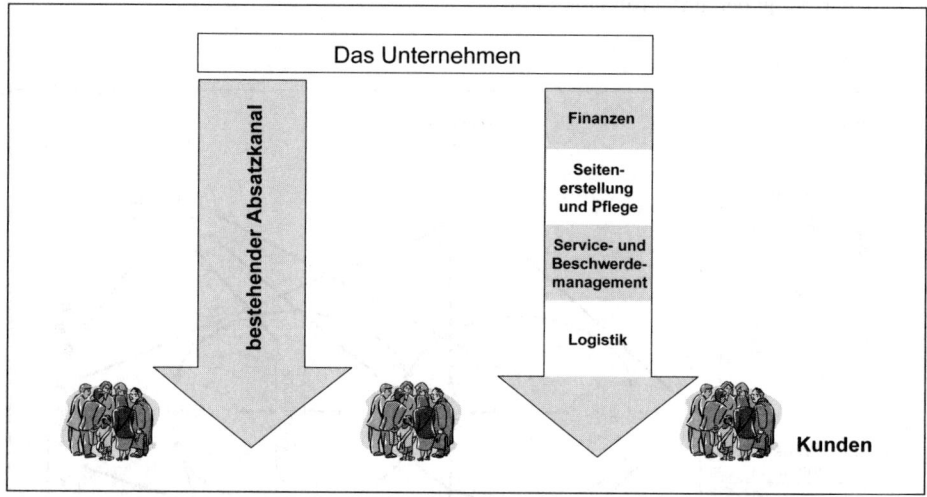

Abbildung 10:   Aufgabenbereiche durch die Hinzunahme eines Internetangebotes zu einem bestehenden Absatzkanal

Wie in der Abbildung 10 zu erkennen ist, müssen Aufgaben im Bereich der Seitenerstellung und -pflege, der Finanzabwicklung, des Service- und Beschwerdemanagements und allen voran der Logistik, insbesondere bei nicht zu digitalisierenden Produkten, bewältigt werden. Generell verfügt eine Unternehmung über zwei Vorgehensweisen. Zum einen kann sie die zu erfüllenden Aufgaben im eigenen Unternehmen lösen. Diese Vorgehensweise ist aber mit erheblichen Kosten verbunden, da das benötigte Know-How i. d. R. erst eingekauft werden muss. Zum anderen kann eine Unternehmung die verschiedenen Aufgaben an Partner abgeben und so ein Netzwerk zur Planung, Umsetzung und Koordination eines weiteren Absatzkanals einsetzen. Unter einem **Unternehmungsnetzwerk** soll dabei im Folgenden die kooperative Bindung von mehr als zwei rechtlich selbstständigen, wirtschaftlich jedoch zu einem gewissen Grad abhängigen Unternehmungen verstanden werden.[34] Netzwerke haben dabei allgemein den Vorteil, dass bei ihrer Bildung nur solche Unternehmungen integriert werden, die auf den entsprechenden Aufgabenbereich spezialisiert sind. Die Zusammenstellung des Netzwerkes, die Koordi-

---

[34] Vgl. Borchert, S., 2001, S. 72.

nation innerhalb des neuen Absatzkanals und zwischen den bestehenden Absatzkanälen übernimmt ein **Systemkopf**. Wer dabei die Funktion des Systemkopfes übernimmt, ist von Fall zu Fall unterschiedlich. Im oben angeführten Beispiel wird die Unternehmung, die den neuen Absatzkanal in ihre Absatzkanalstruktur integrieren möchte, die Funktion des Systemkopfes übernehmen. Sie tritt dabei gegenüber dem Kunden „**one face to the customer**" auf, so dass dieser nicht zwangsläufig über die Existenz eines Netzwerkes im Hintergrundsystem informiert werden muss.

Die Realisation einer wie in Abbildung 10 dargestellten Wertschöpfungspartnerschaft ohne Systemkopf als zentrale Steuerungs- und Koordinationszentrale ist (fast) zwangsläufig zum Scheitern verurteilt.[35] Stellt die Nutzung eines Netzwerkes im Bereich der Realisation eines Multi-Channel-Systems eine Alternative zur Eigenerstellung dar, so wird diese im Rahmen des Multi-Composition-Marketing zur Lösung komplexer Konsumprobleme zwingend.

5. Vom Multi-Channel-Marketing zum Multi-Composition-Marketing

Das Konzept des Multi-Composition-Marketing soll an dieser Stelle als eine Antwort auf künftige Entwicklungen im Konsumentenverhalten verstanden werden. Dabei wird davon ausgegangen, dass Konsumenten künftig nicht mehr mit der Befriedigung einfacher Konsumprobleme (wie beispielsweise dem Wunsch nach einem Computer) zufrieden zu stellen sind, sondern komplexere Konsumprobleme (wie beispielsweise der Wunsch nach einer kompletten Multimediaanlage) gelöst wissen wollen. Kombiniert mit dem Wunsch der Konsumenten nach einem Multi-Channel-Marketing entsteht so das Konzept des Multi-Composition-Marketing, welches im Folgenden kurz dargestellt werden soll.

5.1 Komplexe Konsumprobleme

Ein komplexes Konsumproblem beschreibt den Wunsch des Konsumenten nach einer bestimmten **Problemlösung**, bestehend aus der Komposition verschiedener Produkte und Dienstleistungen. In jeder Branche gibt es vielfältige „komplexe" Konsumprobleme. So stellt der Wunsch nach einer adäquaten Multimediaausstattung bereits ein solches

---

[35] Vgl. Ahlert, D., 2001, S. 55.

Konsumproblem dar. Dies wird bei der Betrachtung der notwendigen Komponenten einer Multimediaausstattung deutlich. So werden beispielsweise ein TV, ein DVD-Player, eine Stereoanlage, ein Computer, die entsprechende Software, eine Raumverdunklung, verschiedene Handwerksleistungen und vieles mehr zur Lösung des komplexen Kundenproblems benötigt. Diese Bestandteile sinnvoll zu kombinieren und dem Kunden „wie aus einer Hand" zu liefern, stellt ein äußerst vielschichtiges Problem dar.[36] Abbildung 11 soll das komplexe Konsumproblem am Beispiel des Wunsches nach „Multimedia" verdeutlichen. Bei der Anzahl der in der Abbildung 11 dargestellten Teillösungen wird unmittelbar die Koordinationskomplexität des Systems ersichtlich. Um auf die Notwendigkeit eines Netzwerkes hinzuweisen, gilt es, die möglichen Koordinationsformen in der Konsumgüterdistribution einmal darzustellen.

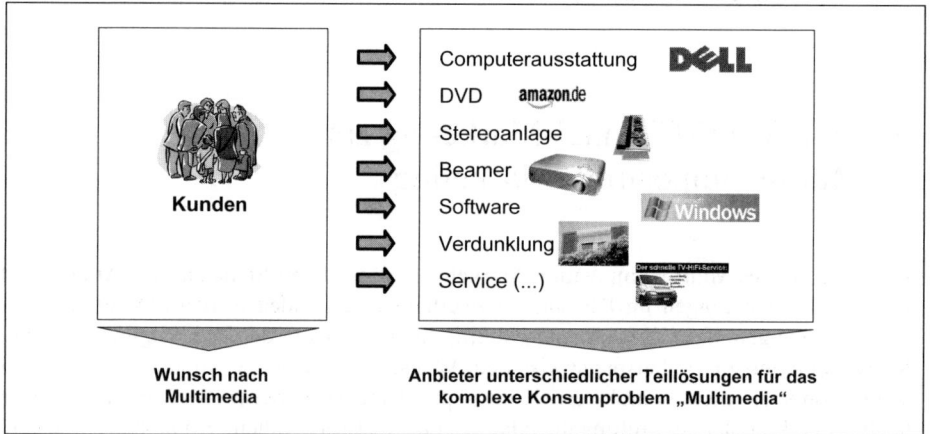

Abbildung 11:   Ausgewählte Bestandteile zur Lösung eines komplexen Konsumproblems am Beispiel einer Multimediaausstattung

Wie aus Abbildung 12 zu erkennen ist, lassen sich komplexe Angebotssysteme in drei Klassen einteilen:[37]

In **freien Systemen** vollzieht sich die Koordination durch (reine) Marktprozesse. Den Gegensatz dazu bilden **integrierte Systeme**, die durch eine hierarchische Koordination gekennzeichnet sind. Zwischen beiden rangieren **gebundene Systeme**, in denen die Akteure mehr oder weniger eng kooperieren. Für die Lösung komplexer Konsumprobleme können freie Systeme nur dann eine Lösung anbieten, wenn die Konsumenten Einzelleis-

---

[36] Vgl. Näheres dazu bei Ahlert, D., 2001, S. 25 ff.

[37] Vgl. Ahlert, D., 2001, S. 33 f.

tungen nachfragen und die Koordinationsleistung selbst erbringen. Werden ganze Leistungskomplexe nachgefragt, so sind einzelne Solitäre i. d. R. damit überfordert, die vielfältigen Leistungsbereiche kompetent und effizient zu erfüllen. Demgegenüber ist eine Vereinigung der verschiedenen Leistungsbereiche eines komplexen Konsumproblems in einem vertikal und horizontal integrierten, hierarchischen System nur bei relativ stabiler Nachfragesituation und bei hochgradig standardisierbaren Leistungskomplexen denkbar.

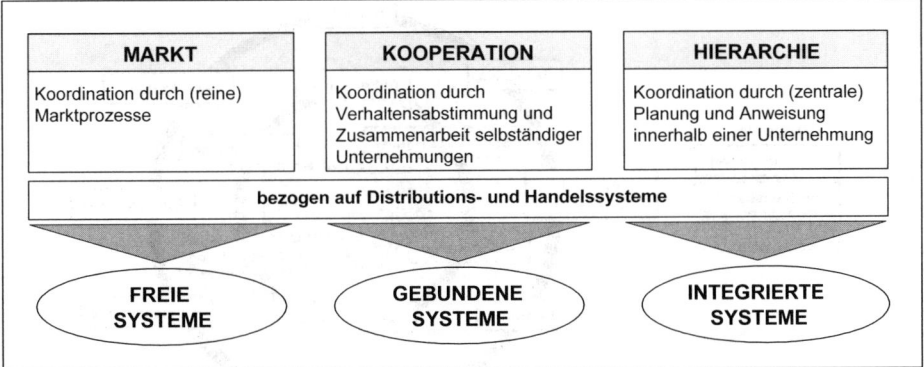

Abbildung 12: Alternative Koordinationskonzepte in der Konsumgüterdistribution
(Quelle: Ahlert, D., 2001, S. 33)

Kooperative Unternehmensnetzwerke, die zu den gebundenen Systemen zu zählen sind, können hingegen die Koordinationsleistung für den Konsumenten übernehmen und dem Wunsch der Lösung komplexer Konsumprobleme entsprechen. Eine wichtige Erfolgsvoraussetzung ist die **Existenz eines Systemkopfes**. Dieser übernimmt, wie in Kapitel 4 beschrieben, die Zusammenstellung des Netzwerkes, die Koordination der Netzwerkpartner und die kundenorientierte Interaktion mit dem Konsumenten. Zusätzlich sorgt der Systemkopf für eine Entlastung des gesamten Netzwerkes durch einen effizienzorientierten Versorgungshintergrund.

Durch das Lösungsangebot eines komplexen Konsumproblems kann es Unternehmungen künftig gelingen, sich im Wettbewerb zu profilieren und weitere Zahlungsbereitschaften beim Konsumenten abzugreifen.

5.2 Das Multi-Composition-Marketing

Im Rahmen des Multi-Composition-Marketing fließen die Zielsetzungen des Multi-Channel-Marketing mit denen zur Lösung komplexer Konsumprobleme der Konsumenten zusammen. Im Zentrum der Abbildung 13 steht, wie im Rahmen des Multi-Channel-Marketing bereits erwähnt, das komplexe Konsumproblem des Konsumenten. Dieses Konsumproblem geht über die Befriedigung des Kunden über verschiedene Beschaffungskanäle hinaus und integriert eine kundenspezifische Produktion bzw. Zusammenstellung der Leistung.

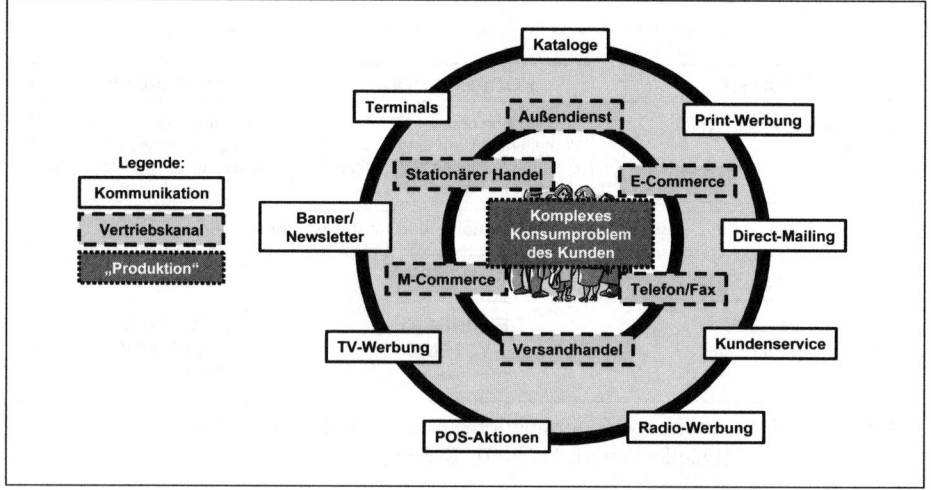

Abbildung 13:   Das Multi-Composition-Marketing zur Lösung komplexer Konsumprobleme (Quelle: Eigene Darstellung in Anlehnung an Schneider, D., 2002, S. 179)

Durch die Integration der Produktion bzw. der Zusammenstellung des Leistungsbündels erreicht das Multi-Composition-Marketing eine Komplexität, deren effiziente Bewältigung nur durch die Integration eines systemkopfgesteuerten Netzwerkes gelöst werden kann. Wie zuvor bereits verdeutlicht, übernimmt der Systemkopf die Koordination der verschiedenen Partner im Netz und tritt als Ansprechpartner gegenüber dem Verbraucher auf.

6. Ausblick und Schluss

In dem vorliegenden Beitrag wird deutlich, dass nur ein integrierter und koordinierter Einsatz verschiedener Absatzkanäle – verbunden mit einer **einheitlichen Markierung**

der einzelnen Kanäle – in den Augen der Konsumenten zu einem zusätzlichen Nutzen und so für die Unternehmung zu einem komparativen Konkurrenzvorteil führen kann. Durch die Kombination eines integrierten, kanalspezifischen Marketing gelingt es den Unternehmungen, ein abgestimmtes Erscheinungsbild über verschiedene Absatz- und Kontaktkanäle hinweg zu erreichen. Die Ergebnisse verschiedener Studien untermauern dabei die Wichtigkeit eines solchen Multi-Channel-Marketing. Die mit dem Einsatz eines Multi-Channel-Marketing verbundenen Vor- und Nachteile werden zwar derzeit überwiegend im Handel diskutiert, zeigen aber auch deutlich potenzielle Anwendungsmöglichkeiten für Hersteller. Bereits heute integrieren viele Hersteller das Internet in ihre bestehenden Absatz- und Kommunikationskanäle. Zu beachten ist jedoch, dass die Nutzung eines direkten Absatzkanals, wie beispielsweise des Internets und des Versandhandels, immer auch produktabhängig ist. Ein Lebensmittelhersteller wird seine Produkte unter Berücksichtigung der Kostenaspekte wohl auch künftig nicht direkt an den Verbraucher vor Ort liefern. Sie werden jedoch das Internet als Informations- und Kommunikationsmedium nutzen, um bestehende Absatzkanäle flankierend zu unterstützen.

Festgehalten werden kann, dass die zunehmende Verbreitung und Durchsetzung des Mediums Internet die Kombination verschiedener Absatzkanäle aus dem direkten und indirekten Bereich weiter vorantreiben wird. Integrierte, kanalübergreifende Warenwirtschaftssysteme werden es Unternehmungen künftig erlauben, den Kunden in verschiedenen Absatzkanälen zu identifizieren. „Das Internet macht eine völlig neue Qualität von Beziehungen zwischen Unternehmen und seinen Kunden möglich. Nicht die Technik, sondern der Freiraum, den diese Technik für unternehmerische Kreativität schafft, ist phantastisch".[38]

Literatur

AHLERT, D. (1996), Distributionspolitik: das Management des Absatzkanals, 3. Aufl., Stuttgart, Jena.

AHLERT, D. (1998), Anforderungen an Handelsinformationssysteme aus Nutzersicht – Auswertungspotentiale für das Handels- und Wertschöpfungsprozeß-Management, in: Ahlert, D., Becker, J., Olbrich; R., Schütte, R. (Hrsg.): Informationssysteme für das Handelsmanagement – Konzepte und Nutzung in der Unternehmenspraxis, Berlin, Heidelberg.

---

[38] Vgl. Eierhoff, K., 2002.

AHLERT, D. (2001), Integriertes Markenmanagement und kundengetriebenes Category Management in Netzwerken der Konsumgüterdistribution, in: Ahlert, D. (Hrsg.): Münsteraner Schriften zur Distributions- und Handelsforschung, Münster.

AHLERT, D. (2001), Integriertes Markenmanagement in kundengetriebenen Category Management-Netzwerken, in: Ahlert, D., Olbrich, R., Schröder, H. (Hrsg.): Jahrbuch Handelsmanagement 2001 – Vertikales Marketing und Markenführung im Zeichen von Category Management.

AHLERT, D., BORCHERT, S. (2000), Prozessmanagement im vertikalen Marketing – Efficient Consumer Response (ECR) in Konsumgüternetzen, Berlin, Heidelberg, New York.

AHLERT, D., KENNING, P., SCHNEIDER, D. (2000), Markenmanagement im Handel – Strategien – Konzepte – Praxisbeispiele, Wiesbaden.

AHLERT, D. (2001/2002), Implikationen des Electronic Commerce für die Akteure der Wertschöpfungskette, in: Ahlert, D., Becker, J., Kenning, P., Schütte, R. (Hrsg.): Internet & Co. im Handel – Strategien, Geschäftsmodelle, Erfahrungen, Berlin, Heidelberg, New York.

AHLERT, D., HESSE, J. (2002), CRM im Beziehungsnetz zwischen Hersteller, Handel und Konsument am Beispiel des kundengetriebenen Category Management, in: Ahlert, D., Becker, J., Knackstedt, R., Wunderlich, M. (Hrsg.): CRM im Handel – Strategien – Konzepte – Erfahrungen, Berlin, Heidelberg, New York.

AHLERT, D., EVANSCHITZKY, H., HESSE, J. (2002), Die Erfüllung von Kundenbedürfnissen als Determinante der Kundenzufriedenheit im e-shopping, in: Ahlert, D., Olbrich, R., Schröder, H. (Hrsg.): Jahrbuch Handelsmanagement 2002, Frankfurt am Main.

ARMBRUSTER, K, SCHOBER, F. (2002), Hybridstrategien im Multikanal-Vertrieb, in: WiST – Wirtschaftswissenschaftliches Studium – Zeitschrift für Ausbildung und Hochschulkontakt, 31. Jg., Heft 6, Juni 2002, S. 347-350.

AUER, S., KOIDL, R. (1997), Convenience Stores – Handelsformen der Zukunft, 1. Aufl., Frankfurt am Main.

BORCHERT, S. (2001), Führung von Distributionsnetzwerken, in: Ahlert, D., Creusen, U., Ehrmann, T., Olesch, G.(H.sg.): Unternehmenskooperationen und Netzwerkmanagement, Wiesbaden.

BORCHERT, S., WEHLING, M. (2002), Anreizkompatible Reorganisation von Unternehmen in ECR-Wertschöpfungspartnerschaften, in: Hartmann, M., Möhlenbruch, D. (Hrsg.): Der Handel im Informationszeitalter – Konzepte – Instrumente – Umsetzung, Wiesbaden.

DACH, C. (2002), Multichannel-Vertrieb – Vorteile überschätzt?, E-Commerce-Center Handel (ECC), www.ecin.de, Dortmund.

EIERHOFF, K. (2002), „Mehrkanal und digital", in: Innovationstag Handel 2002, Tagungsunterlagen EHI, Köln.

EVANSCHITZKY, H., HESSE, J. (2001), E-Zufriedenheit – unveröffentlichte Studie zum Thema „Zufriedenheit im Internet" am Institut für Handelsmanagement und Netzwerkforschung der Universität Münster.

GfK ONLINE MONITOR (2000/2001), Ergebnisse der 7. Untersuchungswelle, Nürnberg.

GRONOVER, S., RIEMPP, G. (2001), Kundenorientiertes Multi-Channel-Management – Konzepte und Techniken zur Einführung, Universität St. Gallen, St. Gallen.

JANZ, M., SWOBODA, B. (2001), Multi Channel Retailing – Die Chancen des integrierten Mehrkanalvertriebs, in: Praxis im Handel, 3/01.

MEFFERT, H. (2000), Marketing, Grundlagen marktorientierter Unternehmensführung Konzepte-Instrumente-Praxisbeispiele, 9., überarb. und erw. Aufl., Wiesbaden.

O.V. (1997), Nestlé will in Kinos und Stadien gehen, in: Frankfurter Allgemeine Zeitung, Nr. 236, 11. Oktober 1997, Frankfurt S. 20.

O.V. (2000), Mit 10-Punkte-Wertsteigerungsprogramm in die Zukunft, Pressemitteilung der Karstadt Quelle AG, 17.10.2000, www.karstadtquelle.com/presse/

SCHNEDLITZ, P., MADLBERGER, M. (2002), Multi-Channel-Retailing: Herausforderungen an die Logistik durch Hauszustellung, in: Ahlert, D., Olbrich, R., Schröder, H. (Hrsg.): Jahrbuch Handelsmanagement 2002, Frankfurt am Main, S. 317-337.

SCHNEIDER, D. (2001), Marketing 2.0 – Absatzstrategien für turbulente Zeiten, Wiesbaden.

SCHNEIDER, D. (2002), Multi-Kanal-Management: Der Kunde im Netzwerk der Handelsunternehmung, in: Ahlert, D., Becker, J., Knackstedt, R., Wunderlich, M. (Hrsg.): CRM im Handel – Strategien – Konzepte – Erfahrungen, Berlin, Heidelberg, New York, S. 31-45.

SCHÖGEL, M. (1998), Neue Vertriebswege – neue Herausforderungen, in: Der Markenartikel, 3/98, S. 72-83.

SCHÖGEL, M., SAUER, A. (2002), Multi-Channel Marketing – Die Königsdisziplin im CRM, in: Thexis – Fachzeitschrift für Marketing, 1/2002, CRM: Marketing- vs. IT-Based View, St. Gallen, S. 26-32.

SCHÖGEL, M., TOMCZAK, T. (2001), Alternative Vertriebswege als neue Option für das Distributionsmanagement – Ergebnisse einer empirischen Studie in der deutschen Lebensmittelbranche, in: Trommsdorff, V. (Hrsg.): Handelsforschung 2000/2001 – Kooperations- und Wettbewerbsverhalten des Handels, Köln.

TECTEM, (2001), Benchmarking-Projekt Multi Channel Marketing, TECTEM – Transferzentrum für Technologiemanagement, Universität St. Gallen, St. Gallen.

TOMCZAK, T., SCHÖGEL, M., BIRKHOFER, B. (1999), Online-Distribution als innovativer Absatzkanal, in: Bliemel, F, Fassott, G., Theobald, A. (Hrsg.): Electronic Commerce – Herausforderungen – Anwendungen – Perspektiven, 2., überarb. und erw. Auf., Wiesbaden, S. 128-146.

ZENTES, J., SCHRAMM-KLEIN, H. (2001), Multi-Channel-Retailing – Ausprägung und Trends, in: Hallier, B. (Hrsg.): Praxisorientierte Handelsforschung, Köln.

Christian Böing, John Jullens, Marc Falko Schrader

Customer Relationship Management im Multikanalvertrieb

1   Customer Relationship Management als Herausforderung im Multikanalvertrieb
2   Grundlagen und Herausforderungen des Customer Relationship Management im Multikanalvertrieb
   2.1   Grundlagen des Customer Relationship Management
      2.1.1   Definition des Customer Relationship Management
      2.1.2   Ziele und Charakteristika des Customer Relationship Management
      2.1.3   Aufgabenfelder des Customer Relationship Management
   2.2   Herausforderungen an das Customer Relationship Management
      2.2.1   Integration der Interaktionskanäle
      2.2.2   Vermeidung von Channel Conflicts
3   Der Customer Relationship Management-Prozess im Multikanalvertrieb – der Ansatz von BBDO Consulting
   3.1   Klassische Fehler bei der Customer Relationship Management – Einführung als Ausgangspunkt
   3.2   Phasen des Customer Relationship Management-Prozesses im Multikanalvertrieb
      3.2.1   Der Prozess im Überblick
      3.2.2   Phase der Potenzialschätzung und Zielformulierung
      3.2.3   Phase der Analyse von Erfolgstreibern
      3.2.4   Phase der Segmentierung und Leistungsgestaltung
      3.2.5   Phase der Integration und Lifetime Value-Bestimmung
      3.2.6   Phase der Pilotierung
      3.2.7   Phase des Roll-out und Change Management
4   Zusammenfassung und Ausblick

1. Customer Relationship Management als Herausforderung im Multikanalvertrieb

An vielen Stellen in Literatur und Unternehmenspraxis wurde in der Vergangenheit darüber berichtet, dass sich im Marketing eine Neuorientierung vom Transaktionsmarketing in Richtung des Relationship Marketing vollzogen hat.[39] Während im **Transaktionsmarketing** der Schwerpunkt tendenziell auf der kurzfristigen Erhöhung der Neukundenanzahl, der Leistungserstellung und ökonomischen Größen, wie Umsatz und Deckungsbeitrag, liegt, stellt das Relationship Marketing den Aufbau und die Pflege individueller Kundenbeziehungen in den Mittelpunkt des Handelns.[40] Das **Relationship Marketing** stellt somit den Kunden und nicht die angebotene Leistung in den Vordergrund der Aktivitäten eines Unternehmens, konzentriert sich gleichermaßen auf die Aufgaben Kundenakquisition, Kundenbindung und Kundenrückgewinnung und betrachtet neben den ökonomischen Größen, wie Umsatz, Kosten, Gewinn und Deckungsbeitrag, zusätzlich kundenindividuelle Größen, wie den Kundendeckungsbeitrag und den Kundenwert. Ein besonderer Beitrag für das Umdenken vom Transaktionsmarketing in Richtung Relationship Marketing ging von den **Studien der Forscher Reichheld/Sasser** aus. Reichheld/Sasser veröffentlichten Anfang der 90er-Jahre die zentralen Ergebnisse einer branchenweiten Studie in den USA, wonach eine Verminderung der Abwanderungsrate um 5 % Prozent Gewinnsteigerungen zwischen 25 und 85 % zur Folge hat.[41] Darüber hinaus lieferten sie den empirischen Beweis, dass die kundenbezogenen Transaktionskosten zwischen dem ersten und zweiten Jahr der Unternehmen-Kunde-Beziehung um ca. 60 % sinken.

Durch die Studien von Reichheld/Sasser wurde erstmals sehr plakativ verdeutlicht, dass Kunden für ein Unternehmen in unterschiedlichen **Beziehungsphasen** eine unterschiedliche ökonomische Bedeutung besitzen können.[42] Folglich sollte aus Unternehmenssicht nicht die einzelne Transaktion mit einem Kunden im Fokus der Betrachtung stehen, sondern ausschließlich die Kombination von verschiedenen Transaktionen in Richtung einer ganzheitlichen Betrachtung der einzelnen Kundenbeziehung.

---

[39] Vgl. bspw. Bruhn, M., 2001, S. 1 ff.; Meffert, H., 2002, S. 1 f.; Reinecke, S., Sausen, K., 2002, S. 2 f.

[40] Vgl. Bruhn, M., 2001, S. 12 f.

[41] Vgl. Reichheld, F. F., Sasser, W. E., 1990, S. 110.

[42] Eine zwangsläufige Relation zwischen den einzelnen Beziehungsphasen und Loyalität kann nicht unterstellt werden. Vgl. Rigby, D., Reichheld, F.F., Schefter, P., 2002, 56, f.f.

Parallel zum Wandel vom Transaktionsmarketing zum Relationship Marketing setzte eine rasante Entwicklung im Bereich der Informations- und Kommunikationstechnologie ein, die eine effiziente computergestützte Verwaltung umfangreicher Kundendaten erstmals sowohl für große als auch für kleine Unternehmen ermöglichte. Gestützt wurde diese Entwicklung vom dynamischen Wachstum zahlreicher Softwareanbieter, die sich auf die Entwicklung spezialisierter Software für das Management der Kundenbeziehung per Datenbank bzw. Computer konzentriert hatten. Des Weiteren war der Trend festzustellen, dass immer mehr Unternehmen den direkten Kontakt zum Kunden an die Absatzmittler verloren hatten. Durch die steigende Bedeutung und den damit einher gehenden schnellen Aufbau von **Call-Center**-Kapazitäten sowie von konsumentengerichteten **Internetsites** war es vielen Unternehmen seit Anfang der 90er-Jahre erstmals wieder möglich, vergleichsweise günstig in **direkten Kontakt zum Endkonsumenten** zu kommen. Durch diese technischen Entwicklungen war der Begriff Customer Relationship Management – vereinfacht: das technologiegestützte Management der Kundenbeziehung – geboren.

Vor dem Hintergrund der aufgezeigten Entwicklungen verwundert es nicht, dass nach einer Studie der Meta Group die durchschnittlichen **CRM-Gesamtinvestitionen** im Jahr 1999 pro Unternehmen in Deutschland bereits 1,8 Mrd. Euro betrugen, in den USA lag diese Zahl im Jahr 1999 bei 3,1 Mrd. Dollar.[43] Darüber hinaus wird der Markt für CRM-Lösungen weltweit für das Jahr 2002 auf 9,2 Mrd. Euro geschätzt. Obwohl das Wachstum des CRM-Marktes eine große Euphorie über die Potenziale von CRM suggeriert, ist die anfängliche Euphorie jedoch mittlerweile allenthalben einer hohen Frustration gewichen. Glaubt man den zahlreichen Veröffentlichungen zu diesem Themengebiet, liegen mittlerweile ein Dutzend Studien vor, die belegen, dass zwischen 20 und 80 % der CRM-Projekte scheitern bzw. dass mindestens 30 % der Unternehmen mit ihren CRM-Lösungen und -Ergebnisse bislang unzufrieden sind.[44] Diese empirischen Ergebnissen illustrieren in eindrucksvoller Weise, dass den Chancen von CRM offenbar erhebliche Risiken gegenüberstehen.

Im Zusammenhang mit der **Thematik des Multikanalvertriebs** gewinnt CRM eine besondere Bedeutung. Auf den ersten Blick scheint der Ansatz des CRM eine viel versprechende Lösung zur Koordination der unterschiedlichen Absatzwege zu sein. Durch eine Vernetzung der Absatzwege mittels einer gemeinsamen CRM-Software sind die infra-

---

[43]   Vgl. Meta Group , 2002.

[44]   Vgl. stellvertretend o.V., 2002a, Gartner, Inc., 2001, Büning, 2002, S. 44; Sapient/Lehrstuhl Marketing & Handel Universität Essen, 2002, S. 16. Es ist jedoch hinzuzufügen, dass den genannten Studien eine sehr unterschiedliche Operationalisierung des „CRM-Erfolges" zugrunde liegt. So wird häufig danach gefragt, ob mittels der CRM-Maßnahmen die vorab gesetzten Ziele umfassend erreicht wurden. Diese Frage führt dann dazu, dass mehr als zwei Drittel der befragten Unternehmen antworten, sie hätten die gesetzten Ziele nur teils, nicht oder überhaupt nicht erreicht. Auf ein vollständiges Scheitern der Projekte bei den Antwortenden darf jedoch durch die genannten Antwortenkategorien genau genommen nicht geschlossen werden.

strukturellen Voraussetzungen gegeben, kanalübergreifende Marketingmaßnahmen durchzuführen. CRM kann dabei die Speicherung nahezu aller relevanten Kundenkontakte auf Individualbasis implizieren. Somit stünde ein wirksames Instrument zur Verfügung, interessante Verhaltensweisen der Kunden im Zusammenhang mit Multikanalsystemen zu erkunden und den Vertriebswege-Mix gezielt für unterschiedliche Angebote und Interaktionsmuster einzusetzen. Die **Softwareindustrie** hat die kurz skizzierten Potenziale einer Verknüpfung von CRM auf der einen Seite und dem Multikanalvertrieb auf der anderen Seite bereits erkannt. Entsprechend bietet mittlerweile eine Vielzahl von Unternehmen CRM-Software an, die eine Integration verschiedener Absatzkanäle in einem Softwaresystem erlaubt.[45] Demgegenüber finden sich in der wirtschaftswissenschaftlichen **Literatur** bislang nur ausgesprochen wenige Beiträge, die sich gleichzeitig den Themen Multikanalvertrieb und CRM widmen.

Vor diesem Hintergrund ist es das **Ziel dieses Beitrages**, einen ersten grundlegenden Beitrag zum Thema „Customer Relationship Management im Multikanalvertrieb" vorzulegen. Dazu werden zunächst im zweiten Abschnitt die Grundlagen des CRM erörtert, um einen detaillierten Einstieg in die Thematik zu finden. Anschließend können dann die zentralen Problembereiche bzw. Herausforderungen erörtert werden, die sich bei der Planung, Einführung und Umsetzung des Multikanal-CRM ergeben. Im dritten Abschnitt soll dann ein fundierter Managementprozess zur Implementierung eines erfolgreichen CRM-Ansatzes vorgestellt werden. Dieser Prozess baut konsequent auf Erkenntnissen aus fehlgeschlagenen CRM-Projekten auf, so dass zunächst eine umfassende Erörterung „klassischer Fehler" bei der Einführung und Umsetzung von CRM erfolgt. Daraufhin werden die einzelnen Prozessphasen im Überblick sowie jeweils sehr detailliert dargestellt. Die Ausführungen schließen mit einer kurzen Zusammenfassung und einem Ausblick.

2. Grundlagen und Herausforderungen des Customer Relationship-Management im Multikanalvertrieb

2.1 Grundlagen des Customer Relationship Management

2.1.1 Definition des Customer Relationship Management

„Customer Relationship Management (CRM)" hat sich vom einfachen Schlagwort, das es noch in den 90er-Jahren des vergangenen Jahrhunderts war, hin zu einer ernstzuneh-

---

[45]   Vgl. hierzu bspw. o.V., 2002b, S. 1.

menden **Managementkonzeption** entwickelt. Die Akzeptanz des CRM zeigt sich dabei nicht nur an den zahlreich anzutreffenden Publikationen, Vorträgen oder Kongressen zu diesem Themengebiet. Noch viel stärker verdeutlicht die Bedeutung des CRM für die Unternehmenspraxis die Tatsache, dass sich in etlichen Firmen eigene CRM-Abteilungen konstituiert und **etabliert** haben.

Obschon letztlich der dynamische Fortschritt im Bereich der IuK-Technologie die Entstehung von CRM überhaupt erst ermöglicht hat, wäre es fatal, CRM als reines IT-Konzept aufzufassen. Bedauerlicherweise ist genau das häufig zu beobachten. In solchen Fällen wird CRM mit einer Bezeichnung für Software gleichgesetzt. Die zentrale Herausforderung besteht dabei lediglich in der Auswahl und Implementierung des entsprechenden Softwaresystems (sog. **enges Begriffsverständnis von CRM**).[46] Einer derart verkürzten Auffassung von CRM setzen einige Autoren jedoch ein **weiter gefasstes Begriffsverständnis** entgegen: Customer Relationship Management wird dabei als kundenzentrierte Managementkonzeption verstanden, die mit informations- und kommunikations-technologischer Unterstützung die systematische Erfassung, Aufbereitung und Verwendung von Kundeninformationen zum Zwecke des Aufbaus und der Pflege individualisierter und langfristig profitabler Kundenbeziehungen verfolgt.[47] Im Fokus steht somit der **direkte Kontakt zum Kunden**. Die CRM-Maßnahmen von Unternehmen richten sich dabei in **Business-to-Business-Märkten** an industrielle Abnehmer. In **Business-to-Consumer-Märkten** richten sich die CRM-Maßnahmen hingegen direkt an den Endkonsumenten. Besitzt ein Unternehmen sehr viele Kunden und/oder ergeben sich sehr viele (potenzielle) Customer-Touch-Points, ist der Einsatz von CRM nur durch **technologischen Einsatz** zu gewährleisten. Deshalb kann der Einsatz von Informations- und Kommunikationstechnologie als eine notwendige, aber bei weitem nicht als eine hinreichende Bedingung für erfolgreiches CRM angesehen werden.

Dieses Verständnis von CRM legt nahe, dass sich CRM bei weitem nicht für jedes Unternehmen bzw. für jede Produktkategorie eignet. So ist es bspw. von entscheidender Bedeutung, ob die Kaufentscheidung vor allem aus rationalen oder aus emotionalen Beweggründen getroffen wird. Es ist davon auszugehen, dass Produkte, die ausschließlich auf Basis sehr rationaler Entscheidungen gekauft werden, weniger für CRM geeignet sind, da letztlich nur die objektiven Produkt- bzw. Leistungsmerkmale ausschlaggebend für die Kaufentscheidung sind. Der gezielte Einsatz von Call-Centern, Mailings, Internet etc. wird nur einen verschwindend geringen Beitrag für die Kaufentscheidung besitzen. Demgegenüber kann CRM bei Produkten, bei denen **emotionale Aspekte** eine große Rolle spielen, sehr wohl eine große Bedeutung beigemessen werden. Bei diesen Produkten/Leistungen können Einflussfaktoren, die im Grunde nicht im unmittelbaren Zusammenhang mit der tatsächlichen Produktleistung stehen, großen Einfluss besitzen. Zu

---

[46] Bruhn, M., stellt ebenfalls fest, dass „in vielen Fällen eine informationstechnische Lösung im Fokus [steht]". Vgl. Bruhn, M., 2001, S. VI.

[47] Ein ähnliches Verständnis zeigt Sexauer. Vgl. Sexauer, H., 2002, S. 221.

denken ist bspw. an die Automobilkaufentscheidung, bei der Emotionen einen großen Einfluss besitzen. Reduziert man die Automobilkaufentscheidung ausschließlich auf die technische Qualität der Produkte, dürfte sich angesichts der zunehmenden technischen Angleichung ein Preispremium für keine Marke im Markt durchsetzen lassen. De facto besitzen jedoch die Positionierung der Marke und sog. kritische Ereignisse (z. B. eine durch CRM-Maßnahmen initiierte Probefahrt) eine enorm große Bedeutung für den Kauf. Des Weiteren ist CRM tendenziell nur für **High-Involvement-Produkte** von Bedeutung, denn für Low-Involvement-Produkte sind Dialogmaßnahmen für Konsumenten in der Regel nicht relevant. Im engen Zusammenhang steht damit die Tatsache, dass sich CRM nur bei Produkten einsetzen lässt, die einen ausreichend hohen **Deckungsbeitrag** besitzen, denn bei Gütern mit sehr geringem Deckungsbeitrag, können die durch die CRM-Maßnahmen entstehenden Kosten i. d. R. nicht gedeckt werden.

2.1.2 Ziele und Charakteristika des Customer Relationship Management

Grundsätzlich soll CRM dazu beitragen, den **Unternehmenswert** (Shareholder Value) durch Maximierung des **Kundenwertes** (Customer Lifetime Value) der einzelnen Kunden zu steigern. Der Kundenwert eines einzelnen Kunden bezeichnet dabei – in Anlehnung an die Investitionstheorie – alle auf den Betrachtungszeitpunkt diskontierten Ein- und Auszahlungen, die im Laufe des Beobachtungszeitraumes (Länge der Kundenbeziehung) anfallen. Der maximal denkbare Kundenwert wird dann erzielt, wenn alle im Rahmen des Kundenlebenszyklusses fälligen Beschaffungsvorgänge bei dem jeweiligen Unternehmen vorgenommen werden. Übersetzt in eine detailliertere Sichtweise sind mit dem Einsatz von CRM i. d. R. die folgenden zentralen Ziele verbunden:[48]

■ **Kosteneffektive Akquisition neuer Kunden:**
  Durch CRM-Maßnahmen sollen gezielt neue Kunden angesprochen werden, um letztlich Umsatz, Gewinn und Marktanteil zu steigern.
■ **Erhöhung des Umsatzes pro Bestandskunden:**[49]
  Wurde ein Kunde gewonnen, so soll CRM einerseits dazu beitragen, die Zeit zwischen Kauf und Wiederkauf zu verringern und somit die Kauffrequenz zu erhöhen. Andererseits soll sog. Up-Selling erreicht werden, d.h. dass der Kunde beim Wiederkauf auf teurere Produkte mit höherem Deckungsbeitrag aus dem eigenen Sortiment zurückgreift. Ferner soll CRM dazu beitragen, das Cross-Selling zu erhöhen, d. h. dass einem gewonnenen Kunden weitere unterschiedliche Produkte verkauft werden.

---

[48]   Vgl. hierzu auch Rapp, R., 2000, S. 37. Rapp allerdings nennt die Rückgewinnung nicht als Ziel von CRM.

[49]   Vgl. hierzu auch Schneider, D., 2002, S. 35.

■ **Steigerung der Loyalität bei Bestandskunden:**
Wurde ein Kunde gewonnen, ist es das Bestreben, durch CRM diesen Kunden zum fortwährenden Wiederkauf zu bewegen, d. h. vom Kauf von Konkurrenzprodukten abzuhalten.

■ **Rückgewinnung ehemaliger Kunden:**
Häufig werden Kunden, die zur Konkurrenz abgewandert sind, von Unternehmen nicht mehr angesprochen, da viele Unternehmen diese Kunden als „für immer verloren" einstufen. Die Praxis zeigt jedoch, dass häufig diese Kunden sehr wohl zurückzugewinnen sind. Durch CRM soll demnach versucht werden, diese Kunden wieder aktiv anzugehen und zurückzugewinnen.

Diese konzeptionelle Einschätzung der Ziele von CRM weist eine hohe Deckungsgleichheit mit den Vorstellungen seitens der Unternehmenspraxis auf. In einer empirischen Studie nannten Unternehmensvertreter als bedeutendste Ziele des CRM-Einsatzes „Erhöhung Kundentreue", „Erhöhung Kundenzufriedenheit", „Erhöhung Kundenwert" sowie „Verbesserung Kundenkontaktqualität".[50] Die Studie offenbart des Weiteren, dass die wenigsten Praxisvertreter mit CRM die konsequente Senkung von Kosten verbinden. Es ist jedoch darauf hinzuweisen, dass bezüglich der aufgeführten Zielkategorien sowohl zwischen den Branchen als auch innerhalb einer Branche erhebliche Unterschiede festzustellen sind.[51]

2.1.3 Aufgabenfelder des Customer Relationship Management

Sowohl in der CRM-Praxis als auch in der CRM-Theorie wird i. d. R. eine Trennung in verschiedene Aufgabenfelder des CRM vorgenommen, indem zwischen Analytischem, Operativen und Kommunikativem CRM unterschieden wird. Dieser Trennung folgend sollen nun diese wesentlichen Bereiche kurz skizziert werden.

Strategische CRM-Planungen setzen eine fundierte Analyse des Kauf- und Kundenverhaltens voraus.[52] Diese Aufgabe erfüllt das **Analytische CRM**. Bei entsprechender Effektivität und Effizienz können in einer unternehmensweiten Datenbank sämtliche Kundenkontakte und -informationen, die über die Interaktionskanäle gesammelt und über das sog. Front Office[53] weitergegeben wurden, systematisch aufgezeichnet und abgelegt

---

[50]   Vgl. Sapient u. a., 2002, S. 14. Auffallend ist allerdings, dass bei der Nennung einzelner Ziele keine Trennschärfe erzielt wird. So werden Ziele, die in einem kausalen Zusammenhang zueinander stehen (z. B. „Kundenzufriedenheit" zu „Kundentreue", „Kundentreue" zu „CLV") und daher zu subsumieren wären, gleichberechtigt nebeneinander aufgeführt.

[51]   Vgl. Sapient u. a., 2002, S. 21.

[52]   Vgl. Zipser, A., 2000, S. 43.

[53]   Als Front-Office gelten Anwendungen für den direkten Kundenkontakt in u.a. Vertrieb und Service, so beispielsweise Call-Center-Systeme. Vgl. auch 2.3.2.

werden.[54] Abrufbar sind beispielsweise Kanalpräferenzen und Kaufwahrscheinlichkeiten pro Kunde, die in Kundenwert-Betrachtungen einfließen können.[55] Wesentliches Element ist dabei das Data Warehouse, das Management und einzelne Abteilungen durch die Ausgabe von Berichten und Auswertungen unterstützt. Das Data Warehouse kann einen kritischer Erfolgsfaktor darstellen, weil es dasjenige Instrument ist, das die Vielzahl der Kundensignale aufzunehmen und zu interpretieren in der Lage sein sollte.[56] Flankierend zum Data Warehouse können *Online Analytical Processing (OLAP)* und *Data Mining* eingesetzt werden. OLAP-Softwaretools generieren aus dem Data Warehouse tabellarische oder grafische Reports als Beschreibung des Ist-Zustands. Demgegenüber untersucht Data Mining die Interdependenzen zwischen den abgelegten Informationen und ist somit in der Lage, neue Zusammenhänge herzustellen (z. B. welche Kunden reaktiviert werden sollten). Während OLAP also Antworten auf die Frage des „Was?" liefert, beantwortet Data Mining die Frage nach dem „Warum?".[57]

Zum **Operativen CRM** zählen die Anwendungen des Front-Office-Bereichs, die das Unternehmen im direkten Kontakt mit dem Kunden unterstützen. Deshalb gehören Lösungen zur Marketing-, Sales- und Service-Automation zu diesem Bereich.[58] Call-Center- oder Sales-Force-Automation-Tools helfen, Aktivitäten des direkten Kundenkontaktes zu automatisieren. Dabei bilden Analytisches CRM und Operatives CRM idealerweise einen Regelkreis, der auch „Closed Loop-Ansatz" genannt wird. Das operative System generiert die Daten des Kunden und führt sie dem analytischen System zu, das sie aufbereitet, interpretiert und als Erkenntnis bzw. Verbesserung wiederum die operativen Systeme nährt.[59] Handlungsfeld des **Kommunikativen CRM** ist die bereits beschriebene Notwendigkeit zur Integration der Interaktionskanäle.[60] Dementsprechend ist das Ziel des Kommunikativen CRM, alle Interaktionskanäle zu synchronisieren und somit auch organisatorisch ein „one-face-to-the-customer" sicherzustellen. Hierzu schlagen *Gawlik/Kellner/Seifert* die Einrichtung eines *Customer Interaction Centers (CIC)* vor.[61] In diesem sollen sämtliche Interaktionskanäle zusammenlaufen. Ausgangsbasis kann das Call-Center darstellen, dessen technische Ausstattung in den meisten Fällen eine Erweiterung zum CIC problemlos erlaubt.

---

[54] Vgl. Bauer, H. H., Grether, M., 2002, S. 7.

[55] Vgl. Zipser, A., 2000, S. 43.

[56] Für eine ausführliche Beschreibung der Funktion eines Data Warehouses vgl. Stengl, B., Sommer, R., Ematinger, R., 2001, S. 65-88.

[57] Vgl. ausführlicher Gawlik, T., Kellner, J., Seifert, D., 2002, S. 44 ff.

[58] Vgl. Bauer, H. H., Grether, M., 2002, S. 7 sowie ausführlich Gawlik, T., Kellner, J., Seifert, D., 2002, S. 46 ff.

[59] Vgl. Zipser, A., 2000, S. 46.

[60] Vgl. Abschnitt 2.2.1.

[61] Vgl. Gawlik, T., Kellner, J., Seifert, D., 2002, S. 57 ff.

2.2 Herausforderungen an das Customer Relationship Management

2.2.1 Integration der Interaktionskanäle

Der Multikanalvertrieb stellt Unternehmen vor die Frage, wie die einzelnen, evolutionär entstandenen Interaktionskanäle[62] zu koordinieren und aufeinander abzustimmen sind, denn der Kunde erwartet, dass der Anbieter individuell auf ihn eingeht und ihm adäquate Angebote offeriert – unabhängig vom gewählten Interaktionskanal. Die Erarbeitung eines alle Absatzkanäle synchronisierenden CRM-Konzeptes stellt jedoch grundsätzlich eine anspruchsvolle – und für eine Vielzahl von Unternehmen nur schwer zu realisierende – Aufgabe dar. Es verwundert daher nicht, dass die Interaktionskanäle vieler Anbieter als autonome Einheiten parallel nebeneinander und nicht integriert geführt werden. Die Folge ist eine Koexistenz, aber keine Konvergenz der Dialogwege zum Kunden. Diese Koexistenz bliebe dann ohne weitere Konsequenzen, ...

- ... wenn der Konsument immer nur ein und denselben Interaktionskanal benutzen würde. Tatsächlich ist häufig aber das Gegenteil der Fall. In Deutschland bewegen sich zahlreiche Kunden vor dem Einkauf in vier bis fünf unterschiedlichen Absatzkanälen.[63] Im Automobilbereich ist bspw. nicht selten eine Situation anzutreffen, bei der sich ein Konsument an der Kunden-Hotline (per Call-Center) für die Probefahrt eines bestimmten Fahrzeugtyps interessiert, so dass der Call-Center-Agent den ortsansässigen Handel einschaltet. Werden die Daten nicht per Datenbank übertragen, kann es passieren, dass der Konsument die falschen Fahrzeug-Prospekte zugeschickt bekommt, der Kunde zu einer Probefahrt mit einem Fahrzeug aus einer anderen Fahrzeugklasse eingeladen und anschließend vom Bereich Direct Sales oder Finance Office kontaktiert wird, um ein Leasingangebot (für das falsche Fahrzeug) bekannt zu geben. Die Vermutung liegt nahe, dass gerade bei „High Interest" bzw. „High Involvement"-Gütern, deren Kauf ein extensiver Entscheidungsprozess vorausgeht, Channel Hopping sehr häufig als typisches Konsumentenverhalten anzutreffen sein wird.

- ... wenn der Konsument den Asynchronismus der Interaktionskanäle nicht weiter wahrnähme. Davon ist allerdings keinesfalls auszugehen, sondern das Gegenteil ist oft der Fall: Mit dem Kunden kommunizieren unterschiedliche Abteilungen und somit unterschiedliche Personen. Der Kunde hat unterschiedlichste Produktwünsche und er nutzt unterschiedlichste Kommunikationskanäle und

---

[62] Interaktionskanäle sind die Zugangswege des Kunden zum Unternehmen, die den bidirektionalen Leistungs-, Informations-, Meinungs- und Erfahrungsaustausch sicherstellen. Zu den geläufigsten zählen Telefon, Fax und Brief („white mail").

[63] Vgl. Cambridge Technology Partners, 2002.

hinterlässt „überall" kleinere oder größere Informationen über sich und seine Konsumpräferenzen. Der Kunde ist dann in vielen Fällen enttäuscht, wenn diese Informationsfragmente beim Unternehmen nicht zentral zusammenlaufen und die beteiligten Instanzen über einen extrem heterogen und zudem unvollständigen Informationsstand verfügen. Dieses Anspruchsdenken der Kunden[64] und damit auch die Erwartung, individuell behandelt zu werden, wird vermutlich weiter zunehmen.[65] Insbesondere, wenn es immer mehr Unternehmen gelingt, dieser Herausforderung gewachsen zu sein, steht das CRM hier vor der Aufgabe, dem zunehmenden Individualitätsstreben der Kunden mit einer personalisierten Leistungserbringung und -kommunikation zu entsprechen.

Es ist folglich unstrittig, dass zur Sicherstellung von CRM die Interaktionskanäle aufeinander abzustimmen sind und für den Abnehmer eine Einheit ergeben müssen. Gelingt dies nicht, droht dem Anbieter schlimmstenfalls die Abwanderung des Kunden. Damit wäre die zentrale Maßgröße für den CRM-Erfolg, der Kundenwert, nur suboptimal ausgeschöpft.

Durch die isolierte Behandlung der Interaktionskanäle liegen relevante Kundeninformationen lediglich in der Hand einzelner Kundenkontaktwege. Gefördert wird diese Situation, wenn jeder Zugangsweg eine eigene Datenbank besitzt. Wichtige Kundeninformationen, die der Call-Center-Mitarbeiter im Zuge des Telefonats erfasst, fließen somit in eine andere Datenbank ein als die Daten, die derselbe Kunde beim Besuch der Unternehmens-Website hinterlässt.[66] Darüber hinaus befinden sich nicht immer alle Interaktionskanäle in der Hoheit des Unternehmens (z. B. beim Franchising). Somit gibt es keine Garantie, dass an einem bestimmten Kundenkontaktpunkt aufgenommene Daten auch tatsächlich über alle Kanäle hinweg zur Verfügung stehen. Die Konsequenz dieser dezentralisierten Erfassung von Kundendaten/-informationen ist u. a., dass keine vollständige, lückenlose und kanalübergreifende Kenntnis von der Historie der Kundenbeziehung (Customer Relationship History) existiert.

---

[64] Vgl. Abschnitt 2.1.

[65] Diese Einschätzung wird durch eine Befragung bestätigt. Darin zeigen sich 85% der Führungskräfte überzeugt, dass die Verbraucher immer besseren Kundenservice voraussetzen werden. Vgl. o.V., 2002.

[66] Vgl. o.V., 2002. Hobmeier spricht in diesem Zusammenhang auch von einem „Wildwuchs von Datenbanken". Hobmeier, M., 2001, S. 38.

2.2.2 Vermeidung von Channel Conflicts

(1) Channel Conflicts als Chance und Risiko für den Anbieter

Konflikte innerhalb des Distributionssystems eines Anbieters drohen für den Fall aufzutreten, in dem mehrere Interaktionskanäle mit einem nahezu identischen Leistungsangebot um dieselbe Kundengruppe konkurrieren. Kanäle, die ihr Zielkundensegment bislang gleichsam exklusiv belieferten und nun einen konkurrierenden Zugangsweg fürchten müssen, fühlen sich in ihren Grundfesten angegriffen. Dabei kann dieser „Angriff" sowohl durch neue, gleichgestellte Absatzmittler („neue Intermediäre") als auch durch den Anbieter selbst erfolgen, indem er die Absatzmittler durch den Aufbau eines eigenen Vertriebskanals (z. B. Internet, Call-Center, Direct Mail) umgeht („Disintermediation"). Insbesondere für die Disintermediation mangelt es nicht an prominenten Beispielen, seit viele Unternehmen das Internet als zusätzlichen Distributionsweg identifiziert haben. Zu denken ist bspw. an die bekanntesten Beispiele Levi's Jeans und Sony. Beide Unternehmen hatten eine E-Commerce-Website aufgebaut und ihre Produkte über das Internet dem Endkunden angeboten und somit ihre Absatzmittler extrem verärgert.

Channel Conflicts bergen für den Anbieter, abhängig vom Machtgefüge innerhalb des Absatzsystems, nicht unerhebliche Gefahren. Der betroffene Interaktionskanal vermag sich seinerseits z. B. durch Auslistung von Produkten gegen die neue Distributionsaufteilung zu wehren. So weit ist es im Fall des **Sportartikelherstellers Nike** zwar nicht gekommen. Doch als dieser ankündigte, sog. „NikeTown Superstores" in Eigenregie zu eröffnen, kam es zu massiven Protesten vor allem seitens der umsatzstarken Handelsketten. Durch Zugeständnisse, wie z. B. besondere Liefervereinbarungen, ist es Nike später gelungen, die Kanäle zu Kooperation statt Konfrontation zu bewegen. Auftretende Konflikte zwischen den Wertschöpfungspartnern stellen folglich nicht zwangsläufig einen Partner schlechter als den anderen. Sie können, wie das Beispiel von Nike beweist, auch zu einer neuen Qualität und damit auch Profitabilität der Geschäftsbeziehung führen, wenn sie konstruktiv und mit gegenseitigem Commitment zur weiteren Zusammenarbeit ausgetragen werden.

(2) Ursachen von Channel Conflicts

Channel Conflicts sind bereits im Vorfeld zu erkennen, um sie proaktiv steuern zu können. Anbieter, die die Neugestaltung ihres Distributionssystems in Erwägung ziehen, sollten für die im Folgenden aufgeführten Entscheidungsfelder mit besonderem Konfliktpotenzial sensibilisiert sein.[67]

---

[67]   Vgl. hierzu ausführlich van Camp, F., 2001. Van Camp trifft eine Unterscheidung in *interne* und *externe Konflikte*, der hier jedoch aufgrund mangelnder Trennschärfe nicht weiter gefolgt wird.

Preispolitisch bedingte Konflikte

Häufig ursächlich für Spannungen zwischen den Interaktionskanälen sind Preisdifferenzen.[68] Insbesondere bei der Aufnahme von Onlinekanälen in den Zugangswege-Mix eines Anbieters sind unterschiedliche Preispolitiken zu beobachten. Vor allem das Preisniveau von Waren und Leistungen, die über das Internet vertrieben werden, liegt oftmals unter dem von Offlinekanälen. Beispielsweise kosten Reisen und Hotels im Internet bis zu 20 % weniger als in Reisebüros.[69] Dies kann durch enge Preisspielräume, die der Wettbewerb vorgibt, bedingt sein; aber auch Kostenvorteile, die das Internet ermöglicht und an den Konsumenten weitergegeben werden, können Anlass für niedrigere Preise sein. Schließlich ist es der Internetnutzer selbst, der mit seinem Verhalten und seinen Erwartungen das Preisniveau im Internethandel gering hält, da die Kunden vom Internet grundsätzlich eine besonders geringes Preisniveau erwarten. Auseinandersetzungen sind somit vorhersehbar: nicht nur von benachteiligten Interaktionskanälen (jene, die die Leistungen nur zu einem höheren Preis bereitstellen können), sondern auch von Kunden, die erst später vom günstigeren Online-Preis erfahren und sich benachteiligt fühlen.

Substitutionsbedingte Konflikte

Die Aufnahme eines neuen Interaktionskanals in das Distributionssystem eines Anbieters können bisherige Kanäle als eine Bedrohung empfinden. Sie befürchten, dass es zu substitutiven Einkäufen, also einer Neuverteilung des Absatzvolumens, kommt.[70] Diese Befürchtung trieb auch die Handelspartner von Sony und Nike in den eingangs genannten Beispielen. Hierbei erwies sich das Überspringen einer bisher ausschließlich belieferten, nicht der unmittelbaren Kontrolle durch den Anbieter unterworfenen Handelsstufe als konfliktträchtig. Aber auch intraorganisationale, vermeintlich besser steuerbare Widerstände können substitutionsbedingte Channel Conflicts auslösen. So vermochte es die Investmentbank Merrill Lynch zunächst nicht, die Abwicklung von Finanztransaktionen über eine entsprechende Internetseite anzubieten. Die Auflehnung der eigenen Broker, die um ihre Kommissionen fürchteten, war zu groß und konnte erst durch weitreichende Kompromisse überwunden werden.[71] Darüber hinaus zeigt sich hieran, dass mittels Anreizsysteme, die nur auf den Umsatz in einzelnen Kanälen fixiert sind, bei der Öffnung eines neuen Zugangsweges zusätzlicher Konfliktstoff erwachsen kann.

---

[68] Vgl. Hirsh, E., 1996, S. 6.

[69] Vgl. o.V., 2002, S. 13.

[70] Gronover/Riempp bezeichnen dies auch als „Kannibalisierungseffekte zwischen den Kanälen". Gronover, S., Riempp, G., 2001, S. 20.

[71] Vgl. Katz, M.S., Rothfeder, J., 2000, S. 3.

3. Der Customer Relationship Management-Prozess im Multikanalvertrieb – der Ansatz von BBDO Consulting

3.1 Klassische Fehler bei der Customer Relationship Management-Einführung als Ausgangspunkt

In der Einleitung dieses Beitrages wurde bereits auf die Tatsache aufmerksam gemacht, dass bei durchschnittlich rund 60 bis 80 % der CRM-Projekte die beteiligten Unternehmensvertreter mit der Zielerreichung unzufrieden sind und dementsprechend die Erwartungen an die Leistungsfähigkeit von CRM nicht erfüllt werden. Aufgrund dieses dramatischen Ergebnisses bleibt es nicht aus, dass die Gründe für das Scheitern von CRM-Projekten bereits umfassenden empirischen Untersuchungen unterzogen wurden. Eine in diesem Zusammenhang bekannte Studie stammt von der Meta Group aus dem Jahr 1999 (vgl. Abbildung 1).[72]

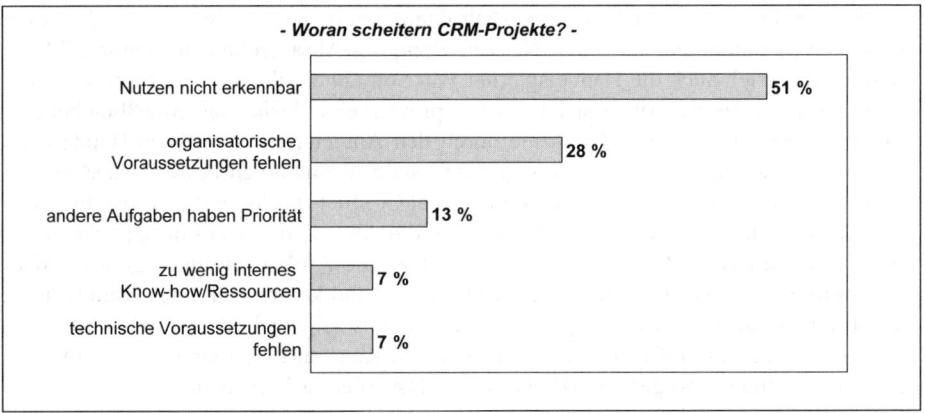

Abbildung 1:   Hauptgründe für das Scheitern von CRM-Projekten (Quelle: Meta Group 1999)

Die Studie der Meta Group hat erstmals dargelegt, dass von Vielen der konkrete Nutzen von CRM im Vergleich zum Geschäft ohne CRM nicht gesehen wird. Darüber hinaus liegen bei vielen Unternehmen offenbar die notwendigen organisatorischen Voraussetzungen nicht vor, um CRM erfolgreich implementieren zu können. Eine empirische Studie des Instituts für Wirtschaftsinformatik an der Universität Leipzig kommt hingegen zu

---

[72]   Vgl. Meta Group, 1999.

dem Ergebnis, dass neben den zu knapp bemessenen internen Ressourcen (74 % der Befragten) die Unterschätzung der großen Komplexität (69 % der Befragten) sowie die fehlende IT-Integration (51 % der Befragten) zum Scheitern von CRM-Projekten führen.[73] Schließlich ist noch auf den Aufsatz der Autoren Rigby/Reichheld/Schefter hinzuweisen, die folgende zentralen Fehler bei der Implementierung von CRM sehen:[74]

- CRM-Implementierung erfolgt vor der Formulierung einer konsumentengerichteten Strategie.
- CRM-Roll-out, bevor die notwendigen organisatorischen Voraussetzungen geschaffen wurden.
- Die Behauptung, dass „mehr" CRM-Technologie automatisch zu besseren Ergebnissen führt.
- Fokussierung auf falsche Segmente oder Fokussierung auf die richtigen Segmente aber mit den falschen Maßnahmen.

Die aufgezeigten typischen Fehler bei der Einführung bzw. Umsetzung von CRM-Maßnahmen decken sich weitestgehend mit den Erfahrungen, die im Rahmen der Beratungstätigkeit von BBDO Consulting bei zahlreichen Unternehmen gemacht wurden. Allerdings lassen sich zusätzlich noch einige wesentliche Faktoren nennen, die zu der allenthalben vorzufindenden Frustration über den Erfolg von CRM geführt haben.

Zahlreiche von BBDO Consulting durchgeführte Projekte legen ein beredtes Bild davon ab, dass der bedeutendste Grund für das Scheitern von CRM-Projekten im **Fehlen einer einheitlichen CRM-Definition** zu sehen ist, die eine Einordnung in die bestehenden Unternehmensaktivitäten erlaubt. Darüber hinaus werden die CRM-Maßnahmen nicht ausgehend von eindeutig festgelegten **Zielen** her definiert. Aufgrund der enormen Komplexität von CRM-Projekten liegt der Fokus allzu häufig in der operativen Umsetzung und Gestaltung der einzelnen Schnittstellen, Maßnahmen und der IT-Infrastruktur. Dabei wird vernachlässigt, die CRM-Maßnahmen auf eindeutige Ziele hin auszurichten. Um nach Durchführung einzelner CRM-Maßnahmen eindeutig Aussagen über die Vorteilhaftigkeit der CRM-Investionen machen zu können, ist vorab ein eindeutiger Zielmaßstab festzulegen, anhand dessen eine Einschätzung der Zielerreichung erfolgen kann. Die Festlegung eindeutiger Ziele für CRM insgesamt, aber auch für jede einzelne Maßnahme, hat ferner zur Folge, dass sämtliche Maßnahmen sehr fokussiert auf die Zielerreichung hin ausgerichtet sind. Schließlich ist es auch von besonderer Bedeutung, dass nur, wenn vorab Ziele festgelegt wurden, eindeutige Entscheidungen über die Messung bzw. Messmethoden der Zielerreichung getroffen werden können. In der Regel lässt sich der Erfolg der durchgeführten Maßnahmen nicht problemlos bestimmen, so dass zusätzliche

---

[73] Vgl. Ehrenberg, D., 2001, S. 34.
[74] Vgl. Rigby, D.K., Reichheld, F.F., Schefter, P., 2002.

Messmethoden (z. B. Primärerhebungen bei den angesprochenen Kunden) notwendig sind, um ein vollständiges Bild von Erfolg der Maßnahmen erhalten zu können.

In der CRM-Praxis ist sehr oft eine Situation anzutreffen, bei der Unternehmen eine umfangreiche **IT-Infrastruktur** aufgebaut haben, ohne vorab eine **fokussierte CRM-Strategie** entwickelt zu haben. Durch den Kauf der Software und aufgrund der dabei entstandenen Kosten sehen sich die Entscheider sodann dem Druck ausgesetzt, mit dem neuen System effektive und zugleich effiziente Marketingprogramme zu konzipieren und umzusetzen. Allerdings wird erst in dieser Phase richtig deutlich, an welchen Hebeln des Erfolges CRM-Maßnahmen grundsätzlich ansetzen können bzw. sollten. Häufig genug muss dann festgestellt werden, dass die gekaufte Software zwar relativ breit einsetzbar ist, sich jedoch immer wieder neue Bereiche finden, in denen die notwendige Spezialisierung mithilfe der vorhandenen (neuen) Software nicht erreicht wird. Darüber hinaus werden häufig Softwarekomponenten angeschafft, die im Nachhinein während der ex-post-Definition der übergreifenden CRM-Strategie überhaupt keine Verwendung finden.

Im engen Zusammenhang mit der verfrühten Investition in die Informationstechnologie steht der häufig anzutreffende Fehler, dass Investitionen getätigt werden, ohne vorab einen **detaillierten und fundierten Business Case** aufgestellt zu haben. Somit werden Entscheidungen unter Unsicherheit und mit sehr hohem finanziellen Risiko getroffen. Das Aufstellen eines Business Case erweist sich zwar gerade hier als diffizil, doch in höchstem Maße notwendig: Nur durch die ex-ante-Kalkulation lassen sich bereits vor Durchführung großer Investitionen die zentralen Treiber des CRM-Erfolges mathematisch identifizieren und schon während bzw. unmittelbar nach einer kostenintensiven Implementierung lassen sich Soll-Ist-Abweichungen und deren Gründe identifizieren. Ohne ein detailliertes Zahlenwerk wird kein Entscheider in der Lage sein, die Vorteilhaftigkeit der Investition jederzeit nachvollziehen und notwendige Anpassungen initiieren zu können. Es versteht sich von selbst, dass ohne die Transparenz und Offenlegung des Investitionsplans die beteiligten Mitarbeiter wenig fokussierte CRM-Maßnahmen konzipieren, sich deren Erfolg nicht messen lässt und in letzter Konsequenz die Mitarbeiter demotiviert werden.

Schließlich ist als ein zentraler Grund für das Scheitern von CRM-Projekten festzuhalten, dass oftmals die **organisatorischen Implikationen** vollkommen unterschätzt werden. CRM-Maßnahmen machen die Mitarbeit vieler Abteilungen notwendig. Häufig wird es bei einer CRM-Implementierung notwendig, eingefahrene Prozesse aufzuheben und neue Prozesse zu definieren sowie Abteilungen und Verantwortlichkeiten neu zu strukturieren. Ohne die entsprechenden Vorbereitungen durch eine leistungsstarke Projektorganisation und ohne ausreichendes Top-Management-Involvement ist dieser Prozess der organisatorischen Anpassung nahezu nicht zu stemmen. Zur Vermeidung von Koordiations- und Abstimmungsdefiziten der einzelnen Abteilungen ist eine eindeutige Abgrenzung der CRM-Maßnahmen von bestehenden Maßnahmen sowie eine feste Einordnung in die bestehende Unternehmensstruktur notwendig. Es ist eindeutig und für alle

Beteiligten festzulegen, wo genau der Unterschied zwischen den CRM-Maßnahmen und dem „Tagesgeschäft" liegt. Ohne geeignete organisatorische Maßnahmen besteht die Gefahr, dass die CRM-Aktionen durch eine nicht managebare Komplexität und die Vielzahl beteiligter Instanzen zu verpuffen drohen.

3.2 Phasen des Customer Relationship Management-Prozesses im Multikanalvertrieb

3.2.1 Der Prozess im Überblick

Der von BBDO Consulting entwickelte und in der Unternehmenspraxis erprobte CRM-Ansatz baut konsequent auf den im vorhergehen Abschnitt umfassend erläuterten Erfahrungen über die grundsätzlichen Problembereiche bei der Einführung von CRM in Unternehmen auf. Es wurde deutlich, dass einer der größten Problembereiche bei der Einführung von CRM in einem zu hohen Investment-Level besteht, ohne über genügend Kundenwissen zu verfügen und damit die tatsächlichen Einsatzmöglichkeiten von CRM genau zu kennen. In Abbildung 2 wird dieser Problembereich in grafischer Form illustriert. Im Gegensatz zu diesem problembehafteten „herkömmlichen" CRM-Entwicklungspfad ist es das zentrale Ziel der von BBDO Consulting begleiteten CRM-Einführungen und CRM-Projekte, sehr fokussiert an das Thema CRM heranzugehen. Insbesondere zu Beginn des CRM-Entwicklungspfades sollte das Investment-Level auf geringem Niveau gehalten und erst nach einem erfolgreichen Start sukzessive gesteigert werden (vgl. ebenfalls Abbildung 2). Durch diese Vorgehensweise wird das finanzielle Risiko gering gehalten. Salopp formuliert kann dieser Prozess auch als „**Think big! Start small! Scale fast!**" bezeichnet werden.

Herzstück des **BBDO Consulting-Entwicklungspfades** ist die konsequente Orientierung am kontinuierlichen **Aufbau des Kundenwissens**. Durch CRM soll das Kundenwissen gesteigert werden, denn nur aus der Steigerung des Wissens über den Kunden lassen sich maßgeschneiderte, effektive und zugleich effiziente CRM-Maßnahmen ableiten. Die Erfahrungen auf diesem Gebiet haben dabei gezeigt, dass ein direkter Zusammenhang zwischen der Höhe des Kundenwissens und ökonomischen Größen besteht. Hierzu zählen u.a. die Steigerung der Neukundenbasis, die Entwicklung bestehender Kunden sowie im Ergebnis eine Erhöhung des Lifetime Value des einzelnen Kunden. Konsequenterweise werden sämtliche CRM-Maßnahmen bei BBDO Consulting unter dem Bereich des Customer Equity Management (CEM) subsumiert. Ausschließlich an der Steigerung des „Customer Equity" lassen sich der Erfolg von CRM im Allgemeinen und von Projekten und Maßnahmen im Speziellen messen.

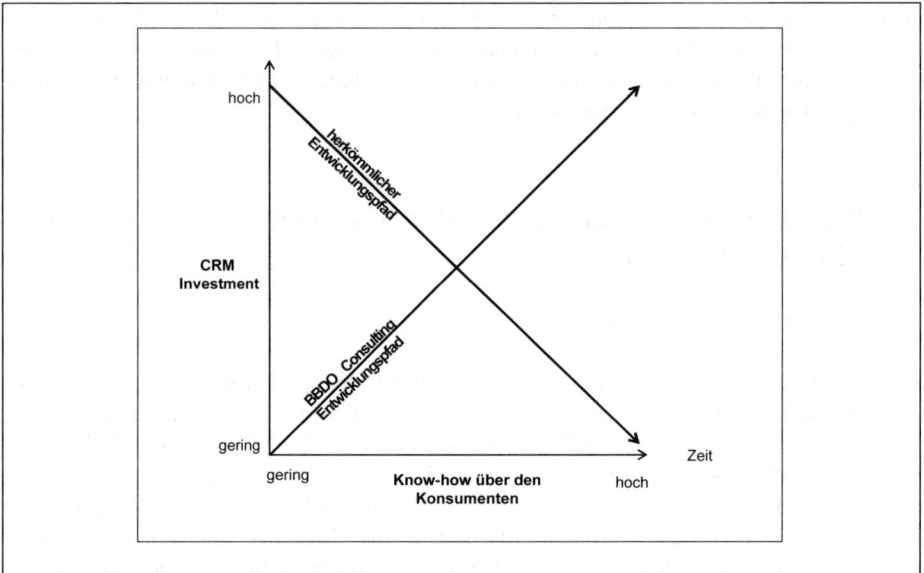

Abbildung 2:   Entwicklungspfade von CRM-Projekten

Im Rahmen des Customer-Equity-Management-Ansatzes steht zunächst eine Phase der Potenzialabschätzung und Zielbestimmung. Dabei ist explizit und operational zu bestimmen, welchen Wertbeitrag CRM auf welchem Handlungsfeld erzielen soll. Durch die Betonung der Zielorientierung bereits zu Beginn eines jeden Projektes wird die Messbarkeit der CRM-Ergebnisse sichergestellt. In der nächsten Phase sind die zentralen Verhaltenstreiber zu analysieren, um die CRM-Maßnahmen auf die zentralen und in der Realität wirksamen Stellhebel des Erfolges zu konzentrieren. Die Kenntnis der zentralen Verhaltenstreiber ermöglicht wiederum eine auf spezifische Kundensegmente ausgerichtete Entwicklung von Leistungsbündeln respektive Interaktionsmustern. Schließlich können in der letzten Phase des Ansatzes alle Customer Touch Points integriert und der Life Time Value bestimmt werden.

Die skizzierte Vorgehensweise kann auf sehr unterschiedliche Projektsituationen angewendet werden und ist als ein stetiger und wiederkehrender „Lernzirkel" zur Steigerung des Customer Equity auf der einen Seite und Kundenwissen auf der anderen Seite zu begreifen (vgl. Abbildung 3).

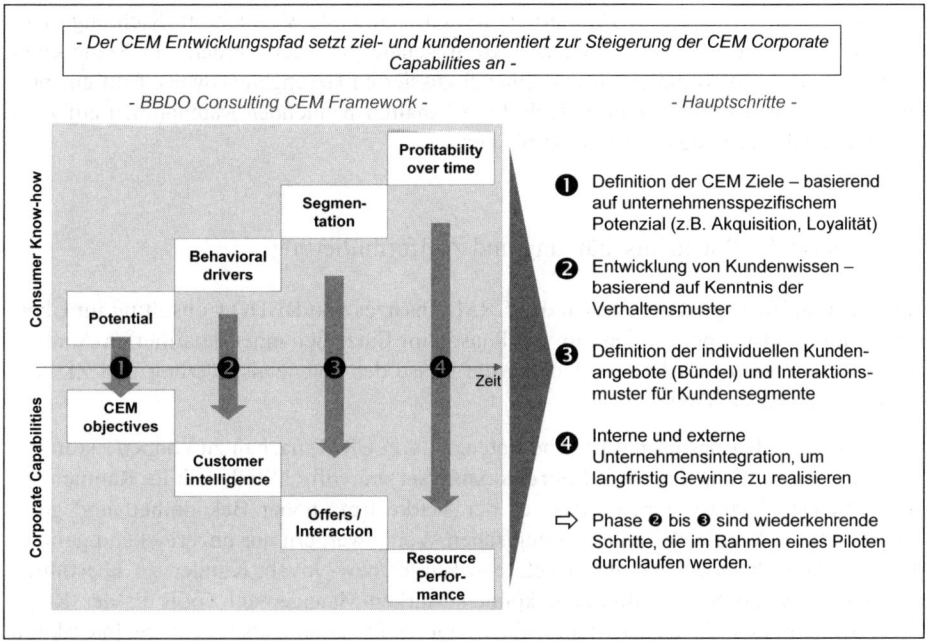

Abbildung 3:   Steigerung von Kundenwissen durch fokussiertes Investment

Aus der Abbildung wird ferner deutlich, dass mit zunehmender Zeit und zunehmendem Investment Level im Idealfall immer wieder die vier abgegrenzten Phasen durchlaufen werden. So ist es bspw. notwendig, bei den ersten CRM-Versuchen („Pilotierung"), den vollständigen Prozess von der „Potenzialschätzung und Zielformulierung" bis hin zum Lifetime Value zu durchlaufen und so kontinuierlich das Kundenwissen zu steigern. Gleichzeitig zahlen die Maßnahmen respektive das kontinuierlich anwachsende Kundenwissen auf das Konto der Unternehmensfähigkeiten ein. Im Idealfall führt jede CRM-Maßnahme zu einer Steigerung der Unternehmensfähigkeiten auf dem Gebiet des CRM. Des Weiteren ist in diesem Zusammenhang zu erwähnen, dass der abgebildete idealtypische Prozess für die drei grundsätzlichen **Handlungsfelder des Customer Relationship Management** (Kundenakquisition, Kundenloyalität und Kundenrückgewinnung) jeweils getrennt zu betrachten ist. D.h. konkret: Für jedes dieser Handlungsfelder ist der Prozess getrennt zu durchlaufen, denn für nahezu alle Industriezweige – so zeigen es die Erfahrungen in Projekten – gilt die Feststellung, dass das handlungsfelderspezifische Kundenwissen nicht übertragen werden kann.

Für **Unternehmen mit ausgeprägtem Multikanalvertrieb** ist es dabei sinnvoll, die Pilotierung zunächst auf einzelne Absatzkanäle (isoliert) zu beschränken, um einen ersten Überblick über die grundsätzliche CRM-Eignung der einzelnen Absatzkanäle zu bekommen. Nach erfolgreicher Pilotierung sollten dann erste Versuche in Richtung einer integrierten Betrachtung verschiedener Absatzkanäle gestartet werden. Im Sinne einer möglichst geringen Komplexität und einer fokussierten Herangehensweise (mit entsprechend geringem Risiko) sollten jedoch diese kanalumspannenden Maßnahmen auf zwei oder maximal drei Kanäle beschränkt bleiben.

3.2.2 Phase der Potenzialschätzung und Zielformulierung

Nachdem im Vorkapitel die Phasen des CRM-Ansatzes von BBDO Consulting im Überblick dargestellt wurden, sollen nun die Phasen im Einzelnen einer detaillierten Analyse unterzogen werden. Als Erstes ist dabei die Phase der Potenzialschätzung und Zielformulierung zu analysieren.

Um Aussagen über das grundsätzliche Potenzial von CRM machen zu können, ist in der Regel die Anwendung der **Brand Screen Analysis** sinnvoll.[75] Stellt sich im Rahmen der Brand Screen Analysis heraus, dass es der Marke trotz hoher Bekanntheit und guter Imagewerte im Vergleich zu den strategischen Wettbewerbern nur unzureichend gelingt, die potenzielle Kundenbasis in tatsächliche Käufer bzw. loyale Kunden zu überführen (geringere „Brand Screen Ratios"), können Marken-Management-Tools in der Regel kaum weiterhelfen. In diesem Fall geht es vielmehr darum, über gezielte Interaktion (CRM) die Zielgruppen zum Kaufakt zu führen sowie die Bindung an die Marke zu verstärken und damit den Kundenwert zu steigern (vgl. Abbildung 4). Bspw. könnte ein Autohersteller feststellen, dass er bei gleichen Imagewerten („Reputation") eine geringere Kaufbereitschaft („Consideration") und eine geringere Anzahl verkaufter Fahrzeuge erzielt als seine zentralen Wettbewerber. Ein solches Ergebnis zeigt relativ eindeutig auf, dass grundsätzlich im Bereich der Neukundengewinnung ein Potenzial besteht, das zudem eindeutig zu quantifizieren ist. Auf Basis des ermittelten Potenzials kann sodann ein operational definiertes Ziel formuliert werden. Bspw. könnte es das Ziel sein, die Kaufbereitschaft („Consideration") im deutschen Markt um 20 % binnen drei Jahren auf das Niveau der Konkurrenz mittels CRM-Maßnahmen zu steigern.

Durch die Analyse des Brand Screen ergibt sich darüber hinaus die Möglichkeit, die Potenziale im Bereich der Kundenbindung festzustellen. Hierzu ist die Brand Screen Ratio „Purchase/Loyalty" von Bedeutung. Auch hier führt ein Vergleich mit den zentralen Wettbewerbern zu einem quantifizierten Potenzial.

---

[75]   Vgl. hierzu und im Folgenden: Jullens, J., Sander, B., 2002, S. 26 f. u. S. 38 f. Zu einer ausführlichen Darstellung der Brand Screen Analysis vgl. auch den Beitrag von Böing, C., Huber, A. zum Thema „Markenmanagement im Multikanalvertrieb" in diesem Buch.

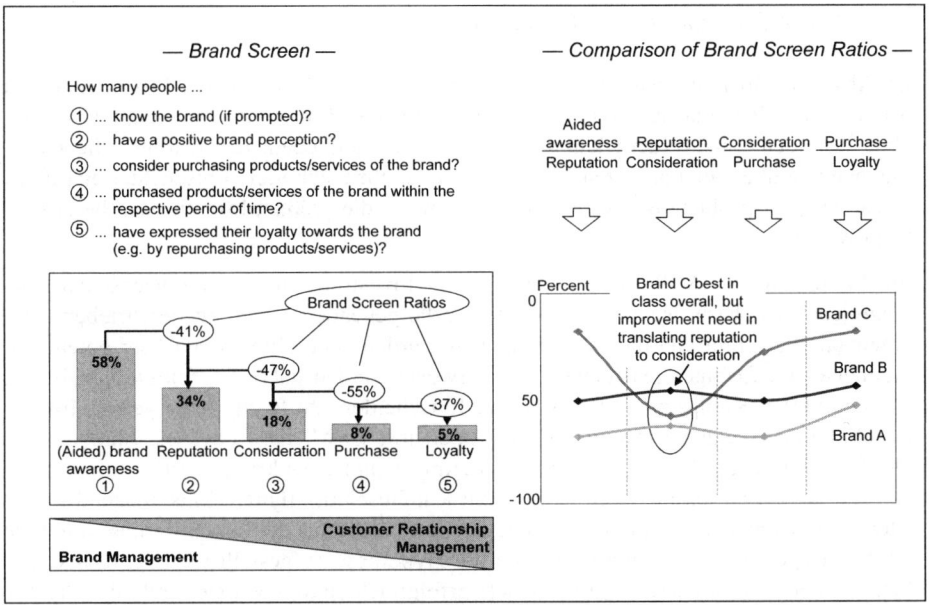

Abbildung 4:   Brand Screen Analysis of BBDO Consulting

In Verbindung mit **Multikanalsystemen** sind die identifizierten Potenziale jedoch noch zu differenzieren, denn unterschiedliche Absatzkanäle haben in der Regel sehr unterschiedliche Potenziale. Aufgrund der Heterogenität der Absatzkanäle ist sogar angebracht, „kanalspezifische" Brand Screens zu erheben, indem ausschließlich solche Personen bezüglich der Brand Screen-Dimensionen befragt werden, die sich nicht durch häufigen Kanalwechsel auszeichnen, sondern sehr fixiert in einem einzelnen Absatzkanal Produkte kaufen. Die Bestimmung kanalspezifischer Brand Screens ermöglicht die Herleitung individueller Potenziale und die Operationalisierung kanalspezifischer Ziele.

Bei der Zielformulierung ist weiterhin zu beachten, dass nicht die absolute Steigerung der Anzahl verkaufter Produkte bzw. eine absolute Steigerung qualitativer Dimensionen (Reputation oder Consideration) für die Bewertung der Vorteilhaftigkeit von CRM-Investitionen maßgeblich ist, denn es ist davon auszugehen, dass ein bestimmter Anteil der mittels CRM-Maßnahmen angesprochenen Konsumenten ohnehin Käufe getätigt hätte. Insofern sind relative Ziele zu formulieren, die sich an einem realistischen Basisniveau orientieren. Besonders praktikabel erscheint in diesem Zusammenhang die zusätzliche Analyse einer Kontrollgruppe, d. h. die Veränderung eines Performance-Indikators bei einer Personengruppe, die an CRM-Maßnahmen teilgenommen hat, wird mit der Veränderung des gleichen Performance-Indikators bei einer Personengruppe verglichen, die nicht an diesen Maßnahmen teilgenommen hat. Zentrale Erfolgsgröße wird somit „das Mehr" gegenüber einer Kontrollgruppe.

3.2.3 Phase der Analyse von Erfolgstreibern

Im Abschnitt über die zentralen Gründe für das Scheitern von CRM-Projekten wurde bereits deutlich gemacht, dass häufig umfangreiche IT-Investitionen getätigt werden, ohne dass den Entscheidern klar ist, an welchen Stellhebeln des Erfolges die CRM-Maßnahmen überhaupt ansetzen sollen. Somit begeben sich viele Entscheider erst in die Phase des „Ausprobierens und Überprüfens", wenn die größten Investitionen bereits getätigt wurden.

Im Rahmen von CRM-Projekten steht vor der Investition hingegen zunächst eine umfangreiche Testphase. Nachdem – wie im vorhergehenden Abschnitt beschrieben – die Potenziale bestimmt und die Ziele festgelegt wurden, sind Hypothesen über potenzielle Stellhebel des Erfolges festzulegen. Idealerweise werden dabei Ergebnisse von bereits durchgeführten Kampagnen als Basis und Entscheidungshilfe zugrunde gelegt. Im Automobilbereich zeigen bspw. die Erfahrungen mit CRM, dass das Angebot bzw. die Durchführung einer Testfahrt bei einem Vertragshändler als kritisches Ereignis anzusehen ist, da Testfahrten in vielen Fällen zum Kaufabschluss führen. Entsprechend sollten CRM-Maßnahmen von Automobilherstellern vor allem auf die Durchführung von Testfahrten ausgerichtet sein, und es könnte die Hypothese aufgestellt werden, dass CRM-Maßnahmen insbesondere dann besonders erfolgreich sind, wenn sie direkt auf die Anbahnung von Testfahrten ausgerichtet sind und wenn der Konsument vorher nicht zu viele Qualifizierungsstufen durchlaufen muss (z. B. durch Teilnahme an umfangreichen Befragungen).

Befindet sich ein Unternehmen am Anfang der CRM-Lernkurve, ist es ratsam, durch das Aufstellen einer umfangreichen Testmatrix eine Vielzahl unterschiedlichster CRM-Maßnahmen im Rahmen eines „CRM-Piloten" zu testen. Dabei kommt es weniger darauf an, schon von Beginn an die Maßnahmen ausschließlich nach ihrer Erfolgswahrscheinlichkeit zu konzipieren bzw. zu priorisieren. Stattdessen sollte der Fokus auf einem möglichst breiten Spektrum von Maßnahmen liegen, um ein realistisches und breit gefächertes Gefühl für die Wirksamkeit unterschiedlichster Kundenansprachen zu bekommen.

Mit zunehmender CRM-Erfahrung und nach mehrfachem Durchlaufen des vollständigen vierstufigen CRM-Prozesses können dann immer präzisere Hypothesen aufgestellt werden, da immer mehr Erfahrungen in die Konzeption der Maßnahmen eingehen. Im Idealfall können sodann Hypothesen aufgestellt werden, die bereits Erfolgswahrscheinlichkeiten (Responsequoten, Conversion Rates etc.) enthalten.

3.2.4 Phase der Segmentierung und Leistungsgestaltung

In der Phase „Segmentierung und Leistungsgestaltung" sind im Sinne des Ansatzes der Marktsegmentierung Gruppen von Konsumenten zu bilden, die in ihrem Verhalten homogen sind, während zwischen den identifizierten Gruppen Heterogenität besteht. Für die identifizierten Segmente sind dann individuelle Leistungsbündel bzw. Interaktionsmuster im Sinne einer differenzierten Marktbearbeitung zu entwickeln. Eine konsequente Orientierung an dem von BBDO Consulting entwickelten CRM-Ansatz legt dabei nahe, sukzessive von einer relativ zu einer immer genaueren Segmentierung bis hin zum Idealfall des „Segment of one" zu gelangen. Diese Vorgehensweise sichert ein geringes Investment Level bei gleichzeitig geringem finanziellen Risiko. Erst wenn Unternehmen über ein hinreichendes Kundenwissen verfügen, erscheint es ratsam, zunehmend individueller auf die einzelnen Kundengruppen (Segmente) einzugehen.

Abbildung 5:   Segmentierungsansatz von BBDO Consulting

Im Gegensatz zu der in vielen Fällen in der Unternehmenspraxis anzufindenden Vorgehensweise bei der Segmentierung, im ersten Schritt mit erheblichem zeitlichen und finanziellen Aufwand einen „Full run" ohne entsprechende Testphase(n) durchzuführen, liegt dem CRM-Ansatz von BBDO-Consulting einen Stufensegmentierung zugrunde. Dabei werden die Segmentierungsstufen „Talk", „Listen", „Feel" und „ Know" unterschieden (vgl.Abbildung 5). Liegen Unternehmen sehr rudimentäre Kundendaten vor, so ist es ratsam, in der ersten Phase („**Talk**") auf allgemein zugängliche Segmentierungsansätze zurückzugreifen. Hierzu zählen allgemeine Markt- und Branchensegmentierungen. Da in dieser Phase dem Unternehmen weder konkrete Verhaltensmuster noch persönliche Daten von Konsumenten (Name, Adresse etc.) vorliegen, ist das CRM hier aus-schließlich auf den anonymen Massenmarkt hin ausgerichtet. Dementsprechend sollten in dieser Phase die anvisierten Segmente (z. B. einzelne Sinus Milieus) zwar mit unter-schiedlicher Tonalität angesprochen werden, aber dennoch reichen die Informationen in diesem Stadium in der Regel nicht aus, um mit unterschiedlichen Kontaktstrategien re-spektive unterschiedlichen Leistungsbündeln den Markt zu bearbeiten. Insofern kann es nur Aufgabe in dieser Phase sein, durch Desk Research und gegebenenfalls erste Workshops eine erste grobe Vision für das CRM zu entwickeln.

In der Phase „Listen" liegen dem Unternehmen konkretere Ergebnisse über das Kun-denverhalten vor. Basis dieser Informationen kann neben anonymen Kunden- bzw. Klientenbefragungen auch die Durchführung von Fokusgruppengesprächen sein. Es ist Unternehmen zwar immer noch nicht möglich, einzelne Kunden zu adressieren, aber dennoch lässt sich eine wesentlich konkretere Segmentierung als in der Phase „Talk" durchführen, da die Segmentierung auf der Basis von tatsächlichem Kundenverhalten erfolgen kann. Diese Daten versetzen Unternehmen in die Lage, durch eine Bestandsda-tenanalyse die relativ abstrakte CRM-Vision in eine etwas konkretere CRM-Strategie umzusetzen. Als Problem erweist es sich dennoch, dass die Daten noch immer nicht aus-reichen, um für jeden einzelnen Kunden die Zugehörigkeit zu einem Segment auszuwei-sen. Eine Umsetzung in konkrete Maßnahmen ist aufgrund der nicht segment-spezifischen Adressen kaum möglich.

Bei ausreichendem Kundenwissen (auch über den einzelnen Kunden) wird es Unterneh-men möglich, eine Segmentierung auf Einzelkundenbasis vorzunehmen („Feel"), d .h. die Segmentierung aus der Phase „Listen" kann wesentlich genauer durchge-führt/validiert werden. Ferner wird es auch möglich, die Segmente anzusprechen, da nun auch eine Zuordnung von Kunden zu einzelnen Segmenten möglich wird. In dieser Pha-se kann erstmals von einem echten Direct Marketing gesprochen werden. Allerdings werden Unternehmen diese Phase grundsätzlich nur dann erreichen, wenn sie in eine entsprechende Datenbanktechnologie zur Abbildung des Kundenverhaltens investiert haben.

In der Phase „Know" ist es Unternehmen möglich, an allen Customer Touch Points das Kundenverhalten festzustellen und zu speichern. Somit spielt bei der Segmentierung in dieser Phase erstmals der Gedanke des Multikanalvertriebs eine besondere Rolle. Durch das Vorliegen von Nutzungsdaten auf Individualkundenbasis wird die Bedeutung und das Zusammenspiel der verschiedenen Absatzkanäle transparent. Auf Basis dieser Nut-zungsdaten lassen sich Kundenwerte errechnen und eine integrierte Kundenwert-Nutzen-Segmentierung durchführen. Das heißt, die Kunden werden nicht nur einem bestimmten Segment nach ihren Verhaltensmustern bzw. Nutzendimensionen zugeordnet, sondern es wird zusätzlich nach dem grundsätzlichen Wert der Kundenbeziehung segmentiert.

3.2.5 Phase der Integration und Lifetime Value-Bestimmung

Die Phase der „Integration und Lifetime Value-Bestimmung" lehnt sich eng an die im vorhergehenden Abschnitt beschriebene „Know"-Segmentierung an bzw. baut auf den Ergebnissen dieser Segmentierung auf. In dieser Phase ist davon auszugehen, dass (im Idealfall) nahezu jeder Kundenkontakt in der CRM-Software protokolliert wird. So erhält das Unternehmen detaillierte Informationen über jeden einzelnen Kunden, aber auch über die Nutzung und die Zusammenhänge der verschiedenen Absatzkanäle. Letztlich wird jeder Kunde individuell adressierbar und kann auf Basis seiner individuellen Bedarfe angesprochen werden.

Zentrale **Steuerungsgröße** in dieser Phase ist der individuelle **Kundenwert**. Auf Basis der gesammelten Kundeninformationen können dann besonders profitable Kunden (Kunden mit hohem Kundenwert) sehr individuell und persönlich angesprochen werden. Demgegenüber empfiehlt sich bei Kunden mit geringem Kundenwert eine Ansprache über „Standardmaßnahmen", wie Mailings etc. Des Weiteren sollten Kunden mit geringem Kundenwert automatisch in Vertriebskanäle gelenkt werden, in denen eine automatische und deshalb besonders kostengünstige Abwicklung von Transaktionen möglich wird. Zu denken ist in diesem Zusammenhang bspw. an den Online-Vertrieb.

Von großem Vorteil in dieser Phase ist die große Transparenz aller Maßnahmen, die auf die **Protokollierung der Customer Touch Points** zurückzuführen ist. In jedem Absatzkanal werden Daten gesammelt, welche Konsumenten in welcher Weise auf die einzelnen Maßnahmen reagieren. Somit ergibt sich die Möglichkeit, detaillierte Aussagen über die Effektivität und die Effizienz jeder Maßnahme treffen zu können. Genau genommen wird durch den Einsatz von CRM ein effizientes Multikanalmanagement erst möglich. Unternehmen werden in die Lage versetzt, die Kannibalisierungs- und Partizipationseffekte zwischen den Absatzkanälen genauestens zu bemessen. CRM zeigt auf, wie häufig einzelne Konsumenten zwischen den Absatzkanälen wählen und welche Nutzungssituationen zu welcher Absatzkanalwahl führen.

Von besonderer Bedeutung ist in dieser Phase eine präzise Definition sämtlicher **Prozesse**. Ganzheitliches Multikanalmanagement zeichnet sich dadurch aus, dass eindeutig festgelegt ist, wie ein Unternehmen bzw. die beteiligten Personen zu reagieren haben, wenn Konsumenten in unterschiedlichen Absatzkanälen in Kontakt zum Unternehmen treten. Zu denken ist bspw. an einen Konsumenten, der sich per Call-Center Produktinformationen bzw. einen Katalog bestellt hat und dann am POS weitere Informationen haben möchte. Idealerweise weiß der Unternehmensvertreter genau darüber Bescheid, welche Prospekte der Kunde schon bestellt hat, wann dies war und was vom Unternehmensvertreter aus dem Call-Center bereits erklärt wurde. Durch eine genaue Prozessdefinition wird das Unternehmen in die Lage versetzt, den Kunden ganzheitlich zu betreuen, Widersprüche in den Aussagen gegenüber dem Kunden zu vermeiden und die Wirksamkeit von Marketingmaßnahmen zu protokollieren.

3.2.6 Phase der Pilotierung

Nachdem in den vorhergehenden Abschnitten die vier Phasen des BBDO Consulting CRM-Ansatzes kurz skizziert wurden, sollen nun mit der Phase der Pilotierung bzw. des Roll-out und Change Management zwei unterschiedliche Evolutionsstufen des CRM-Entwicklungspfades kurz beschrieben werden. Im Rahmen der Pilotierung von CRM-Maßnahmen ist es das zentrale Ziel, erstes detaillierteres Kundenwissen auf dem Gebiet des CRM zu generieren. Es soll festgestellt werden, welchen Effekt der Einsatz von CRM auf die Unternehmensziele besitzen kann. Im Grunde kann diese Phase auch als Erprobungs-, Versuchs- oder Spielphase bezeichnet werden.

Ausgangspunkt dieser Phase ist – angelehnt an den CRM-Entwicklungspfad von BBDO Consulting – die exakte Bestimmung von **Potenzialen und Zielen**. Dieses kann auf Basis von bereits vorliegenden Ergebnissen und ersten Versuchen, durch die Analyse von anderen Branchen oder durch das Hinzuziehen von erfahrenen Beratern respektive Dialogagenturen erfolgen. Darauf aufbauend ist genau festzulegen, wie der Erfolg der CRM-Maßnahmen gemessen werden soll. Nur durch die Ex-ante-Bestimmung der Messmethoden und -inhalte ist garantiert, dass auf Basis der Ergebnisse des Pilotversuchs bei einem sich anschließenden Roll-out durch die Kalkulation eines umfassenden Business Case genau bestimmt werden kann, welchen Beitrag CRM liefern kann und soll. Wie in der Phase „Analyse von Erfolgstreibern" schon beschrieben wurde, ist es ferner besonders wichtig, dass während der Pilotphase alle relevanten potenziellen CRM-Maßnahmen in die **Testmatrix** einfließen. Nur so erhält das Unternehmen einen umfassenden Überblick über die Leistungsfähigkeit unterschiedlichster CRM-Maßnahmen im Speziellen und von CRM im Allgemeinen. Dieses schließt im Rahmen des Multikanalvertriebs mit ein, dass sich die Maßnahmen auch auf unterschiedliche Absatzkanäle beziehen. Bspw. ist zu testen, welche Form der Ansprache den höchsten Response erzielt (Postsendung, E-mail, Call-Center), welche Response-Kanäle mit welchem Erfolg genutzt werden, ob eine mehrstufige Ansprache (verschiedene aufeinander folgende CRM-Maßnahmen) oder eine einstufige Ansprache hinsichtlich Effizienz und Effektivität am wirksamsten ist oder ob sich die gesetzten Ziele am besten mit einem bestimmten Absatzkanal-Mix erreichen lassen. Dabei sind i. d. R. sowohl Online- als auch Offlinekanäle in die Testmatrix einzubeziehen.

Von besonderer Wichtigkeit im Rahmen der Analyse von Erfolgstreibern ist es, schon während der Pilotierung von CRM-Maßnahmen sämtliche, zur Umsetzung der Maßnahmen notwendigen **Prozesse** vorab zu definieren und während der Pilotphase umfassend hinsichtlich ihrer Genauigkeit und Wirksamkeit zu testen. CRM scheitert sehr häufig daran, dass die einzelnen Customer Touch Points nicht eindeutig aufeinander abgestimmt sind, da die Prozesse nicht vollständig und allumfassend definiert oder von den Beteiligten nicht richtig erlernt und dementsprechend nachlässig umgesetzt wurden. Zu denken ist bspw. an eine Situation, in der sich ein Konsument mit dem Call-Center in Verbindung setzt, um sich über ein neues Produkt zu informieren. Wenn das Call-Center nun den Konsumenten zum Fachhandel schickt und der Fachhandel über die Kontakthistorie nicht Bescheid weiß, ist eine Enttäuschung des Konsumenten kaum zu verhindern. Die Pilotierung von CRM-Maßnahmen impliziert somit auch immer die Pilotierung der hinter den Maßnahmen liegenden Prozesse. Da die Pilotierung in der Regel unterschiedliche Absatzkanäle umfasst, ist auch zu testen, mittels welcher Maßnahmen die Vertreter der verschiedenen Absatzkanäle am besten integriert werden können. Die einzelnen Absatzkanäle müssen zunächst vom Nutzen der CRM-Maßnahmen überzeugt und über die zu erfüllenden Aufgaben (Prozesse) informiert und entsprechend geschult werden. Somit ist schon während der Pilotierung zu testen, inwieweit es dem Unternehmen gelingt, die beteiligten Absatzkanäle zu integrieren.

3.2.7 Phase des Roll-out und Change Management

In der Phase des Roll-out und Change Management gilt es, das (bspw. im Rahmen der Pilotierung) erlernte Kundenwissen in wirksame CRM-Programme umzusetzen und die organisatorischen Voraussetzungen für reibungslose und über alle Absatzkanäle integrierten Prozesse zu schaffen. Zentrale Steuerungsgröße bleibt die Summe der kundenindividuellen Kundenwerte, so dass alle Maßnahmen einzig und allein die Steigerung des Kundenwertes zum Ziel haben.

Ausgangspunkt der Überlegungen ist zunächst eine Festlegung, **welche Absatzkanäle** in den Multikanalvertrieb eingebunden werden sollen und für welche Absatzkanäle eine Einbindung nicht sinnvoll erscheint. Für jeden einzelnen Absatzkanal ist dabei die Entscheidung zu treffen, ob eine Einbindung in eine übergreifende CRM-Multikanalstrategie zu einem höheren Kundenwert führt als eine isolierte Behandlung. Einfluss auf diese Entscheidung haben jedoch kurz- und mittelfristig nicht nur die ökonomischen Größen, wie Umsatz, Kundenwert etc., sondern es ist ferner genau zu analysieren, ob durch die isolierte Behandlung eines Absatzkanals die Positionierung der Marke im Sinne eines „one face to the customer" gewahrt bleibt. Die **Verzahnung von „CRM" und „Markenmanagement"** nimmt branchenübergreifend eine tragende Rolle ein. In einer gemeinschaftlichen Ausrichtung auf die Stärkung der Marke vermögen CRM und Markenmanagement „einen ganz zentralen Beitrag zur Steigerung des Marken-, Kunden- und damit auch des Unternehmenswerts [zu] leisten".[76] Gerade in der Phase der (Erst-) Verwendung einer Marke kann CRM durch gezielten und überlegten Einsatz individualisierter Interaktionselemente (z. B. Nachfass-Mail zur Erkundung der Zufriedenheit) entscheidend zur Loyalität der Bestandskunden beitragen. Vor dem Hintergrund des Zusammenhangs von CRM und Markenmanagement auf der einen Seite und der Notwendigkeit, kanalübergreifende Entscheidungen auf höchster strategischer Ebene zu treffen auf der anderen Seite, wird deutlich, dass **CRM grundsätzlich als**

---

[76] Schmid, H., 2002, S. 26.

Top-Management Aufgabe angesehen werden muss. Versagt das Top-Management seine Unterstützung, wird der CRM-Einsatz in Multikanalsystemen kaum seine potenzielle Wirkung entfalten.

Eine wesentliche Herausforderung in der Phase des Roll-out und Change Management besteht ferner darin, **eindeutige Regeln für die Ansprache des Konsumenten** zu finden. Auf Basis der individuellen Kundenwerte ist genau zu bestimmen,

- welche Konsumenten (hoher versus geringer Kundenwert)
- mit welchen Maßnahmen (Werbebrochure, konkretes Angebot, Cross-Selling etc.)
- zu welchem Zeitpunkt (abhängig vom letzten Kaufzeitpunkt bzw. vom wahrscheinlichen Wiederkaufzeitpunkt)
- mit welcher Frequenz (monatlich, jährlich etc.)
- über welchen Absatzkanal (Handel, Call-Center, E-Mail etc.)

angesprochen werden sollten. Es wird deutlich, welches Niveau an Kundenwissen ein Unternehmen erreicht haben muss, um ein wirklich integriertes CRM-Programm, das alle Absatzkanäle umfasst, entwickeln und implementieren zu können. Fest steht jedoch, dass CRM nur dann effektiv und effizient eingesetzt werden kann, wenn die Antworten auf die gestellten Fragen seitens des Unternehmens gegeben werden können. Statt alle Ressourcen auf die Beantwortung der obigen Frage zu fokussieren, konzentrieren sich viele Unternehmen allerdings häufig allzu sehr auf die Implementierung der CRM-Software. Stattdessen sollte die Software jedoch lediglich Mittel zum Zweck sein, denn letztlich erfüllt diese nur unterstützende/erleichternde Funktionen bei der Implementierung der CRM-Maßnahmen. Eine wesentlich größere Bedeutung als der Software-Implementierung ist indes der Entwicklung einer **leistungsstarken Organisation** und der Implementierung der (kanalübergreifenden) **CRM-Prozesse** zur Umsetzung integrierter CRM-Maßnahmen zuzusprechen.

In der CRM-Praxis ist allzu häufig eine Situation anzutreffen, bei der CRM-Maßnahmen aufgrund von Konflikten wenig wirksam werden. Die integrierten Absatzkanäle agieren nicht miteinander, anstatt sich gegenseitig Kunden zuzuspielen. Die Schaffung einer **integrierten Organisation** bedeutet hingegen, dass alle beteiligten Instanzen (Abteilungen und Absatzkanäle) Hand in Hand agieren. CRM-Maßnahmen, die im stationären Einzelhandel stattfinden, sollten im Internet oder per E-mail beworben werden und die Präsentation neuer Produkte muss parallel im stationären Einzelhandel und im Internet stattfinden. Dieses kann jedoch nur dann erreicht werden, wenn alle beteiligten Instanzen sämtliche Maßnahmen auf die gemeinsamen und von allen gelebten Ziele ausrichten. Die Umsetzung von CRM-Maßnahmen über verschiedene Absatzwege hinweg erfordert des Weiteren die **Definition zahlreicher neuer Prozesse**, die grundsätzlich über alle Absatzkanäle funktionieren müssen und widerspruchsfrei sind. Dies stellt große Anforderungen an die Integration von Systemen, von der Warenwirtschaft bis hin zu Kundendatenbanken. Vor allem das Zusammenspiel der einzelnen Absatzkanäle muss durch eindeutige Prozesse unterstützt werden, um einen einheitlichen Qualitätsstandard über alle Absatzkanäle zu gewährleisten.

Aus den Ausführungen wird deutlich, dass CRM weit mehr ist als die Implementierung einer neuen Software. Stattdessen umfasst CRM das ganze Unternehmen einschließlich aller Absatzkanäle. Vor diesem Hintergrund wird deutlich, dass schon ab dem ersten Moment, in dem über den Einsatz von CRM diskutiert wird, der organisatorische Wandel im Sinne eines **Change Management** initiiert werden muss. Change Management bedeutet einen systematischen und geplanten Veränderungsprozess, d. h. dass alle Beteiligten systematisch in die CRM-Maßnahmen eingebunden werden müssen. Change Management zur Einführung/Implementierung von CRM in Multikanalsystemen sollte dabei zumindest die folgenden zentralen Regeln beachten:

- **Frühzeitige Identifikation von Projekt-Förderern**:
  Aufgrund der Komplexität von CRM und der Gefahr von Kanalkonflikte ist es notwendig, schon zu einem sehr frühen Zeitpunkt des Change Management-Prozesses geeignete Promotoren für CRM zu identifizieren und in die Maßnahmen einzubinden.
- **Sicherung von Involvement der Projektbeteiligten**:
  Da letztlich alle Absatzkanäle im Sinne einer ganzheitlichen CRM Lösung „an einem Strang ziehen" müssen, muss es für die Beteiligten attraktiv erscheinen, am Projekt teilzunehmen. Den Beteiligten muss folglich der Erfolg und der individuelle Nutzen eines hohen Involvements demonstriert werden.
- **Kontinuierliche Kommunikation mit den wichtigsten Instanzen**:
  Es ist genau festzulegen, welche Personen zu welchen Zeitpunkten mit welchen Inhalten über den Fortgang der CRM-Implementierung zu informieren sind. Wichtig ist dabei die Betonung des wirtschaftlichen Fortschritts und der Sicherung der Wettbewerbsfähigkeit.
- **Kontinuität**:
  CRM-Maßnahmen werden grundsätzlich nie „den schnellen Erfolg" bringen, sondern werden ihre Wirksamkeit über eine lange Zeit hin entfalten. Demnach ist es von zentraler Bedeutung, kontinuierlich auf die vereinbarten Ziele hinzuarbeiten und nicht kleinere Rückschläge als Grund für einen Stop der gesamten CRM-Implementierung aufzufassen.
- **Training**:
  Prozesse, die dazu führen, dass Kunden bewusst einem anderen Absatzkanal zugeführt werden, stoßen häufig auf große Reaktanz, da die eigenen Umsätze in Gefahr zu sein scheinen. Durch Training müssen alle Prozesse verinnerlicht und der Nutzen für das Unternehmen deutlich gemacht werden.

4. Zusammenfassung und Ausblick

Die Ausführungen in diesem Beitrag haben gezeigt, welches Potenzial sich hinter dem Einsatz von CRM im Rahmen des Multikanal Managements verbirgt. Über alle Absatzkanäle hinweg kann es Unternehmen gelingen, dem Konsumenten mit einem einheitlichen Auftritt entgegenzutreten und ihm „kanalgerecht" Angebote und Informationen zu unterbreiten. Es wurde ferner deutlich, dass CRM fest mit dem Multikanal Management verbunden ist und nicht losgelöst implementiert werden darf. Lediglich Unternehmen mit einem einzigen Absatzkanal müssen sich keine Gedanken über den Zusammenhang von Multikanalvertrieb und CRM machen. Neben den Chancen ist jedoch auch auf eine Vielzahl von Gefahren hinzuweisen, die mit dem Einsatz von CRM im Multikanalvertrieb verbunden sind. In erster Linie ist dabei auf die enorme Komplexität und die oftmals extrem hohen Investitionen für CRM-IT hinzuweisen.

Es konnte jedoch auch nachgewiesen werden, dass mit dem Einsatz von CRM nicht zwangsläufig ein hohes unternehmerisches Risiko verbunden sein muss. Im Rahmen des CRM-Ansatzes von BBDO Consulting werden die CRM-Investitionen sukzessive gesteigert – vorausgesetzt, dass einerseits das Kundenwissen damit kontinuierlich erhöht wird und dass andererseits der nachhaltige Erfolgsbeitrag von CRM nachgewiesen werden kann. Es ist jedoch unstrittig, dass die Implementierung von CRM im Allgemeinen und CRM in Multikanalsystemen im Speziellen eine sehr herausfordernde Aufgabe darstellt, die enormes unternehmerisches Geschick verlangt.

Über die zukünftige Bedeutung von CRM im Multikanalsystemen liegen zwar keine gesicherten Erkenntnisse vor, es ist jedoch zu vermuten, dass die Bedeutung zunehmen wird. Es ist davon auszugehen, dass mit einer zunehmenden Anzahl von Multikanalunternehmen, die CRM beherrschen, das Anspruchsniveau der Konsumenten in gleicher Weise steigen wird. Konsumenten erwarten zunehmend, von Unternehmen mit gleicher (oder verbesserter) Qualität angesprochen zu werden und gehen davon aus, dass alle Vertreter eines Unternehmens den gleichen Informationsstand besitzen – unabhängig davon, in welchen Absatzkanal der Konsument sich begibt. Es bleibt abzuwarten, inwieweit es den Unternehmen gelingt, sich frühzeitig diesen Anforderungen zu stellen.

Literatur

AU, G., CHOI, I. (1999), Facilitating Implementation of Total Quality Management through Information Technology, Information & Management, Heft 6/1999, 287-299.

BAUER, H. H., GRETHER, M. (2002), CRM – Mehr als nur Hard- und Software, in: Thexis, Heft 1/2002, S. 6-9.

BRUHN, M. (2001), Relationship Marketing: das Management von Kundenbeziehungen, München.

BÜNING, M. (2002), Was ist CRM/eCRM?, in: notesMagazin, Heft 4/2002, S. 44-46.

CAMBRIDGE TECHNOLOGY PARTNERS (2002), "Multi Channel Commerce in Deutschland", http://www.cambridge-germany.com/presse/studien. htm, Abruf vom 19. August 2002.

CAMP, F. VAN (2002), Online and Onland? Channel Conflicts and How to Avoid Them, www.adlittle.com, Abruf vom 19. August 2002.

EHRENBERG, D. (2001), Anforderungen, Aspekte und ausgewählte technologische Grundlagen für eBusiness, Institut für Wirtschaftsinformatik an der Universität Leipzig, Vortrag bei der Syseca Gesellschaft für Unternehmensberatung mbH, Leipzig, 5. Februar 2001.

GARTNER, INC. (2001), The Changing Shape of E-Business Services: Worldwide Market Trends, 2000, Market Analysis.

GAWLIK, T., KELLNER, J., SEIFERT, D. (2002), Effiziente Kundenbindung mit CRM, Bonn.

GRONOVER, S., RIEMPP, G. (2001), Kundenorientiertes Multi-Channel-Management – Konzepte und Techniken zur Einführung, Institut f. Wirtschaftsinformatik, Universität St. Gallen.

HAMMER, M., CHAMPY, J. (1993), Reengineering the Corporation: A manifesto for Business Revolution, NY.

HASSMANN, V. (2000), CRM-Planung – Mit Beratung zum erfolgreichen System, in: sales profis 10/2000, Heft 47-49.

HIRSH, E. (2002), How to Treat Customers Right: Winning the Channels Challenge, strategy + business 3rd Quarter 1996, www.strategy-business.com, Abruf vom 28. Januar 2002.

HOBMEIER, M. (2001), Professionelles Multichannel-Management, in: CEO, Heft 3/2001, S. 36-38.

JULLENS, J., SANDER, B. (2002), Marken- und Kundenwert erfolgreich managen, in: BBDO Consulting (Hrsg.), INSIGHTS, Heft 5/2002, S. 24-46.

KATZ, M. S., ROTHFEDER, J., Crossing the Digital Divide: A Transition Baedeker, in strategy + business, first quarter 2000, www.strategy-business.com, Abruf vom 28.01.02.

MEFFERT, H. (2001), Einführung in die Problemstellung, in: Meffert, H., Backhaus, K., Becker, J. (Hrsg.), Customer Relationship Marketing (CRM) – Marketing im Zeitalter des Beziehungsmanagements, Arbeitspapier Nr. 148 der Wissenschaftlichen Gesellschaft für Marketing und Unternehmensführung e.V., S. 1-5.

META GROUP (1999), Customer Relationship Management (CRM) in Deutschland, Analyse der Meta Group Deutschland GmbH.

META GROUP (2002), CRM: die nächste Generation – Theorie und Praxis: Customer Relationship Management in Deutschland 2002, http://www.metagroup.de/studien/2002/crmdeutschland, Abruf vom 13. August 2002.

O.V. (2002), Unternehmen vernachlässigen Multi-Channel-Konzepte, www.symposion.de/e-commercetrends, Abruf vom 13. August 2002.

O.V. (2002), Werden Kunden immer anspruchsvoller?, www.onetoone.de/onetoone/channel/crm, Abruf vom 13. August 2002.

O.V. (2002a), CRM sorgt für Verwirrung in der Managementszene, http://www.database-marketing.de/wwwboard/messages/812.html, Abruf vom 14. August 2002.

O.V. (2002b), Point launches multi-channel-enterprise CRM, http://www.commweb.com/article/COM20020430S0003, Abruf vom 14. August 2002.

O.V. (2002C), Online-Handel wächst rasch, in: FAZ vom 25.05.2002, o. J.

RAPP, R. (2000), Cust. Relat. Managmt.-Mehr als ein IT-Konzept, in sales profi, Heft 1/2000, S. 36-40.

REICHHELD, F. F., SASSER, W. E. (1990), Zero Defections: Quality comes to service, in: Harvard Business Review, Heft 5/1990, S. 105-111.

REINECKE, S., SAUSEN, K., (2002), CRM als Chance für das Marketing, Thexis, Heft 1/2002, S. 2-5.

RESE, M. (2002), CRM – Dichtung und Wahrheit auf Business-to-Business-Märkten, in: Thexis Heft 1/2002, S. 19-22.

RIGBY, D.K., REICHHELD, F.F., SCHEFTER, P. (2002), Avoid the four perils of CRM, in: Harvard Business Review, Heft 2/2002, S. 101-109.

SAPIENT, LEHRSTUHL MARKETING & HANDEL UNIVERSITÄT ESSEN (2002), Customer Relationship Management Strategie und Erfolg: Ergebnisse einer empirischen Untersuchung, Essen.

SAXER, M. C. (2002), CRM und die Rettung des blauen Giganten – der Beitrag von CRM zum Turnaround von IBM, in: Thexis Heft 1/2002, S. 23-25.

SCHMID, H. (2002), Direkt-Marketing als Schnittstelle zum Customer Relationship Management, in: Meffert, H., Backhaus, K., Becker, J. (Hrsg.), Direkt-Marketing im Wandel, Arbeitspapier Nr. 153 der Wissenschaftlichen Gesellschaft für Marketing und Unternehmensführung e.V., S. 25-31.

SCHNEIDER, D. (2002), Multi-Kanal-Management: Der Kunde im Netzwerk der Handelsunternehmung, in: Ahlert, A., Becker, J., Knackstedt, R., Wunderlich, M. (Hrsg.), Customer Relationship Management im Handel, Berlin u. a., S. 31-44.

SEXAUER, H. (2002), Entwicklungslinien des Customer Relationship Management, in: WiSt, Heft 4/2002, S. 218-222.

STENGL, B., SOMMER, R., EMATINGER, R. (2001), CRM mit Methode, Bonn.

WÜBKER, G, BUCKLER, F. (2002), Customer Relationship Management: Worauf kommt es an?, http://www.simon-kucher.de/deutsch/ index.htm, Abruf vom 21. Mai 2002.

YULINSKI, C. (2002), Multi-Channel Marketing, Making "Bricks and Clicks" Stick, http://marketing.mckinsey.com/solutions/McK-Multi-Channel.pdf, Abruf vom 21. Mai 2002.

ZIPSER, A. (2000), Operatives und analytisches CRM – Kunden unter der Lupe, in: sales profi Heft 10/2000, S. 42-46.

Christian Böing, Andreas Daniel Huber

Markenmanagement im Multikanalvertrieb – identitätsorientierte Markenführung über alle Absatzkanäle

1   Markenmanagement als Herausforderung im Multikanalvertrieb
2   Die Marke in Multikanalsystemen – Status quo und Problemfelder
    2.1   Grundlagen der identitätsorientierten Markenführung
    2.2   Problemfelder der identitätsorientierten Markenführung im Multikanalvertrieb
3   Prozess der identitätsorientierten Markenführung im Multikanalvertrieb
    3.1   Analyse
    3.2   Ziele und Strategien
    3.3   Maßnahmen
    3.4   Implementierung und Kontrolle
4   Zusammenfassung und Ausblick

1. Markenmanagement als Herausforderung im Multikanalvertrieb

Das Markenmanagement ist seit langem in Wissenschaft und Praxis ein besonders intensiv diskutiertes Thema der marktorientierten Unternehmensführung, denn die Markierung von Produkten und Dienstleistungen erfüllt sowohl für Verbraucher als auch für Unternehmen wichtige Funktionen.[77] Aus Verbrauchersicht lässt sich die Marke als ein in der Psyche des Konsumenten fest verankertes und unverwechselbares Vorstellungsbild von einem Produkt oder einer Dienstleistung beschreiben. Sie stellt für den Konsumenten eine **Orientierungshilfe** bei der Kaufentscheidung dar, da markierte Leistungen vom Konsumenten schneller identifiziert werden können als unmarkierte Leistungen. Außerdem erfüllt sie für den Verbraucher eine **Entlastungsfunktion**: Wurde einmal ein Markenprodukt gewählt und war der Verbraucher mit dem Produkt zufrieden, sinkt mit großer Wahrscheinlichkeit die Anzahl der Alternativen beim nächsten Kauf. Der Kaufprozess beim Wiederkauf wird damit aus Verbrauchersicht erheblich beschleunigt. Der Verbraucher wird „entlastet". Des Weiteren wird Markenartikeln aufgrund ihrer Bekanntheit und ihrer Verfügbarkeit großes **Vertrauen** entgegengebracht. Dieses gilt insbesondere für Güter mit einem hohen Anteil an Vertrauenseigenschaften, die vom Konsumenten vor, während und nach dem Kauf nur schwer beurteilt werden können (z. B. bei Versicherungen). Eine starke Marke signalisiert i. d. R. automatisch eine hohe oder zumindest konstante **Qualität** und mindert somit das **Risiko** eines Fehlkaufs für den Verbraucher. Im Zusammenhang mit dem sozialen Umfeld kann der Besitz einer Marke zudem eine **Prestigefunktion** erfüllen, während die Erfüllung einer **Identifikationsfunktion** dann gegeben ist, wenn der Verbraucher bestimmte Eigenschaften einer Marke auf sich selbst überträgt und somit sein Selbstbild bestimmt.

Angesichts der aufgezeigten Funktionen der Marke aus Verbrauchersicht liegen die **Funktionen einer Marke aus Unternehmenssicht** auf der Hand: Einerseits trägt der Besitz einer starken Marke zur Differenzierung gegenüber dem Wettbewerb und zur Präferenzbildung bei den Verbrauchern bei. Andererseits fördern Marken die Kundenbindung und können im Vergleich zu nicht markierten Produkten mit einem Preisaufschlag („**Preispremium**") angeboten werden. Somit knüpfen sich an die Markierung von Produkten aufgrund der höheren **Kundenloyalität** im Vergleich zu nicht markierten Produkten ein erhöhtes Umsatzvolumen, eine höhere Gewinnmarge und letztlich auch eine **Unternehmenswertsteigerung**. Belegt werden kann dieses anhand einer umfassenden Untersuchung zu Markenwerten aus dem Jahre 1999.[78] Der Studie ist zu entnehmen,

---

[77] Vgl. Meffert, H., Burmann, C., Koers, M., 2002, S. 9 f.; Adjouri 1993; Henning-Bodewig, F., Kur, A., 1988.

[78] Vgl. Aaker, A., Joachimsthaler, E., 2000, S. 19.

dass bei mehr als der Hälfte der untersuchten Unternehmen der Markenwert zum Unter-
suchungszeitpunkt mehr als 50 % der Marktkapitalisierung entsprach.[79]

Angesichts der aufgezeigten herausragenden Bedeutung des Erfolgsfaktors Marke ist es
als sehr erstaunlich anzusehen, dass sich die Diskussion über die effektive und effiziente
Ausgestaltung eines **Multikanalvertriebs** bislang nur unzureichend mit der gemeinsamen Betrachtung des Markenmanagements auf der einen Seite und Multikanalstrategien
auf der anderen Seite beschäftigt hat, obwohl zahlreiche Berührungspunkte und Problemfelder offenkundig sind. So sind bspw. zahlreiche Markenprodukte nur über bestimmte Vertriebswege zu erhalten (z. B. Exklusivvertrieb von Designermode), womit
sich die Frage nach der grundsätzlichen Sinnhaftigkeit eines Multikanalvertriebs für bestimmte Markenprodukte stellt. Des Weiteren kann der gewählte Vertriebskanal einen
großen Einfluss auf die Bildung des Markenimages eines Produktes ausüben und umgekehrt kann auch das Vorhandensein bestimmter Marken zur Imagebildung eines Absatzweges beitragen. Schließlich stellt sich die zentrale Frage, wie das Markeninstrumen-
tarium im Zusammenhang mit der Verfolgung eines Multikanalvertriebs auszugestalten
ist. Es ist davon auszugehen, dass bei der Formulierung von Markenstrategien die Besonderheiten des Multikanalvertriebs explizit zu berücksichtigen sind und die Entscheidungsfindung maßgeblich beeinflussen können. Ferner muss jedoch auch bei der Konzeption von Multikanalstrategien die zugrunde liegende Markenstrategie als
Ausgangspunkt und wichtiger Rahmenfaktor betrachtet werden, um eine Verwässerung
des Markenimages zu vermeiden.

Der vorliegende Aufsatz soll einen ersten grundlegenden Beitrag zur Beantwortung der
aufgeworfenen Fragestellungen leisten. Hierzu werden zunächst im **zweiten Kapitel** die
Grundlagen des identitätsorientierten Markenverständnisses vorgestellt, um ein gemeinsames Verständnis vom Gegenstand der Markenführung zu schaffen. Darauf aufbauend
können dann Problemfelder bei der Formulierung von Markenstrategien im Kontext des
Multikanalvertriebs skizziert werden. Anschließend wird im **dritten Kapitel** ein idealty-
pischer Prozess des Markenmanagement im Multikanalvertrieb hergeleitet. Dieser Managementprozess zeigt die zu beachtenden Rahmenbedingungen und Entscheidungstat-
bestände des Markenmanagement im Multikanalvertrieb auf.

---

[79] Vgl. auch BBDO Consulting 2001a, BBDO Consulting 2001b.

2. Die Marke in Multikanalsystemen - Status quo und Problemfelder

2.1 Grundlagen der identitätsorientierten Markenführung

In der Kommunikation zeichnet sich seit vielen Jahren der Trend ab, dass ein bedeutender Teil des Kommunikationsbudgets ausschließlich für die Bewerbung der Marke (und nicht für ein konkretes Produkt) investiert wird. Der Anteil der reinen Markenkommunikation im Mobilfunkmarkt beträgt bspw. nahezu 40 %, obwohl gerade in diesem Markt die Bewerbung von Tarifen, Produkten, Services etc. eine besondere Bedeutung besitzt.[80] Vor dem Hintergrund branchenweit steigender Investitionen in die Entwicklung, Pflege und Führung von Marken ist es als erstaunlich anzusehen, dass es bislang dennoch vergleichsweise wenigen Unternehmen gelungen ist, ein dominantes und klares Markenimage bei allen relevanten Adressaten über einen längeren Zeitraum aufzubauen und zu stabilisieren. Ein zentraler Grund hierfür kann in einer einseitigen Orientierung an den Absatzmärkten bei der Konzeption der Markenkommunikation gesehen werden. Im Gegensatz zu diesem „älteren" Markenführungsverständnis, bei dem ausschließlich die Absatzmärkte im Vordergrund der markenpolitischen Aktivitäten stehen, erweitert das **Konzept der identitätsorientierten Markenführung,** das im deutschsprachigen Raum insbesondere von Meffert/Burmann bzw. Kapferer vorangetrieben wurde,[81] die absatzmarktbezogene Sichtweise („Outside-In-Perspektive") um eine innengerichtete Perspektive („Inside-Out-Perspektive").

Ältere Markenführungsansätze stellen ein „Denken in Produkteigenschaften und Produktqualität" dar und ignorieren somit sowohl die Beziehung der Marke zu den Ressourcen und Fähigkeiten eines Unternehmens als auch die Wechselwirkungen zwischen den verschiedenen externen und internen Anspruchsgruppen der Marke.[82] Demgegenüber entwickelt sich die Markenidentität über einen längeren Zeitraum hinweg als Konsequenz der Wechselwirkungen von absatzmarktgerichteten Aktivitäten eines Markenartikelherstellers in Abhängigkeit seiner Ressourcenkompetenz und der Wahrnehmung dieser Aktivitäten durch den Konsumenten. Damit ist offenkundig, dass bei der identitätsorientierten Markenführung Image und Identität einer Marke bzw. deren wechselseitigen Beziehungen im Vordergrund stehen. Der **Begriff Markenidentität** soll dabei die Existenz eines spezifischen und stabilen Markenkonzepts darstellen, in dem die Kohärenz und Besonderheit der Marke zum Ausdruck gebracht werden. Eine solche Identität entsteht über einen längeren Zeitraum und wird nur im Rahmen von Kontinuität

---

[80] Quelle: BBDO Consulting Research, 2002.

[81] Vgl. Meffert, H., Burmann, C., 1996, Kapferer, J.N., 1992.

[82] Vgl. Meffert, H., Burmann, C., 2002a, S. 40 f.

überschneidungsfrei und klar wahrgenommen. Nur mit einem wirklichen KKV (komparativer Konkurrenzvorteil) kann sich ein Produkt oder eine Leistung langfristig und glaubhaft am Markt behaupten und somit zur starken Marke werden. Somit muss die reine **Marktperspektive (Outside-In)** durch eine **ressourcenbasierte Inside-Out-Perspektive** ergänzt bzw. erweitert werden. Dabei werden im Rahmen der identitätsorientierten Markenführung Glaubwürdigkeit und Kompetenz zu zentralen Charakteristika einer Marke. Die wichtigsten konstituierenden Merkmale der Markenidentität stellen die beiden Konstrukte „**Selbstbild**" und „**Fremdbild**" dar (vgl. Abbildung 1). Das Selbstbild erfüllt dabei die Inside-Out Sichtweise des Unternehmens und umschreibt das Selbstbild der Marke, welches auf den Kernkompetenzen des Unternehmens basieren sollte („Markenphilosophie"). Insofern kann das Selbstbild einer Marke auch als **Aussagenkonzept** bezeichnet werden. Idealerweise manifestieren sich in dem Selbstbild einer Marke Aussagen zu den zentralen Eigenschaften des Produktes bzw. einer Dienstleistung, zum Corporate Design, zur Markenhistorie etc. Das Fremdbild der Marke („Markenimage") ist hingegen das Ergebnis der subjektiven Wahrnehmung, Dekodierung und Akzeptanz der von einer Marke gesendeten Impulse. Im Markenimage manifestieren sich konkrete materielle Markeneigenschaften bzw. bestimmte Leistungscharakteristika, abstrakte Nutzendimensionen, bestimmte Assoziationen etc. Somit kann beim Fremdbild einer Marke auch vom **Akzeptanzkonzept** gesprochen werden.

Zentraler Grundgedanke beim Management der identitätsorientierten Markenführung ist es, eine möglichst große **Kongruenz von Selbst- und Fremdbild** zu erzielen, denn je niedriger die Abweichung zwischen Selbst- und Fremdbild, desto stärker ist die am Markt wahrgenommene Markenidentität. Nur bei einer weitgehenden Kongruenz dieser Faktoren kann die Marke Vertrauen seitens der Konsumenten hervorrufen. Vertrauen wiederum ist die Basisvoraussetzung für Kundenbindung und Markentreue, welche die zentralen Ziele eines Markenherstellers darstellen. Somit sollte es das explizite Ziel jeglicher Markenführungsaktivitäten sein, einen möglichst großen Fit zwischen Selbst- und Fremdbild der Marke zu generieren.

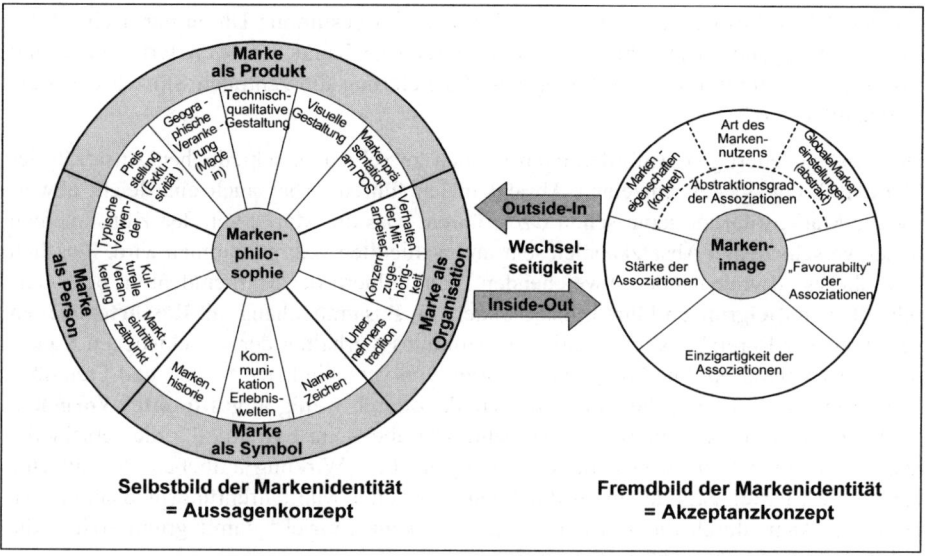

Abbildung 1:   Komponenten der Markenidentität (Quelle: Meffert, H., Burmann, C., 2002a, S. 51)

2.2 Problemfelder der identitätsorientierten Markenführung im Multikanalvertrieb

Mit dem skizzierten Zusammenhang zwischen Selbstbild und Fremdbild im Rahmen der identitätsorientierten Markenführung liegen einige zentrale Problemfelder auf der Hand. Zunächst ist festzuhalten, dass im Rahmen eines Multikanalvertriebs eine **komplexe Situation verschiedenartiger Selbst- und Fremdbilder der Markenidentität** entstehen kann. Es können sich bei den mit der Markenführung in den verschiedenen Absatzkanälen betrauten Personen unterschiedliche Selbstbilder herausbilden. Beispielsweise können Mitarbeiter eines Uhrenherstellers, die mit der Betreuung des Internetshops betraut sind, ihre Marke als innovativ, emotional und einzigartig positioniert ansehen, während die Mitarbeiter, die sich um den Vertrieb über den klassischen Einzelhandel befassen, ihrer Marke eher traditionelle Werte zusprechen. Da die einzelnen Absatzkänale für den Verbraucher in sehr unterschiedlichen Situationen genutzt werden, ist eine unterschiedliche Positionierung aus Sicht der betreuenden Mitarbeiter sogar sehr sinnvoll. Beim Angebot von Waren über das Internet sind aus Verbrauchersicht die einfache Bestellabwicklung sowie die Lieferzeit und Lieferbereitschaft zentrale Kaufvoraussetzungen. Demgegenüber könnte sich das Image einer Uhrenmarke im stationären Handel (oder im

Fachhandel) insbesondere dadurch auszeichnen, dass bestimmte Uhren nur nach erfolgter Bestellung und entsprechender Produktionszeit an Kunden ausgeliefert werden und dass somit die traditionelle Fertigung und Auslieferung die zentralen Stützen der Markenidentität sind.

Die verschiedenartigen Anforderungen können zu sehr unterschiedlichen Ansätzen der Markenführung in den einzelnen Absatzkanälen führen. Aber auch eine leicht abweichende Markenführung kann schon dazu führen, dass die Marke von den Konsumenten in den verschiedenen Absatzkanälen sehr unterschiedlich wahrgenommen wird. Letztlich kann dieses zu voneinander abweichenden Fremdbildern der Markenidentität bei unterschiedlichen Zielgruppen führen. Insbesondere im Zusammenhang mit **Ressortegoismen** verschiedener Bereiche ist ein wenig abgestimmtes Verhalten der verschiedenen Kanalmanager zu erwarten. Die komplexe Situation von verschiedenen Selbst- und Fremdbildern birgt somit generell die Gefahr in sich, dass durch **wenig abgestimmtes Vorgehen** die Kommunikationseffizienz verloren geht, oder aber – im Extremfall – die verschiedenen Maßnahmen sich gegenseitig vollständig in ihrer Wirkung aufheben. Anstatt eine eindeutige Markenidentität durch die Integration aller Markenführungsmaßnahmen zu erreichen, kann durch die Existenz eines Mehrkanalvertriebs somit grundsätzlich die Substanz einer Marke gefährdet werden.

Ein weiteres Problemfeld der Markenführung in Multikanalsystemen ist in dem **Koordinationsaufwand** zu sehen, selbst wenn die aufgezeigten Probleme bezüglich der Entstehung mehrerer inkonsistenter Selbstbilder gelöst sind. Durch die Vielzahl der Absatzkanäle bestehen neben den schon zahlreichen Kommunikationskanälen weitere im Sinne einer stringenten und identitätsorientierten Markenführung zu koordinierende Faktoren. Wird eine Marke lediglich über einen Absatzkanal vertrieben, z. B. über eigene Stores, ist die einheitliche Gestaltung der Markenwelt und der damit zu vermittelnden Werte einfacher, da sie nicht mit anderen Maßnahmen abzustimmen sind. Steigt die Zahl an Absatzkanälen, so steigt dementsprechend auch die der Customer Touch Points und somit auch die Zahl an Markenerfahrungspunkten, welche miteinander in Einklang zu bringen sind.

Festzuhalten ist ferner, dass die Markenidentität eines Produktes auch wesentlich über das **Image eines Absatzkanals** geformt werden kann. So werden die meisten Luxusgüter über einen Exklusivvertrieb verkauft, während bei Gütern des täglichen Bedarfs insbesondere die Ubiquität (Überallerhältlichkeit) im Vordergrund steht und somit eine möglichst breite Distributionsform gewählt wird (z. B. Lebensmitteleinzelhandel, Supermärkte, Discounter etc.). Fest steht, dass der Distributionskanal zu einem festen Bestandteil des konsumentenseitig wahrgenommenen Produktnutzens werden kann. Renommierte Unternehmen für Herrenmode wie BOSS, Daniel Hechter etc., selektieren ihre Outlets eindeutig danach, ob die infrage kommenden Stores das geeignete luxuriöse

Ambiente bieten, um die genannten Marken zu verkaufen.[83] Die Wahl zusätzlicher, nicht markenadäquater Absatzkanäle kann somit zu einer suboptimalen Situation führen.

Schließlich ist darauf hinzuweisen, dass die Markenführung in vielen Unternehmen noch immer nicht zu einem **Top-Management-Thema** geworden und entsprechend häufig nicht auf der Top-Entscheider-Ebene verankert ist. Demgegenüber sind Auswahlentscheidungen bezüglich einer Erweiterung bestehender Distributionskanäle sehr wohl in den meisten Fällen Top-Management-Entscheidungen und besitzen damit im Vergleich zu Entscheidungen bezüglich der Markenführung höheres Gewicht. Diese Konstellation kann dazu führen, dass bei der Entwicklung zum Mehrkanalanbieter Markenfragen zu wenig Bedeutung beigemessen wird oder dass sie gar vollständig außer Acht gelassen werden.

3. Prozess der identitätsorientierten Markenführung im Multikanalvertrieb

Vor dem Hintergrund der hohen Komplexität markenpolitischer Entscheidungen ist eine Systematisierung der vielschichtigen Aktivitäten der identitätsorientierten Markenführung notwendig. Besonders geeignet erscheint dabei eine Systematisierung in Form eines **entscheidungsorientierten Prozesses,** wie er in Abbildung 2 dargestellt worden ist.

Ausgangspunkt des aufgeführten Prozesses ist die Analysephase, in der die für die Markenentscheidungen notwendigen Informationen zusammengetragen und analysiert werden. Nach der Konkretisierung der markenpolitischen Zielsetzungen schließen sich die Basisfragestellungen zur Markenstrategie und Markenpositionierung an. Danach können detailliertere Entscheidungen hinsichtlich der Maßnahmen getroffen werden. Hiermit sind einerseits die Gestaltung der markenspezifischen Grundparameter und andererseits die Abstimmung der Markenführung mit den anderen Marketing-Mix-Instrumenten sowie die Durchsetzung am Markt gemeint. Abgerundet wird dieser idealtypische Prozess durch die Phase der Implementierung und Kontrolle (Adaption und Controlling).

Zur systematischen Erläuterung der Besonderheiten der Markenführung im Multikanalvertrieb kann auf diesen „klassischen Prozess" der Markenführung zurückgegriffen werden. Im Weiteren wird dieser Prozess systematisch erläutert und die Besonderheiten für das Markenmanagement in Multikanalsystemen verdeutlicht. Im Gegensatz zu dem in der Abbildung skizzierten Prozess sollen jedoch vereinfachend nur die vier Phasen

---

[83] Vgl. hierzu Lasslop, I., 2002, S. 344 f.

„Analyse", „Ziele und Strategien", „Maßnahmen" und „Implementierung und Kontrolle"
unterschieden werden.

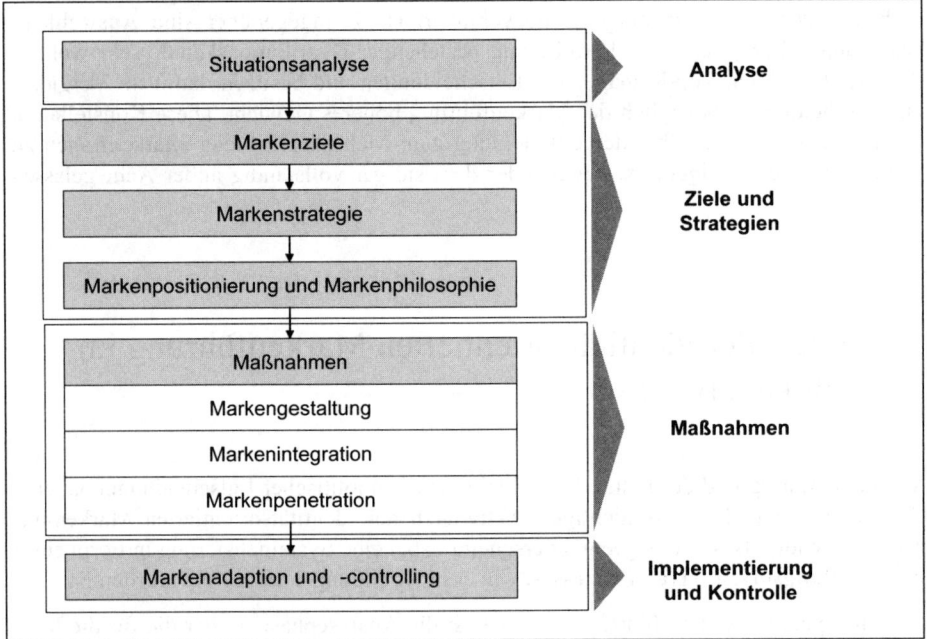

Abbildung 2:   Managementprozess der identitätsorientierten Markenführung (Quelle:
                Meffert, H., Burmann, C., 2002b, S. 75)

3.1 Analyse

Wie bereits dargestellt wurde, stellt die Analysephase den Ausgangspunkt des idealtypi-
schen Managementprozesses und damit die Grundlage für markenpolitische Entscheidungen dar. In dieser Phase werden folglich sämtliche relevanten Informationen zusammengetragen, die für fundierte Markenführungsentscheidungen im Zusammenhang mit
dem Multikanalvertrieb notwendig sind. Ohne eine umfassende und detaillierte Analysephase sind fundierte Markenentscheidungen sowie Absatzkanalentscheidungen nicht
möglich.

Ausgangspunkt dieser Phase sollte grundsätzlich eine **detaillierte Analyse der Kundenbedürfnisse und der Markenidentität** sein. Durch die Analyse der Kundenbedürf-

nisse wird nicht nur offenkundig, welche Parameter bei der Gestaltung von Marketing-programmen von besonderer Wichtigkeit sind, sondern es können ferner Zielgruppen im relevanten Markt identifiziert werden. Zwei weitere grundsätzlich im Rahmen der identi-tätsorientierten Markenführung zu analysierende Elemente sind das Selbstbild und das Fremdbild der Markenidentität. Durch einen Vergleich von Selbstbild und Fremdbild einer Marke lassen sich Unterschiede und Gemeinsamkeiten feststellen, so dass die zent-ralen Handlungsnotwendigkeiten transparent werden: Insbesondere bei gravierenden Un-terschieden zwischen dem Selbstbild und dem Fremdbild der Marke besteht großer Handlungsbedarf.

Besonders hilfreich in der Analysephase des Managementprozesses der identitätsorien-tierten Markenführung ist die Anwendung des von **BBDO Consulting** entwickelten „**Brand Screen Model**" zur detaillierten Analyse des Fremdbildes einer Marke. In die-sem Modell werden – gemäß der klassischen AIDA-Werbewirkungsformel – verschie-dene Phasen des Kaufes unterschieden.

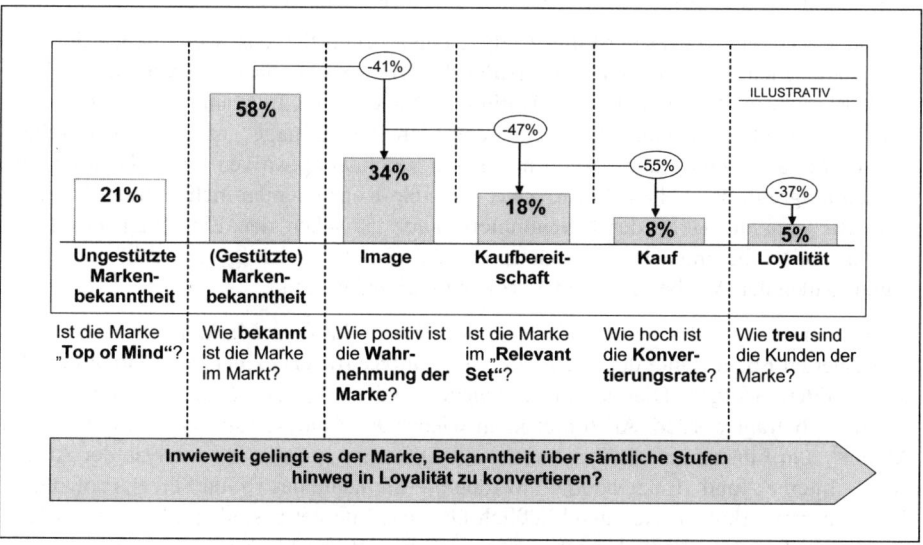

Abbildung 3:   Das „Brand Screen Model" von BBDO Consulting

- **Gestützte Markenbekanntheit**: Wie hoch ist die gestützte Markenbekanntheit im Markt? Wie viele Personen haben von der Marke schon gehört?
- **Image**: Wie positiv ist das Image der Marke (Fremdbild der Markenidentität), d. h. bei wie viel Prozent der befragten Personen wird die Marke positiv wahrgenommen?

- **Kaufbereitschaft**: Bei wie viel Prozent der befragten Personen kommt ein Kauf der Marke grundsätzlich in Frage?
- **Kauf**: Wie viele Personen (in Prozent) haben die Marke bereits gekauft?
- **Loyalität**: Wie viel Prozent der befragten Personen haben die Marke schon mehrfach gekauft bzw. empfehlen die Marke weiter? Wie viel Prozent sind treue Kunden?

Wenngleich das Brand Screen Model auf den ersten Blick relativ „banal" zu sein scheint, lassen sich durch eine genaue Analyse der Niveauunterschiede zwischen den einzelnen Elementen interessante **Rückschlüsse auf Stärken und Schwächen einer Marke,** aber auch für die Notwendigkeit eines **Multikanalsystems** ableiten. Die analysierte Marke in der Abbildung zeigt bspw. einen Unterschied zwischen den Elementen „Kaufbereitschaft" und „Kauf" von 55 %. Dieses deutet darauf hin, dass die Marke zwar grundsätzlich sehr attraktiv wahrgenommen wird, allerdings eine nicht ausreichende Distribution (zu geringe Verfügbarkeit) bzw. eine nicht ansprechende Distribution (schlechte Distributionsqualität) gegeben zu sein scheint. Somit werden Schwächen der Distribution durch eine einfach zu berechnende Kennzahl transparent, und es kann auf die grundsätzliche Notwendigkeit zum Mehrkanalvertrieb geschlossen werden.

Besonders aussagekräftig wird die Analyse eines Brand Screens, wenn neben der eigenen Marke auch die **Marken der zentralen Wettbewerber** analysiert werden. So finden auch Marktbesonderheiten Berücksichtigung: Nahezu alle Luxusmarken weisen einen sehr gravierenden Unterschied zwischen den Elementen „Image" und „Kaufbereitschaft" auf, da Luxusmarken grundsätzlich mit einem besonders positiven Image behaftet sind, jedoch aufgrund des hohen Preisniveaus für viele Konsumenten nicht infrage kommen. Insofern kann die Höhe der Niveauunterschiede zwischen den Elementen des Brand Screens bzw. die Intensität der Interpretation erst dann richtig eingeschätzt werden, wenn Zahlen der Wettbewerber im Vergleich vorhanden sind.

Neben der Analyse des Selbstbildes und des Fremdbildes der Markenidentität auf einer aggregierten Ebene sollte des Weiteren eine **Analyse differenziert nach einzelnen Absatzkanälen** erfolgen. Dieses kann geschehen, indem typische Nutzer bestimmter Absatzwege befragt werden. Auch hier kann wieder das Analyseinstrument „Brand Screen Model" zum Einsatz kommen und wertvolle Hinweise liefern. Zur Analyse der Absatzwege „Internet" und „Einzelhandel" werden die Elemente des Brand Screens sowohl bei Konsumenten erhoben, die ausschließlich über das Internet bestellen, als auch bei Konsumenten, die ausschließlich im Einzelhandel die untersuchte Marke kaufen. So stehen absatzkanalspezifische Brand Screens zur Verfügung. Durch den Vergleich der Brand Screens können Vor- und Nachteile der einzelnen Absatzwege aufgezeigt werden, und es ist möglich, den **Marken-Fit der einzelnen Absatzwege** zu bestimmen. Maßgeblich ist dabei ein weiteres Mal der prozentuale Unterschied zwischen „Kaufbereitschaft" und „Kauf": Je größer dieser prozentuale Unterschied, desto weniger ist ein Distributionsweg geeignet, das untersuchte Markenprodukt zu verkaufen. Hilfreich bei der Bestimmung des Marken-Fit der einzelnen Absatzkanäle ist zudem eine Untersuchung hinsichtlich einiger zentraler Imagedimensionen, die sowohl für das Markenprodukt als auch für die untersuchten Absatzkanäle Relevanz besitzen. Beispielhaft seien an dieser Stelle Image-Dimensionen wie Attraktivität, Design, Akzeptanz in der breiten Öffentlichkeit, Exklusivität, Serviceorientierung etc. genannt.

Schließlich werden im Rahmen der Analysephase auch alle weiteren und als relevant erachteten Daten und Fakten gesammelt und analysiert, die im unmittelbaren Zusammenhang zu den aktuellen und potenziellen Absatzkanälen stehen. Hierzu zählen bspw. das Umsatzpotenzial der jeweiligen Absatzwege, die anzutreffenden Zielgruppen, das grundsätzliche Preisniveau und die Preisbandbreite, der Koordinationsaufwand, Kosten der Absatzkanalerschließung etc.

3.2 Ziele und Strategien

Im Rahmen der Phase „Ziele und Strategien" werden die grundlegenden marken- und absatzkanalpolitischen Entscheidungen getroffen, die eine besondere Bedeutung für den nachhaltigen Erfolg bzw. die Positionierung eines Unternehmens besitzen. Für den Kontext „Branding in Multikanalsystemen" wird in der Phase „Ziele und Strategien" vor allem die folgende Frage beantwortet:

„Welche Marken sollen langfristig in welchen Absatzkanälen und mit welchen Zielen vertrieben werden?"[84]

Zur Beantwortung dieser Frage ist es zunächst notwendig, das Potenzial einzelner Absatzkanäle abzuschätzen. Erst wenn das Potenzial bestimmt ist, lassen sich ökonomische und psychografische Ziele in geeigneter Weise formulieren. Als problematisch bei der Bestimmung der optimalen Zusammensetzung des Absatzkanal-Mixes erweist es sich allerdings, dass bei der Berechnung eine Vielzahl positiver und negativer Faktoren berücksichtigt und quantifiziert bzw. ökonomisiert werden muss. Ohne eine Quantifizierung und Ökonomisierung ist eine fundierte Entscheidung nicht möglich.

Bei der Investitionsentscheidung, das bestehende Distributionssystem um einen weiteren Absatzkanal zu ergänzen, müssen v. a. die folgenden zentralen und **positiv wirkenden Faktoren (Einzahlungen)** berücksichtigt werden:

- **Zusätzlicher Umsatz im neuen Absatzkanal:**
  Wie viel Umsatz kann in dem neuen Absatzkanal generiert werden?
- **Zusätzlicher Umsatz in den bestehenden Absatzkanälen:**
  Durch eine Verbesserung der Gesamtsituation des Unternehmens (Ubiquität der Produkte, Steigerung der Markenbekanntheit etc.) kann es auch zu Umsatzsteigerungen

---

[84] Vgl. hierzu auch Ahlert, D., Kenning, P., Schneider, D., 2000, S. 209 ff.

in den bereits bestehenden Absatzkanälen kommen (sog. Cross-Channel-Selling).
Wie hoch ist dieser Umsatz?

- **Änderung des Käuferverhaltens**:
  Werden durch die Entwicklung zum Multikanalanbieter psychografische Größen, wie
  Bekanntheit, Image und Kaufwunsch, verbessert?
- **Verbesserung von Markenidentität und Markenwert**:
  Wie verändern sich Selbst- und Fremdbild der Markenidentität aufbauend auf den
  psychografischen Größen? Kommt es zu einer Steigerung des Markenwertes (Brand
  Equity)?
- **Kundenbindung und -loyalität**:
  Inwiefern verbessern sich durch die (besseren) psychografischen Werte Kundenbin-
  dung und Kundenloyalität?
- **Customer Lifetime Value und Customer Equity**:
  Inwiefern kommt es zu einer Steigerung der individuellen Kundenwerte (Customer
  Lifetime Value) bzw. des Kundenstammwertes (Customer Equity)?

Neben den aufgezeigten positiven Einflussgrößen müssen **negative Faktoren (Auszahlungen)** bei der Entscheidungsfindung berücksichtigt werden.

- **Kosten der Absatzkanalerschließung**:
  Was kostet es insgesamt, den neuen Absatzkanal zu erschließen?
- **Fixe/variable Kosten**:
  Wie hoch sind die fixen Kosten pro Periode? Wie hoch sind die variablen Kosten pro
  verkauftem Produkt/verkaufter Dienstleistung?
- **Koordinationskosten**:
  Mit welchen laufenden Kosten für die Koordination des Absatzkanals bzw. für die
  Abstimmung mit den bereits bestehenden Absatzkanälen muss gerechnet werden?
- **Komplexitätskosten**:
  Durch die gestiegene Komplexität des Absatzkanalsystems müssen Komplexitätskos-
  ten berücksichtigt werden. In welcher Höhe?
- **Kannibalisierung**:
  Wie viel Umsatz entsteht in dem neuen Kanal durch Umschichtung aus den anderen
  Kanälen?
- **Konflikte mit den bestehenden Absatzkanälen**:
  Wie sehr ist mit Verärgerung bei den Vertretern in den bestehenden Absatzkanälen
  zu rechnen (entgangene Umsatzerlöse durch Auslistung und/oder mangelnde Promo-
  tion)?
- **Veränderung des Selbstbildes der Markenidentität**:
  Inwiefern kann es passieren, dass die Absatzkanalerweiterung zu einer Verwässerung
  des Selbstbildes der Markenidentität führt (Stichworte: Verzettelung, fehlender

Überblick, mangelnde Orientierung, nachlassende Motivation, Ressortegoismen etc.)?

- **Verwässerung des Markenimages (Fremdbild):**
  Wird durch die Erschließung des neuen Absatzkanals das Image diffus?

Aus den Aufzählungen der vielfältigen positiven und negativen Einflussfaktoren wird deutlich, dass die Entscheidungsfindung bei der Absatzkanalerweiterung eine **sehr komplexe Aufgabe** darstellt. Besondere Brisanz entsteht bei dieser Aufgabe jedoch auch dadurch, dass die aufgeführten Elemente nicht unabhängig voneinander sind und zeitliche Interdependenzen bestehen. So wird z. B. der Umsatz in den bestehenden Absatzkanälen langfristig durch Veränderungen der psychografischen Größen, wie Bekanntheit und Image, beeinflusst. Diese komplexe Entscheidungssituation führt bei vielen Unternehmen dazu, dass die Entscheidung für oder gegen den Aufbau eines weiteren Absatzkanals nicht auf Basis quantitativer Daten, sondern durch Profilvergleiche oder Vorteils- bzw. Nachteilsabwägungen getroffen wird. Des Weiteren ist häufiger festzustellen, dass aus Vereinfachungsgründen ausschließlich „harte Zahlen" bei der Entscheidungsfindung berücksichtigt werden; Faktoren, wie psychografische Größen und markenrelevante Aspekte, werden aus dem Kalkül explizit ausgeschlossen. Welche Konsequenzen eine Vernachlässigung der markenrelevanten Daten jedoch besitzt, wurde in den obigen Ausführungen schon umfassend deutlich gemacht. Fest steht, dass es zu verfälschten oder vollständig falschen Ergebnissen führen kann, wenn die genannten Faktoren nicht oder nur unzureichend berücksichtigt werden.

Einen Ausweg aus der komplexen Situation, bei der Absatzkanalentscheidung auch Aspekte der Markenführung bzw. psychografischer Größen zu berücksichtigen, liefert wiederum das **Brand Screen Model.** Durch die Analyse des Brands Screens im Zeitablauf und unter Berücksichtigung der Investitionen zur Veränderung der Elemente des Brand Screens lassen sich relativ exakte Aussagen über Werbewirkung und Kosten der Markenführung herleiten. Dabei sind sowohl der eigene Brand Screen als auch die Brand Screens der zentralen Wettbewerber in der Branche zu berücksichtigen. Wie im Vorkapitel gezeigt, lassen sich durch eine absatzkanalspezifische Erhebung von Brand Screens dann auch Aussagen über den Fit zwischen der Marke und unterschiedlichen Absatzkanälen machen. Ein eindeutiges Ergebnis hinsichtlich der Veränderung des gesamten Brand Screens durch eine Veränderung der Absatzkanalstruktur lässt sich jedoch nur durch eine **Testmarktsimulation** herbeiführen.[85] Durch diese Simulation wird es möglich, neue Absatzkanäle und deren Konsequenzen auf den Brand Screen zu testen. Aus der Veränderung des Brand Screens lassen sich dann genaue Zahlen über zusätzliche (bei negativen Konsequenzen für den Brand Screen durch die Absatzkanalerweiterung) oder frei werdende Beträge (bei positiven Konsequenzen für den Brand Screen) der Markenführung ableiten. Selbst wenn sich die Kosten für die Durchführung einer Test-

---

[85] Vgl. Erichson, B., 1998.

marktsimulation aufgrund des geringen prognostizierten Potenzials des analysierten Absatzkanals nicht tragen, ist die Erhebung des Brand Screens von Vorteil, da durch die Anwendung des Brand Screen Models zu erfahren ist, welche monetären Konsequenzen eine Veränderung zentraler Größen, wie Bekanntheit, Image, Kaufbereitschaft, Kauf und Loyalität, besitzt. Die Investitionsentscheidung kann so zusätzlich untermauert bzw. auf Gefahren für den Status der Marke kann so hingewiesen werden. Zusätzlich zu den aufgeführten Überlegungen müssen Produktbesonderheiten bzw. Markenbesonderheiten berücksichtigt werden, denn bei Gütern, deren Markenidentität insbesondere durch das Image des Absatzkanals geformt wird, muss sehr genau darauf geachtet werden, dass sich das Image des Absatzkanals und das Markenimage weitestgehend entsprechen und somit zu einem synergetischen Ganzen wachsen. Es kann auch festgehalten werden, dass bei Gütern, die bislang ausschließlich über einen Exklusivvertrieb distribuiert werden und deren Markenimage sehr mit dem Absatzkanal verhaftet ist, die Einführung eines weiteren Absatzkanals in der Regel so problematisch ist, dass die Markteinführung letztlich nur unter einem **neuen Markennamen** gelingen kann.

Festzuhalten ist in jedem Fall, dass markenstrategische Gesichtspunkte bei der Auswahlentscheidung von Absatzkanälen explizit in der Entscheidungsfindung berücksichtigt werden müssen, da ansonsten entweder wesentliche Stellgrößen des Erfolges nicht beachtet werden oder das Markenimage langfristig geschädigt wird, was durch die zusätzlichen Umsätze eines weiteren Absatzweges häufig nicht überkompensiert werden kann. Ein **illustratives Beispiel** eines Unternehmens, bei dem markenstrategische Überlegungen die Absatzkanalwahl wesentlich beeinflussen, ist der **Uhrenhersteller Breitling**. Breitling setzt bei seinen Absatzkanalentscheidungen ausschließlich auf höchst qualifizierte Fachgeschäfte, um einen hohen Beratungsstandard und eine einwandfreie Abwicklung bei Beanstandungen oder Reparaturen zu garantieren. Konsequenterweise war Anfang des Jahres 2001 der Internetseite von Breitling der Hinweis zu entnehmen, dass es keinen einzigen autorisierten Händler gibt, der Breitling-Produkte über das Internet verkaufen darf. Somit sollte einerseits der Exklusivcharakter und das hohe Serviceniveau und andererseits auch das exklusive Markenimage gewahrt bleiben. Die Sicherung des Images der Marke „Breitling" wurde somit als wichtiger eingeschätzt als mögliche zusätzliche Umsätze über neue zusätzliche Absatzkanäle (hier: das Internet).

Aus dem Managementprozess der identitätsorientierten Markenführung (s. Abbildung 2) wird deutlich, dass neben der Formulierung von Markenzielen und der Wahl einer geeigneten Markenstrategie auch die **Markenphilosophie und die Markenpositionierung** festgelegt werden müssen. Insbesondere bei dezentral organisierten Systemen – wie es bei Multikanalsystemen grundsätzlich der Fall ist – stellt die Festlegung einer gemeinsamen und von allen internen und externen Stakeholdern nachvollziehbaren Markenpositionierung eine wichtige gemeinsame „Klammer" zur Integration aller markenpolitischen Aktivitäten dar. Ohne diese gemeinsame Klammer drohen Ineffizienzen in der Markenführung durch unzureichend aufeinander abgestimmte Aktionen.

Aufgrund der besonderen Bedeutung der Markenpositionierung als Integrationselement in der Markenführung wurde bei BBDO Consulting mit dem sog. „**Value Proposition Framework**" eine Methodik geschaffen, die Unternehmen eine wertvolle Hilfestellung bei der Formulierung der angestrebten Positionierung gibt. Durch die Anwendung des Value Proposition Frameworks in zahlreichen Beratungsprojekten wurde nicht nur die große Praxistauglichkeit dieser Methodik unter Beweis gestellt, sondern es wurde ferner eine schrittweise Optimierung des Tools durchgeführt. Mittlerweile steht mit dem Value Proposition Framework ein Basisgerüst zur Verfügung, mit dem zahlreiche individuelle Gestaltungsräume – in Abhängigkeit von den vorhandenen unternehmens- und markt-spezifischen Anforderungen – gegeben sind. Eine Value Proposition stellt grundsätzlich das Nutzenversprechen einer Marke dar und definiert die angestrebten Kernmarkenasso-ziationen. Die Kernfrage, die mit der Bildung einer Value Proposition beantwortet wer-den muss, lautet somit: „Wofür soll eine Marke in der Wahrnehmung der Zielgruppe ste-hen?"

Da die Kunden eines Unternehmens gemäß der Marketingphilosophie als die zentralen Werttreiber und damit als Basis des wirtschaftlichen Erfolges zu sehen sind, ist der Aus-gangspunkt bei der Erstellung einer Value Proposition in der Herleitung und Formulie-rung der sog. **Consumer Value Proposition** zu sehen. Bei der Consumer Value Proposi-tion erfolgt eine Definition des Nutzenversprechens der Marke und der angestrebten Kernmarkenassoziationen ausschließlich unter Berücksichtigung der Konsumenten als Zielgruppe. Die Consumer Value Proposition kann als Fundament für eine holistische Value Proposition angesehen werden (vgl. Abbildung 4), d. h. konkret: Auf Basis der Consumer Value Proposition kann für weitere Zielgruppen (Mitarbeiter, Kapitalmarkt etc.) die Value Proposition individuell ausformuliert werden. Für die Markenführung ist jedoch insbesondere die Ausformulierung für den Stakeholder „Kunde" von Bedeutung, denn der Konsument ist als wichtigster Adressat der Markenführung anzusehen.

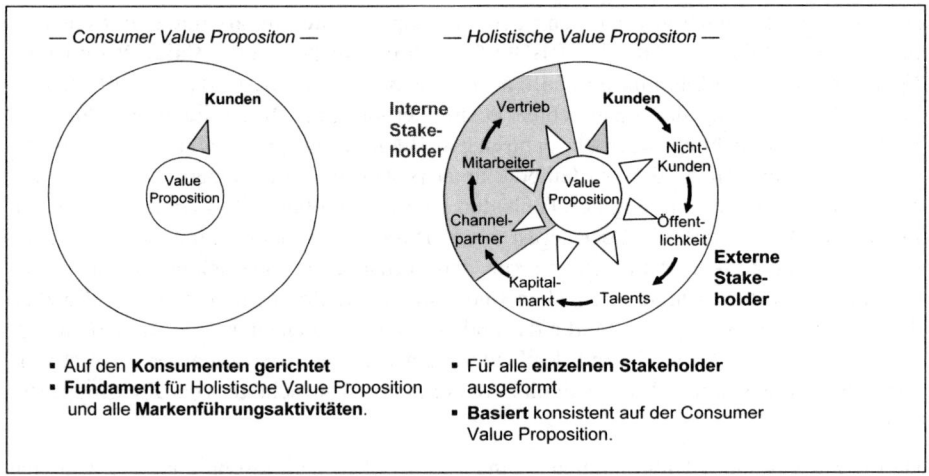

Abbildung 4:   Consumer versus Holistische Value Proposition

In der Terminologie der identitätsorientierten Markenführung kann die Value Propositi-on als „**Soll-Selbstbild der Markenidentität**" angesehen werden. Unter Berücksichtung der Bedürfnisse der aktuellen und potenziellen Verbraucher, des aktuellen Fremdbildes der Markenidentität (Markenimage) sowie der Wahrnehmung der zentralen Wettbe-werbsmarken durch die Verbraucher wird definiert, wofür die Marke aus Sicht der eige-nen Mitarbeiter stehen soll. Die Value Proposition stellt damit eine angestrebte Position der Marke und somit ein Ziel dar, an dem sich alle markenpolitischen Aktivitäten der Mitarbeiter bzw. der weiteren ausführenden Organe (Werbeagenturen etc.) zu orientieren haben (Soll-Selbstbild). Dieses Soll-Selbstbild soll dazu führen, dass sich langfristig so-wohl das Ist-Selbstbild als auch das Ist-Fremdbild der Markenidentität der Value Propo-sition annähern. Auf eine lange Perspektive gesehen kann die Value Proposition somit auch als Soll-Fremdbild angesehen werden.

Die **Bestandteile einer Value Proposition** sind das Kernnutzenversprechen sowie funk-tionale und emotionale Markenattribute (vgl. Abbildung 5). Somit wird eindeutig festge-legt, für welches einzigartige Nutzenversprechen die Marke in der Wahrnehmung ihrer Zielgruppe stehen soll. Unterstützt wird diese Argumentation, indem ferner die zentralen Leistungsdimensionen (funktionale Attribute der Marke bzw. „reasons to believe"), die das Versprechen der Marke stützen, explizit in der Value Proposition festgelegt werden. Darüber hinaus werden auch die zentralen emotionalen Charakteristika einer Marke fest-geschrieben.

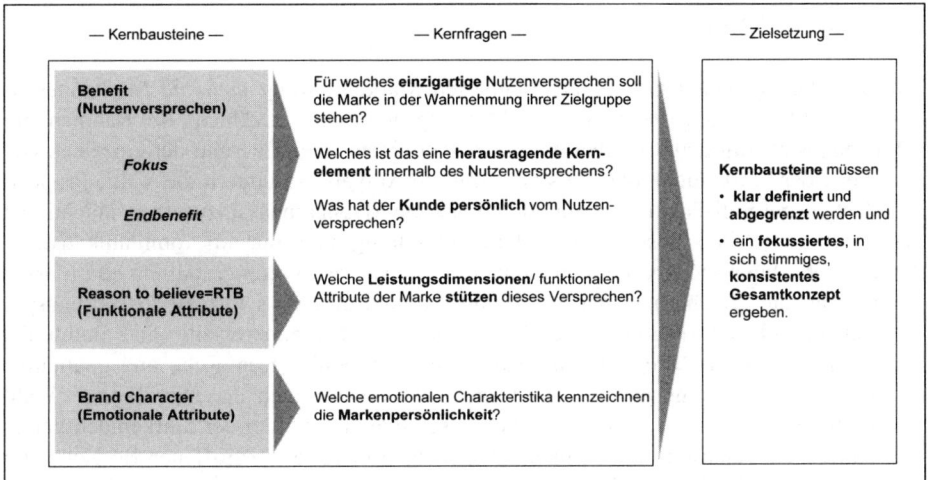

Abbildung 5:   Bestandteile einer Value Proposition

Der zentrale Vorteil der Festlegung einer Markenpositionierung bzw. der Bildung einer Value Proposition ist darin zu sehen, dass dem **Management eines Multikanalsystems** ein formales Instrument zur Steuerung aller Markenaktivitäten vorliegt. Die Value Proposition gibt die Richtung aller Maßnahmen eines Unternehmens im Allgemeinen und aller Maßnahmen der Markenführung im Speziellen vor und wird somit zur zentralen Orientierungshilfe bzw. zum zentralen Koordinationsinstrument der markenspezifischen Maßnahmen in den Absatzkanälen. Bei der Herleitung einer Value Proposition sollte jedoch besonderer Wert auf die Fokussierung auf eine zentrale Botschaft gelegt werden. Denn nur wenn sich die Value Proposition auf eine zentrale Botschaft konzentriert, ist ein integriertes Vorgehen bei allen Maßnahmen und damit auch in allen Absatzkanälen sichergestellt. Eine wenig fokussierte bzw. durch mehrere Botschaften gekennzeichnete Value Proposition lässt bei der Gestaltung der markenpolitischen Aktivitäten einen zu großen Spielraum zu, so dass sich im Kopf der Konsumenten kein eindeutiges Vorstellungsbild von einer Marke durchsetzen lässt.

Ferner ist es wichtig zu beachten, dass die Formulierung einer Value Proposition nicht als „leere Worthülse" oder wenig beachtetes und nicht implementiertes Konzept verkommt. Im Rahmen der von BBDO Consulting gesteuerten Value Proposition-Einführungen nimmt deshalb die **Implementierung** und damit die Übersetzung der Value Proposition in konkrete Detailziele sowie konkrete Maßnahmen im gesamten Marketing-Mix einen Großteil der Projektzeit in Anspruch. Nur so kann sichergestellt werden, dass der angestrebte Sollzustand langfristig auch erreicht wird.

3.3 Maßnahmen

Zu den Maßnahmen der identitätsorientierten Markenführung sind die Markengestaltung, die Markenintegration und die Markenpenetration zu zählen. Im Rahmen der **Markengestaltung** geht es dabei um die zielgerichtete Beeinflussung der einzelnen Bestandteile der Markenidentität.[86] Es ist somit die Aufgabe, die durch die Value Proposition festgelegte Soll-Positionierung durch konkrete Maßnahmen umzusetzen. Wichtig ist dabei herauszustellen, dass sich die Markengestaltung nicht nur auf kommunikative Elemente (Werbung etc.) beschränkt, sondern dass bei der Markengestaltung alle Marketinginstrumente gleichermaßen berührt sind. So sind einerseits formale Gestaltungsparameter festzulegen (Markenname, Logo, Design etc.), andererseits sind durch die Gestaltung von Preis (Preisstellung, Rabatte etc.), Produkt (technische und qualitative Merkmale, Ausstattungsvarianten etc.) und insbesondere auch der Distribution (Wahl der Vertriebsform bzw. der Absatzkanäle) wesentliche Eckpfeiler der Markenidentität zu bestimmen. Hilfreich für eine stringente Umsetzung ist es, die betroffenen Bereiche und Abteilungen in Workshops für die Value Proposition zu sensibilisieren und mögliche Pfade und Maßnahmen zur Umsetzung der Value Proposition zu diskutieren bzw. konsequent festzulegen.

Während im Rahmen der Markengestaltung somit die zentralen Bestandteile und die konkrete Ausgestaltung der Markenidentität festgelegt werden, gilt es im Rahmen der **Markenintegration** sämtliche Maßnahmen aus den Marketing-Mix-Bereichen miteinander zu verbinden, so dass ein synergetisches Ganzes entsteht. Für den Kontext des **Branding in Multikanalsystemen** ist zudem ein weiterer Bestandteil der Markenintegration anzuführen. Im Rahmen der Markenintegration muss im Zusammenhang mit Multikanalsystemen neben der Abstimmung zwischen den Marketing-Mix-Bereichen zudem eine Abstimmung der verschiedenen Absatzkanäle erfolgen. Dabei ist darauf zu achten, dass über alle Absatzwege hinweg möglichst keine Abweichungen und Unterschiede in der Markengestaltung auftauchen.

Wenngleich an einigen Stellen sicherlich eine leichte Modifikation von Elementen der Markenidentität kaum zu verhindern ist, muss dennoch im Großen und Ganzen die stringente, uniforme Umsetzung im Vordergrund aller Maßnahmen stehen. Beispielsweise wird es Herstellern, die ihre Produkte gleichzeitig über den klassischen Lebensmitteleinzelhandel und über Discounter, wie Lidl oder Walmart, verkaufen wollen, kaum gelingen, am Point of Sale (POS) die gleichen Preise bei gleichen Füllmengen durchzusetzen, so dass als Ergebnis kein einheitliches Erscheinungsbild im Handel erzielt werden kann. Im gewissen Rahmen ist diese Heterogenität durchaus zu vertreten, problematisch wird es jedoch dann, wenn der Konsument durch die Heterogenität verwirrt wird bzw. die Marke in den unterschiedlichen Absatzkanälen sehr unterschiedlich wahrgenommen

---

[86] Vgl. Meffert, H., Burmann, C., 2002b, S. 80.

wird (Inkongruenz der absatzkanalspezifischen Markenidentitäten). Als Konsequenz bieten viele Hersteller ihre Waren in Discountmärkten unter einem vollständig anderen Markennamen an. Dieses soll dazu führen, dass der Verwässerung der Stammmarke Einhalt geboten wird.

Die Phase der **Markenpenetration** ist dadurch gekennzeichnet, dass über einen längeren Zeitraum hinweg die Marketingmaßnahmen, die zur Erreichung der gewünschten Positionierung im Markt eingesetzt werden, relativ konstant und ohne große Modifikationen eingesetzt werden. Durch Veränderungen im Wettbewerbsumfeld, auf den Kapitalmärkten, im Verbraucherverhalten o. ä. wird es kaum zu verhindern sein, Anpassungen bei den Maßnahmen vorzunehmen (Markenadaption). Dennoch sollte das Handeln unter der Maxime stehen: „So viel Flexibilität wie nötig, so viel Konstanz wie möglich."

3.4 Implementierung und Kontrolle

Innerhalb der Implementierungsphase ist insbesondere festzulegen, wie die identitätsorientierte Markenführung bei Unternehmen mit einem Multikanalsystem organisatorisch verankert werden sollte. Es stellt sich somit die Frage, auf welcher Ebene Markenmaßnahmen gestaltet und koordiniert werden sollten. Möglich sind dabei grundsätzlich das Top-Management, das Markenmanagement sowie das Management der Absatzkanäle.

Dem **Top-Management** sollte es vorbehalten sein, die generelle Unternehmensstrategie (Geschäftsfeldstrategie, Markenportfoliostrategie, Corporate Identity, Value Proposition, Markenstrategie) zu bestimmen und die organisatorischen Voraussetzungen für eine effiziente Markenführung zu schaffen sowie die Prioritäten hinsichtlich der Markeninvestitionen festzulegen.[87] Demgegenüber sollte sich das **Markenmanagement** mit der innen- und außengerichteten Verankerung der Markenidentität sowie mit dem Monitoring der Markenidentität befassen.

Dem **Absatzkanalmanagement** sollten demgegenüber ausschließlich operative (ausführende) Aufgaben der Markenführung übertragen werden, um ein synergetisches und aufeinander abgestimmtes Vorgehen sicherzustellen. Es wird sicherlich auch Situationen geben, in denen das Absatzkanalmanagement auf notwendige Modifikationen im Markenauftritt aufmerksam macht. Allerdings besteht bei einer Kompetenzverteilung auf die Absatzkanäle die Gefahr des nicht abgestimmten Vorgehens. Dem Ideal einer über alle (Absatz-)Kanäle integrierten Markenführung wäre eine Verlagerung von Kompetenzen in diesem Bereich jedoch wenig zuträglich. Insofern sollten Markenfragen grundsätzlich auf der Ebene des Top-Managements respektive des Markenmanagements verankert sein. Absatzkanalspezifische Markenaktivitäten sollten demnach grundsätzlich vom Markenmanagement kontrolliert bzw. autorisiert werden.

---

[87] Vgl. Meffert, H.,Burmann, C., 2002b, S. 83 ff.

Im Rahmen der **Kontrolle der Markenaktivitäten** gilt es, Soll-Ist-Abweichungen zu identifizieren. Zum einen ist dabei notwendig, das Selbst- und das Fremdbild der Markenidentität kontinuierlich zu überprüfen und somit die Annäherung an die definierte Value Proposition sicherzustellen. Zum anderen sind Selbst- und Fremdbild auf absatzkanalspezifischer Ebene fortwährend einem Tracking zu unterziehen. Schließlich sollten auch sämtliche Elemente des Brand Screens kontinuierlich einer umfassenden Prüfung unterzogen werden, da sich der Erfolg markenpolitischer Aktivitäten insbesondere in einer Erhöhung von Bekanntheit, Markenimage, Kaufbereitschaft, tatsächlichem Kauf und Loyalität widerspiegelt. Hilfreich könnte dabei des Weiteren die Anwendung einer Balanced Scorecard sein.[88]

4. Zusammenfassung und Ausblick

Der vorliegende Beitrag hat gezeigt, dass bei der Konzeption und Steuerung von Multikanalsystemen Markenthemen eine besondere Beachtung besitzen. Ohne eine explizite Beachtung der Marke bzw. der Auswirkungen eines stark diversifizierten Absatzkanalsystems auf die Markenidentität können vermeintliche Vorteile einer Absatzkanalerweiterung und der dadurch kurzfristig zu erzielende Mehrumsatz jedoch langfristig durch ein Nachlassen der Markenperformance überkompensiert werden. Im Rahmen eines Managementprozesses der identitätsorientierten Markenführung wurde deutlich gemacht, wie die Markenidentität bei Entscheidungen über Absatzkanäle in den Bereichen Analyse, Ziele und Strategien, Maßnahmen sowie Implementierung und Kontrolle berücksichtigt werden kann. Aus den Ausführungen wurde ferner deutlich, dass die tatsächliche Wirkung, die von absatzkanalpolitischen Entscheidungen auf die Marke ausgeht, nur schwer (durch Testmarktsituationen) quantifiziert werden kann. Diese Problematik darf jedoch keineswegs dazu führen, dass Markenentscheidungen ausschließlich „aus dem Bauch heraus" in der Hoffnung getroffen werden, dass die Marke langfristig keinen Schaden durch Veränderungen im Absatzkanalsystem nimmt. Festzuhalten ist zudem, dass neben der steigenden Relevanz der Marke die Thematik „Multikanalvertrieb" in Zukunft eine zunehmende Bedeutung erlangen wird. Beispielsweise bereiten sich schon jetzt Unternehmen intensiv auf den M-Commerce via UMTS vor, indem sie in das multimediale Portal des Mobilfunkanbieters E-Plus „i-mode" investieren und dort den Verkauf von Waren und Dienstleistungen über mobile Endgeräte „üben". Des Weiteren wird sich auch mit einer zunehmenden Digitalisierung der TV-Infrastruktur langfristig das interaktive Fernsehen als neuer Kanal etablieren. Insofern werden auch hier zunehmend Markenfragen im Zusammenhang mit dem Multikanalvertrieb zu diskutieren sein.

---

[88] Vgl. hierzu ausführlich: Koers, M., 2001.

Literatur

AAKER, D., JOACHIMSTHALER, E. (2000), Brand Leadership, New York u. a.

ADJOURI, N. (1993), Die Marke als Botschaft: Die kommunikative Funktion der Marke und ihre Interdependenzen zur Werbung, Münsterschwarzach.

AHLERT, D., KENNING, P., SCHNEIDER, D. (2000), Markenmanagement im Handel, Wiesbaden.

BBDO CONSULTING (2001a), Insights 1, Düsseldorf, München.

BBDO CONSULTING (2001b), Brand Equity Review, in: BBDO (Hrsg.), Brand Equity Excellence, Düsseldorf, München.

ERICHSON, B. (1998), Dimensionen der Testmarktsimulation, in: Erichson, B., Hildebrandt, L. (Hrsg.), Probleme und Trends in der Marketing-Forschung, Stuttgart.

HENNING-BODEWIG, F., KUR, A. (1988), Marke und Verbraucher: Funktionen der Marke in der Marktwirtschaft, Weinheim.

KAPFERER, J.N. (1992), Die Marke: Kapital des Unternehmens, Landsberg, Lech.

KOERS, M. (2001), Steuerung von Markenportfolios: ein Beitrag zum Mehrmarkencontrolling am Beispiel der Automobilwirtschaft, Frankfurt a. M.

LASSLOP, I. (2002), Identitätsorientierte Markenführung bei Luxusmarken, in: Meffert, H., Burmann, C., Koers, M. (Hrsg.), Markenmanagement: Grundfragen der identitätsorientierten Markenführung, Wiesbaden, S. 327-350.

MEFFERT, H., BURMANN, C. (1996), Identitätsorientierte Markenführung – Grundlagen für das Management von Markenportfolios, Arbeitspapier Nr. 100 der Wissenschaftlichen Gesellschaft für Marketing und Unternehmensführung e.V., Münster.

MEFFERT, H., BURMANN, C. (2002a), Theoretisches Grundkonzept der identitätsorientierten Markenführung, in: Meffert, H., Burmann, C., Koers, M. (Hrsg.), Markenmanagement: Grundfragen der identitätsorientierten Markenführung, Wiesbaden, S. 35-72.

MEFFERT, H., BURMANN, C. (2002b), Managementkonzept der identitätsorientierten Markenführung: in: Meffert, H., Burmann, C., Koers, M. (Hrsg.), Markenmanagement: Grundfragen der identitätsorientierten Markenführung, Wiesbaden, S. 73-97.

MEFFERT, H., BURMANN, C., KOERS, M. (2002), Stellenwert und Gegenstand des Markenmanagement, in: Meffert, H., Burmann, C., Koers, M. (Hrsg.), Markenmanagement: Grundfragen der identitätsorientierten Markenführung, Wiesbaden, S. 3-14.

Teil II

Das Management von Multikanalstrategien in ausgewählten Branchen

John Jullens, Percy Smend

Multi-Channel Management – the Future of Automotive Retailing?

1 Introduction
2 Automotive Retailing today
   2.1 Homogeneity
   2.2 Pressure for Change
   2.3 Inertia
3 Catalysts for Change
   3.1 Regulatory Changes
   3.2 Technological Changes
4 The Future
   4.1 Impact of the Revised Block Exemption
   4.2 Impact of the Internet
5 Conclusion and Outlook

1. Introduction

The choice of **sales channels** and **partners** is among the most important strategic decisions firms make, involving high business risk with a significant degree of lock-in. Adding or eliminating channels, or making significant format changes, is often very difficult once a particular distribution system has been selected, due to restructuring costs, channel conflict, process coordination, etc. In addition, the distribution system strongly influences all aspects of customers' sales and after-sales experience; network density directly increases market awareness and purchasing rates (especially for low-involvement products), while reputation, consideration and loyalty are heavily influenced by the appearance and quality of the customer interface.

Distribution channels are best described as **vertical marketing systems**, which transfer process responsibility from one layer to the next. Multi-layered distribution systems tend to arise when upstream sellers or downstream buyers are numerous and fragmented,[89] enabling middlemen to create scale and/or scope advantages by bundling business processes, such as stock-keeping, category management, delivery, billing, and customer service, for different product lines, and so reach customers that cannot be served cost-effectively by a single manufacturer.[90]

The automotive industry's distribution system is dominated by indirect Channel-formats, cars are sold and serviced by the same, independently owned, franchised dealers. Despite this homogeneity, all major stakeholders – consumers, manufacturers, even the dealers themselves – have been dissatisfied with the existing distribution system for decades. Regulatory and technological factors may finally bring major change, however. On the one hand, the industry's **block exemption** from Article 85 of the EU Treaty, the basic regulatory framework for automotive sales in Western Europe, was revised in 2002, providing opportunities for alternative distribution models. On the other hand, the growing relevance of the **Internet** could lead to an entirely new sales channel. The key question is whether a true multi-channel environment, with different sales and information channels and formats, will, in fact, emerge. In this article, the authors investigate whether a multi-channel automotive retailing environment is likely by examining the structural forces that underlie the existing distribution system as well as possible change drivers and scenarios for the future. The focus is set on new vehicle sales to end-customers.

---

[89] Cp. Meffert, H., 2001, p. 9.
[90] Cp. Cespedes, F.V., 1989, p. 2.

2. Automotive Retailing today

2.1 Homogeneity

Perhaps the most striking **characteristic of automotive retailing** is its homogeneity; all around the world, cars are sold and serviced through the same mono-channel, one-stop shopping format of independently owned franchised dealers, who combine several very different businesses – new and used car sales, lease-finance, after-market parts and service – under one roof. Although minor variations do exist (e.g., the publicly owned dealer groups in the UK and Germany's factory-owned sales outlets), competition between different types of on- and off-line distribution channels is not part of today's automotive retailing landscape; it is simply not possible to visit a showroom with many different brands and models displayed side-by-side, order a car directly over the Internet with home delivery,[91] buy a base version of a popular model from a department store, or purchase a minivan from a minivan specialist.

The automotive industry may well be the only mature industry of mass-produced consumer products with such an **undifferentiated and antiquated distribution system**. This homogeneity is largely due to the unique requirements of selling and servicing cars during the development of the automotive industry in the early 20th century. At that time, a mass communication and distribution infrastructure – including television, radio, and modern roads - had, of course, not yet been developed, so that goods had to be marketed and sold locally. In addition, vehicles broke down often and had to be repaired by local service outlets. As the capital requirements for owning and operating thousands of sales and service outlets far exceeded the financial resources of a single manufacturer, the pioneers of the automobile industry developed extensive networks of independently owned and operated franchised dealerships.

2.2 Pressure for change

Interestingly, although automotive retailing has never developed very far beyond this initial "mom & pop" stage, there, in fact, exists strong pressure for change, as all major stakeholders – consumers, dealers, and manufacturers – have expressed **significant dissatisfaction** with the status quo for many years.

Manufacturers are unhappy with the existing franchise system, primarily because it allows them little direct control over the customer's sales and service experience. Instead,

---

[91] An exemption is the recent online sales initiative of used Mercedes cars on www.mercedes-benz.de, which offers home delivery in Germany within eight days.

it is the dealer who controls the customer interface during most of the 4-5 year purchase and ownership cycle. As each outlet is independently owned and operated, dealer performance is often highly unpredictable, even between dealers of the same manufacturer. Although manufacturers do try to ensure a more consistent customer experience, their output-based improvement programs – sales incentives, variable margins systems, showroom standards, etc. – are usually not very effective, as they do not address the root cause (poorly defined and managed sales and services processes).

Faced with tremendous cost pressure, manufacturers are also unhappy with the inefficiency of the existing system; distribution-related costs account for as much as a third of the average car's retail price[92]. As little cost savings potential remains in upstream product development and assembly operations, following the TQM and re-engineering wave of the last two decades, manufacturers are now increasingly focussing their attention on significantly reducing distribution costs.

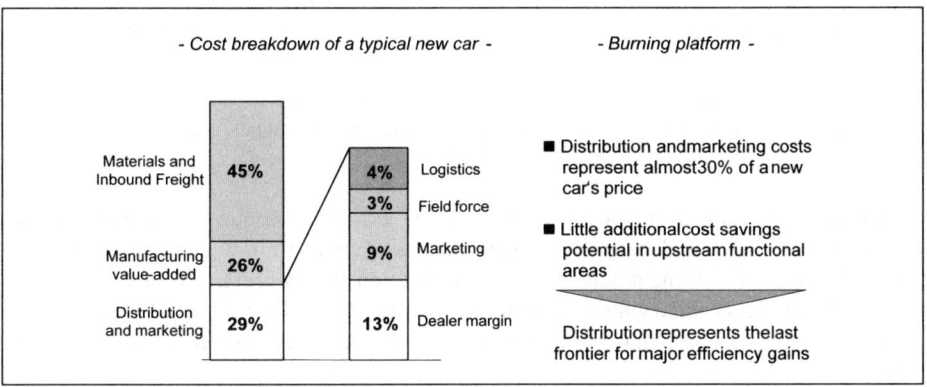

Picture 1: Cost breakdown of a new car (Source: Economist Intelligence Unit 2001)

Dealers are unhappy that their franchises have become less profitable; margins on new vehicles continue to shrink, due to fierce, price-based competition between the manufacturers, while customers are increasingly using the Internet to obtain detailed price information, leaving dealers little room to bargain effectively. The dealer's bargaining power is further eroded by the on-going product convergence and sheer number of same-brand dealers, which makes it easy for consumers to play off one dealer against another. Finally, dealers' lucrative parts and service business is declining, on the one hand due to the improved quality and life span of vehicles and parts, on the other hand as the result of independent fast fit chains, which have already captured about 25 % of the market in

---

[92] Cp. Dudenhöffer, F., 2000, p.4.

several European countries. As a result, the average dealer's return on sales has fallen from 3,5 % in 1990 to about 0,5 % today.

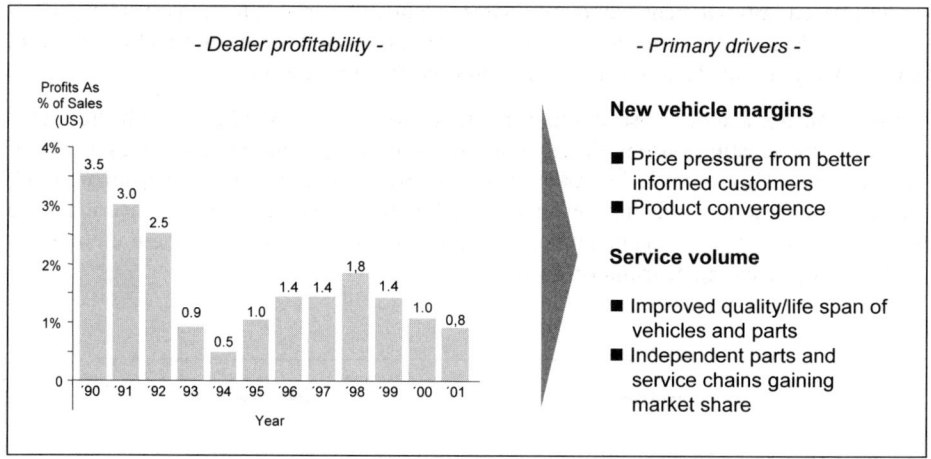

Picture 2:   Sources of dealer dissatisfaction (Source: Venkatesh, S., 1999, BizStats 2002, BBDO Consulting calculations)

Consumers also appear to be unhappy with the existing automotive retailing system, although there is some debate among industry observers as to how dissatisfied consumers really are; while some studies have found that consumers prefer a visit to the dentist over the experience of trying to purchase a vehicle from their local dealership, other studies support the view that consumers are actually relatively satisfied with their dealers.

Reconciling these two perspectives, it seems that, although consumers are satisfied with the performance of their dealers, they are less pleased with the actual **purchasing process**, which is undoubtedly overly complex and inconvenient, as shown in picture 3.

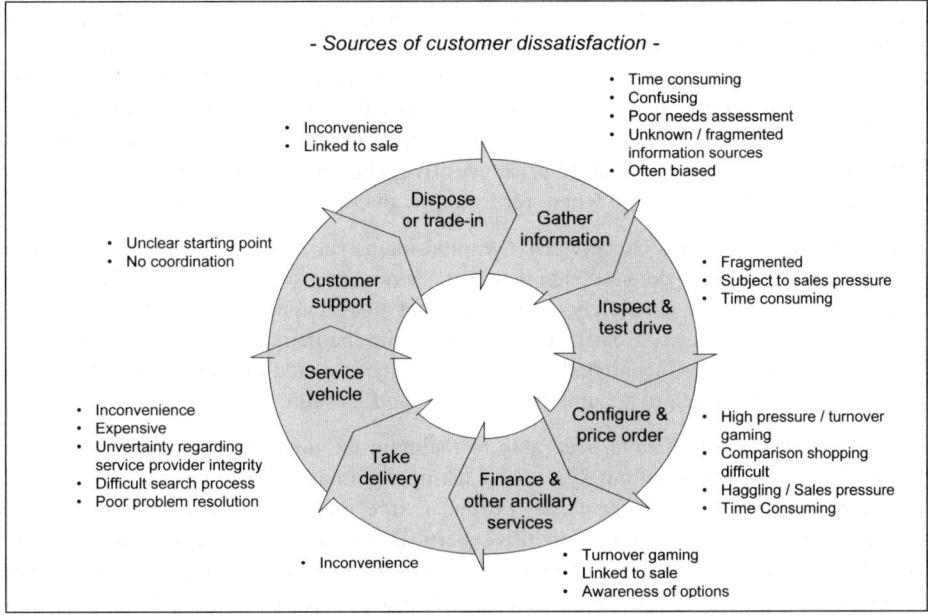

Picture 3:   Sources of customer dissatisfaction

2.3 Inertia

Given that all stakeholders have been unhappy with the way cars are sold and serviced for quite some time, the first manufacturer and dealer network to offer consumers a better, more varied sales and service experience, will surely gain a significant competitive advantage.[93] Nevertheless, automotive retailing has not changed very much for decades, primarily because manufacturers need the existing franchise system to reduce investment risk and manage the **fundamental mismatch between supply and demand factors** that drives most of the industry's strategic decisions.

From a **supply-side** perspective, automakers take on enormous investment risk in designing, manufacturing and marketing cars. Developing a new car requires an up-front investment of as much as several billion dollars in people, factories, parts, tools and equipment that must be recovered during the limited and increasingly shorter lifespan of the vehicle. Plant capacity must be planned several years in advance and, once in place, is difficult to adjust to changes in short-term demand. Plant closures are politically diffi-

---

[93] Cp. for a similar assessment Ahlert, D., Kollenbach, S., Korte, C., 1996, p.46.

cult to realize, and even adding an extra assembly line can take months. Smaller capacity adjustments are also quite difficult, as the vehicle assembly process is very inflexible, involving the (just-in-time) deliveries of hundreds of suppliers. In other words, once capacity has been put in place, it cannot be changed easily, and, due to the high fixed costs, must be filled. At the same time, the industry's **demand side** is very flexible and unpredictable; most consumers are quite price sensitive, and, in addition, can easily postpone their planned vehicle purchase when, for example, interest rates are increasing.

This fundamental mismatch between a capital-intensive, inflexible supply side and a flexible, price-sensitive demand side drives more or less everything else in the automotive industry. As it is absolutely imperative that plant capacity is filled at all times, manufacturers are forced to 'push' their vehicles into the market (if necessary, with major discounts and other incentives); they simply have invested too much and cannot adjust capacity fast enough to accommodate a true 'pull' system.

European manufacturers have been able to maintain the degree of control required for such a push-based distribution system by taking advantage of the industry's so-called **block exemption** from the principal European free trade law (Article 85 of the EC Treaty), which prohibits anti-competitive vertical agreements between producers and distributors (e.g., restricting a distributor's right to determine his own prices, customers, and sales territory). The European Commission may decide to exempt certain categories of vertical agreements from Article 85, if they contain "only indispensable restrictions, do not eliminate competition, and promote production, distribution or technical improvements, while granting a fair share of the gains to consumers." The automotive industry was granted a block exemption in 1985, mainly due to a car's unique maintenance and repair needs, which require an extensive network of highly qualified service outlets. The block exemption has enabled manufacturers to maintain a distribution system that is both selective and exclusive; automakers may select dealers on the basis of certain quantitative criteria (e.g., maximum number of dealers per area, minimum turnover requirements and stock levels, obligations of minimum annual purchases, etc.) and qualitative criteria (e.g., requirements for product display, training for dealer sales personnel, qualification of mechanics, etc.). In addition, manufacturers may prohibit dealers from supplying cars to independent resellers, such as supermarkets and department stores. They may also assign dealers to a defined market area on an exclusive basis, and prevent them from actively selling outside this market area. Multi-branding (i.e., selling cars from different brands in one store) is officially allowed, but prohibitively expensive, as automakers may require dealers to invest in a separate company, management, sales force and showroom for each brand.

The existing block exemption provides the regulatory framework that enables manufacturers to deal with the supply/demand mismatch by using their dealers to off-load investment risk in bricks and mortar as well as vehicle and parts inventories. The dealer essentially serves as a **buffer for demand fluctuations** and mitigates the impact of product convergence. Manufacturers are willing to accept the costs and customer satisfaction-related drawbacks of such a distribution system in exchange for control, as they fear a scenario where the dealer displays competing brands side-by-side, manufacturers fight for "shelf space", and dealers actually refuse to sell unattractive models. In fact, due to the enormous up-front investment in bringing new products to market, the survival of even the largest manufacturers could be threatened by such a distribution system.

3. Catalysts for Change

Many industry observers believe a combination of regulatory and technological changes, in the form of a revised block exemption and the growing importance of the Internet, will finally liberalize automotive distribution and enable the emergence of a true **multi-channel retailing environment**. Consumers would no longer be forced to buy and service their vehicles at independent dealers, but have a wide variety of new sales channels and formats to choose from, including

- **Multi-brand category killers**, who sell numerous competing brands out of a single showroom,
- **Segments specialists**, who concentrate on particular types of vehicles, such as cabriolets or minivans,
- **Non-automotive retailers**, such as supermarkets and department stores, who carry a limited selection of high-volume brands,
- **Lifestyle specialists**, who specialize in, for example, the outdoors, and could offer special edition sports-utility vehicles along with tents, hiking gear and other items.

3.1 Regulatory Changes

In July 2002, the EU Commission made significant changes to the existing block exemption "to increase competition and bring tangible benefits to European consumers".

— Objectives of the Commission's proposal —

"... increase competition ..."   **"... tangible benefits ..."**

- Create market conditions which will lead to a reduction of the existing high prices differentials in the EU and to more competitive prices on the sales and after-sales markets

- Open the way to new distribution techniques, such as Internet sales

- Increase inter-brand competition between dealers

- Enable car buyers to purchase a vehicle wherever it is cheaper

- Improve ease of comparing cars and associated services by dealers

- Give car owners more choice as to where their vehicles are repaired and which spare parts are used

- Provide easier access to after-sales service, potentially at lower prices

---

Picture 4:   Commission's objectives (Source: European Commission (IP/02/196, MEMO/02/18))

The new regulation makes several **important changes** to the existing distribution system:

- Automakers must choose either a selective or an exclusive distribution system in each EU country.
    - Under a selective system, they may continue to use quantitative selection criteria (unless their local market share exceeds 40%) as well as qualitative selection criteria to limit the number of dealers and ensure each dealer meets certain quality standards. However, starting in October 2005, each dealer may actively sell anywhere in the EU by opening additional showrooms and delivery points, and using, for example, advertising and direct mail to generate demand.
    - Under an exclusive system, automakers may continue to assign each dealer to a defined market area, but can no longer prevent dealers from selling vehicles to independent resellers, such as grey market importers, supermarkets, and Internet brokers.
- Dealers will be allowed to subcontract repairs to other members of the manufacturer's network, opening the way for various types of sales-only outlets.
- Most of the existing restrictions on multi-branding and intermediaries will be eliminated.

As a result of these changes, a multi-channel environment could arise; franchised dealers would be free to open multi-brand outlets anywhere in the EU or specialize in selling only a certain type of vehicle. Brokers would be free to operate anywhere without any restrictions.

3.2 Technologial Changes

The Internet could become an even greater **driver towards a multi-channel retail environment**, as prohibitively large investments in bricks and mortar are no longer necessary to establish a sales presence. In other words, the Internet removes one of the major entry barriers that has prevented even cash-rich manufacturers from forward integrating into distribution. In addition, the Internet's unique ability to create buyer segments in cyberspace that would not have enough critical mass to support a retail outlet in a specific geographic location, enables the emergence of entirely new and innovative sales formats. Several scenarios are possible. From the manufacturers' point of view, one of the **Internet's main advantages** is the possibility to assume greater control over the customer interface by unbundling the physical and virtual storefronts and interacting directly with end-customers. Under this "OEM Direct" scenario, manufacturers would provide customers with vehicle and pricing information, and take orders directly on their websites. Dealers would remain responsible for delivery and after-sales service.

Alternatively, the direct contact with end-customers could be taken over by an **eBroker**, who would have less specific product know-how than the manufacturer, but could offer impartial third party advice and allow the customer to make a more rational choice. Under this scenario, the eBroker would provide customers with vehicle and pricing information and take orders. The eBroker would then order the vehicle from a dealer or perhaps from the factory itself. Dealers would remain responsible for deliver and after-sales service. To date, at least three major types of eBrokers, with entirely different sales formats and business models, have emerged:

Online Vehicle Brokers, such as CarsDirect, enable customers to price, order, purchase, insure and finance a vehicle entirely online without ever visiting a dealer.

Dealer Referral Services, such as AutobyTel, provide on-line vehicle and pricing information and match customers with participating dealers. The customer actually purchases the vehicle from the dealer, who pays the referral service a flat rate, success fee, or both.

Reverse Auctioneers, such as Priceline, generate qualified leads for participating dealers by enabling customers to specify the car they want to buy, the price they want to pay, and how far they want to travel. The contract is closed when a participating dealer accepts the customer's offer.

In addition to the increased choice and variety of new sales formats, the Internet could significantly improve customers' satisfaction with the sales and ownership experience:

information is available immediately and at any time in the Internet; online customers enjoy quick and easy access, either interactively through various dialogue tools or unilaterally for anonymous research and multi-brand comparison; answers to requests and resolutions to complaints can be provided in real-time; unbiased third party information is available to support more rational and objective purchase decisions.

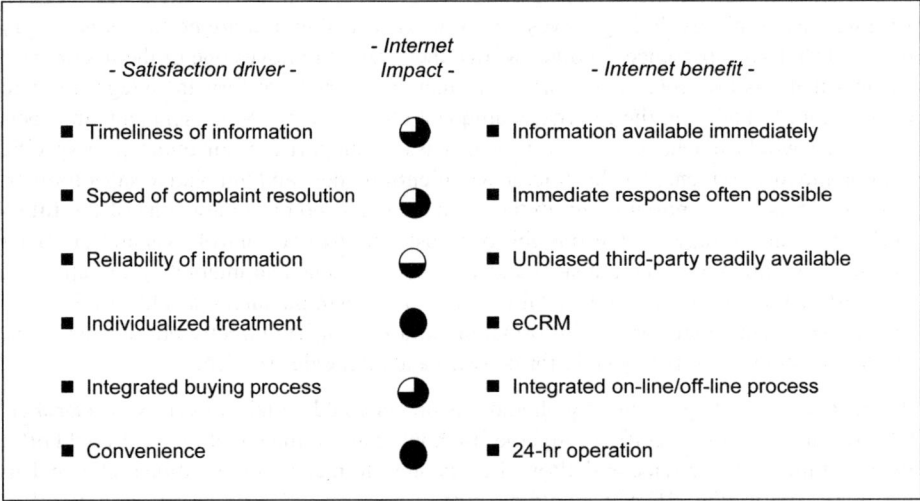

Picture 5:   Internet impact on customer satisfaction

Finally, the Internet offers major **cost savings potential** over the existing physical distribution network; studies have shown a savings potential of up to $3.643 per vehicle when the Internet is used to optimize automotive retailing, primarily due to the use of build-to-order and on-line sales systems as well as other cost savings measures. The bottom-line impact may be limited, however, as 70-80% of the savings will probably be passed on to customers.

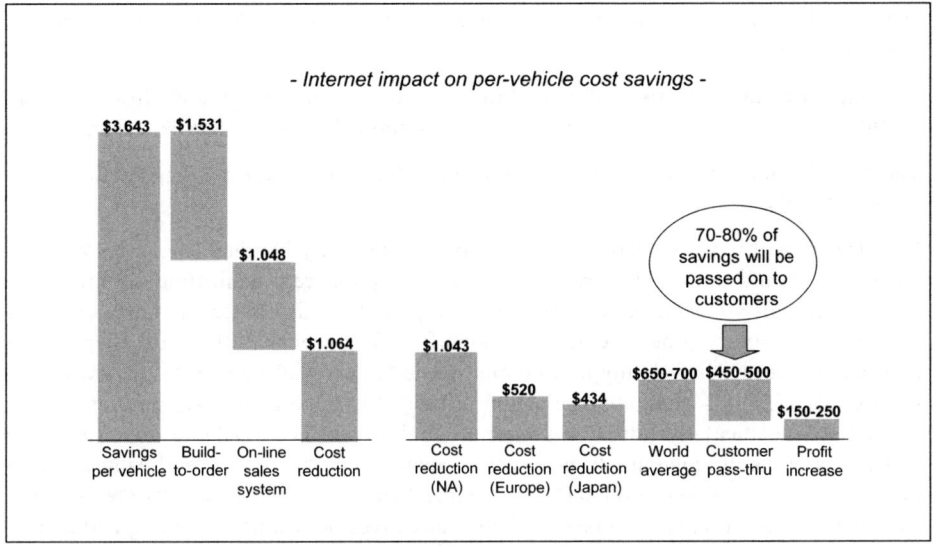

Picture 6:   Internet impact on per-vehicle cost savings (Source: Mercer Management
             Consulting 2002)

4. The Future

Despite the promise of recent regulatory and technological developments, a true multi-channel automotive retail environment will probably not emerge in the near future; the revised block exemption will almost certainly lead to **evolutionary, rather than revolutionary change**, while the Internet is unlikely to live up to its promise as an alternative sales channel.

4.1 The impact of the revised block exemption

Despite the Commission's intention to significantly change the existing automotive retailing landscape, it is unlikely that a true multi-channel retail environment will emerge; multi-brand category killers will capture only a small share of the market, while the impact of non-automotive retailers, segment specialists, pure Internet players, and intermediaries will be limited. There probably will be significant consolidation among small and medium-sized dealers, however.

The **impact of multi-brand category killers**, who sell numerous brands from different manufacturers under one roof, will likely be quite limited for at least three reasons:

The capital requirement of opening fully bundled multi-brand stores is beyond the means of most dealers.

Few dealers will have the capital required for opening fully bundled (i.e., sales and service) multi-brand stores. The revised block exemption re-organization of the sales-service link will allow sales-only formats to appear, but this strategy is fairly unattractive, as the margins on new vehicles are significantly lower than those on after-market parts and services. A sales-only new entrant would have to make a significant investment to meet each brand's qualitative selection criteria, and hope to recover this investment through a fundamentally lower cost structure and prices. The available price reduction corridor is probably quite small, however, as new vehicle margins are already low (the average automaker's return on sales is no more than 3-4%) and discounts are common (8% on average). It remains to be seen how many investors would be willing and able to enter into such a low margin/high investment/high risk venture.

Consumers prefer the specialized know-how of single-brand dealers over the variety and choice of multi-brand category killers.

The category killer format, which has been so successful in the book and music sectors, will probably be much less successful in the automotive industry, as consumers need expert advice on selecting the right vehicle and are generally very aware of their car's after-sales service needs. Consumers will likely continue to buy cars from specialist single-brand dealers, unless category killers can offer significant price reductions and convince consumers that their cars will still be properly and conveniently serviced by an authorized repairer. As the available price reduction corridor is quite small (see above), the ability of a category killer to offset the perceived expertise of a specialist dealer with significantly lower prices, appears to be limited.

The absence of best practices will deter investors and make it more difficult to introduce new retail formats.

The general absence of automotive retailing best practices and success stories must also be taken into account, as it should deter would-be investors and indicates it will be difficult to define and successfully implement new retail formats. The fact that the large public dealer groups in the UK (e.g., Lex and Pendragon) have not been very successful, and that other, well-funded, new retailing concepts, such as used car superstores (e.g., AutoNation) and Internet arbitrage models (e.g., OneSwoop) have essentially failed, does not bode well for other new entrants.

The **impact of other players**, such as non-automotive retailers, segment specialists, pure Internet players, and intermediaries, will also be quite limited for at least two reasons:

- The new regulation puts no **restrictions on automakers' qualitative selection criteria**, as long as they are uniformly applied. Automakers can therefore make entry unattractive for non-automotive retailers (e.g., supermarkets) and prevent the emergence of dealers who specialize in certain vehicle segments (e.g., cabriolets, sports-utility vehicles, etc.) by simply requiring that the entire product range be displayed and sold, sales people be trained to sell all models, etc.
- The impact of Internet players and other intermediaries, who compete primarily on price, will probably be limited, as **prices will increasingly converge**, limiting arbitrage opportunities (see below). In addition, consumers have not shown much interest in this sales format, as they prefer to purchase their cars from specialized dealers. The American experience provides further proof that the Internet's potential as a direct sales channel, as opposed to a convenient source of information, will probably be minimal.

However, significant consolidation among small and medium-sized dealers is likely for at least four reasons:

- Most automakers will choose a **selective distribution system**, which, after the elimination of the "location clause" in 2005, will significantly increase intra-brand competition, as dealers will no longer be restricted to exclusive market areas. Larger dealers will increasingly compete directly with small and medium-sized dealers, who will find it difficult to survive without the protection of exclusive market areas.
- The **increase in the number and quality of independent repairers**, and resulting loss of parts and service revenues (which represent up to 60% of an average dealer's operating profits), will put additional pressure on dealer margins. Dealers of volume brands, whose customers are more price sensitive and already more likely to rely on independent repairers after the automaker's warranty coverage has expired, will be particularly affected.
- Many of these family-owned businesses are **barely profitable**, and do not have the financial means to make major investments in their facilities, workforce, tools, and equipment. Even a small profit reduction will force many out of business.
- Although many already have taken to rationalize their distribution networks, automakers may take advantage of the opportunity to accelerate their **dealer reduction programs** prior to the new regulation taking effect in October 2003

4.2 The impact of the Internet

Despite the hype, the Internet will probably fail to live up to its potential as an additional sales channel, primarily due to the **absence of strong consumer demand and dealers' lobbying efforts**. In addition, actual experience with the Internet as a supplementary sales channel, has not been promising. Nevertheless, the Internet's potential as an information and customer service channel is significant.

In general, products whose purchase is largely influenced by expert advise as well as taste and emotional criteria, will continue to be sold primarily through **physical instead of virtual stores**. The automotive industry is unlikely to become an exception to the rule; several studies indicate that most consumers strongly prefer the product expertise of independent and factory-owned dealers over the convenience and impartial advice of an Internet broker. In addition, virtually all consumers want a test-drive and are acutely aware of a car's after-sales needs, making them even more reluctant to purchase via an Internet broker, who can only offer virtual test-drives and no maintenance and services.

In addition, dealers will probably be quite successful in their **efforts to limit direct sales** from manufacturers and Internet brokers, due to their significant political power; manufacturers are mainly interested in maintaining the status quo and unlikely to risk significant channel conflict, while Internet brokers will find entry blocked at every turn. For example, American dealers have already successfully lobbied many states to demand that Internet brokers establish a physical presence in that state, thereby creating a formidable entry barrier in terms of the required capital investment in bricks and mortar.

Finally, the Internet has thus far been a fairly **disappointing sales channel**; consumers who have used the Internet to purchase a vehicle have actually been significantly less satisfied than consumers who decided to stay offline, despite receiving lower prices. According to a recent study, many automotive internet shoppers suffer from so-called **"net-lag"**, the disappointment they experience after leaving cyberspace for the old bricks and mortar world of their local dealership.[94]

Nevertheless, the internet will probably become a significant **communication channel**, not only as a disseminator of vehicle, pricing and other information, but also a Customer Relationship Management tool. Here, the Internet probably will be a significant catalyst for (evolutionary) change. Consumers will be much better informed, leading to significant price pressure, and possibly additional consolidation among manufacturers and their dealers. They will be much better served by the remaining manufacturers and dealers, who will establish continual contact with customers and significantly enhance the purchase and ownership experience.[95]

---

[94] Cp. Accenture 2001, p.5.

[95] Cp. Bauer, H.H., Göttgens, O., Grether, M. 2002, p.123.

5. Conclusion and outlook

The revised block exemption and the growing importance of the Internet as additional distribution channel could lead to a restructuring of the existing automotive distribution system. A true **multi-channel environment**, with a virtual sales channel and multiple retailing formats, may emerge. However, change will likely be evolutionary rather than revolutionary, as the franchised dealer will continue to dominate in the physical world, while the Internet will probably not become a fully competitive sales channel. **A multi-channel retail environment will not be a natural outcome of either the revised block exemption or the Internet.**

The revised block exemption will lead to significant **intra-brand competition** and **consolidation** among small and medium-sized dealers, as most automakers will choose a selective distribution system. The combination of large capital requirements, low margins, and little consumer demand, will limit the market share **multi-channel category killers**. The impact **of non-automotive retailers**, **segment specialists** and **intermediaries** will be limited when, as expected, manufacturers develop tough qualitative selection criteria.

The role of the **Internet as a direct and indirect sales channel** for new cars to end-customers will remain negligible in the near future. End-customers appear to have little interest in purchasing cars via the Internet, while dealers will be quite effective in blocking the efforts of manufacturers and intermediaries.

Bibliography

ACCENTURE (2001), Automotive eRetailing: winning the war for customers, on www.accenture.com.

AHLERT, D., KOLLENBACH, S., KORTE, C. (1996), Strategisches Handelsmanagement: Erfolgskonzepte und Profilierungsstrategien am Beispiel des Automobilhandels, Stuttgart.

BAUER, H.H., GÖTTGENS, O., GRETHER, M., (2001), eCRM – Customer Relationship Management im Internet, in: Hermanns, A., Sauter, M. (Hrsg.), Management-Handbuch Electronic Commerce, 2. Aufl., München, S. 119 - 131.

BIZSTATS (2002), on bizstats.com.

CESPEDES, F.V. (1989), Channel Management, Harvard Business School Publishing, Boston.

ECONOMIST INTELLIGENCE UNIT (2001), on www.eui.com

EUROPEAN COMMISSION (2002), New Block exemption regulation, on: http://europa.eu.int/comm/competition/antitrust/others/

DUDENHÖFFER, F. (2000), On the Importance of selective and exclusive Distribution Systems in EU-Europe, Gelsenkirchen.

MEFFERT, H. (2001), Einführung in die Themenstellung, p. 5-13, in: Meffert, H., Backhaus, K., Becker, J. (Hrsg.), Vertriebsmanagement im Wandel – Strategien im Spannungsfeld zwischen klassischem Vertrieb und E-Commerce, Dokumentation des 40. Münsteraner Führungsgespräches vom 1./2. Februar 2001, Dokumentationspapier Nr. 146, Münster.

MERCER MANAGEMENT CONSULTING (2002), E-Business in der Automobilindustrie – Realitätscheck für Automobilhersteller, Pressemeldung vom 05.03.2002.

VENKATESH, S. (1999), Recreating the US Car Retailing Industry (B), INSEAD Publishing, Fontainebleau.

Patricia Schulz-Moll, Elke Walthelm

Kundenbeziehungen mit Multikanalstrategien gezielter managen – Ein Beispiel aus dem Finanzdienstleistungsmarkt

1   Einleitung
2   Herausforderungen des Marktes
  2.1   Das Modell des integrierten Finanzdienstleisters
  2.2   Wachstumsmärkte der Zukunft – private Altersvorsorge und Vermögen
  2.3   Starke Marken als Kerntreiber des CRM
3   Gezielter Einsatz von CRM-Maßnahmen
  3.1   Strukturelle Umbrüche im Finanzdienstleistungsmarkt
  3.2   Kernziele des CRM im Finanzdienstleistungsmarkt
4   Multikanalstrategien für Finanzdienstleister
  4.1   Multikanalsysteme zur Unterstützung von CRM-Zielen
  4.2   „Channel Fit" für Finanzdienstleistungen
  4.3   Chancen und Risiken von Multikanalstrategien
5   Optimierung der Kundenbeziehung durch gezielten Einsatz von Multikanalstrategien
  5.1   Nutzen der Multikanalstrategie für die Neukundengewinnung
  5.2   Steigerung der Kundenloyalität durch Multikanalstrategien
  5.3   Einsatz der Multikanalstrategie für die Kundenrückgewinnung
6   Schlussbetrachtung

1. Einleitung

In den vergangenen Jahren wurde kaum ein Begriff in Marketing und Vertrieb so sehr diskutiert wie der Begriff **Multikanal**. Dabei ist die Idee der Kombination mehrerer Absatzkanäle für die Vermarktung von Produkten und Dienstleistungen kein revolutionärer Gedanke, sondern seit Jahren in der Praxis zu finden.

Die **Kombination** von **Online-** und **Offlinevertriebskanälen** hat dem Thema einen neuen Glanz verliehen. Die Verlagerung des Geschäftes ins Internet hat sich jedoch nicht für alle Branchen als erfolgreich erwiesen, sondern in erster Linie für jene Unternehmen, die über bereits funktionierende Infrastrukturen verfügen.[96]

Gerade im **Finanzdienstleistungsmarkt** hängt die Akzeptanz – und damit der Erfolg – von Multikanalstrategien ganz entscheidend vom Kundenverhalten ab. Finanzdienstleistungen werden zu einem geringen Maße online bezogen; sie bedürfen meistens invidueller Beratung und Betreuung am Point-of-sale (POS). Die Kunden nutzen das **Internet** primär als **Informationsquelle** und als Möglichkeit, Angebote zu vergleichen; der tatsächliche **Kauf-/Vertragsabschluss** wird jedoch in der **Filiale** oder in der **Versicherungsagentur** getätigt.

Die **Allianz Group** als traditioneller Versicherungskonzern geht mit der Übernahme der Dresdner Bank einen weiteren Schritt in Richtung „Multichanneling". Durch die Akquisition wird das traditionelle **Distributionsnetz** der Versicherung um die Filialen der Dresdner Bank und um die Online-Bankingplattform der Advance Bank erweitert. Zielsetzung ist es, über diese Kanäle Zugang zu neuen Zielgruppen zu erhalten und gezielter den Anforderungen der Kunden insbesondere im Hinblick auf das Angebot von Vermögensprodukten gerecht zu werden.

Die aktuelle Herausforderung der Allianz Group liegt zunächst in einer erfolgreichen Etablierung und Koordination der Kanäle zur Steigerung der Kundengewinnung und -bindung. Die einzelnen Kanäle im Marketingmix müssen so konsequent wie möglich miteinander vernetzt werden, um das Multikanal-Angebot einheitlich und umfassend zu kommunizieren. Darüber hinaus wird die Allianz Group die Bündelung des Know-hows zur Produktentwicklung konsequent nutzen.

---

[96] Vgl. Eierhoff, K., 2002, S. 8 ff.

2. Herausforderungen des Marktes

2.1 Das Modell des integrierten Finanzdienstleisters

Die **Allianz Group** gehört mit mehr als 50 Mrd. Euro Umsatz zu den weltweit **bedeutendsten Finanzdienstleistern**. Sie besteht aus einem vielfältigen Verbund von über 700 Tochter- und Beteiligungsgesellschaften in mehr als 70 Ländern.[97] Im Jahre 2001 wurde dieser Verbund durch die Integration der Dresdner Bank Gruppe erweitert, wodurch sich für die Allianz Group in Deutschland die Möglichkeit bietet, neben den Geschäftsfeldern Versicherung und Vorsorge auch ihre Kompetenzen im Bereich Vermögen[98] auszubauen und um Banking zu erweitern. Ziel der Allianz Group ist es, sich nachhaltig erfolgreich als integrierter Finanzdienstleister zu positionieren.

Das **Modell** des **integrierten Finanzdienstleisters** bietet seinen Kunden ein sich **ergänzendes Produktportfolio unterschiedlicher Anbieter** aus dem Unternehmensverbund über **verschiedene Distributionskanäle** hinweg. Der Kunde hat somit die Möglichkeit, diejenigen Leistungen auszuwählen, die der persönlichen Lebenssituation und dem jeweiligen Anlagestil am besten entsprechen.

Die Allianz als führende deutsche Versicherung in den Bereichen der Sach- und Lebensversicherung pflegt bereits zu mehr als 17 Mio. Kunden Beziehungen. Gemeinsam mit der Dresdner Bank Gruppe, die einen Kundenstamm von ca. 6 Mio. betreut, liegt die Haushaltsreichweite der neuen Allianz Group bei ca. 37 %.[99] Der Marktführer Allianz deckt in Deutschland das traditionelle Versicherungsgeschäft mit 14 000 Versicherungsagenturen ab und bietet im Bereich Vorsorge eine Vielzahl an Leistungen in Form von Lebens- und Rentenversicherungen an. Als einer der größten Vermögensanleger der Welt verwaltet die Allianz gemeinsam mit der Dresdner Bank ein Vermögen von über 1 000 Mrd. Euro. Die Dresdner Bank ergänzt durch ihre langjährige Erfahrung und fachspezifische Expertise im Vermögensaufbau und durch klassische Bankdienstleistungen das Leistungsspektrum der Allianz Group als integrierter Finanzdienstleister.

---

[97]   Vgl. Cramer, H., Maskur, M., 2001, S. 211.

[98]   Unter Vorsorge wird z. B. Renten- und Lebensversicherungen, Berufsunfähigkeitsversicherungen und private Altersvorsorge verstanden; unter Vermögen wird z. B. Vermögensaufbau und -management insb. Fondsmanagement verstanden.

[99]   Vgl. Allianz Group, 2001, Infobuch zum Aktientausch Dresdner Bank, S. 14.

2.2 Wachstumsmärkte der Zukunft - private Altersvorsorge und Vermögen

Im Wettbewerbsvergleich verfügt die Allianz Group über eine ausgezeichnete Ausgangssituation, um das Wachstumspotenzial in den Bereichen Vorsorge und Vermögen auszuschöpfen (Abbildung 1). Im Bereich der Lebens- und Rentenversicherung verfügt sie über einen Marktanteil von ca. 15 % und bei den Publikumsfonds liegt sie mit ca. 16 % auf Platz 3 hinter den Sparkassen und der Deutschen Bank.[100]

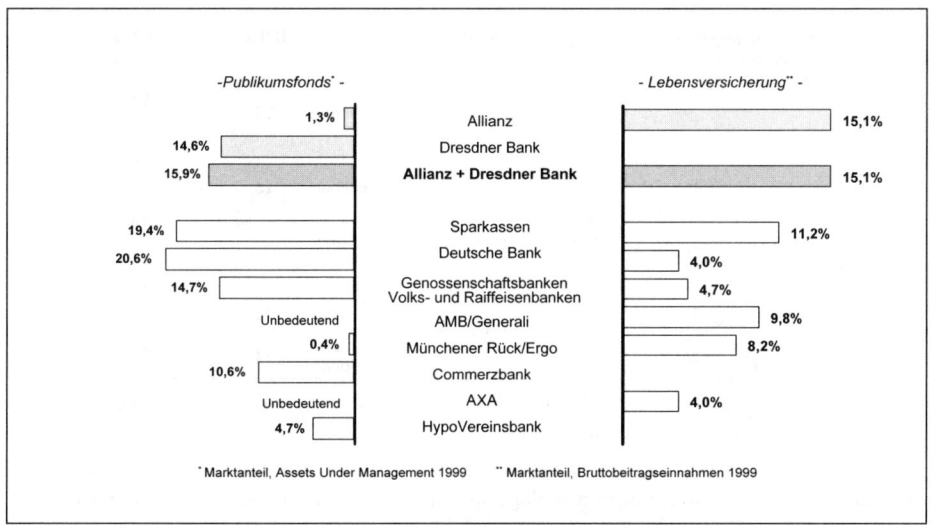

Abbildung 1:   Marktanteile für Publikumsfonds und Lebensversicherungen in Deutschland für Privatkunden (Quelle: Allianz Group Infobuch zum Aktientausch Dresdner Bank, 2001)

Die aktuellen Entwicklungen auf dem deutschen Finanzdienstleistungsmarkt bestätigen das **hohe Wachstumspotenzial** insbesondere in den Bereichen **private Altersvorsorge** und **Vermögen** (Abbildung 2). Bedingt durch die Veränderungen der rechtlichen Rahmenbedingungen müssen sich immer mehr Menschen frühzeitig um ihre private Altersvorsorge kümmern und in finanziellen Angelegenheiten zunehmend mehr Eigenverantwortung übernehmen.

---

[100] Vgl. Allianz Group, 2001, Infobuch zum Aktientausch Dresdner Bank, S. 12 ff.

Die Allianz Group kann von dem erwartet hohen Wachstum des Marktes für private Altersvorsorge profitieren, wenn es ihr gelingt, neben einer umfangreichen Produktpalette auch ein den Anforderungen entsprechendes Vertriebsnetz zu etablieren. Das überdurchschnittlich in ländlichen Regionen präsente Agenturnetz der Allianz wird durch das Filialnetz der Dresdner Bank, das sich an Kunden in Ballungszentren richtet, ideal ergänzt, da insbesondere Beratungsgespräche zu Vorsorge- und Vermögensthemen ein hohes Maß an persönlicher Betreuung durch den Anbieter erfordert.

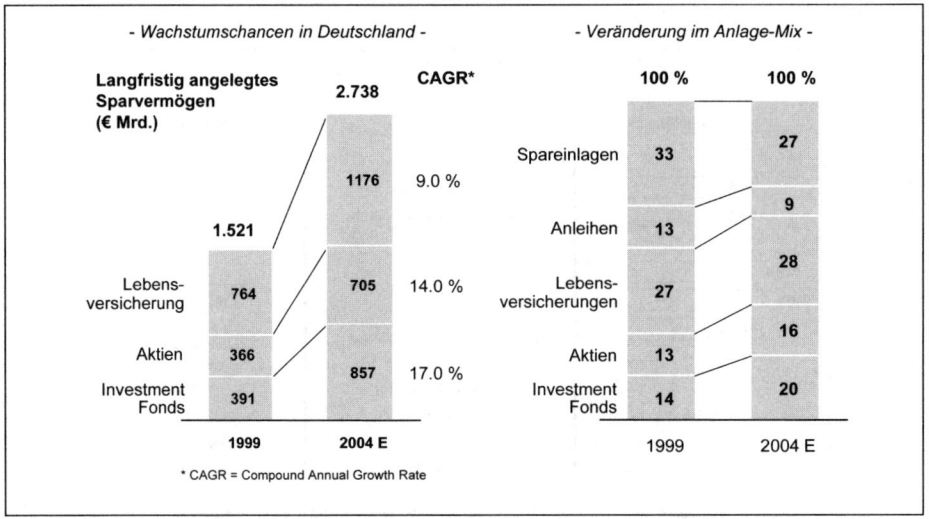

Abbildung 2:   Veränderung im Anlagemix in Deutschland (Quelle: Allianz Group
                 Infobuch zum Aktientausch Dresdner Bank, 2001)

Abbildung 3 zeigt, dass insbesondere bei Produkten im Bereich Vermögensaufbau und -management die Bankfilialen über den besten Marktzugang verfügen.

Mit bislang rund 900 Versicherungsexperten in den Bankfilialen und fast 300 Anlage- und Vermögensberatern in den Versicherungsagenturen, dem Online-Angebot der Advance Bank und dem Aufbau eines Vertriebsnetzes von bislang über 400 Finanzplanern nutzt die Gruppe ihre Vertriebssynergien.

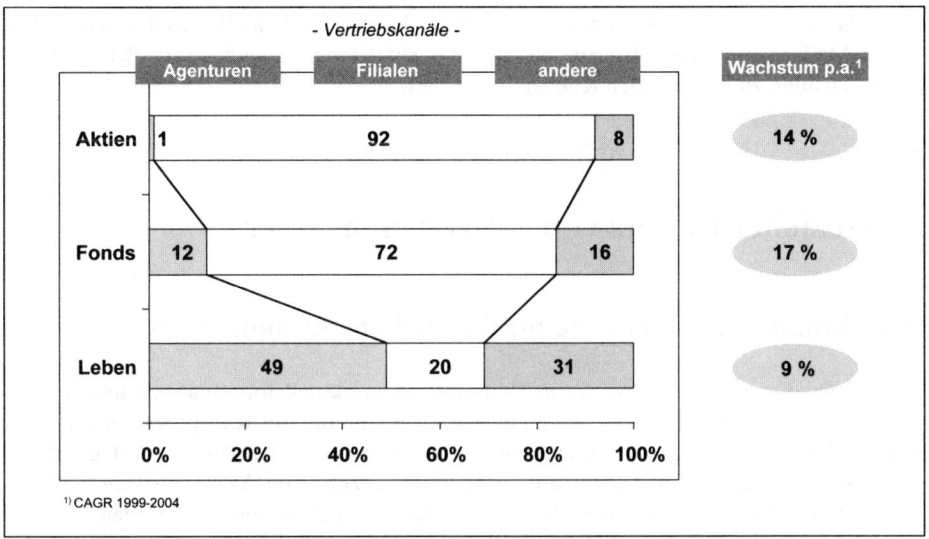

Abbildung 3:   Verteilung der Nachfrage nach Vermögensprodukten auf die Vertriebskanäle (Quelle: Allianz Group Infobuch zum Aktientausch Dresdner Bank, Juni 2001)

2.3 Starke Marken als Kerntreiber des CRM

Diese Ausgangssituation muss die Allianz nutzen, um ihre Marktposition auszubauen und nachhaltig zu festigen. Einer der zentralen Vorteile der Allianz Gruppe liegt in der **Stärke der Marken**, die für Kunden bei Themen, wie Finanzanlage und Vermögensmanagement, von großer Bedeutung ist und daher hohe **Markenbekanntheit** die Kunden anzieht. Eine im Finanzdienstleistungsbereich durchgeführte Erhebung verdeutlicht, dass die Anbieter (Versicherungen, Banken/Sparkassen, Fondsgesellschaften) über ähnliche **Markenprofile** verfügen.[101] Anbieter von Finanzdienstleistungen verfügen oft über hohe spontane und gestützte Markenbekanntheiten. Jedoch sind in der Branche deutliche Unterschiede zwischen der geäußerten Kaufabsicht und dem tatsächlichen Kauf sowie zwischen dem tatsächlichen Kauf und der gemessenen Loyalität typisch. Dies bedeutet, dass Unternehmen im Finanzdienstleistungsmarkt neben den klassischen Werbeformen, wie TV und Print zum Aufbau bzw. zum Erhalt des Markenimages und der Markenbekanntheit, auch zunehmend in Customer Relationship Marketing (CRM) investieren soll-

---

[101] Die Erhebung wurde im Rahmen des BMT-Projekts von BBDO Consulting und McKinsey 2000 durchgeführt.

ten. Das akquisitorische Potenzial der starken Marke wird durch das Einbinden von CRM-Maßnahmen optimal ausgeschöpft. Die Kundengewinnung wird erleichtert und die Beziehung zu bestehenden Kunden verbessert.

3. Gezielter Einsatz von CRM-Maßnahmen

3.1 Strukturelle Umbrüche im Finanzdienstleistungsmarkt

Die Finanzdienstleistungsbranche in Deutschland ist aktuell mit **strukturellen Veränderungen** konfrontiert, die eine zunehmende **Vermischung** der **Kompetenzen** zur Folge haben. Als Resultat steht der Kunde einer immer **höheren Anzahl** von Anbietern von Finanzdienstleistungen auf einer **zunehmenden Anzahl** von **Vertriebswegen** gegenüber. Beispielsweise wird einem Sparkassen-Kunden neben dem klassischen Angebot von Bankdienstleistungsprodukten auch das breite Spektrum von Versicherung, Vorsorge, Vermögen bis hin zur Immobilie angeboten. Auf diesen Kampf um den Kunden müssen Finanzdienstleister mit einer verstärkten Kundenorientierung reagieren, um sich erfolgreich zu positionieren und gegenüber dem Wettbewerb zu behaupten. Bislang werden zweistellige Millionenbeträge[102] pro Jahr von Finanzdienstleistern in klassische Werbung investiert. Eine fokussierte Zielgruppen-Ansprache bzw. der Aufbau einer Kundenbeziehung ist dadurch jedoch nicht gewährleistet. Auch aus diesem Grund gewinnt bei Finanzdienstleistern CRM zunehmend an Bedeutung.

3.2 Kernziele des CRM im Finanzdienstleistungsmarkt

Der Begriff Customer Relationship Manangement wird in vielfachem Zusammenhang verwendet, ohne dass es eine eindeutige Definition gibt. Grundlegendes **Ziel** des **CRM** ist es, **aussagekräftige Informationen** über **attraktive Kunden** zu generieren, um somit Kundenwünsche besser als der relevante Wettbewerb zu erfüllen und **Kunden** erfolgreicher zu **akquirieren** und zu **binden**. CRM gibt den Unternehmen die Möglichkeit, unterschiedliche Kundentypen je nach Lebenszyklus mit individuellen und bedürfnisgerechten Marketing-Maßnahmen anzusprechen. Es können drei Typen von CRM-Maßnahmen unterschieden werden, die jeweils unterschiedliche Ziele verfolgen (Abbildung 4):[103]

---

[102] Vgl. AC Nielsen, 2001.

[103] Vgl. Handen, L., 2000, S. 7 ff.

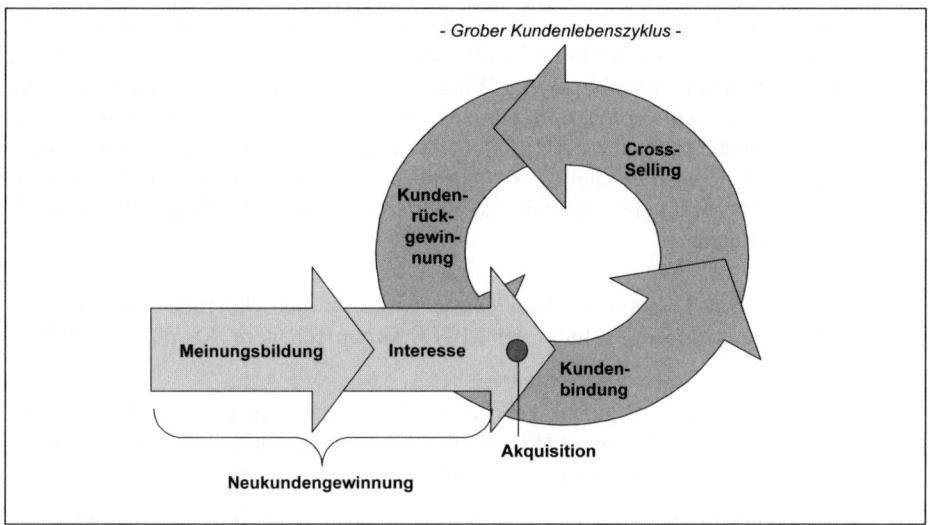

Abbildung 4:   Kundenlebenszyklus (Quelle: BBDO Consulting, 2001)

Kundenakquisition

Hierunter versteht man die Bemühung eines Unternehmens, Neukunden zu gewinnen. Es ist elementar, eine effiziente Kundensegmentierung durchzuführen, um zunächst Kunden zu identifizieren, die aufgrund ihrer Bedürfnissituation potenzielle Nachfrager des Angebots sind. In einem zweiten Schritt werden dann Kunden selektiert, die dem Anbieter einen hohen Kundenwert und damit eine hohe Profitabilität versprechen. Auf diese verbleibende Zielgruppe werden aktiv Akquisitionsmaßnahmen, wie bspw. Mailings und Promotions, ausgerichtet.

▪ **Kundenbindung/Cross-Selling**

Ziel der Kundenbindung ist es, die Loyalität gegenüber dem Anbieter zu stärken und so die Abwanderungsquote möglichst gering zu halten. Durch eine kundenwertbasierte Segmentierung kann analysiert werden, in welche besonders profitablen Kundensegmente das Unternehmen investieren sollte. In einem zweiten Schritt muss auch hier untersucht werden, welche kundenspezifischen Aktivitäten (z. B. Rabatte, Incentives, Zusatzleistung) wertvolle Kunden loyal werden lassen und welche Cross-Selling-Potenziale ausgeschöpft werden können.

▪ **Kundenreaktivierung**

Zielstellung ist es hierbei, einen wechselbereiten Kunden zu halten bzw. einen Kunden, der bereits abgewandert ist, zurückzugewinnen. Marktforschungen zeigen, dass

Reaktivierungsaktivitäten sehr zeitkritisch sind.[104] Demnach haben Rückgewin-
nungsaktivitäten viermal so hohe Erfolgschancen, wenn diese innerhalb der ersten
Wochen und nicht innerhalb von vier Wochen erfolgen. Mit diesen Aktivitäten sollte
selektiv umgegangen werden, d. h. Kunden, die eine hohe Wechselrate, eine geringe
Nutzungsfrequenz oder eine geringe Rentabilität aufweisen, sollten bei Rückgewin-
nungsaktivitäten aus Wirtschaftlichkeitsgründen ausgeschlossen werden. Vorrausset-
zung ist hierfür eine valide Datenbasis, aus der weniger wertvolle Kunden identifiziert werden können.

Trotz der steigenden Relevanz der Kundenorientierung in den Unternehmen ist die Er-
folgsquote gering. Laut einer Studie der META Group scheitern 70-75% aller CRM-
Lösungen.[105]

Eine Erklärung für dieses Ergebnis kann das Fehlen einer adäquaten **CRM-Strategie**
sein. Bevor es zum Einsatz von CRM-Technologie kommt, sollten die CRM-Strategie
und die CRM-Ziele aus der Unternehmensstrategie abgeleitet werden.

Bei der Umsetzung der CRM-Strategie ist die erfolgreiche Analyse und Auswertung der
gewonnenen Informationen von zentraler Bedeutung. Finanzdienstleister sind im Vergleich zu anderen Branchen bei der Sammlung von Kundeninformationen bevorzugt, da
ihnen detaillierte Informationen des Kunden (z. B. Familien- und Vermögensverhältnis-
se, monatliches Einkommen etc.) zur Verfügung stehen. Durch die aufbereiteten Informationen über die Kunden und die Geschäftsentwicklung ist die Unternehmensführung
in der Lage, aktiv die Prozesse der Kundengewinnung und -bindung in Hinblick auf die
Erreichung der strategisch festgelegten CRM-Ziele zu optimieren. Dabei ist wichtig,
dass die IT-basierten CRM-Lösungen als Werkzeuge der definierten Zielerreichung gesehen werden und sich nicht als Selbstzweck verselbstständigen.

4. Multikanalstrategien für Finanzdienstleister

4.1 Multikanalsysteme zur Unterstützung von CRM-Zielen

Die Einführung von Multikanalsystemen gegenüber traditionellen einzelnen Absatzkanälen wird auch im Finanzdienstleistungsmarkt in letzter Zeit zunehmend empfohlen.[106]

---

[104] Vgl. Handen, L., 2000, S. 7 ff.

[105] Vgl. ATKearney, 2001, S. 3.

[106] Vgl. Weinhold, H., 1988, S. 335 ff.

Multikanalsysteme bestehen aus einer Kombination mehrerer Absatzkanäle durch einen Anbieter[107] und/oder aus eingegangenen Kooperationen.[108] Multikanalsysteme stellen auch ein wichtiges Instrument im Rahmen von CRM-Strategien dar, weil durch das koordinierte Zusammenspiel unterschiedlicher Vertriebskanäle das Leistungsportfolio eines Unternehmens zielgruppenspezifisch angeboten werden kann.

Die **Ziele** des **Multikanal-Managements** unterstützen den Kern einer CRM-Strategie und gliedern sich in:

- Neue Zugangswege zu Kunden
- Kundenbindung
- Kundeninformationsgewinnung
- Synergienutzung

Mit der Anzahl der Vertriebswege erhöht sich die Anzahl der Kundenkontaktpunkte. Damit ist das Potenzial geschaffen, neue Geschäftsbeziehungen aufzubauen sowie bestehende zu vertiefen und so eine nachhaltige Kundenbindung zu unterstützten. Des Weiteren können die zusätzlichen Kundenkontakte zur Informationsgenerierung herangezogen werden, die dann zur Ausgestaltung von Kundenbindungs-Aktivitäten und zu einem effizienten „Cross-Selling" genutzt werden. So wäre es denkbar, umfangreiche Daten über den einzelnen Kunden über die unterschiedlichen Bank- und Versicherungskanäle zu generieren. Dies ermöglicht eine umfassende Bedarfsanalyse und das gezielte Herantragen von individuellen Angeboten an den Kunden über verschiedene Vertriebskanäle hinweg.[109] Zum anderen können Distributionskosten gesenkt werden, insbesondere durch die Nutzung von Synergien, aber auch durch Reduktion des administrativen Aufwands durch Online-Aktivitäten. Synergien können durch Zusammenlegung von Prozessen und Back-Office-Aktivitäten erfolgen, wie bspw. durch ein gemeinsames Call-Center oder ein gemeinsames Portal. Dies verdeutlicht, dass das Multikanal-Management einen zentralen Bestandteil einer CRM-Strategie darstellen kann.

4.2 „Channel Fit" für Finanzdienstleistungen

Um ein effizientes Multikanalsystem zu schaffen, ist zunächst ein Audit des **Produkt-** und **Servicespektrums** hinsichtlich der **Multikanal-Fähigkeit** notwendig. Zudem muss das Management von Multikanalsystemen sicherstellen, dass ein so genannter „**Channel Fit**" besteht. Die **Kanäle** müssen an die **Zielgruppen, Produkte** und **Marken** angepasst

---

[107] Vgl. Moriarty, R.T., Morgan, U., 1991, S. 98.

[108] Vgl. Schögel, M., 1997, S. 22 ff.

[109] Vgl. hier und im Folgenden Wirtz, B., 2001, S. 29.

werden. Der „externe Fit" stellt dabei sicher, dass ein Unternehmen erfolgreich auf dem Markt und gegen die Wettbewerber bestehen kann. Der „interne Fit" gewährleistet, dass ein geschlossener, in sich konsistenter Auftritt des Mehrkanalsystems erreicht wird. Dabei steht der externe Fit eher für eine Differenzierung, der interne Fit eher für eine Standardisierung der Marktbearbeitung.[110]

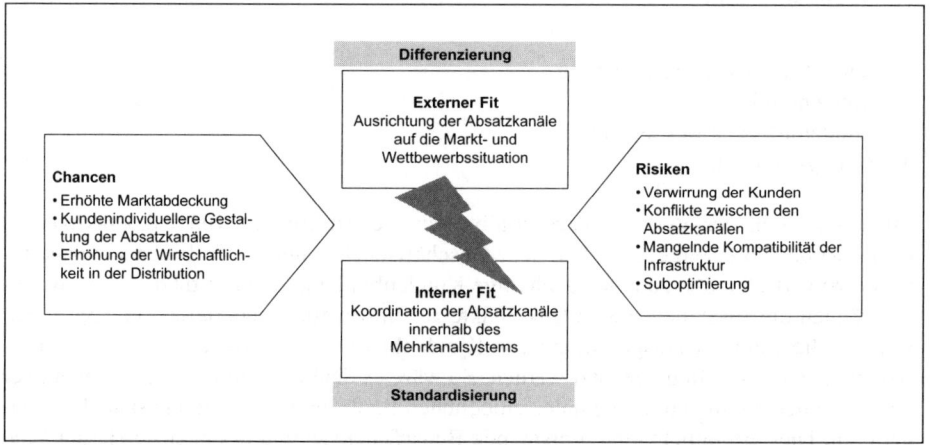

Abbildung 5:   Externer vs. interner Fit (in Anlehnung an: Schögel, M., 1997)

Wenn die Kanäle einer Zielgruppe alternativ zur Verfügung gestellt werden sollen, ist die Ausgestaltung des Mehrkanalsystems von besonderer Relevanz. Dabei übernehmen die Kanäle unterschiedliche Aufgaben und ergänzen sich untereinander. Bei der Allianz Group übernimmt bspw. die Allianz-Agentur vornehmlich die Kompetenz in Versicherungs- und Vorsorgeberatung, die Dresdner Bank die Vermögensberatung. Dennoch ergänzen und unterstützen sich die Kanäle gegenseitig, da in der Kommunikation aufeinander verwiesen wird und Allianz-Mitarbeiter als Versicherungs- und Vorsorgeberater in der Dresdner Bank-Filiale bzw. Wertpapier- und Anlageberater der Dresdner Bank in der Allianz-Agentur anwesend sind. Darüber hinaus sind auch Produkte anderer Gruppengesellschaften am POS, aber auch im Internet erhältlich.

---

[110] Vgl. hier und im Folgenden Tomczak, T., 2001, S. 19 ff.

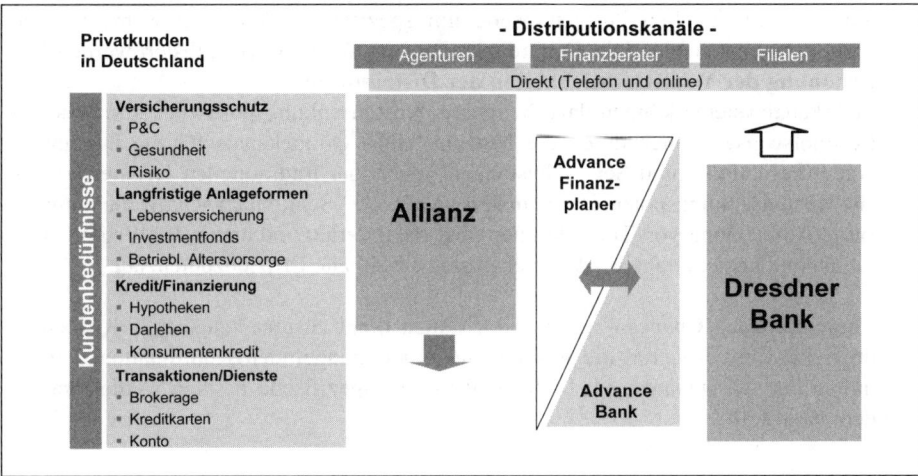

Abbildung 6:   Zusammenspiel der Distributionskanäle der Allianz Group in Deutschland (Quelle: Allianz Group Infobuch zum Aktientausch Dresdner
Bank, Juni 2001).

4.3 Chancen und Risiken von Multikanalstrategien

Zur Nutzung der Multikanalstrategie im Kundenbeziehungsmanagement ist es notwendig, sich zunächst mit den **Chancen** und **Risiken** auseinander zu setzen.

Chancen ergeben sich insbesondere aus der Möglichkeit, Wettbewerbsvorteile zu realisieren. Im Einzelnen können folgende Punkte als Chancen gesehen werden:[111]

▪ **Erhöhte Marktabdeckung**
   Das Marktpotenzial kann durch mehrere Absatzkanäle umfassender erschlossen wer-
   den, da zusätzliche Kundensegmente erreicht werden.[112] Insbesondere die junge
   Zielgruppe kann durch separate, innovative Kanäle bedürfnisgerechter angesprochen
   werden.
▪ **Kundenindividuellere Gestaltung der Absatzkanäle**
   Eine Multikanalstrategie ermöglicht, auf individuelle Wünsche und Anforderungen
   der Kunden hinsichtlich des Zugangskanals einzugehen.[113] Wenn der Kanal als Bei-

---

[111] Vgl. Schögel, M., 1997, S. 16.
[112] Vgl. Moriarty, R.T., Morgan, U., 1991, S. 98.
[113] Vgl. Meffert, H., 1990, S. 18.

trag zur individuellen Problemlösung mit spezifischen Vorteilen wahrgenommen wird, kann eine erfolgreiche Differenzierung vom Wettbewerb realisiert werden.[114]

▪ **Erhöhung der Wirtschaftlichkeit in der Distribution**
Mehrkanalsysteme können dazu beitragen, Kostensenkungspotenziale zu realisieren. Beispielsweise können durch die Nutzung eines Onlinekanals für die Distribution von Informations- und Serviceleistungen gegenüber traditionellen Kanälen erhebliche Kostensenkungspotenziale realisiert werden.[115] Schließlich schafft die automatisierte Abwicklung von Transaktionen über das Internet und damit der Wegfall steuerungs- und kostenintensiver Vertriebsstufen erhebliche Effizienzpotenziale.[116]

Den beschriebenen Chancen stehen jedoch auch nicht zu unterschätzende Risiken gegenüber. Im Kern basieren die **Risiken** auf einer mangelnden Koordination und Abstimmung der Absatzkanäle im Mehrkanalsystem. Spezifische Risiken werden im Folgenden dargestellt:

▪ **Verwirrung des Kunden**
Trotz differenzierter Kundenbedürfnisse je Kanal sind einige Kundengruppen durch die Vielfalt der Kanäle verwirrt. Die Leistungen der Anbieter werden vom Kunden nur in einem bestimmten Absatzkanal erwartet, sind aber in verschiedenen zu erhalten. Die Gefahr der Verwirrung resultiert aus ungenauen Vorgaben für einzelne Absatzkanäle. Die Aufgaben der Kanäle werden nicht auf die Kundengruppen ausgerichtet; es fehlen Abgrenzungen, und die Kanäle bearbeiten unkontrolliert dieselben Kunden mit unterschiedlichen Methoden.

▪ **Konflikte zwischen den Absatzkanälen**
Konflikte sind die zentrale Gefahr der Distribution über Mehrkanalsysteme.[117] Die Kanäle stehen untereinander in Konkurrenz und Absatzmittler oder Außendienst fühlen sich in ihrer Wettbewerbsposition bedroht.[118] Mangelnde Koordination oder Kooperationsfähigkeit zwischen den Kanälen können ähnliche Suboptimalitäten zur Folge haben.

▪ **Mangelnde Kompatibilität der Infrastruktur**
Um eine reibungslose Kundenbetreuung über alle Vertriebskanäle sicherzustellen, muss eine kompatible Infrastruktur kanalübergreifend geschaffen werden. Beispielsweise müssen Kundendatenbanken ganzheitlich, d. h. über Off- und Onlinekanäle, sowie über unterschiedliche Gesellschaften genutzt werden. Dort spielt auch eine

---

[114] Vgl. Kotler, P., Bliemel, F., 1995, S. 833.

[115] Vgl. Wirtz, B., 2001, S. 29.

[116] Vgl. Meffert, H., 2001, S. 7.

[117] Vgl. Day, G. S., 1990, S. 223 ff.

[118] Vgl. Kotler, P., Bliemel, F., 1995, S. 843.

konzernübergreifend einheitliche Online-Funktionalität (bspw. gemeinsames Portal, Verlinkung der Homepages) eine wichtige Rolle.

▪ **Suboptimierung**

Um den verschiedenen Anforderungen und Eigenschaften der einzelnen Absatzkanäle gerecht zu werden, sind spezifische Aufgaben vom Anbieter zu erfüllen. Die Gefahr besteht insbesondere in einer Suche nach allgemein gültigen Lösungen, die sich in allen Absatzkanälen anwenden lassen. Die unterschiedlichen Anforderungen der Kanäle werden nicht beachtet und die eigentlichen Vorteile des Mehrkanalsystems verlieren sich.

5. Optimierung der Kundenbeziehungen durch gezielten Einsatz von Multikanalstrategien

Je nachdem, in welchem Stadium sich der einzelne Kunde befindet und welche Ziele ein Unternehmen erreichen will, kommt den einzelnen **CRM-Strategien** unterschiedliche Bedeutung zu. Die zentralen CRM-Strategien – **Neukundengewinnung, Kundenbindung** und **Kundenrückgewinnung** – können durch eine fokussierte Multikanalstrategie nachhaltig unterstützt werden und somit für den integrierten Finanzdienstleister einen Eckpfeiler in der Kundenbeziehungspflege darstellen.

5.1 Nutzen der Multikanalstrategie für die Neukundengewinnung

Auch im Finanzdienstleistungsmarkt besteht die Möglichkeit, neue Kunden über unterschiedliche Kanäle anzusprechen. Im Vorfeld sind jedoch attraktive Neukundensegmente zu identifizieren, die, je nachdem, ob sie über den Distributionskanal Bankfiliale, Versicherung oder die moderne Onlinebank bzw. den Finanzplaner angesprochen werden, differenzierende Angebote erhalten.

Die Segmentierung muss einerseits kundenbedürfnisorientiert und andererseits profitorientiert erfolgen, um sicherzustellen, dass jene Neukunden angesprochen werden, deren Bedürfnisse durch das Angebot befriedigt werden können und deren zu erwartender Umsatz einen Mehrwert für das Unternehmen darstellt.[119]

Herkömmliche **Methoden** zur **Kundensegmentierung**, die auf sozio- und finanzdemografischen Merkmalen beruhen, erweisen sich als unzureichend, da „soziodemografische

---

[119] Vgl. Handen, L., 2000, S. 7 ff.

Zwillinge" sich hinsichtlich ihrer Erwartungen und Wünsche im Bereich privater Finanzdienstleistungen deutlich unterscheiden können. Ein aktuell entwickelter Ansatz[120] basiert auf einer Segmentierung anhand der Merkmale „Finanzerfahrung" und „Grundeinstellung".

Die **Dimension „Grundeinstellung"** unterteilt sich in „konservativ" und „progressiv". Konservative Kunden zeichnen sich durch hohe Orientierung am Status quo und sozialen Normen sowie Skepsis gegenüber neuen Ideen aus. Progressive Kunden hingegen zeigen hohe Karriere- und Statusorientierung, den Wunsch nach Selbstbestätigung und ein aktives Interesse an neuen Produkten und Dienstleistungen.

Die **Dimension „Finanzerfahrung"** charakterisiert das Finanzverhalten der Kunden und gliedert sich in drei Kategorien. Schwach Finanzerfahrene kennzeichnen sich durch geringes Interesse an Finanzprodukten, niedrige Bereitschaft zur Informationssuche, geringe Risikoaffinität und besitzen wenig kurzfristig angelegte Finanzprodukte. Durchschnittlich Finanzerfahrene möchten ihr Grundwissen zu Finanzerfahrung ausbauen. Stark Finanzerfahrene verfügen über ein hohes Finanzwissen, nutzen Finanzprodukte intensiv und suchen aktiv nach Informationen.

Wie Abbildung 7 zeigt, sind diese Kundensegmente in der Bevölkerung unterschiedlich stark repräsentiert. Für die Neukundengewinnung ist für eine Unternehmung in erster Linie interessant, welches Potenzial die einzelnen Segmente für Erfolg versprechende Geschäftsfelder, wie private Altersvorsorge und Vermögensanlage, haben. Für die Akquisition von Neukunden müssen zwei Aspekte berücksichtigt werden. Einerseits sind für das jeweilige Geschäftsfeld attraktive Zielkundensegmente zu identifizieren und andererseits müssen Informationen über die Nutzungsintensität der unterschiedlichen Kanäle berücksichtigt werden. Das Ergebnis der Analyse weist einen eindeutigen Trend zur Multikanalnutzung über alle Segmente auf, da 80 % aller Befragten zwei oder mehr Zugangswege nutzen. Dennoch präferieren die Befragten traditionelle Zugangswege, wie die persönliche Beratung in der Filiale oder durch den Vertreter. Telefon und Internet spielen lediglich bei der Informationssuche und dem After-Sales-Service eine bedeutende Rolle. Um z. B. Neukunden im Segment „progressiv-finanzerfahren" gezielt anzusprechen, sollte ein anspruchsvolles, hervorragendes Leistungsangebot über einen Multikanalzugang sichergestellt werden, wobei in erster Linie die zentralen Zugangswege optimiert werden müssen und anschließend das Spektrum an Kanälen sukzessive ausgebaut werden sollte.

---

[120] Vgl. Bäte, O., Esser, M., Staar, S., 2002, S. 232 ff.

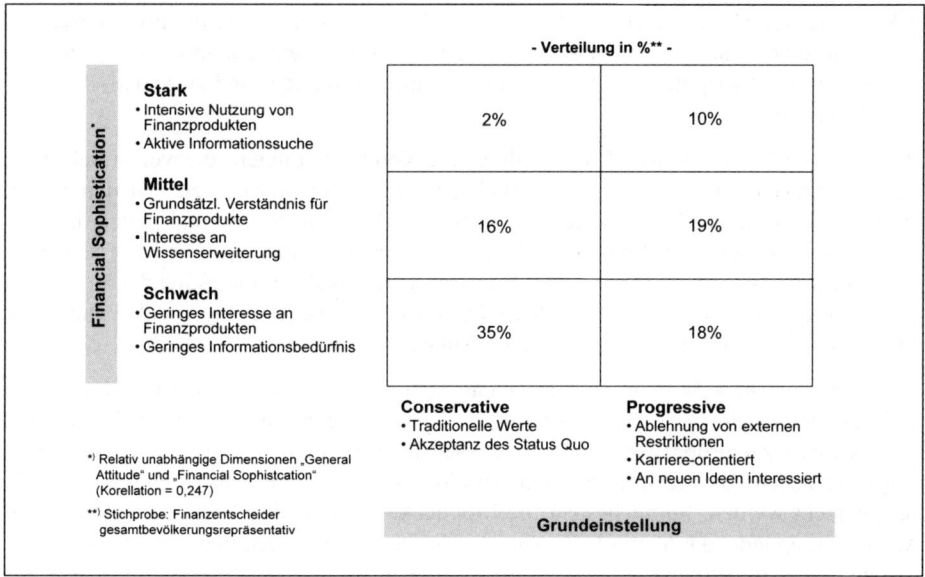

Abbildung 7: Ansatz zur Zielgruppensegmentierung (Quelle: Bäte, O., Esser, M., Staar, S. 2002)

5.2 Steigerung der Kundenloyalität durch Multikanalstrategien

Obwohl Finanzdienstleister versuchen, in wachstumsträchtigen Geschäftsfeldern durch Gewinnung von Neukunden ihren Kundenstamm auszubauen, wird das laufende Geschäft von den bestehenden Kunden gesichert. Daher kommt der modernen und erfolgreichen CRM-Strategie „Kundenbindung", deren Hauptziel es ist, die **Loyalität** der **bestehenden Kunden** zu steigern, eine besondere Bedeutung zu.

Neben Wiederkauf des Kunden von gleichen Produkten bzw. Produkten eines Anbieters, kann sich Kundenloyalität auch im Kauf zusätzlicher Produkte und Leistungen verschiedener Anbieter eines Verbundes ausdrücken[121]. Das Ausschöpfen von derartigen **Cross-Selling-Potenzialen** stellt einen Kerntreiber für den Erfolg eines integrierten Finanzdienstleisters dar.

Unterstützt durch die Kanalausweitung verfügt die Allianz Group über eine Vielzahl von wertvollen Kundeninformationen. Durch die konsequente Nutzung aller transaktionsbezogenen Kundendaten können Cross-Selling-Potenziale identifiziert und über individuel-

---

[121] Vgl. Homburg, C., Bucerius, M., 2002, S. 51 ff.

le Kundenansprache realisiert werden.[122] Das Herzstück stellt dabei die Profitabilitätsanalyse einzelner Kundensegmente dar. Auf Basis von Kundenwertanalysen[123] kann das Umsatz- und Ertragspotenzial des einzelnen Kunden festgelegt und systematisch abgeschöpft werden.

Die Allianz Group versucht Cross-Selling mit Kombi-Produkten, die von mindestens zwei Gesellschaften gemeinsam entwickelt und angeboten werden, zu realisieren. Ein Produkt dieser Art stellt die aktuelle entwickelte AllianzDresdner Fondspolice dar, bei der eine fondsgebundene Rentenversicherung mit den Vorteilen eines aktiv gemanagten Vorsorgekapitals verbunden wird. Des Weiteren wird das Zusammenspiel der Vertriebskanäle durch die Integration des Allianz-Fachmanns in die Dresdner Bank-Filiale und von Wertpapierspezialisten in ausgewählte Allianz-Agenturen sichergestellt.

Die Multikanalstrategie dient als Umsetzungsinstrument in der Realisierung von Cross-Selling-Potenzialen. In der Regel spricht die Kernkompetenz des einzelnen Kanals unterschiedliche Zielgruppensegmente an. Diesen Kunden kann in weiterführenden Beratungsgesprächen das gesamte Produktportfolio des integrierten Finanzdienstleisters näher gebracht werden. Somit besteht die Möglichkeit, das breite Angebotsspektrum der Allianz Group jederzeit über alle Kanäle zur Verfügung zu stellen und den Kunden langfristig optimal zu betreuen.

5.3 Einsatz der Multikanalstrategie für die Kundenrückgewinnung

Sowohl im Versicherungs- als auch im Bankenbereich neigen Kunden dazu, aufgrund von Unzufriedenheit einen bestehenden Vertrag zu kündigen und abzuwandern. Der Gefahr einer Abwanderung kann im Vorfeld vor allem durch Messung und Beeinflussung der Kundenzufriedenheit und -bindung begegnet werden. Ist ein Kunde erst mal verloren, besteht die Möglichkeit, ihn mittels eines systematischen **Kundenrückgewinnungsprogramms** nachträglich zufrieden zu stellen und somit zurückzugewinnen.[124]

Eine systematische **Rückgewinnung** sollte anhand von **fünf Schritten** erfolgen,[125] die durch den gezielten Einsatz von Multikanalstrategie unterstützt werden können (Abbildung 8).

---

[122] Vgl. Sieben, F. G., 2002, S. 295.

[123] Für einen Überblick über Kundenbewertungsverfahren vgl. Homburg, C., Schnurr, P., 1999.

[124] Vgl. Beutin, N., 2002, S. 401 ff.

[125] Vgl. Homburg, C, Schäfer, H., 1999.

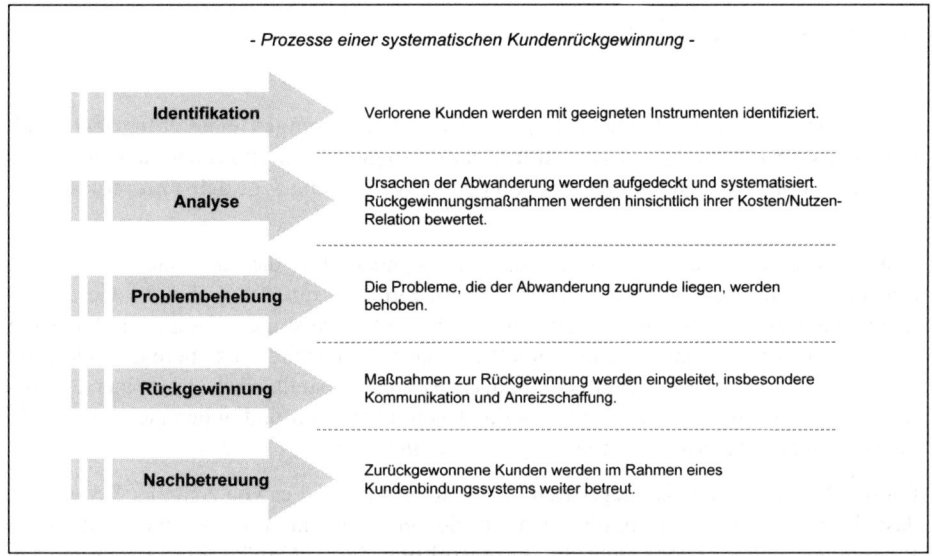

Abbildung 8: Übersicht über den Prozess einer systematischen Kundenrückgewinnung (Quelle: Homburg, C., Schäfer, H., 1999)

Im ersten Schritt müssen attraktive, jedoch **verlorene Kunden** anhand von spezifischen
Kriterien **identifiziert** werden. Neben externen Instrumenten, wie Zufriedenheitsmes-
sungen und Kundenbefragungen, kommt hier insbesondere den Mitarbeitern, die im engen Kontakt zu den Kunden stehen, eine wichtige Rolle zu. Durch ihr Know-how über
die Kunden sind sie in der Lage, die **Analyse** der **Abwanderungsgründe** zu unterstützen. Nach der Analyse erfolgt die Überprüfung der **Problembehebung** und mit der Umsetzung der Maßnahmen zur Problemlösung erfolgt die eigentliche **Kundenrückgewinnung**. Die Verbesserungsmaßnahmen müssen gezielt an unterschiedliche Zielgruppen
kommuniziert werden. Diese Kommunikation kann von den unterschiedlichen Kanälen
begleitet werden, je nachdem über welchen Kanal die jeweilige Zielgruppe am besten
informiert werden kann. In der Phase der **Nachbetreuung** sollten die zurückgewonnenen
Kunden besonders persönlich und intensiv betreut werden, wobei den Vertretern und
Bankangestellten wiederum die zentrale Rolle zukommt.

Auch in der Phase Kundenrückgewinnung zeigt sich, dass die Multikanalstrategie im Finanzdienstleistungsbereich den persönlichen Kontakt fokussieren muss und Call-Center
und Internet lediglich zur Information herangezogen werden.

6. Schlussbetrachtung

Wie die Diskussion verdeutlicht, können **Kundenbeziehungen** eines **integrierten Finanzdienstleisters** mithilfe einer **Multikanalstrategie** in den einzelnen Stadien – Kundenakquisition, Kundenbindung und Kundenrückgewinnung – **gezielt unterstützt** werden.

Ebenso wie für die CRM-Aktivitäten muss auch für das gesamte Multikanal-Management im Vorfeld eine Strategie, die im Einklang mit den Zielen der Gesamtunternehmung steht, erarbeitet werden. CRM- und Multikanalstrategie müssen aufeinander abgestimmt werden, damit nicht „multi" Kanäle nebeneinander existieren, sondern im Sinne eines koordinierten Multikanal-Ansatzes sichergestellt wird, dass einerseits die Kunden entlang ihres Lebenszyklus optimal betreut werden und andererseits unternehmensintern die Realisation von Synergien ermöglicht wird.

Für die Allianz Group als integrierten Finanzdienstleister ist es von zentraler Bedeutung, dass die Kunden über ihre präferierten Kanäle hervorragende Produkte und erstklassige Betreuung erhalten. Daher stellt die **Ausgestaltung** dieser **Kanäle** hinsichtlich der Anforderungen und Wünsche der Kunden eine **Kernaufgabe** der neuen Allianz Group dar, um weiterhin zu den erfolgreichsten Finanzdienstleistern in Deutschland und weltweit zu zählen.

Literatur

ALLIANZ GROUP (2001), Infobuch zum Aktientausch der Dresdner Bank Aktionäre.

ATKEARNEY (2001), Your Customer, Your Boss – A Lifecycle Perspective on Customer Relation Management, Chicago.

BÄTE, O., ESSER, M., STAAR, S. (2002), Gesucht: Neue Strategien für Finanzdienstleister, in: Versicherungswirtschaft, Heft 4/2002.

BEUTIN, N. (2002), Management von Kundenzufriedenheit in der Energieversorgungsbranche, in: Kundenzufriedenheit, Konzepte – Methoden – Erfahrungen, Wiesbaden, S. 401-426.

CRAMER, H., MASKUS, M. (2001), Allianz – The Power on your Side, in: Strategisches Marken-Management für Banken, Wiesbaden, S. 211-228.

DAY, G. S. (1990), Market Driven Strategy, New York.

EIERHOFF, K. (2002), Mehrgleisig auf der Überholspur, in: Marketing Journal, Heft 03/2002, S. 8-13.

HANDEN, L. (2000), Putting CRM to work, The Rise of the Relationship, in: Customer Relationship Management, A Strategic Imperative in the World of e-Business, Ontario, S. 7-18.

HOMBURG, C., BUCERIUS, M. (2002), Kundenzufriedenheit als Managementherausforderung, in: Kundenzufriedenheit, Konzepte – Methoden – Erfahrungen, Wiesbaden.

HOMBURG, C., SCHNURR, P. (1999), Was ist Kundenwert?, Arbeitspapier M41, Institut für Marktorientierte Unternehmensführung, Universität Mannheim.

HOMBURG, C., SCHÄFER, H. (1999), Customer Recovery: Profitabilität durch systematische Rückgewinnung von Kunden, Arbeitspapier M39, Institut für Marktorientierte Unternehmensführung (IMU), Universität Mannheim.

KOTLER, P., BLIEMEL, F. (1995), Marketing Management, Stuttgart.

MEFFERT, H. (2001), Einführung in die Themenstellung, in: Dokumentationspapier Nr. 146, Vertriebsmanagement im Wandel – Strategien im Spannungsfeld zwischen klassischem Vertrieb und E-Commerce, Münster.

MEFFERT, H. (1990), CRM-Analyse – Der große Wettbewerbsvorteil der Finanzdienstleister beim Kampf um den Kunden, in: Jahrbuch Marketing, Wiesbaden.

MORIARTY, R.T., MORGAN, U. (1991), Die Absatzhybriden sind da. Was tun damit?, in: Harvard Manager, Heft 3/91, S. 97-108.

SCHÖGEL, M. (1997), Mehrkanalsysteme in der Distribution, Wiesbaden.

SIEBEN, F.G. (2002), Customer Relationship Management als Schlüssel zur Kundenzufriedenheit, in: Kundenzufriedenheit, Konzepte – Methoden – Erfahrungen, Wiesbaden.

TOMCZAK, T. (2001), Mehrkanalsysteme aus Sicht der Wissenschaft, in: Dokumentationspapier Nr. 146, Vertriebsmanagement im Wandel – Strategien im Spannungsfeld zwischen klassischem Vertrieb und E-Commerce, Münster.

WEINHOLD, H. (1988), Marketing in 20 Lektionen, St. Gallen.

WIRTZ, B. (2001), Multi-Kanal Management vereint Online- und Offline-Welt, in: FAZ, 15.11.01.

Klaus Engberding, Simone Wastl

Brick + Brick = Click? – Allianzen der Old Economy zur Erschließung des eBusiness

1   Einleitung
2   Zentrale Markttrends als Herausforderung für eine erfolgreiche Zukunft
    2.1   Der Kunde der Zukunft
    2.2   Die Multikanalstrategie aus Unternehmersicht
    2.3   Die gelungene Verknüpfung von Erfolgsfaktoren
3   Unternehmerische Entscheidungen über den organisatorischen Aufbau
    3.1   Zwei starke Partner am Ruder
    3.2   Die Festlegung der Zielsetzung des Joint Ventures
    3.3   Die Multikanalkoordination bei OBI@OTTO
4   Zusammenfassung und Ausblick
    4.1   Eine erste Zwischenbilanz
    4.2   Vision OBI@OTTO: Brick + Brick = Click!

1. Einleitung

Gestützt von einer rasanten technischen Entwicklung und einer zunehmenden Verbreitung des Internets wurde in den letzten Jahren die „New Economy" in einen Geschwindigkeitsrausch versetzt, die eine nicht mehr zu kontrollierende Eigendynamik erhielt. Dabei wurden haufenweise simple wie platte Erfolgsformeln, wie bspw. „die Schnellen fressen die Langsamen", produziert, die alles Herkömmliche, Bestehende und Erfolgreiche versuchten, zu überholen. Langfristige Planungen oder gar Strategien, wie bei großen Unternehmen üblich, galten als lästige Hindernisse – bis die fallenden Börsenkurse die Start-ups jäh ausbremsten und zum Umdenken zwangen.

Nachdem diese Phase langsam zur Ruhe kam und einige erste Erkenntnisse aus der schnellen Entwicklung des Internets gesammelt waren, machten sich nun auch die bisher eher zurückhaltenden Unternehmen an die Arbeit, das Internet in ihre bestehenden Geschäftstrategien einzubauen. Mit der Verbreitung des Internets ergaben sich plötzlich neue Möglichkeiten der Kundenansprache sowie Herausforderungen in der Ergänzung bestehender Vertriebswege, um nun noch gezielter auf die Wünsche und Bedürfnisse der Kunden eingehen zu können.

Die beiden Handelsunternehmen **OBI und OTTO** wurden ebenfalls vor diese Herausforderungen gestellt und kamen zu dem Ergebnis, die physische Welt des stationären Handels mit der virtuellen Welt des Internets zu vereinen, um mithilfe des Internets die Chance einer vertriebskanalübergreifenden Ansprache des Kunden zu erweitern. Fragen wie „Wie integrieren wir den neuen Vertriebskanal – das Internet – in die bestehenden Unternehmensstrukturen?", „Welche Möglichkeiten bietet das Internet, Kunden anzusprechen?" und „Welche Kunden sprechen wir zukünftig mit welchem Kanal an?" führten zu der Gründung eines gemeinsamen Unternehmens im Do-it-yourself (DIY)-Handel, mit dem man beide Welten vereinen wollte. Der Grundstein von OBI@OTTO war gelegt.

Ziel des folgenden Beitrages ist die Darstellung des Multikanalansatzes im Rahmen des „eBusiness": Am Beispiel von OBI@OTTO wird die Umsetzung eines vertriebskanalübergreifenden Ansatzes mithilfe einer eAlliance der Old Economy – Brick + Brick = Click? – dargestellt. Zunächst werden die Geschäftsidee und die Gründungsphase von OBI@OTTO dargelegt. Anschließend erfolgt die Beschreibung der markt-, kunden- und unternehmensbedingten Rahmenbedingungen, innerhalb derer sich OBI@OTTO bewegt. Zudem wird die konkrete organisatorische Umsetzung beschrieben sowie eine erste Zwischenbilanz gezogen.

Entstehungsgeschichte von OBI@OTTO – ein Rückblick:

Zu Beginn des Jahres 2000 wurden erste Gespräche über die Gründung eines **Joint Ventures im DIY-Handel** zwischen den beteiligten Partnern OBI und OTTO geführt.

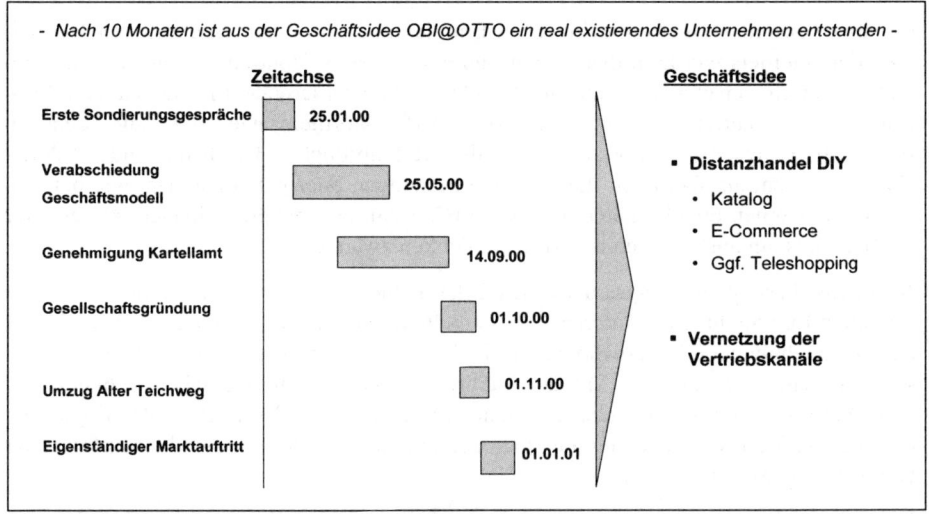

Abbildung 1:   Geschäftsgründung OBI@OTTO

Die Detaillierung der Geschäftsidee sowie Annahmen über die grundlegende Ausgestaltung wurden im Rahmen von unternehmensübergreifenden Projektteams erarbeitet und in umsetzbaren Konzepten und Implementierungsansätzen konkretisiert. Diese wurden in einem im Mai 2000 stattfindenden Kick-Off-Meeting von beiden Mutterunternehmen verabschiedet.

Die zur Gesellschaftsgründung notwendige Genehmigung durch das Kartellamt erfolgte im Herbst 2000, so dass eine schnelle Realisierung der Geschäftsgründung ermöglicht wurde. Am 1. Oktober 2000 wurde das Joint Venture mit Sitz in Hamburg zwischen OBI, dem führenden Bau- und Heimwerkermarkt im deutschen Stationärhandel und dem Otto Versand, dem Weltmarktführer im Versandhandel, gegründet. Binnen zehn Monaten ist eine gleichberechtigte Kooperation der beiden markenstarken Muttergesellschaften OBI und OTTO entstanden, die im Januar 2001 in einen eigenständigen Marktauftritt von OBI@OTTO mündete.[126] Die Idee, die hinter der Geschäftsgründung steht, ist eine Verknüpfung von Kernkompetenzen: OBI stellt eine durchdachte Sortimentskompetenz

---

[126] Vgl. dazu auch Hudetz, K., 2001, S. 32.

zur Verfügung; Otto hingegen steht als Konzern für exzellente Dienstleistung, der mit seinem reichen Erfahrungsschatz an Logistik für einen reibungslosen Versand sorgt.

Zum Start des Gemeinschaftsunternehmens wurden 5.000 Artikel aus dem bestehenden OTTO-Heimwerken-Katalog in einem eigenen OBI@OTTO-Shop unter www.obi.de ins Internet gestellt. Etwas später, im Januar 2001, erschien der erste gemeinsame OBI@OTTO-Katalog. Der Kunde hat die Wahl, mittlerweile etwa 10.000 Artikel – je nach Bedarf und Möglichkeit – bequem von zu Hause per Katalog und Internet und auch vor Ort in einem der etwa 350 OBI-Märkte in Deutschland zu bestellen. Die Produkte werden von Hermes, dem hauseigenen Lieferservice von Otto, direkt ins Haus, oder – wenn der Kunde es wünscht – in den nächsten OBI-Markt gebracht. Der OBI@OTTO-Katalog bietet Kompetenzen in allen relevanten Sortimentsbereichen, wie Wohnen, Garten, Bauen und Technik. Durch neu aufgenommene dekorative Sortimente, wie beispielsweise Leuchten, Bilder/Rahmen, Farben und Kleinmöbel, werden verstärkt neue Kundengruppen angesprochen. Garten, Gartenzubehör und Pflanzen bilden einen weiteren Katalogschwerpunkt. Das Interesse der Kunden übertrifft die Erwartungen. Seit dem Onlinestart wird die Homepage von monatlich über 300.000 Interessenten besucht. Unter www.obi@otto.de finden die Kunden rund um die Uhr das komplette Katalogsortiment. Der Internetauftritt ist durch seine klare Gliederung, Schnelligkeit und zahlreiche Animationen gekennzeichnet.

Neben einer breit gefächerten Produktauswahl bildet Beratung einen weiteren Schwerpunkt der Website. Hier findet man Tipps und Tricks vom Fachmann – vom Verlegen von Laminat bis zur Einsaat des eigenen Rasens, für Unentschlossene einen tabellarischen Produktvergleich oder bei individuellen Fragen eine E-Mail-Beratung. Der Servicebereich rundet den Internetauftritt ab. Dazu gehört u.a. die Auskunft über den aktuellen Lieferstatus oder Informationen über neueste Angebote und aktuelle Preissenkungen, die Internet-User in Form eines kostenlosen Newsletters abonnieren können. Der jetzige Internetauftritt soll dabei erst den Anfang darstellen und in Zukunft in der Sortimentsbreite und -tiefe sowie im Contentbereich noch deutlich erweitert werden. In einem nächsten Schritt ist ebenso vorgesehen, die OBI-Märkte – neben der Möglichkeit, telefonisch zu bestellen – via Internet anzubinden.

2. Zentrale Markttrends als Herausforderung für eine erfolgreiche Zukunft

2.1 Der Kunde der Zukunft

Qualitative Verbrauchertrends manifestieren ein sich **wandelndes Kundenverhalten** an Merkmalen, wie einer höheren Preis- und Qualitätsorientierung (sog. „Smart Shopper"), „Convenience"-orientierung (Konsumenten, die nach Bequemlichkeit und Annehmlichkeiten streben), einem stärkerem Erlebnis- und Sinnkonsum (Zusatz- und Geltungsnutzen erlangen eine höhere Bedeutung bei der Kaufentscheidung als technisch-funktionale Kernnutzen), der zunehmenden Gesundheits- und Wellnessorientierung und nicht zuletzt in einer Nutzung der neuen Medien (virtueller Konsum und eShopping).

Die zunehmende **Nutzung des Internets als Einkaufsstätte** und nicht nur als Informationskanal verdeutlicht einen neuen Konsumententrend, der mit steigenden Besucherzahlen und Clicks auf den einzelnen Internetseiten belegt werden kann. Verbunden mit einer gestiegenen Markttransparenz und einer Unabhängigkeit des Konsums von Ort und Zeit fordert der Kunde von morgen mehrdimensionale Handlungsalternativen in Angebot, Leistung und Kanal. Somit begründet ein Kundenverhalten, das sich in der parallelen Nutzung verschiedener Vertriebskanäle manifestiert, die Erfordernis eines Multikanalmanagements. Aufgabe eines vertriebskanalübergreifenden Multikanalmanagements ist es daher, durch einen strategisch geplanten Absatzmix die optimale Allokation an Produkten und Kanälen für den Kunden zur Verfügung zu stellen.[127]

Empirische Studien zeigen, dass bis zum Jahre 2003 über 50 % der Kunden mehr als einen Vertriebskanal nutzen, um ihre Konsumbedürfnisse zu befriedigen.[128] Somit kann die Suche nach Informationen, der eigentliche Kauf und die Nutzung von After-Sales-Services in unterschiedlichen Kanälen erfolgen.[129] Durch die **Nutzung unterschiedlicher Vertriebskanäle** bieten sich für Unternehmen heute nahezu uneingeschränkte Möglichkeiten, mit dem Kunden in Kontakt zu treten. Physische Distanzen zwischen Unternehmen und Kunden verlieren an Bedeutung und Kunden nutzen heute die Medien ihrer Wahl, um sich mit Unternehmen in Verbindung zu setzen. Der Kunde hat zunehmend das Bedürfnis, orts-, zeit- und vertriebs- bzw. kommunikationskanalunabhängig Informationen aufzunehmen, so dass Marketing, Vertrieb und Kundenservice über viele

---

[127] Vgl. Stäger, C., 1999, S. 11.

[128] Vgl. Yulinsky, C., 2000, S. 1. Eine Untersuchung von DoubleClick über das Kaufverhalten von Kunden in den Ferien 2001 macht deutlich, dass bereits 58 % der Kunden mehr als einen Kanal genutzt haben, vgl. dazu DoubleClick, 2002, S. 3.

[129] Vgl. Hobmeier, M., 2001, S. 36; OC&C Strategy Consultants, 2001, S. 2; Gronover, S., Riempp, G., 2001, S. 1.

unterschiedliche Kanäle und Kontaktpunkte die Verbindung zum Kunden herstellen müssen.[130]

Gemäß den Ergebnissen einer Studie der Boston Consulting Group besteht darüber hinaus eine enge **Vernetzung zwischen der Online- und der Offline-Welt**. So hat der Online-Channel einen wesentlichen Einfluss auf die Suche nach Produktinformationen, den eigentlichen Kauf und die Nutzung von Nachkaufdienstleistungen der Konsumenten im stationären Handel.[131] Fast einem Drittel der Käufe von Usern im Internet geht eine Informationssuche im Stationärhandel voraus.[132] Für Handelsunternehmen eröffnet sich damit die Möglichkeit, einen umfassenden Überblick über das Kundenkaufverhalten in der Vorkauf-, Kauf- und Nachkaufphase zu erhalten und diese Informationen für die Optimierung des Handelsgeschäfts zu nutzen. Demzufolge kann durch die Bereitstellung unterschiedlicher Vertriebswege, dem hybriden Informations- und Kaufverhalten der Kunden zielgenauer entsprochen werden. Hierzu wurden Untersuchungen durchgeführt, die im Rahmen des „Multi-Channel Retail Reports 2001" zusammengefasst sind. Das Ergebnis basiert auf mehr als 48.000 Interviews, die mit Kunden in allen Vertriebskanälen geführt wurden: Einkäufer, die unterschiedliche Vertriebskanäle nutzen, geben bis zu 50 % mehr aus und besuchen etwa 70 % häufiger den stationären Handel als der herkömmliche Durchschnittskunde. Zudem geben die Kunden, die sowohl stationär als auch online einkaufen (von dem gleichen Retailer), im Durchschnitt 600 $ mehr im Jahr aus als der typische Kunde, der seine Einkäufe nur im Stationärhandel tätigt.

2.2 Die Multikanal-Strategie aus Unternehmersicht

Entlang der Konsumentenbedürfnisse muss sich jeder Einzelhändler entscheiden, über welche Absatzkanäle er seine Kunden ansprechen möchte. Dabei kommt einer **integrierten Betrachtung der einzelnen Vertriebswege** eine entscheidende Bedeutung zu. Somit ist Multikanalmanagement nicht nur aus kundenorientierter Sicht für OBI@OTTO von hoher Bedeutung, sondern birgt auch aus Unternehmenssicht hohe Chancen.[133] Besondere Vorteile ergeben sich aus der Erfahrung, dass Konsumenten die Vertriebswege nicht alternativ, sondern parallel verwenden; d. h. die einzelnen Kanäle werden zweckgebunden für unterschiedliche Aktivitäten genutzt. So kann der eine Kanal zur Informationsbeschaffung dienen, während der andere zur Inanspruchnahme von Serviceleistungen und After-Sales-Angeboten genutzt wird. Der eigentliche Kauf erfolgt entsprechend in einem dritten Kanal, der vom Kunden als geeignet erachtet wird. Bündelt man die ein-

---

[130] Vgl. Gronover, S., Riempp, G., 2001, S. 1; Müller, M., 2001, S. WW4.

[131] Vgl. The Boston Consulting Group, 2001, S. 8.

[132] Vgl. O.V., 2002a, S. 8.

[133] Vgl. OC&C Strategy Consultants, 2001, S. 2.

zelnen Aktivitäten, so birgt ein Multikanalansatz neben einer Umsatzsteigerung auch Potenziale zur Neukundengewinnung bzw. durch entsprechende Serviceleistungen zur erhöhten Kundenbindung.[134]

Eine Studie von OC&C zeigt, dass erfolgreiche Multikanal-Retailer in den USA und in England zwischen 200 und 400 % mehr Umsatz mit Kunden erzielen, die alle Vertriebskanäle nutzen, als mit Kunden, die nur über einen Vertriebskanal Zugang finden.[135] Häufig verzichten Einzelhändler aus Kostengründen auf den Ausbau ihrer Distributionswege. Hierbei lassen sie häufig die Umsatzpotenziale, die den hohen Investitionen gegenüberstehen, außer Acht. Betrachtet man die OTTO-Konzerntochter Eddie Bauer, Inc. aus den USA, so stellt man fest, dass ein Kunde, der alle drei Kanäle – Internet, Katalog und den stationären Handel – benutzt, mehr als dreimal so profitabel für das Unternehmen ist, als ein Kunde, der nur einen Vertriebskanal nutzt.[136] Kunden, die Channel-Hopping betreiben, kannibalisieren keineswegs das Stammgeschäft, sondern steigern deutlich ihren Kundenwert. Ein konsequent umgesetztes Multikanalmanagement leistet somit durch eine **Steigerung der Cross- und Up-Selling-Potenziale** einen deutlichen Beitrag zur Umsatz- und Kundenwertsteigerung.[137]

Neben den zusätzlichen Umsatzpotenzialen lassen sich mit einem durchdachten Multikanalmanagement auch **Kundenakquisitionen betreiben** und die **Kundenloyalität erhöhen**. Mit einer Ausdehnung des Vertriebskanalnetzes wird gleichzeitig die Nutzung der Vertriebskanäle erweitert. Hierdurch wird die Wahrscheinlichkeit erhöht, bisher noch nicht erreichte Kunden anzusprechen. So werden über den geschaffenen Onlinevertriebskanal wesentlich jüngere Kundengruppen angesprochen als über den aktuellen OBI@OTTO-Katalog.[138] Durch die Erweiterung der Zielkundensegmente können entsprechend bisher nicht betrachtete Kunden- und Marktpotenziale ausgeschöpft werden, da eine Vielzahl von zusätzlichen Kunden angesprochen wird, die bisher über das Stationär- oder Kataloggeschäft nicht erreicht wurden.

Ein solcher Ansatz trägt aber zusätzlich auch zur Kundenbindung bei, was aus unternehmerischer Sicht von ebenso großer Bedeutung wie das Neukundengeschäft ist, da die Pflege und der Erhalt von Bestandskunden letztlich wesentlich kostengünstiger ist als die Generierung von Neukunden. So ist ein Kunde treuer, der seine Wünsche jederzeit und überall befriedigen kann als ein Kunde, der zwischen Anbietern wechseln muss. Im Ergebnis ist ein zufriedener Kunde viel stärker an das Unternehmen gebunden, was dazu führt, dass sich erhebliche Barrieren für den Wechsel zum Wettbewerber aufbauen. Auf

---

[134] Vgl. dazu auch Kücherer, K., 2002, S. 32.

[135] Vgl. OC&C Strategy Consultants , 2001, S. 2; Vgl. dazu auch The Boston Consulting Group, 2000, S. 25

[136] Vgl. The Boston Consulting Group, 2000, S. 25; Kücherer, K., 2002, S. 32. Zu ähnlichen Ergebnissen kommt auch Yulinsky, C., 2000, S. 3.

[137] Vgl. Hofferberth, D., 2001, S. 22; Risch, M., 2001, S. 15; Wirtz, B., 2001, S. 29.

[138] Vgl. dazu auch Wirtz, B., 2001, S. 29.

diese Weise kann das dem Unternehmen und den Produkten des Unternehmens entge-
gengebrachte Vertrauen über die einzelnen Vertriebskanäle transferiert werden, ohne
verloren zu gehen. Multikanalunternehmen bieten daher Zusatzangebote für den Kunden, deren Investitionen sich für das Unternehmen lohnen.

Auch unter dem Aspekt der Wirtschaftlichkeit ergeben sich Vorteile. So können neben
einem hohen Umsatzsteigerungs- und Kundenbindungspotenzial zusätzlich **Kostenvorteile** realisiert werden. Grundsätzlich verursachen zusätzliche Kanäle auch zusätzliche
Kosten durch einen höheren Aufwand bei der Schnittstellenkoordination, der Verarbeitung zusätzlicher Daten- und Informationsmengen sowie einem prozessualen Mehraufwand. Diese Kostenfallen können allerdings durch eine starke Kostenfokussierung sowie
ein umfassendes Multikanal- und Schnittstellen-management überwunden werden. Es
können sogar Kostenvorteile dadurch generiert werden, dass die kostengünstigeren Vertriebswege Leistungen der traditionellen, stationären Vertriebswege teilweise mit übernehmen und sich daher Rationalisierungspotenziale bzw. Synergiepotenziale realisieren
lassen.[139] Beispielsweise birgt die Selbstbedienungskomponente des Internets signifi-
kante Kostenvorteile. Ohne Bindung unternehmensbezogener Personalkapazitäten informiert sich der Kunde im Internet und hinterlässt gleichzeitig mit seiner Bestel-
lung/Registrierung seine personalisierten Daten, die wiederum ohne kostenintensive
Personalressourcen und ohne Überwindung manueller Schnittstellen weiterverarbeitet
werden können.

Das integrierte Angebot mehrerer Vertriebskanäle bietet also die Möglichkeit, seinen
Kunden „persönlich" kennen zu lernen und entsprechende personalisierte Angebote und
Ansprachen vorzubereiten. Somit wird aus dem rein umsatzorientierten Kundenkontakt
eine **langfristige, wertorientierte Kundenbeziehung**.

2.3 Die gelungene Verknüpfung von Erfolgsfaktoren

Zu einem integrierten Multikanalangebot gehört allerdings mehr als die Vernetzung der
einzelnen Vertriebskanäle. Erfolgreiche Anbieter einer Multikanalstrategie integrieren
nicht nur die Distributionskanäle, sondern auch das Markenmanagement, die Kommunikation über die Vertriebskanäle und letztendlich ein kanalübergreifendes integriertes
Leistungsangebot; d. h. sie betreiben ein konsequentes **Multi-Channel-Brand-Management**. Dies bedeutet ein einheitliches Markenbild über sämtliche Absatzwege, um die
„kanalspezifische" Umsetzung der einzelnen Strategien zu gewährleisten.

Um dem einzelnen Kunden, der sich zwischen den verschiedenen Kanälen hin- und her-
bewegt, einen einheitlichen Auftritt und somit ein nahtloses Kundenerlebnis zwischen
den Absatzkanälen zu bieten, ist es notwendig, das Markenbild und das Angebot einheit-

---

[139] Vgl. Brunner, W., Lutz, S., 2001, S. 257.

lich zu gestalten. Diese Thematik war auch für OBI und OTTO nicht ganz einfach zu lösen, da man zum einen die bestehenden Markenwerte nutzen und kommunizieren wollte, also an dem Bestehenden festhalten musste und zum anderen etwas Neues suchte, um sich zu lösen und dem Kunden einen neuen Zugang zu schaffen.

Die konsequente Kommunikation der Markenwerte über alle Absatzkanäle hinweg führte dazu, dass die beiden Marken durch ein @ verbunden wurden. **„OBI für zu Hause, @ von zu Hause und OTTO nach zu Hause"** war der Kerngedanke, den man mit der Namens- und Markengebung verfolgte. Somit wurde dem Kunden eindeutig kommuniziert, für was das neu geschaffene Unternehmen steht. Dies wurde durch ein entsprechendes Corporate Design und die Corporate Identity unterstützt. Betrat der Kunde einen OBI-Markt, so tauchte das leuchtende Orange am Eingang auf, blätterte er durch den OTTO-Katalog, so fand er hier die großen blauen OTTO-Lettern wieder. Erschien die Namensgebung erst sehr schwierig, vereinten sich beide Schriftzüge zu einer Internetadresse, bei der OBI vorangestellt wurde, um klarzumachen, dass man sich im Heim- und Handwerkermetier bewegte. Somit ist der Anspruch des Erfolgsfaktors Markenmanagement bei OBI und OTTO erfolgreich gelungen. Dies gilt für die Darstellung von Marke und Logo ebenso wie für das „Look and Feel" – die einheitliche Gestaltung der Märkte, Katalogaufmachung und Internetauftritt hinsichtlich Farbwahl, Wertigkeit, Sprachstil, Texten und Bildern mit einer kleinen Einschränkung: OBI und OTTO haben keine neue Marke bzw. einen neuen integrierten Namen mit einem neuen Corporate Design geschaffen, sondern nutzen das Bewährte beider Joint-Venture-Partner. Sowohl OBI als auch OTTO bleiben in ihrer Eigenständigkeit als Marke erhalten.

Ähnlich wie das Markenmanagement verhält es sich mit der **Angebotsgestaltung**. Auch diese muss über die einzelnen Absatzwege hinweg konsistent durchgehalten werden. Ein über alle Vertriebskanäle abgestimmtes Angebot bzgl. Sortiment, Preis und Service muss für den Kunden wieder zu finden sein. So spiegelt die bei OBI@OTTO angebotene Ware die Schwerpunkte des stationären und des Kataloggeschäft wider. Allerdings bedeutet es nicht, dass hier im DIY-Bereich ein über alle Kanäle hinweg identisches Sortiment geführt wird. Sortimentsunterschiede werden sogar als Kommunikationsinstrument und zur zielgruppenspezifische Angebotsgestaltung genutzt.

Preise und Preispolitik sollten hingegen identisch sein, da der Kunde im Katalog die gleichen Preise wie im Internet oder in der Filiale erwartet. Die Serviceleistungen müssen der Positionierung der Marke entsprechen. So dürfen auch die Serviceangebote nicht zwischen den einzelnen Vertriebskanälen voneinander abweichen. Dies sicherzustellen, bedeutet eine große Herausforderung.

Neben dem integrierten Multi-Channel-Brand-Management muss das Multikanalangebot auch konsequent kommuniziert werden: Dem Kunden müssen die unterschiedlichen Einkaufsmöglichkeiten und Besonderheiten der Kanäle aktiv kommuniziert werden und die Vorteile des jeweiligen Kanals dargelegt werden: So verweist OBI@OTTO auf seiner Internetseite sowohl auf die Möglichkeiten des Kataloggeschäfts als auch auf die stationären Geschäfte mit Wegweisern zu Öffnungszeiten und Serviceangeboten, wie Sonderangebote und Events. Darüber hinaus muss der Kunde die Möglichkeit haben, den Katalog über das Internet zu bestellen bzw. auch Kontakt zu einem Markt aufzunehmen. Der Katalog unterstützt inzwischen viele Internetanbieter, die als reines Onlineunternehmen gestartet sind, mit einer zusätzlichen Kontaktmöglichkeit für den Kunden. In einem Multikanalunternehmen wie dem oben erwähnten unterstützt der Katalog den Verkauf in den anderen beiden Vertriebskanälen. Der Katalog dient als Kommunikationsmedium und Werbefläche der anderen Vertriebskanäle und umgekehrt. Ein dabei ähnlich verwendetes Seitenlayout von Katalog und Netz vereinfacht dem Anwender die Nutzung.

Während man bei OBI zu Beginn Bedenken hatte, mit dem Internetauftritt von OBI@OTTO Kundenfrequenz in den Märkten abzuziehen, stellte man sehr schnell fest, dass sich beide Kanäle sehr gut ergänzen. So wird die Kundenfrequenz einerseits durch den Hinweis in den Märkten (Türschilder etc.) auf der Webseite erhöht, andererseits generiert die Webseite viele Kunden, die die Möglichkeit nutzen, ihre bestellte Ware in einen der Märkte liefern zu lassen und sich dann in den Markt begeben. Diese Art von **Cross-Selling-Potenzialen** zwischen den einzelnen Vertriebskanälen kann durch verkaufsfördernde Maßnahmen ergänzt werden. Beispielsweise lassen sich Gutscheine anbieten, die zu dem Einkauf in einem der angebotenen Vertriebskanäle einladen. Erfolg in einer Multikanalstrategie wird nur dann erreicht, wenn alle Leistungen des Händlers über alle Kanäle hinweg aufeinander **abgestimmt und miteinander verknüpft** werden. Hierfür sind allerdings bestimmte Rahmenbedingungen notwendig: Eine auf den Multikanalbetrieb ausgerichtete Organisationsstruktur (Call-Center, Hotline etc.) sowie entsprechende Prozesse, die den reibungslosen Ablauf ermöglichen (bspw. Warenwirtschaftsysteme, Internetfunktionalitäten etc.).

3. Unternehmerische Entscheidungen über den organisatorischen Aufbau

3.1 Zwei starke Partner am Ruder

Mit der Gründung von OBI@OTTO haben sich zwei starke Partner zusammengeschlossen: Die beiden Mutterkonzerne verfügen über sehr große Handelskompetenzen, die durch den Zusammenschluss in der strategischen Partnerschaft von OBI und OTTO ihre hohe **Partnerkompetenz** sicherstellen, verstärken und ausbauen.

OBI als führendes deutsches Handelsunternehmen im stationären DIY-Handel erzielte im Jahr 2001 mit 439 OBI-Märkten weltweit über 4,2 Mrd. Euro Umsatz. Die Bau- und Heimwerkerbranche war in Deutschland einem **Verdrängungswettbewerb**, ausgelöst durch zunehmenden ausländischen Wettbewerbsdruck, begrenzte Wachstumsperspektive im Stationärhandel sowie stärkere Substitutionsdruck durch neue Wettbewerbskanäle, ausgesetzt.[140] In diesem Umfeld konnte eine kontinuierliche Umsatzentwicklung und eine andauernde Optimierung des Kundennutzens nur durch eine Erweiterung der Vertriebskanäle sichergestellt werden. So wurde das Kerngeschäft durch die Möglichkeit, über eCommerce und das Kataloggeschäft neue Zugangswege zum Kunden zu schaffen, weiterentwickelt. Mit dem virtuellen Zusammenschluss von OBI und OTTO wurde zum einen erreicht, den Kundennutzen zu optimieren, zum anderen die Potenziale des Internets und Kataloges mit dem stationären Geschäft zu verknüpfen und gleichzeitig neue Wachstumsfelder durch neue Zielgruppensegmente im DIY-Handel zu erschließen. Während OBI eine sehr hohe **Sortimentskompetenz** aufweist und in die Partnerschaft einbringt, verfügt OTTO als Weltmarktführer im Versandhandel über eine durchaus hohe **Logistik- und eCommerce-Kompetenz**. Oft bleibt unberücksichtigt, dass der OTTO-Konzern mit seinem eUmsatz im Textil- und Hartwarenbereich nach Amazon derzeit der zweitgrößte eCommerce-Händler weltweit ist.

Das Hartwarensortiment von OTTO verfügte ebenfalls über einen „Heimwerkenkatalog", der unter www.otto.de für den Internetnutzer zugänglich gemacht wurde. OTTO hatte den DIY-Markt bis dato nicht als strategisches Wachstumsfeld bearbeitet und der "Heimwerken"-Katalog diente mehr der Ausschöpfung bestehender Kundenpotenziale als der Kundengewinnung und -aktivierung. In der dann geschaffenen Kooperation mit dem Marktführer OBI wurde die Chance ergriffen, das DIY-Sortiment neu auszurichten. Multikanalmanagement und E-Commerce sind für beide Mutterkonzerne eine zukunftsfähige strategische Ausrichtung im DIY-Handel, mit der die beiden Marken OBI und OTTO die Kunden, die bereits heute im Internet oder in diversen Katalogen ihre Heimwerkerartikel beziehen, binden.[141] So können nicht nur die Distanzhandelskunden uneingeschränkt einkaufen, sondern es wird auch dem OBI-Markt-Kunden die uneingeschränkte Möglichkeit zur Verfügung gestellt, zu jeder Zeit, an jedem Ort und über jeden Weg bei OBI einzukaufen.

---

[140] Vgl. dazu auch Hudetz, K., 2001, S. 30 ff.

[141] Vgl. dazu auch Kücherer, K., 2002, S. 32.

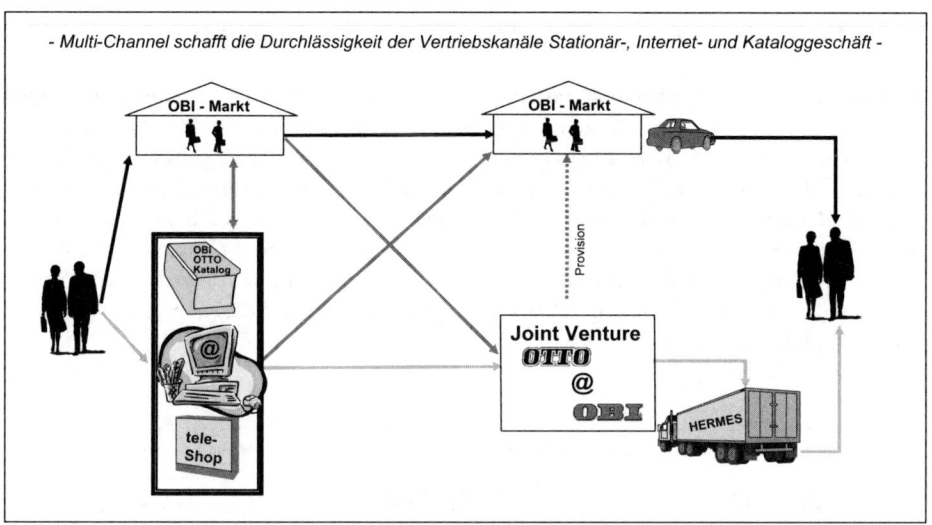

Abbildung 2:   Das Multikanalkonzept von OBI@OTTO

Mit einer gestützten Markenbekanntheit beider Unternehmen von über 90 % fungieren die Marken OBI und OTTO als **Bindeglied und Vertrauensanker** über alle Aktivitäten und Kanäle hinweg. Ihre individuellen Stärken ergänzen OBI und OTTO zu einer idealen Partnerschaft zum Wohle des Kunden.

"OBI@OTTO – von zu Hause – für zu Hause – nach zu Hause" schafft Möglichkeiten für den Kunden, zwischen den Vertriebskanälen zu wählen. So kann der Kunde über Katalog und Internet Artikel von zu Hause bestellen und bekommt die ausgewählten Artikel direkt nach Hause geliefert. Der OBI@OTTO-Katalog dient dem Kunden dazu, sich zu Hause einen Überblick über das Sortiment zu verschaffen und zusätzlich über den Verweis zum Internetauftritt weitergehende Funktionalitäten und Tipps zu nutzen. Im OBI-Markt selbst kann der Kunde durch Anfassen und Ausprobieren der Artikel insbesondere seine haptischen Bedürfnisse befriedigen und findet darüber hinaus persönliche Beratung. Zudem kann der Kunde die Artikel aus dem Katalog oder Internet direkt im OBI-Markt bestellen. Die Anlieferung kann dann wiederum direkt nach Hause erfolgen oder der Kunde kann sich die bestellten Artikel in den OBI-Markt anliefern lassen, um sie von dort abzuholen bzw. wiederum eine Lieferung und Montage in Anspruch zu nehmen. Die so geschaffenen, sich ergänzenden Einkaufsmöglichkeiten ermöglichen für den Kunden ein an seine Bedürfnisse angepasstes effizientes Kauferlebnis.

3.2 Die Festlegung der Zielsetzung des Joint Ventures

Individuelle und attraktive Kundenansprache sowie **intelligente Dienstleistungen** sind die kritischen Erfolgsfaktoren im heutigen Wettbewerbsumfeld. Mit ihren individuellen Stärken haben OBI und OTTO eine Partnerschaft ins Leben gerufen, die die Bedürfnisse der Kunden aufgreift und in individuelle Lösungen umsetzt. Beide Partner verstehen eBusiness im Rahmen von Multikanal-Retailing als Wachstumschance und Ergänzung ihrer bisherigen Geschäftsphilosophie – mehr als ein Produktanbieter. Ziel ist eine **Erhöhung der Marktabschöpfung** durch die Schaffung und Nutzung von Synergien der beiden Mutterkonzerne OBI und OTTO sowie eine konsequente Nutzung des Multikanalmanagements.

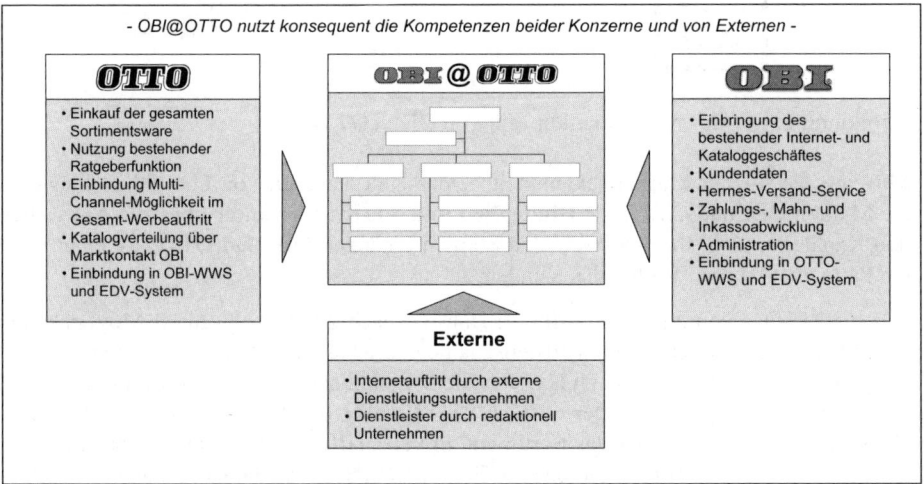

Abbildung 3:   Kompetenzen von OBI@OTTO

Zur Aufgabe wurde, die Multikanalstrategie im OBI-Markt-Segment umzusetzen und über die drei Vertriebskanäle – Katalog, Internet und in den OBI-Märkten – zu koordinieren. Multikanal ist im Rahmen des Joint Ventures von OBI und OTTO daher die sinnvolle Verknüpfung der Stärken der jeweiligen Vertriebskanäle, die letztlich zu einem höheren Kundennutzen führen soll.

Folgende **Ziele** wurden im Rahmen der **Multikanalstrategie** verabschiedet:

■ **Freie Wahlmöglichkeit für den Kunden**, zu jeder Zeit, an jedem Ort bei OBI zu kaufen, und dies möglichst mittels eines nahtlosen Kundenerlebnises anzubieten.

■ Einen **höheren Kundennutzen** durch die Möglichkeit der Ansicht von Artikeln und Beratung; also die Erzeugung und die Nutzung von Cross-Frequenzen über die einzelnen Kanäle hinweg einerseits sowie eine Überwindung der Nachteile des reinen Versandhandels andererseits.

■ **Erweiterte Möglichkeiten der OBI Märkte**, mithilfe von OBI@OTTO ihren Kunden Artikel anzubieten, die

    1. der Markt nicht führt,
    2. aktuell nicht vorrätig sind,
    3. großvolumig sind und dem Kunden nach Hause geliefert werden sollen; also eine Abschöpfung der Stärken der jeweiligen Kanäle.

■ **Kundenspezifisches Produkt- und Beratungsangebot** im Internet.

Mit dieser Zielsetzung wurde eine offensivere Marktbearbeitung und eine dynamische Weiterentwicklung des Umsatzes von OBI@OTTO erreicht. Durch die Nutzung vorhandenen und dem schnellen Aufbau neuer Kompetenzen wurde genügend unternehmerischer Freiraum für eine marktreife Service- und Qualitätsorientierung geschaffen. Eine enge Verzahnung der OBI-Märkte aus strategischer, organisatorischer, prozessualer und informationstechnischer Sicht schaffte die notwendigen unterstützenden Systeme und Prozesse, um eine unternehmensübergreifende Interaktion reibungslos zu gewährleisten.[142]

3.3 Die Multikanalkoordination bei OBI@OTTO

Vor der Umsetzung eines Multikanalangebotes war es daher erforderlich, dass jedes Unternehmen klar definiert, mit welchem organisatorischen Aufbau und mit welcher prozessualen Ausgestaltung des Multikanalmanagements die beschriebenen Kunden- und Marktanforderungen bedient werden sollen. Wie bereits weiter oben beschrieben wurde, lässt sich generell davon ausgehen, dass eine durchgängige Präsenz in möglichst vielen Kanälen am vorteilhaftesten für das Unternehmen ist, da so die Anzahl der Kundenkontaktpunkte erhöht wird.

So ergeben sich bei OBI@OTTO Multikanalbeziehungen zwischen den Märkten, dem Katalog und dem Internet. Darüber hinaus gibt es natürlich auch innerhalb der Unternehmen horizontale Beziehungen zwischen den verschiedenen Sparten, die bei der Ausgestaltung der Kanäle zu berücksichtigen sind. Eine große Herausforderung stellt hier die Verknüpfung zweier Unternehmen, so dass auch hier gilt: **Struktur folgt Strategie.**

---

[142] Vgl. OC&C Strategy Consultants, 2001; Gerth, N., 2001, S. 105.

Jede Addition von Vertriebskanälen kann ein **Konfliktpotenzial** mit den bestehenden Vertriebskanälen implizieren. So befürchtete man auch in den OBI-Märkten Umsatzeinbußen aufgrund des neu hinzukommenden Onlinekanals. Somit wurde die effektive Steuerung der Vertriebskanäle und eine prozessuale Integration zwischen den Online- und Offlinevertriebswegen von besonderer Bedeutung, die eindeutig definiert wurde:

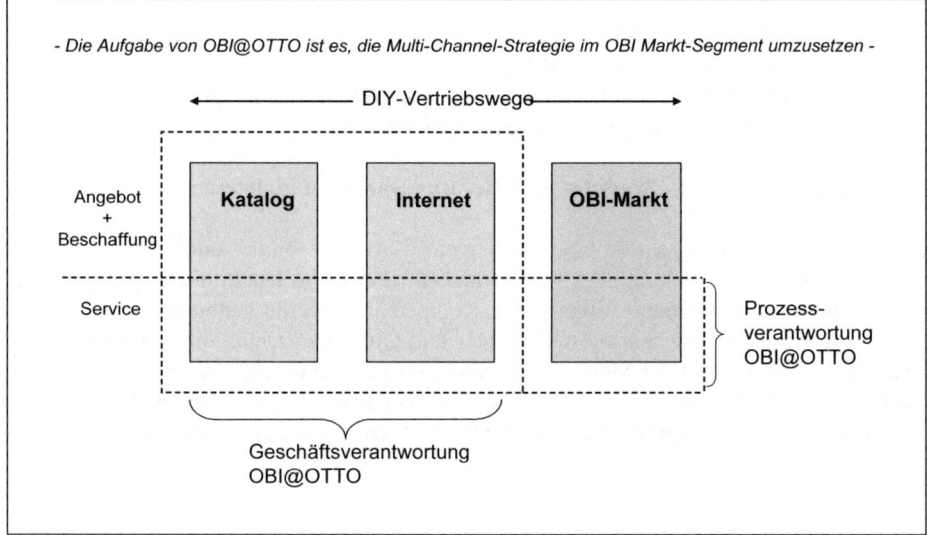

Abbildung 4:   Multikanalkoordination bei OBI@OTTO

Im Rahmen der Multikanalkoordination obliegt die Geschäftsverantwortung für den Stationärhandel nach wie vor OBI, während die Geschäftsverantwortung für den Distanzhandel auf OBI@OTTO übergeht. Ebenso verhält es sich mit der Prozessverantwortung zur vertriebswegübergreifenden Steuerung, die ebenfalls bei dem Onlineangebot liegt. In diese Betrachtung wurde ebenfalls die produktpolitische Ausrichtung der Vertriebskanäle miteinbezogen und so konzipiert, dass OBI@OTTO trotz einer weitgehenden Harmonisierung mit dem Sortiment der OBI-Märkte einen ergänzenden Sortimentsfokus erhielt und auf zusätzliche, distanzhandelsspezifische Zielsegmente ausgerichtet ist.

Die anfänglich aufkommenden **potenziellen Konfliktfelder** zwischen den einzelnen Vertriebskanälen werden nun durch die Erkenntnisse aus der Praxis kompensiert, dass die Stärkung der Wettbewerbsposition und die Erhöhung der Kundenkontakte durch die Erweiterung der Vertriebskanäle allen Beteiligten gemeinsam zum Vorteil gereicht. Aus produktseitiger Sicht liegt ein Sortimentsschwerpunkt von OBI@OTTO auf flächenintensiven Produkten, wie beispielsweise Saunen, Pools, Gartenhäusern und Bodenbelägen. Auf diese Sortimentsschwerpunkte können insbesondere auch die kleinen OBI-Märkte zugreifen, die durch OBI@OTTO eine Erhöhung ihrer Sortimentskompetenz (Sortimentsbreite und -tiefe) erfahren und dem Kunden eine größere Produktvielfalt anbieten können. Das Angebot verhilft damit nicht nur zur Erhöhung einer Angebotskompetenz in den OBI-Märkten, sondern schafft auch gleichzeitig einen enormen Beitrag zur Flächenoptimierung ohne Einschränkung des Angebotes. Dies wird durch eine unumgängliche **vertriebskanalübergreifende Preis- und Marktpolitik** unterstützt, die für eine Preisharmonisierung zwischen den Kanälen sorgt.

Nicht zuletzt findet auch eine **Abstimmung der Serviceleistungen** zwischen den einzelnen Kanälen statt. So erhält der Kunde nicht nur im stationären Handel eine fachkundige, persönliche Beratung bei allen Fragen rund um Haus und Garten, sondern auch bei OBI@OTTO steht dem Kunden eine Produktberatung per E-mail oder per Telefon zur Verfügung. Darüber hinaus kann der Kunde im Internet auf konkrete Beratungsthemen und Tipps zurückgreifen, die frei zugänglich zur Verfügung stehen.

Die Harmonisierung der Sortiments-, Preis- und Servicekompetenz über alle Vertriebskanäle hinweg wird durch eine reibungslose **Logistikkompetenz** vervollständigt, um den Kunden in allen Phasen des Pre-Sales, Sales und After-Sales optimal zu betreuen.

Somit können alle Kanalsysteme optimiert und kundengerecht angeboten werden, so dass die Erwartungshaltung des OBI-Kunden im stationären Handel vollständig auf den Distanzhandel übertragen und entsprochen wird. Multikanal-inhärenten Konflikten wird durch die oben beschriebene Strategie begegnet; Konfliktpotenziale können daher minimiert bzw. nahezu ausgeschlossen werden.

4. Zusammenfassung und Ausblick

4.1 Eine erste Zwischenbilanz

Das von OBI@OTTO geschaffene Multikanalmanagement ermöglicht neue Zugangswege zum Kunden und eröffnet erweiterte Handlungsspielräume im Hinblick auf ein ausgedehntes Customer Relationship Management. Das Angebot wurde konzipiert, um sich an die veränderten Kundenbedürfnisse anzupassen und auch zukünftig den Wünschen der Kunden gerecht zu werden sowie die Möglichkeit zu erhöhen, den Kunden über den Stationärhandel hinausgehend zu erreichen. Die so geschaffenen Berührungspunkte zum Kunden überwinden die Nachteile des Stationärhandels und erleichtern den Zugang und Zugriff auf Heimwerkprodukte, der im Rahmen von **Smart Shopping- und Convenience-Gedanken** ganz im Sinne des Kunden steht.

Dabei entstehende **Wettbewerbsvorteile** schaffen nicht nur die Möglichkeit einer offensiveren Marktbearbeitung, die eine dynamische Weiterentwicklung des Umsatzes bedeutet, sondern steigern damit auch Image und Kundenbindungspotenzial der Gründungspartner. Nicht zuletzt haben eine straffe Synergiennutzung, neue Kunden und eine gesteigerte Kundenbindung zu dem Erfolg beigetragen. Durch Bündelung der Sortimentskompetenz von OBI mit der Servicekompetenz von OTTO ist es gelungen, zusätzliche Umsatzpotenziale aufzudecken und binnen Kürze zu erschließen. So konnte der Umsatz innerhalb von zwei Jahren verdoppelt werden. Hierbei haben die beiden Gründungsunternehmen OBI und OTTO einen entscheidenden Beitrag geleistet: Im Gegensatz zu anderen Start-ups oder New Economy-Unternehmen verfügten sie bereits über eine hohe Markenbekanntheit, einen hohen Stammkundenanteil und längere Erfahrungen in den genutzten Vertriebs- und Logistiksystemen.

4.2 Vision OBI@OTTO: Brick + Brick = Click!

Für die Zukunft plant OBI@OTTO eine **dynamische Weiterentwicklung**: Mithilfe einer Auflagensteigerung des Kataloges, zusätzlichen Flyeranstößen und einer stärkeren Ausschöpfung der Kundenpotenziale plant man eine offensivere Marktbearbeitung, die das Umsatzpotenzial erhöhen soll. Diese Strategie wird gleichzeitig durch eine Angebots- und Sortimentserweiterung gestützt, die sowohl den männlichen "heavy user" als auch die "gestaltungsorientierte" Frau ansprechen. Weitere Zusatzangebote im Internet, der gezielte Auf- und Ausbau eines intensiven Content-Managements sowie der Aufbau von virtuellen Funktionalitäten, wie Gartenhauskonfiguratoren etc., sorgen für eine Steigerung des Internetumsatzes.

Nach Abschluss der Anlaufphase und damit stabilisierten Kernprozessen ist eine **Multiplikation des Konzeptes** im Ausland, in weiteren Kundensegmenten und neuen Vertriebskanälen vorstellbar. Mit diesen Vorhaben geht OBI@OTTO auf Wachstumskurs. Das Customer-Relationship-Potenzial, das sich hierunter verbirgt, geht weit über das bisherige Geschäftsvolumen und die dahinter stehende Strategie hinaus.

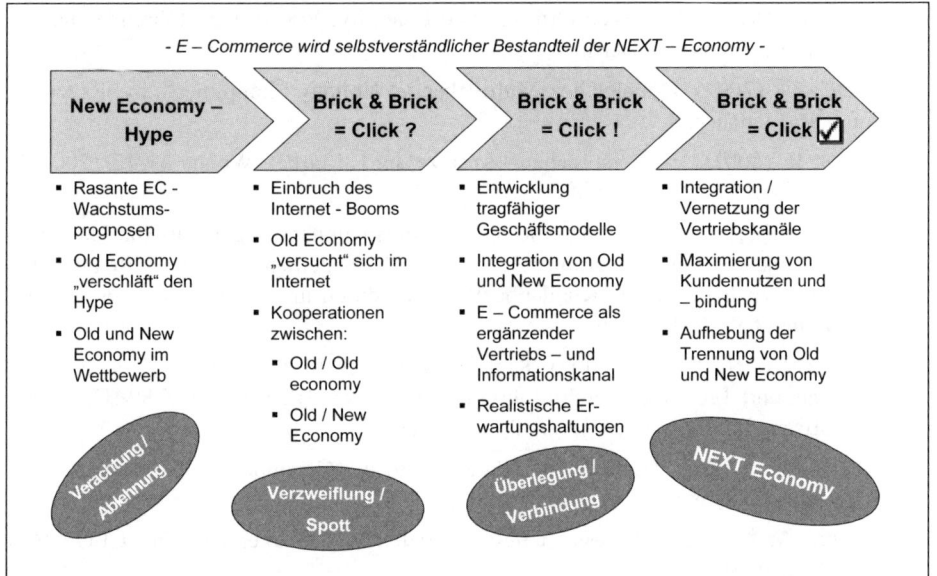

Abbildung 5:   Ausblick für OBI@OTTO

Fazit: Die Frage Brick + Brick = Click? wird zur Selbstverständlichkeit. Viele Unternehmen der Old Economy werden das @ zukünftig benötigen, um dem Servicegedanken und der Kundenorientierung des Wettbewerbs standhalten zu können und sich damit einen strategischen Wettbewerbsvorteil durch einen zusätzlichen Vertriebskanal und Zusatzangebote zu sichern. **Brick + Brick = Click!**

Literatur

BARSH, J., CRAWFORD, B., GROSSO, C. (2000), How e-tailing Can Rise From the Ashes, in: The McKinsey Quarterly, Number 3, 2000, S. 98-109.

BUNK, B. (2000), Multi Channel Management: Wie Marketing neue Absatzkanäle erschließt, in: Absatzwirtschaft, 43. Jg. 2000, Heft 7.

CAMBRIDGE TECHNOLOGY PARTNERS (2001), Multi Channel Commerce in Deutschland, Management Summary, Frankfurt et al.

CAMP, F. VAN, (2000), ONLINE AND ONLAND? - channel conflicts and how to avoid them, im Internet: http://www.adlittle.com, 22.Februar 2002, S. 1-8.

CELL CONSULTING (2001), Web Offering und Usability. Wie fit sind führende Händler im Internet?, Frankfurt, Berlin.

DOUBLECLICK (2002), DoubleClick Multi-Channel Holiday Shopping Study, Executive Summary, January.

DIECKHOF, R. (2001), Vielversprechend Ansätze, in: E-Market, Woche 41-42, 2001, S. 16-19.

GERTH, N. (2001), Zur Bedeutung eines neuen Informationsmanagements für den CRM-Erfolg, Link, J. (Hrsg.): Customer Relationship Management: Customer Relationship Management: Erfolgreiche Kundenbeziehungen durch integrierte Informationssysteme, Berlin et al., S. 103-116.

GRONOVER, S., RIEMPP, G. (2001), Kundenorientiertes Multi-Channel-Management – Konzepte und Techniken zur Einführung, Bericht-Nr.: BE HSG/CC CKM/2, Institut für Wirtschaftsinformatik, Universität St. Gallen.

HECKEROTT, B. (2001), Traditionelle Händler sind die Gewinner im E-Commerce, in: Frankfurter Allgemeine Zeitung, 05. Juli 2001, S. 22.

HOBMEIER, M. (2001), Professionelles Multichannel-Management, in: CEO, Heft 3/2001, S. 36-38.

HOFFERBERTH, D. (2001), eCustomer Management - Multichannelfähiges Kundenmanagement, Vortrag auf den Data-Mining-Anwendertagen, Chemnitz 21./22. Juni 2001.

HUDETZ, K. (2001), Virtuell gut beraten, in: Handelsjournal, Heft 11/2001, S. 30-32.

HURTH, J. (2001), Multi-Channel-Marketing – Novum oder Phrase?, in: WIST, Heft 9, 9/2001, S. 463-469.

KÖHLER, R., MAJER, W., WIEZOREK, H. (2001), Erfolgsfaktor Marke: neue Strategien des Markenmanagements, München, 2001.

KÜCHERER, K. (2002), Eddie Bauer integriert drei Vertriebskanäle, in: Lebensmittel-Zeitung, 18. Januar 2002, S. 32.

MÜLLER, M. (2001), Einzelhandel: Erfolg auf allen Kanälen, in: Die Welt, 02. Mai 2001, S. WW4.

NOWICKI, J. (2001), Die New Economy der alten Namen, in: TextilWirtschaft Das Jahr, 13. Dezember 2001, S. 49-52.

OC&C STRATEGY CONSULTANTS (2001), Multichannel Retailing: der deutsche Einzelhandel steht noch am Anfang, Düsseldorf.

O.V. (2002a), Multi-Channel überschätzt, in: eMarket, 01/02, S. 8.

O.V. (2002b), Wer das Jahr 2002 überlebt hat beste Perspektiven, in: eMarket, 01/02, S. 22-24.

RISCH, M. (2001), Von "bricks and mortar" zu "bricks and clicks" - Multichannel-Management als Schlüsselkompetenz auf dem Weg zur "One Economy", in: Der Betriebswirt, Heft 3/01, S. 12-16.

SCHNEIDER, D. (2001), Marketing 2.0. Absatzstrategien für turbulente Zeiten, September 2001.

THE BOSTON CONSULTING GROUP (2000), The State of Online Retailing - a shop.org Study, April 2000.

THE BOSTON CONSULTING GROUP (2001), The Multichannel Consumer – the Need to Integrate Online and Offline Channels in Europe, July 2001.

WERMELSKIRCHEN, S. (2001), Kundenservice auf allen Kanälen, in: Handelsblatt, 02. Juli 2001, S. N5.

WIRTZ, B. (2000), Die Mischung macht`s, in: E-Conomy - Verlagsbeilage der Frankfurter Allgemeinen Zeitung, Nr. 135, 13. Juni 2000, S. B17.

WIRTZ, B. (2001), Multi-Kanal-Management vereint Online- und Offline-Welt, in: Frankfurter Allgemeine, Nr. 265, 15. November 2001, S. 29.

YULINSKY, C. (2000), Multi-channel Marketing - Making "Bricks and Clicks" Stick, McKinsey marketing Solution, Heft 8/2000, S. 1-9.

Markus Naewie, Simon Thun

Controllinggestütztes Multikanal-Management am Beispiel Der Club Bertelsmann

1 Einleitung
2 Zielsetzung des Multikanal-Ansatzes
3 Controllinggestütztes Multikanal-Management
   3.1 Besondere Herausforderungen an das Controlling in Multikanal-Systemen
   3.2 Idealtypisches Vorgehen bei der Entwicklung eines Multikanal-Konzepts
      3.2.1 Festlegung der Ziele des Multikanal-Management
      3.2.2 Festlegung der Kundensegmentierung
      3.2.3 Festlegung der segmentbezogenen Kanaldifferenzierung (Kanalauswahl)
      3.2.4 Festlegung der Leistungsdifferenzierung
   3.3 Controllinggestützte Steuerung von Multikanal-Systemen
4 Zusammenfassung

1. Einleitung

Die meisten Unternehmen bedienen sich heute mehrerer Distributionskanäle zur Sicherstellung der Markt- und Konsumreife ihrer Leistungen.[143] Die Steuerung einer Vielzahl unterschiedlicher Kanäle und die hierzu erforderliche kanalübergreifende Koordinierung bedingen dabei regelmäßig eine deutliche Zunahme der Komplexität des Distributionsmanagements. Ziel dieses Beitrags ist es, die besonderen **Herausforderungen** von Multikanal-Systemen an das Controlling derselben aufzuzeigen sowie am Beispiel Der Club Bertelsmann einen **Ansatz zum controllinggestützten Multikanal-Management** vorzustellen.

Der Club Bertelsmann wurde 1950 von Reinhard Mohn gegründet; heute zählt er mit mehr als 4,5 Millionen Mitgliedern zu einem der größten internationalen Medienclubs.

Das Geschäftsmodell des Clubs beruht auf fünf Eckpfeilern:

- **Mitgliedermodell**
  Der Zugriff auf das Angebot des Clubs ist an eine in der Regel mindestens **zweijährige Mitgliedschaft** gebunden. Die Mitglieder verpflichten sich dabei, wenigstens einmal pro Quartal einen Artikel aus dem Sortiment des Clubs abzunehmen.
- **Vorauswahl des Angebots**
  Der Club Bertelsmann trifft mit seinem Sortiment eine **Vorauswahl von Bestsellern** aus dem Gesamtangebot der lieferbaren Bücher und anderen Medienprodukten (Musik-CDs, Film-/Musikvideos, DVDs und CD-ROMs).
- **Schaffung von Preisvorteilen**
  Der Club erwirbt **Lizenzen von Buchverlagen**, die es ermöglichen, die entsprechenden Titel in der Regel ein halbes Jahr nach Erscheinen der Verlagsausgabe in äußerlich veränderter Gestaltung mit einem durchschnittlichen Preisvorteil von 30 % anzubieten. (Diese Umgehung der Buchpreisbindung wird durch das so genannte Potsdamer Abkommen des Börsenvereins des Deutschen Buchhandels von 1995 ermöglicht, wonach Bücher bei regelmäßiger Kaufverpflichtung, zeitlichem Abstand zum Erscheinen der Originalausgabe und Ausstattungsunterschieden zu dieser mit einem Preisabstand von bis zu 40 % verkauft werden dürfen.)
- **Alternative Vertriebswege**
  Kunden haben die Wahl zwischen **drei Vertriebswegen**: Ladengeschäfte (deutschlandweit ca. 300), Kataloge sowie Online-Shop.

---

[143] Vgl. Schögel, M., 2001b, S. 9.

■ **Kundenservice**
Der Kundenservice des Clubs umfasst unter anderem einen 24-Stunden-Lieferservice, eine telefonische Kundenbetreuung sowie kompetente Filialmitarbeiter, die die Mitglieder in den Ladengeschäften umfassend beraten können.

Der Club Bertelsmann bietet seinen Mitgliedern somit einerseits eine Reihe klarer Mehrwerte; auf der anderen Seite bringt das Mitgliedschaftsmodell dem Unternehmen drei **entscheidende Vorteile** gegenüber anderen Vertriebsmodellen:

■ Durch die Mindestabnahmeverpflichtung bestehen gesicherte, **stabile Erlösströme**.
■ Durch die mindestens einmal pro Quartal erscheinenden Kataloge gibt es **regelmäßiger Kontakt zu den Kunden**.
■ Umsätze und Anfragen/Beschwerden lassen sich anhand der Mitgliedsnummer einzelnen Kunden zuordnen – dies ist eine wesentliche Voraussetzung zur **Analyse des Kundenverhaltens** sowie für gezielte Marketing- und Kundenbindungsmaßnahmen.

2. Zielsetzung des Multikanal-Ansatzes

Wie die meisten Unternehmen setzt Der Club Bertelsmann mehrere unterschiedliche Distributionskanäle ein. Grundsätzlich lassen sich bei diesen Mehrkanalstrategien **zwei Ansätze** unterscheiden:

■ Nutzung unterschiedlicher Distributionskanäle zur **differenzierten Ansprache unterschiedlicher Kundensegmente** (segmentbezogene Differenzierung).[144]
■ Nutzung unterschiedlicher Distributionskanäle in **verschiedenen Phasen des Interaktionsprozesses** mit einem Kundensegment (phasen- bzw. aufgabenbezogene Differenzierung).[145]

Neben diesen beiden Grundtypen werden teilweise auch für ein Kundensegment (in einer bestimmten Phase) mehrere Kanäle angeboten.

Der Club Bertelsmann verfolgt eine primär **phasenbezogene Differenzierung**, wobei zum Teil parallel mehrere Kanäle zur Ansprache der Kundensegmente eingesetzt werden. So kann ein Kunde beispielsweise selbst entscheiden, ob er zur Information über ein neues Produkt ein Ladengeschäft aufsucht oder sich über den Katalog bzw. im Internet

---

[144] Vgl. Meffert, H., 1990, S. 15.
[145] Vgl. Moriarty, R.T., Moran, U., 1990, S. 148.

informiert. Auf diese Weise begegnet Der Club Bertelsmann dem zunehmenden Auseinanderfallen von Vorgängen zur Information über die Produkte und der eigentlichen Transaktion und bietet den Kunden ein breites Spektrum an Informations- und Transaktionsmöglichkeiten an.

Allen dargestellten Multikanalansätzen liegt der Gedanke zugrunde, sich verstärkt an den Kunden und deren (segment- bzw. phasen-) spezifischen Bedürfnissen zu orientieren. Hierdurch soll der Nutzen für die Kunden gesteigert und somit die Präferenzbildung zugunsten des Unternehmens bzw. der Marke positiv beeinflusst werden, um so einerseits Neukunden zu akquirieren und andererseits die bestehenden Kunden an das Unternehmen zu binden. Durch **kundenbedürfnisorientierte Gestaltung des Marketing-Mix-Instruments Distribution** kann ein Multikanal-Ansatz somit einen wichtigen Beitrag zur Steigerung des Kundenwertes liefern.

Neben dieser Kundenorientierung spielt häufig auch die **Steigerung der Vertriebseffizienz** bei der Etablierung von Multikanal-Systemen eine Rolle: So nutzen Kunden im margenknappen Mengengeschäft häufig kostenintensive stationäre Vertriebswege, während Kunden mit hohem Ertragspotenzial Direktkanäle nutzen, die keine adäquate Betreuung ermöglichen. Durch selektives Transferieren einzelner Kundensegmente auf andere Kanäle lässt sich daher in der Regel die **Kundenprofitabilität** deutlich steigern;[146] beispielsweise kann die Versorgung einzelner (dafür geeigneter) Kundensegmente mit detaillierten Produktinformationen auf Websites anstele einer kostenintensiveren persönlichen Betreuung in Ladengeschäften dazu beitragen, die Betreuungskosten bei gleich bleibendem Umsatz nachhaltig zu reduzieren.

Der Chance einer erhöhten Kundenbindung und einer Steigerung der Vertriebseffizienz durch den Multikanal-Ansatz steht jedoch ein deutliches **Risiko** gegenüber. Die Steigerung der Anzahl der Distributionskanäle verursacht zum einen **Kosten** (Investitionen in den Aufbau des Kanals, Steuerungsaufwand des neuen Kanals), zum anderen erhöht sich dadurch die **Komplexität** des Distributionsmanagements. Insbesondere wenn Kundensegmente wie bei Der Club Bertelsmann mit mehreren Distributionskanälen angesprochen werden, erfordert dies eine kanalübergreifende Koordination, um eine abgestimmte Kundenansprache zu erreichen und Medienbrüche zu vermeiden. Nicht zwangsläufig schlägt sich dieser erhöhte Aufwand jedoch auch in zusätzlichen Erträgen bzw. geringeren Kosten nieder. So besteht etwa bei ungenügender Steuerung des Kanalnutzungsverhaltens die Gefahr, dass Kunden bisher genutzte Kanäle durch andere, mit höheren Nutzungskosten verbundene Kanäle substituieren.

Hieraus wird ersichtlich, dass ein **controllinggestütztes Vorgehen** bei der Entwicklung und Implementierung einer Multikanalstrategie eine wesentliche Voraussetzung für die Profitabilität eines Multikanal-Systems ist: Nur durch einen **systematischen, faktenbasierten Ansatz** lässt sich sicherstellen, dass ein Multikanal-System erfolgreich und wirt-

---

[146] Vgl. The Boston Consulting Group, 2001, S. 17.

schaftlich gesteuert werden kann. Im Folgenden soll dargestellt werden, welche spezifischen Herausforderungen Multikanal-Systeme an das Controlling stellen und wie die Entwicklung eines Multikanal-Konzepts sowie dessen Steuerung controllinggestützt erfolgen kann.

3. Controllinggestütztes Multikanal-Management

3.1 Besondere Herausforderungen an das Controlling in Multikanal-Systemen

Grundsätzlich ist es die Aufgabe des Controlling, zur **Vorbereitung zielsetzungsgerechter Entscheidungen** relevante Informationen zu beschaffen, aufzubereiten und zu analysieren.[147] Hierbei sind insbesondere die zeitnahe Verfügbarkeit (Aktualität) sowie die Vergleichbarkeit der Informationen von besonderer Bedeutung.

Um das Distributionssystem nach den Bedürfnissen der Kunden ausrichten zu können und deren Kanalnutzungsverhalten zu steuern, ist unter anderem eine **Erfassung ihres aktuellen Nutzungsverhaltens** erforderlich. Hierzu sind Informationen aus den unterschiedlichen Distributionskanälen zu sammeln und in einer vergleichbaren Form aufzubereiten. Dies setzt einerseits voraus, dass pro Kanal erfasst wird, wann und auf welche Weise dieser Kanal genutzt wird und andererseits, dass der dabei handelnde Kunde identifiziert wird.

In Distributionssystemen wird insbesondere die Beschaffung dieser Informationen erschwert. Dabei gibt es drei unterschiedliche **Gründe**, dass diese Informationen in einzelnen Fällen nicht beschafft werden können:

1. **Art und Zeitpunkt der Nutzung** eines Kanals können nicht erfasst werden.
2. Der den Kanal nutzende **Kunde** kann nicht identifiziert werden.
3. Die Informationen zur Kanalnutzung liegen individualisiert vor, werden dem Unternehmen jedoch **nicht zur Verfügung** gestellt.

Zu 1.:

Während die Nutzung von Distributionskanälen bei Transaktionen regelmäßig erfasst wird (und alleine aus Gründen ordnungsgemäßer Buchführung dokumentiert werden

---

[147] Vgl. Rieper, B., Witte, T., Berens, W., 1996, S. V.

muss), findet die **Kanalnutzung zu Informationszwecken** teilweise ohne Kenntnis des Unternehmens statt. Insbesondere wenn ein Kunde einen Katalog nutzt, um sich über Produkte zu informieren, entzieht sich dieser Vorgang der Kenntnis des Unternehmens. Im Internet hingegen lassen sich diese Informations- und Suchvorgänge erfassen, sofern sich ein Kunde (beispielsweise durch einen Login) vorab selbst identifiziert. In Ladengeschäften können zumindest konkrete Anfragen an das Personal erfasst werden, wenngleich dies wesentlich aufwändiger ist.

Zu 2.:

Während sich Kunden in allen Kanälen, bei denen die Zustellung der Waren über den Versandweg erfolgt, zwangsläufig ausweisen müssen und die Transaktion somit direkt zuordenbar ist, ist dies in Ladengeschäften regelmäßig nicht der Fall. Zwar gibt es Möglichkeiten zur Umgehung dieser Problematik (z. B. durch Kundenkarten, die eine Identifikation der Kunden ermöglichen), was die Etablierung oder Teilnahme an solchen Identifikationssystemen voraussetzt. Da für die Kunden die Teilnahme an solchen Systemen in der Regel freiwillig ist und teilweise auch andere als die eigentlich berechtigte Person eine solche Karte zur Erlangung der spezifischen Vorteile nutzen können, ist eine einwandfreie Identifikation der Kunden jedoch häufig nicht möglich. Das Mitgliedschaftsmodell von Der Club Bertelsmann bietet hinsichtlich der **Identifikation der Kunden** deutliche Vorteile: So ist beispielsweise ein Kauf in den Ladengeschäften ausschließlich Mitgliedern vorbehalten, die sich hierzu entsprechend ausweisen müssen. Umsätze sowie Anfragen und Beschwerden lassen sich somit anhand der Mitgliedsnummer einzelnen Kunden zuordnen. Problematisch sind bei diesem System einzig die so genannten Haushaltsmitgliedschaften, bei denen zwar eine Zuordnung der Transaktionen zu einem Haushalt, nicht jedoch eine zuverlässige Identifikation der einzelnen, handelnden Person möglich ist. Erst die **Datawarehouse-gestützte Analyse des Kaufverhaltens** (teilweise unterstützt durch zusätzlich erfasste Informationen über die Haushaltsmitglieder) ermöglicht eine näherungsweise, in der Regel recht zuverlässige Zuordnung von Transaktionen zu einzelnen Haushaltsmitgliedern.

Zu 3.:

Während bei direkten Distributionskanälen die **Informationen aus der Kundeninteraktion** dem Unternehmen unmittelbar zukommen, ist dies bei indirekten Distributionskanälen, in denen ein oder mehrere selbstständige Absatzmittler zwischen dem Herstellerunternehmen und den Endkunden eingeschaltet sind, nicht der Fall.

In diesen Fällen hat das Unternehmen nur **mittelbaren Einfluss auf die Zurverfügungstellung** sowie die Aktualität und Qualität der Daten.[148]

Die grundsätzlichen **Schwierigkeiten bei der Informationsbeschaffung** in Distributionskanälen werden in Mehrkanalsystemen zusätzlich verstärkt: Durch die Kombination unterschiedlicher Arten von Distributionskanälen (direkten und indirekten Distributionskanälen sowie unterschiedlichen Medien) besteht die Gefahr von teilweise deutlichen Unterschieden in der Qualität und Aktualität der Informationen, wodurch auch eine (einheitliche) Aufbereitung der Informationen erschwert wird. Zudem unterscheiden sich direkte und indirekte Distributionskanäle hinsichtlich ihrer primären Kostentreiber, was die Konzentration auf wenige Schlüsselgrößen bei der Aufbereitung der Informationen zusätzlich verkompliziert.[149]

Hieraus wird deutlich, dass beim Management (und Controlling) von Multikanal-Systemen jeweils die konkrete Ausgestaltung des vorliegenden Distributionssystems zu berücksichtigen ist: Steuerungsinstrumente und -mechanismen müssen sich an den unternehmensspezifischen Gegebenheiten orientieren; allgemein gültige Aussagen und Handlungsempfehlungen lassen sich daher nur auf einem hohen Abstraktionsniveau geben und sind entsprechend an die jeweilige unternehmensindividuelle Situation anzupassen.

3.2 Idealtypisches Vorgehen bei der Entwicklung eines Multikanal-Konzepts

Die Grundlage für die Sicherung der Profitabilität eines Multikanal-Systems wird bereits bei der Konzeption desselben gelegt. Entsprechend ist bereits hierbei auf ein faktenbasiertes, auf die Wirtschaftlichkeit des Gesamtsystems ausgerichtetes Vorgehen zu achten.

Die zentrale Fragestellung bei der Konzeption eines Multikanal-Systems lautet: **Welche Kundensegmente** sollen mit **welchen Leistungen** über **welche Kanäle** angesprochen werden, um bestimmte Ziele zu erreichen? Neben der Konkretisierung der mit der Multikanalstrategie verfolgten Ziele ist somit die optimale Zuordnung von Kundensegmenten, Kanälen und Leistungen zur Erreichung dieser Ziele zu bestimmen. Auch bei der

---

[148] Auf das sich aus dieser Informationsasymmetrie ergebende Steuerungsproblem soll hier nicht im Detail eingegangen werden; für eine Darstellung sowie mögliche Lösungsansätze zur Optimierung der Gesamtwertschöpfungskette von Herstellern und Absatzmittlern – z. B. durch Bildung von Wertschöpfungspartnerschaften oder kooperatives Kundenbindungsmanagement – soll auf die Ausführungen zur Principal-Agent-Theorie sowie die entsprechende Fachliteratur zu ECR und Category Management verwiesen werden.

[149] Vgl. Schögel, M., 2001a, S. 545.

Integration neuer Distributionskanäle in ein bestehendes Multikanal-System ist somit derselbe Prozess zu durchlaufen, da es dabei gilt, das entstehende Gesamtsystem zu optimieren.

Die **Entwicklung einer Multikanal-Strategie** erfolgt – der Kernfragestellung entsprechend – idealtypisch in vier Phasen:

1. Festlegung der **Ziele** des Multikanal-Managements
2. Festlegung der **Kundensegmentierung**
3. Festlegung der segmentbezogenen **Kanaldifferenzierung** (Kanalauswahl)
4. Festlegung der **Leistungsdifferenzierung** (bezogen auf Kundensegmente und Kanäle)

3.2.1 Festlegung der Ziele des Multikanal-Managements

Bei der Entwicklung eines Multikanal-Konzepts sind zunächst die damit verfolgten **Ziele** zu **konkretisieren**. Hierbei ist zu beachten, dass sich diese in das Zielsystem einer eventuell bestehenden Vertriebsstrategie einfügen müssen. Bei der Formulierung der Ziele ist auf eine eindeutige Operationalisierung zu achten; insbesondere sind der Zielmarkt sowie das zu betrachtende Leistungsspektrum zu definieren.

3.2.2 Festlegung der Kundensegmentierung

Als Grundlage für eine differenzierte Ansprache ist in einem zweiten Schritt der definierte Zielmarkt in einzelne, in sich weitgehend **homogene Kundensegmente** zu unterteilen. Hierbei ist festzulegen, welche Kundensegmente durch unterschiedliche Kanäle angesprochen werden sollten. Wichtige Anhaltspunkte hierzu geben Informationen zur bisherigen Kanalnutzung sowie zu kanalspezifischen Kundenbedürfnissen und -anforderungen. Als eine Möglichkeit zur Segmentierung können die spezifischen Nutzenerwartungen in unterschiedlichen Einkaufssituationen herangezogen werden (z. B. Unterschiede zwischen erstmaligem und wiederholtem Einkauf, spontanem und habitualisiertem Einkauf).

3.2.3 Festlegung der segmentbezogenen Kanaldifferenzierung (Kanalauswahl)

Die Kanalauswahl selbst stellt die zentrale Aufgabe bei der Konzeption eines Multikanal-Konzepts dar.

Zur **Festlegung des Kanalportfolios pro Kundensegment** (und Phase des Kundeninteraktions-Prozesses) sind verschiedene Kanäle anhand ihrer spezifischen Eigenschaften auf das Potenzial zur Erfüllung der segment- (und phasen-)spezifischen Anforderungen hin zu überprüfen. Hierzu sind die möglichen Distributionskanäle (insbesondere auch neue Vertriebskanäle wie interaktives Fernsehen sowie innovative Vertriebskonzepte) hinsichtlich sämtlicher als relevant erachteter Kriterien zu bewerten (vgl. Abbildung 1 für eine beispielhafte Zusammenstellung von Bewertungskriterien und zugehörigen Fragestellungen.)

Abbildung 1:   Mögliche Kriterien zur Bewertung von Distributionskanälen

Bei einer **Gegenüberstellung von Kanälen** zeigt sich, dass sich verschiedene Kanäle teilweise deutlich hinsichtlich einzelner Kriterien unterscheiden: Während Ladengeschäfte eine persönliche Beratung, ein haptisches Erlebnis sowie den Direktkauf ermöglichen, bietet das Internet die Vorteile, rund um die Uhr und kostengünstig verfügbar zu sein, Preisvergleiche mit anderen Anbietern zu ermöglichen und vollständige Produktinformationen sowie multimediale Produktdemonstrationen zu liefern. Darüber hinaus ermöglicht das Internet bei einer Koppelung des Online-Shops an das Warenwirtschafts-system eine direkte Kontrolle der Warenverfügbarkeit – eine Eigenschaft, die z. B. Kata-loge nicht aufweisen. Zudem bietet das Internet die Möglichkeit eines wirklichen One-to-One-Marketings durch eine vollständig individualisierte Kundenansprache, während Ladengeschäfte nur global gesteuert werden können und Kataloge aus Kostengründen in der Regel nur in wenigen Varianten umzusetzen sind. Bei der Aufzählung dieser spezifi-schen Vorteile einzelner Kanäle darf allerdings nicht übersehen werden, dass letztend-lich entscheidend ist, inwieweit die einzelnen Kanäle die spezifischen Anforderungen und Bedürfnisse der einzelnen Kundensegmente erfüllen.

Nach getrennter Bewertung der einzelnen Kanäle kann die eigentliche **Auswahl anhand von Scoring-Modellen** erfolgen.[150] Insbesondere wenn bereits ein Distributionssystem besteht, sind hierbei zusätzlich die Auswirkungen dieser Entscheidungen auf das Ge-samtsystem zu berücksichtigen: Sollen **bestehende Distributionssysteme** um Kanäle erweitert oder ein neues Distributionssystem aufgebaut werden, besteht für Unternehmen grundsätzlich die Möglichkeit, bestehende Kanäle (anderer Anbieter) zu nutzen oder a-ber hierzu einen eigenen Kanal aufzubauen. Bei dieser **„build or use"-Entscheidung** ist zu berücksichtigen, dass eine bestehende Zusammenarbeit mit selbstständigen Absatz-mittlern deutlich beeinträchtigt werden kann, wenn parallel neue direkte Vertriebskanäle etabliert werden. Diese können zur Folge haben, zukünftig zusätzlich einen anderen „Anbieter" eines bestimmten Typs von Vertriebskanal zu beliefern (z. B. eine andere Handelskette). Entsprechend sind bei einer solchen Entscheidung mögliche Sanktionen der bestehenden Handelspartner zu antizipieren.

3.2.4 Festlegung der Leistungsdifferenzierung

Die Bestimmung der multikanaladäquaten Leistungsdifferenzierung kann in zwei Stufen erfolgen: Auf Basis der Anforderungen und Bedürfnisse der jeweiligen Kundensegmente sind die anzubietenden Leistungen zu bestimmen; in einem zweiten Schritt erfolgt die Zuordnung der Leistungen auf Kanäle und die Phasen der Kundeninteraktion (vgl. Ab-bildung 2).

---

[150] Vgl. Tomczak, T., Schögel, M., 1999, S. 26.

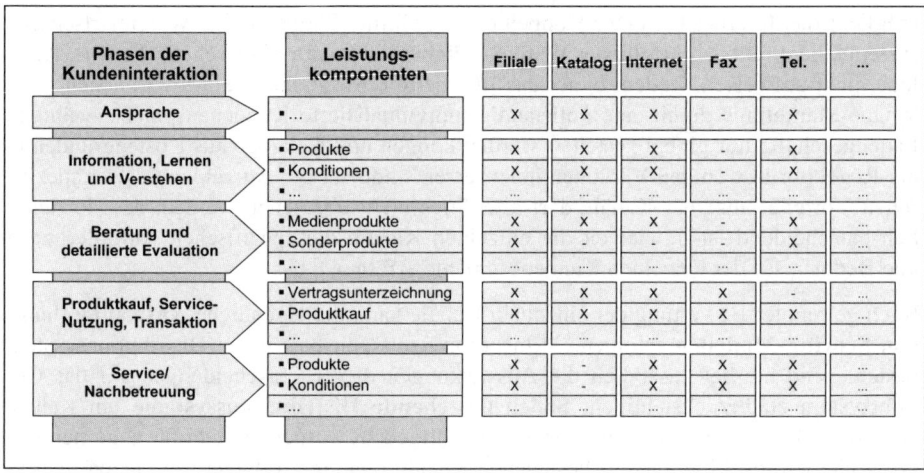

Phasen der Kundeninteraktion	Leistungs-komponenten	Filiale	Katalog	Internet	Fax	Tel.	...
Ansprache	• ...	X	X	X	-	X	
Information, Lernen und Verstehen	• Produkte	X	X	X	-	X	...
	• Konditionen	X	X	X	-	X	...
	• ...	...	...	...	...	...	...
Beratung und detaillierte Evaluation	• Medienprodukte	X	X	X	-	X	...
	• Sonderprodukte	X	-	-	-	X	...
	• ...	...	...	...	...	...	...
Produktkauf, Service-Nutzung, Transaktion	• Vertragsunterzeichnung	X	X	X	X	-	...
	• Produktkauf	X	X	X	X	X	...
	• ...	...	...	...	...	...	...
Service/ Nachbetreuung	• Produkte	X	-	X	X	X	...
	• Konditionen	X	-	X	X	X	...
	• ...	...	...	...	...	...	...

Abbildung 2:   Beispiel für eine Zuordnung von Leistungskomponenten, Kanälen und
                 Phasen des Kundeninteraktionsprozesses

3.3 Controllinggestützte Steuerung von Multikanal-Systemen

Die **Steuerung eines Multikanal-Systems** unterscheidet sich lediglich hinsichtlich der
kanalübergreifenden Koordinationsaufgaben von der Steuerung eines einzelnen Distributionskanals: Abgesehen von diesen übergreifenden Steuerungsprozessen sind die Akteure jedes einzelnen Distributionskanals (Vertriebsmitarbeiter und eventuell eingebundene
Absatzmittler) gemäß den kanalspezifischen Zielvorgaben unabhängig von denen der
anderen Kanäle zu steuern. Aus diesem Grund soll in diesem Beitrag auf die Steue-
rungsproblematik innerhalb der einzelnen Kanäle nicht näher eingegangen werden.[151]

In jedem Fall sollte die **Verantwortung für das Multikanal-Management** organisatorisch gebündelt werden, um eine klare Zuweisung der Verantwortlichkeiten aller kanalübergreifenden Aufgaben zu erreichen. Die erforderliche **Intensität der Koordination**
der unterschiedlichen Distributionskanäle hängt davon ab, ob einzelne Kundensegmente
jeweils mit nur einem oder mehreren Kanälen angesprochen werden. Eine integrierte
Koordination der Kanäle ist dann unablässig, wenn einzelne Kundensegmente jeweils
mit mehreren unterschiedlichen Kanälen angesprochen werden (wie dies z. B. bei einer
phasenbezogenen Differenzierung der Distributionskanäle regelmäßig der Fall ist). Um
eine „lückenlose", einheitliche Betreuung der Kunden sicherstellen zu können, müssen

---

[151] Hierzu sei auf die einschlägige Literatur zum Vertriebs- bzw. Absatzkanal-Management und -Controlling
verwiesen, z. B. Homburg, C., Schneider, J., Schäfer, H., 2000, und Ahlert, D., 2001.

die verschiedenen Distributionskanäle jeweils mit allen relevanten Informationen über den Kunden versorgt werden (bspw. in Form eines zentral abrufbaren Kundenprofils); nur so ist gewährleistet, dass ein Kunde seinen Bedürfnissen und seiner bisherigen Kundenhistorie entsprechend bedient wird. Hierzu ist zum einen die Vertriebsorganisation an diese Anforderungen anzupassen und sind bereichsübergreifende Prozesse und Anreizsysteme zur integrierten Vertriebssteuerung einzuführen; zum anderen sollten vorhandene Warenwirtschafts- und CRM-Systeme kanalübergreifend ausgestaltet und untereinander abgestimmt werden. Werden einzelne Kundensegmente jeweils nur mit einem Kanal angesprochen, ist eine kanalübergreifende Koordination nur insofern notwendig, um diese klare Trennung zwischen den Kanälen aufrechtzuerhalten: Die Ansprache von Kunden anderer Kanäle ist ebenso zu verhindern wie der spontane Wechsel dieser Kunden in nicht für sie vorgesehene Kanäle.

Neben der kanalübergreifenden Abstimmung der Kundenansprache gehört die **Lenkung des Kanalnutzungsverhaltens** zu den vorrangigen kanalübergreifenden Steuerungsaufgaben. Diese sollte – wie die gesamte Steuerung des Multikanal-Systems – anhand eines klar definierten, vierstufigen Controlling-Regelkreises erfolgen, wobei als zentrale Messgrößen der Wirtschaftlichkeit des Multikanal-Systems regelmäßig die Profitabilität der einzelnen Kanäle zu überprüfen ist (vgl. Abbildung 3):

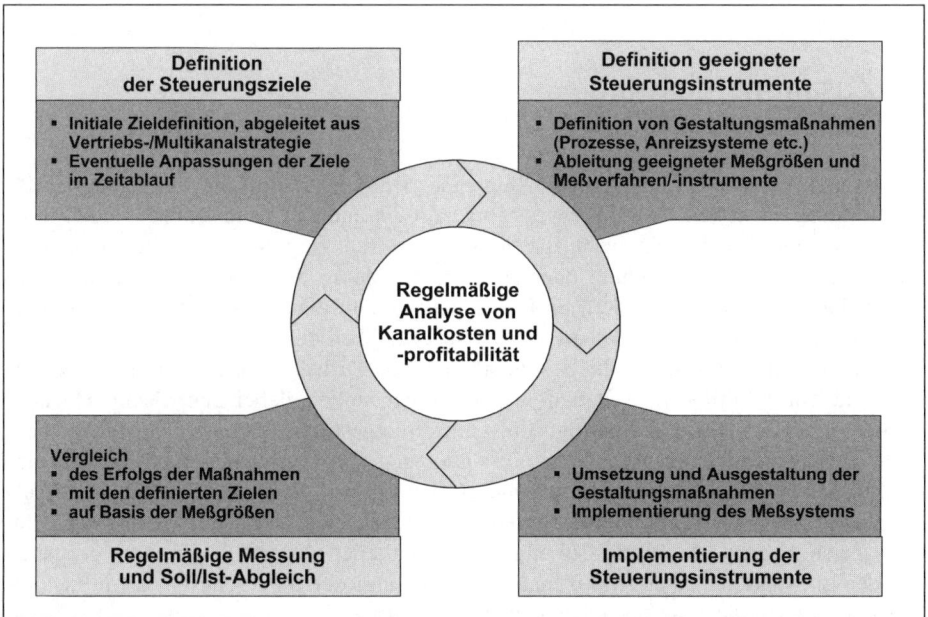

Abbildung 3: Controlling-Regelkreis

Zur Erzielung einer **segmentadäquaten Kanalnutzung** sind unter anderem Kunden mit geringem Nettowert in kostengünstigere Kanäle zu migrieren sowie ertragsstarke Kunden in die persönliche Betreuung überzuleiten. Neue Kunden sollten zudem möglichst direkt in den für sie vorgesehenen Kanälen gewonnen werden. Die wichtigsten **Instrumente zur Steuerung des Kanalnutzungsverhaltens** sind dabei monetäre sowie nicht-monetäre Anreizsysteme: Zu den monetären Anreizsystemen sind neben einer nach Kanälen differenzierten Preisgestaltung auch kanal- bzw. leistungsbezogene Bonusprogramme sowie finanzielle Unterstützungen zur Nutzung einzelner Kanäle (z. B. Finanzierungspakete für internetfähige Endgeräte) zu zählen; nicht monetäre Anreize können unter anderem in mit Kooperationspartnern erstellten attraktiven Produktbündeln und kanalspezifischen Loyalitätsprogrammen sowie nicht-monetären Unterstützungen zur Nutzung einzelner Kanäle (z. B. Internetschnupperkurse oder betreute Selbstbedienung) bestehen.

Die **Erfolge dieser Maßnahmen** lassen sich unter anderem an der Kanalnutzungsintensität pro Kanal und Kunde sowie der Anzahl der Überleitungserfolge bezogen auf die Zahl der Überleitungsversuche messen. Zudem sollte sich die Kanalprofitabilität durch diese Maßnahmen erhöhen. Erste Erfahrungen mit einer solchen controllinggestützten Steuerung des Multikanal-Systems bei Der Club Bertelsmann zeigen, dass sich hierdurch eine Nettosteigerung der Kerngrößen Umsatz, Absatz und Kundenzahl erzielen lässt.

4. Zusammenfassung

Multikanal-Ansätze bedingen regelmäßig eine deutliche **Zunahme der Komplexität** beim Management des Distributionssystems. Auf der anderen Seite führen solche Multikanal-Systeme jedoch nicht zwangsläufig wie angestrebt zu höheren Erträgen durch eine Steigerung der Kundenbindung oder zu einer Erhöhung der Kanalprofitabilität durch Herstellung einer segmentadäquaten Kanalnutzung. Um dies sicherzustellen ist ein systematisches, faktenbasiertes und an der Wirtschaftlichkeit des Gesamtsystems ausgerichtetes Vorgehen anzuwenden; die Besonderheiten von Distributionskanälen im Allgemeinen und von Multikanal-Systemen im Speziellen stellen dabei **spezifische Herausforderungen an das Controlling**. Ein controllinggestütztes Multikanal-Management stellt entsprechend eine wesentliche Voraussetzung für den nachhaltigen Erfolg eines Multikanal-Systems dar. Im Rahmen dieses Beitrags wurde ein **Ansatz zum controllinggestützten Multikanal-Management** vorgestellt, wie Der Club Bertelsmann ihn erfolgreich einsetzt. Aufgrund der allgemein gehaltenen Ausführungen zum Vorgehen bei der Entwicklung eines Multikanal-Konzeptes und der Steuerung eines Multikanal-Systems können diese weitestgehend auch auf Multikanal-Systeme in anderen Branchen übertragen werden.

Literatur

AHLERT, D. (1996), Distributionspolitik – Das Management des Absatzkanals, 3. Aufl., Stuttgart.

HOMBURG, C., SCHNEIDER, J., SCHÄFER, H. (2001), Sales Excellence – Vertriebsmanagement mit System, Wiesbaden.

MEFFERT, H. (1990), Entwicklungslinien des Marketing – Akzente der marktorientierten Unternehmensführung in den 90er Jahren, in: Schöttle, K. M. (Hrsg.), Jahrbuch Marketing, 5. Aufl., Wiesbaden, S.12-21.

MORIARTY, R. T., MORAN, U. (1990), Managing Hybrid Marketing Systems, in: Harvard Business Review, Vol. 68, Issue 6, p. 146-155.

RIEPER, B., WITTE, T., BERENS, W. (Hrsg.) (1996), Betriebswirtschaftliches Controlling: Planung – Entscheidung – Organisation, Festschrift für Univ.-Prof. Dr. Dietrich Adam zum 60. Geburtstag, Wiesbaden.

SCHÖGEL, M. (2001a), Distributionscontrolling, in: Reinecke, S., Tomczak, T., Geis, G. (Hrsg.), Handbuch Marketingcontrolling: Marketing als Motor von Wachstum und Erfolg, Frankfurt, Wien, S. 544-567.

SCHÖGEL, M. (2001b), Multichannel Marketing – Erfolgreich in mehreren Vertriebwegen, Zürich.

THE BOSTON CONSULTING GROUP (2001), The Multichannel Consumer, The Need to Integrate Online and Offline Channels in Europe, Boston.

TOMCZAK, T., SCHÖGEL, M. (1999), Alternative Vertriebswege – Neue Wege zum Kunden, in: Tomczak, T. et. al., Alternative Vertriebswege: Factory Outlet Center, Convenience Stores, Direct Distribution, Multi Level Marketing, Electronic Commerce, Smart Shopping, Stuttgart, S. 12-38.

Lars Köster, Frank Spitzhüttl

Multikanalstrategien in der Brauwirtschaft

1   Der deutsche Biermarkt – symptomatisch für die Konsumgüterindustrie?
   1.1   Der deutsche Biermarkt im Überblick
   1.2   Konventionelle Strategien in stagnierenden Märkten
   1.3   Wege aus der Krise
2   Kundenorientierung als Weg aus der Krise
   2.1   Produktinnovationen
   2.2   Vertriebs- und Kommunikationsinnovationen
3   Multikanalstrategien zur Unterstützung einer kundenorientierten Unternehmensstrategie
   3.1   Chancen und Risiken innovativer Vertriebs- und Kommunikationskanäle
   3.2   Sinnvolle Nutzung innovativer Vertriebs- und Kommunikationskanäle
   3.3   Akzeptanz innovativer Vertriebsstrategien
4   Multikanalstrategien der Warsteiner Brauerei
   4.1   Der B2C-Bereich
   4.2   Der B2B-Bereich
   4.3   Der Bereich B2B-Kooperation
5   Fazit

1. Der deutsche Biermarkt – symptomatisch für die Konsumgüterindustrie?

1.1 Der deutsche Biermarkt im Überblick

Für Außenstehende mag der deutsche Biermarkt wenig dynamisch, das Produkt Bier wenig innovativ und die Marktbearbeitung wenig kreativ erscheinen. Im Vergleich zu anderen, vom Produkt ausgehend höher oder hoch technisierten Branchen mag dieses (Vor-)Urteil zutreffend sein. Der Markt präsentiert sich jedoch keineswegs statisch. Zwar bestimmt das deutsche Reinheitsgebot aus dem Jahre 1516, „wie das Bier im Sommer und Winter auf dem Land ausgeschenkt und gebraut werden soll."[152] Abgesehen von der Brautradition ist der Biermarkt jedoch in einem steten Umbruch begriffen.

Der deutsche Biermarkt hat in den letzten Jahren eine grundlegende Wandlung durchlebt. Die Nachfrage nach Bier ist seit neun Jahren rückläufig. Der Pro-Kopf-Verbrauch sank von 147,8 Litern im Jahre 1975 bis auf 125,5 Liter in 2000. Zwar ist Bier damit weiterhin eines der beliebtesten Getränke in Deutschland, der Trend geht jedoch zunehmend in Richtung anderer Getränke.[153]

Ausschlaggebend für die negative Nachfrageentwicklung sind in erster Linie der Trend zu alkoholfreien Getränken und der damit verbundene verstärkte Substitutionswettbewerb sowie ein gestiegenes Gesundheits- und Verantwortungsbewusstsein der Konsumenten.[154] Legt man die veränderten Konsumgewohnheiten zugrunde, so ist ein geschätzter Konsum von 110 Litern Bier pro Kopf der Bevölkerung im Jahr 2010 kein abwegiges Szenario mehr.[155]

Die Braubranche befindet sich national also in **einem gesättigten bzw. schrumpfenden Markt**. Die Exporterfolge der deutschen Brauer auf dem Weltmarkt vermögen die Absatzverluste auf dem Heimatmarkt nicht zu kompensieren. Marketing und Vertrieb sind hier gefordert, Strategien zu entwickeln und Maßnahmen zu ergreifen, um in diesem schwierigen Markt, der von starkem Verdrängungswettbewerb und zunehmenden Konzentrationsbestrebungen gekennzeichnet ist, bestehen zu können.

---

[152] Vgl. Das deutsche Reinheitsgebot, http://www.brauerbund.de/bierfans/rein.htm.

[153] Vgl. Latz-Weber, H., 2001, S. 44.

[154] Vgl. ISA Consult, 2000, S. 1f.

[155] Vgl. Kühn, I., 2000, S. 42.

1.2 Konventionelle Strategien in stagnierenden Märkten

Viele Braubetriebe reagierten auf die Nachfrageschwäche mit einem fatalen Reflex. Sie forcierten den **Einsatz kommunikationspolitischer Instrumente** und suchten gleichzeitig den **Preiswettbewerb**. Wie in Abbildung 1 zu erkennen ist, haben sich die Werbeausgaben pro Hektoliter Bier seit Anfang der 90er-Jahre, ausgehend von einem hohen Niveau, mehr als verdoppelt. Die Endverbraucher-Preise dagegen liegen heute annähernd auf dem Niveau von 1992. Zum einen haben es die Brauereien versäumt, die Preise an die gestiegenen Produktions-, Personal-, Vertriebs- und Marketing-Kosten „anzupassen". Zum anderen hat der hochkonzentrierte Handel mit anhaltender Preisaggressivität unter Inkaufnahme einer irreversiblen Margenvernichtung jede industrieseitige Maßnahme der Preispflege konterkariert.

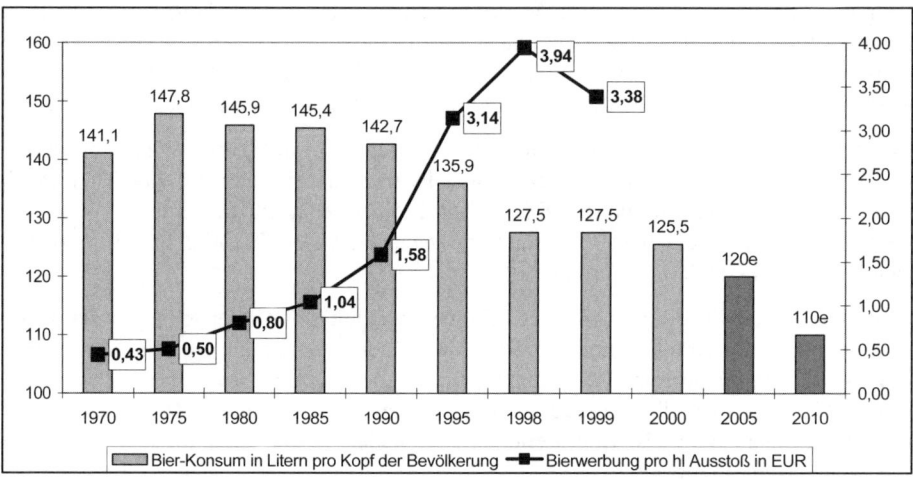

Abbildung 1: Pro-Kopf-Verbrauch und Brutto-Werbeaufwendungen. (Quelle: Deutscher Brauer-Bund, Bonn, Stand: 01.6.2001; Lebensmittelzeitung, 26.05.2000, S. 42, zit. nach A.C. Nielsen.)

Die Folge dieser „Mengendenke" waren ein massiver **Renditeeinbruch** und eine substanzielle Imageverschlechterung. Zwar konnten einzelne Brauereien den Absatzrückgang verlangsamen oder sogar den Trend umkehren, Impulse für den Gesamtmarkt vermochte der Preisverfall jedoch nicht zu geben.[156] Inzwischen haben sich die Marktführer der Branche dazu entschlossen, der unbefriedigenden Preisentwicklung im Handel, teilweise unter Inkaufnahme empfindlicher Absatzverluste, entgegen zu treten.

---

[156] Vgl. Gorgs, C., 2001, S. 62.

Die **Situation auf dem deutschen Braumarkt** lässt sich zusammenfassend folgendermaßen beschreiben:

- Das Marktvolumen ist rückläufig.
- Auch erhöhte Marketingausgaben induzieren keinen echten Mehrabsatz.
- Sinkendes Marktvolumen und steigende Marketingausgaben verschärfen den Verdrängungswettbewerb.
- Verdrängungswettbewerb auf Herstellerebene und Profilierungswettbewerb auf Handelsebene induzieren einen enormen Preiskampf im Handel.
- Die Margenvernichtung bei Industrie und Handel setzt sich fort.
- Der Konzentrationsprozess in Handel und Industrie schreitet voran.

1.3 Wege aus der Krise

Vor diesem Hintergrund stellt sich die Frage, wer im „Haifischbecken" Biermarkt langfristig überleben kann und wird. Als Antwort wagen die Autoren folgende Hypothese: **„Erfolgreiche Brauer holen den Konsumenten mit innovativen Produkten dort ab, wo er sich gerade aufhält."** Diese differenzierte Marktführerschaftsstrategie[157] zielt darauf ab, durch intensive Bearbeitung der einzelnen Marktsegmente eine führende Position im Gesamtmarkt zu erreichen. Voraussetzung für den Erfolg sind segmentspezifische Leistungsprogramme, welche an bestehende unterschiedliche Anforderungen in Bezug auf Technologie, Design, Qualität und Service angepasst sind. Die strategiebedingte Typenvielfalt und das heterogene Produktionsprogramm schließen eine aggressive Preispolitik aufgrund der vergleichsweise ungünstigen Kostenstruktur weitgehend aus. Sollen trotzdem dominierende Marktanteile erreicht werden, müssen die Endabnehmer erhebliche Produkt- und Nutzenvorteile wahrnehmen. Die Erfolgsformel umfasst demnach die drei Dimensionen Produkt, Vertrieb und Kommunikation.

In der **Produkt-Dimension** liegt das Hauptaugenmerk auf der Etablierung innovativer, in ein starkes Marken-Portfolio eingebetteter Produkte resp. Gebinde. Voraussetzung dafür sind hohe Investitionen in die Technologie- und Qualitätsforschung und in ein kreatives Marketing. Insbesondere gilt es, die spezifischen Kompetenzvorsprünge deutlich zu kommunizieren und emotionale Markenbindungen zu erzeugen bzw. zu verstärken. Eine ausgeprägte **Markenpolitik**, z. B. in Form einer Multimarkenstrategie, soll zu einer erhöhten Preisbereitschaft und erhöhtem Kaufwillen beim Verbraucher führen. Hinzu kommt die Notwendigkeit, in allen als relevant erachteten Vertriebskanälen eine ausreichende **physische** und **qualitative Distribution** aufzubauen. Das Schlagwort von der Ubiquität des Markenartikels lässt sich vor diesem Hintergrund „mit neuem Leben" fül-

---

[157] Hierzu und zu den folgenden Ausführungen: Meffert, H., 1994, S. 232.

len. Daneben bedarf es des Ehrgeizes, Strategien und Maßnahmen laufend einer Überprüfung zu unterziehen.

Für die Industrie gilt es, den Kunden – den Handelspartner wie auch den Konsumenten –
in all seiner Komplexität zu begreifen. Erfolgreich ist nur, wer dem Kundenwunsch nach
mehr Individualität und Information mit den entsprechenden Angeboten begegnet. In
letzter Konsequenz müssen Industrie und Handel gemeinsam den Konsumenten, seinen
hybriden Konsumgewohnheiten folgend, in allen Lebenssituationen, also zu allen denkbaren Verzehranlässen, an den unterschiedlichsten Orten zu jeder Zeit mit ihren Botschaften und Produkten erreichen. Das Geheimnis des Erfolgs heißt Kundenorientierung.

2. Kundenorientierung als Weg aus der Krise

Kundenorientierung bedeutet, einem Kunden Leistungen anbieten zu können, welche
exakt die von ihm gewünschten Eigenschaften besitzen. Diese Vorstellungen können
von den Anbietern perzipiert und zur Spezifikation neuer Leistungsbündel genutzt werden. Kundenorientierung umfasst dabei sowohl die Ebene der Konsumenten als auch der
Partner in der Distribution (Absatzmittler). In Verbindung mit dem Primat der Kundenorientierung lassen sich die Instrumente des eBusiness dazu einsetzen, den Kunden besser kennen zu lernen und die für bestimmte Kunden relevanten Informationen und Angebote individuell zusammen zu stellen.[158]

Im Folgenden werden die in Kapitel 1.3 herausgearbeiteten Dimensionen der Kundenorientierung – Produkt, Kommunikation und Vertrieb – am Beispiel der Warsteiner
Brauerei näher erläutert. Die Warsteiner Brauerei steht hier stellvertretend für einen Hersteller von Nahrungs- und Genussmitteln. Die Konsumentenperspektive bildet den Ausgangspunkt für alle Überlegungen bezüglich der Ausgestaltung der Vertriebsstrukturen.

2.1 Produktinnovationen

Um in Gastronomie und Handel auf die unterschiedlichsten Verbraucherbedürfnisse eingehen zu können, ist ein zeitgemäßes Produkt-Management auch beim Produkt Bier von
unschätzbarer Bedeutung. Das Wort „**Convenience**" findet in der heutigen Zeit gerade-
zu inflationäre Verwendung. Fakt ist aber, dass Hersteller und Händler mehr denn je den
unterschiedlichen Verzehrgewohnheiten der Konsumenten Rechnung tragen müssen.

---

[158] Vgl. Knolmeyer, G. F., 1999, S. 70 f.

Unverzichtbarer Bestandteil dieser strategischen Marschrichtung ist die Entwicklung innovativer Produkte und Produktverpackungen (Gebinde).

Das Endkundengeschäft befindet sich im Wandel. Die Warsteiner Brauerei beispielsweise reagierte mit zahlreichen Produktinnovationen auf diese Herausforderung. In kürzester Zeit setzte die Warsteiner Brauerei neue Gebindeformen, wie das 5l-Party-Fässchen mit integriertem Zapfhahn, die 0,33l-Longneck-Einwegflasche mit Twist-Off-Verschluss, den 12er-Dosenkoffer 0,33l oder den 11er-Kasten Mehrweg 0,5l resp. 12er-Kasten Mehrweg 0,33l, am Markt durch. Diese Innovationsfreude brachte Warsteiner in den letzten Jahren zahlreiche Auszeichnungen der Fachzeitschriften Convenience Shop (ShopTops 1999 – 2001) sowie Lebensmittelpraxis (HIT 1999/2000, Produkt des Jahres 2002) ein. Besonders der Markt der Biermischgetränke entwickelt sich vor dem Hintergrund hoher Wachstumsraten auf geringer Basis zum Schauplatz eines Innovationsfestivals. Nahezu alle großen Marken bieten inzwischen Biermischgetränke an, in der Hoffnung, frühzeitig jüngere Konsumenten an eine Marke binden zu können und das Bierimage zu „entstauen".

Gleichzeitig weitete die Warsteiner Brauerei das **Markenportfolio** um ihre Stammmarke Warsteiner Premium Verum und die Line Extensions Warsteiner Premium Fresh und Premium Light konsequent aus. Heute zählen zum Marken-Portfolio der Warsteiner-Gruppe neben Warsteiner die Marken Paderborner (Goldpilsener, Pilsener), Isenbeck (Premium, Dark), Weissenburger (Pilsener) sowie über die Beteiligungen an Miller Brands Germany Miller Genuine Draft, Salitos Tequila Flavoured Beer und Salitos Ginger con energia und der König Ludwig Schlossbrauerei Kaltenberg Prinzregent Luitpold Weißbier und König Ludwig Dunkel sowie in Vertriebskooperation mit Frankenheim die Marken Alt und Blue.[159]

Durch Beteiligungen und Kooperationen entwickelte sich Warsteiner von einer Monomarke zu einem Sortimentsanbieter, der durch ein attraktives Portfolio an Marken die Kundenwünsche in Gastronomie und Handel komplett abzudecken sucht. Die Multimarkenstrategie der Warsteiner Brauerei zeigt gleichzeitig die enge Verknüpfung der Dimensionen Produkt sowie Vertrieb und Kommunikation.

2.2 Vertriebs- und Kommunikationsinnovationen

Das Internet hat sich als zusätzlicher **Vertriebs- und Kommunikationskanal** für zahlreiche Waren etabliert. Die Umsätze im deutschen Online-Handel für Lebensmittel er-

---

[159] Vgl. http://www.warsteiner.de/de/produkte/intro.asp, Stand 06/2002.

reichen inzwischen Dimensionen von mehreren hundert Millionen Euro.[160] Diesem Markt kann sich kein Unternehmen auf Dauer verschließen.

Die Diffusion des Internets hat zu Änderungen im Konsumentenverhalten geführt. Die Rede ist hier vom hybriden Konsumenten, der mehrere Vertriebskanäle nutzt und ihre spezifischen Vorteile zu kombinieren sucht. Diese Konsumenten, im Folgenden Multichannel-Kunden genannt, nutzen das Internet nicht nur als Vertriebs-, sondern auch als Informationskanal. Auf diese Art und Weise stimulieren die Online-Channels die Verkäufe in den klassischen Vertriebskanälen. Die Größenordnung dieser online-induzierten Absätze darf nicht unterschätzt werden, auch wenn ihre Quantifizierung mit Problemen behaftet ist. Multichannel-Kunden zeichnen sich durch eine hohe Konsumfreude, gleichzeitig aber auch hohe Wechselbereitschaft aus. Sie nutzen konsequent verschiedene Vertriebswege, zum Leidwesen der Industrie nur selten vom selben Anbieter.[161]

Diesem Kaufverhalten adäquat zu entsprechen und so genannte „Channel-Hopper" dauerhaft im eigenen Multichannel-System zu binden, ist eine große Herausforderung. Diese beinhaltet die konsequente Verzahnung von Online und Offline, denn nur durch **integriertes Multichanneling** lassen sich zusätzliche Umsatzpotenziale erzielen.

Die Herausforderung für die Bierbrauer lautet daher: Das Internet als Vertriebs- und Kommunikationskanal zu entdecken. Es stellt sich jedoch die Frage, warum sich die Getränkebranche dem Internet als innovativen Vertriebs- und Kommunikationskanal und den damit verbundenen Herausforderungen nur sehr langsam annimmt?

3. Multikanalstrategien zur Unterstützung einer kundenorientierten Unternehmensstrategie

3.1 Chancen und Risiken innovativer Vertriebs- und Kommunikationskanäle

Dem Leser könnte in den Sinn kommen, dass vor dem Hintergrund traditioneller Bindungen das zuweilen halbherzige Engagement vieler Brauereien in Sachen eBusiness verständlich, ja gar zwangsläufig ist. Dieser Ansicht können sich die Autoren nicht anschließen. Sicher ist, dass dieses Verhalten nicht einer großen Weitsicht entspricht, welche die Brauereien davor bewahrt hat, wie viele StartUps auch das Geld der Investoren

---

[160] Vgl. Rode, J., 2001, One Economy: Das große Rennen beginnt, in: Lebensmittelzeitung Special E-Business, März 2001.

[161] Vgl. OC&C Strategy Consultants, 2001, S. 2.

zu verbrennen. Die Autoren möchten zur Antwort mit der Frage hinführen, die sich jeder Geschäftsführer in der Ernährungs- und Genussmittelindustrie stellen sollte: Wie lassen sich die neuen technologischen Möglichkeiten von Online-Vertrieb und Online-Kommunikation den Unternehmenszielen dienlich machen? Die Antwort ist einfach und schwierig zugleich. Zunächst ist die Frage zu stellen, welche grundsätzlichen Chancen und Risiken im Online-Vertrieb und in der Online-Kommunikation mit dem Absatz- und Konsumentenmarkt auszumachen sind. Premium-Pils schmeckt zwar überall gleich und gut: vom Fass, aus der Flasche, der Dose, in der Kneipe, im Restaurant oder der Diskothek. Doch was auf dem Gaumen des Konsumenten so verblüffend gut schmeckt und, sofern man es frisch und gekühlt genießt, auch immer gleich gut schmeckt, ist nicht weniger als das erfreuliche Ergebnis eines sehr komplexen Leistungsprozesses: von der Produktion über die Logistik, den Vertrieb bis hin zu Marketing und Marktforschung.

Ein erheblicher Teil der deutschen Brauindustrie vertreibt sein Bier „ab Rampe" der Brauerei über den Getränkefachgroßhandel in den Lebensmittelhandel und die Gastronomie. Besonders Mehrweggebinde werden aufgrund des hohen Aufwands der Leergutrücknahme über den Getränkefachgroßhandel (GFGH) distribuiert. Wegen der hohen Anzahl der Getränkefachgroßhändler dürfen häufig nur ausgewählte Händler (Direktverleger) die Produkte der Brauereien „ab Rampe" abholen und an die GFGH-Unterverleger, den Lebensmitteleinzelhandel (LEH) und die Gastronomie weiterverkaufen. Die Einweggebinde werden sowohl über Direktverleger als auch direkt an die entsprechenden Lager der Absatzmittler im LEH und GFGH geliefert. Ab der Rampe der Brauerei liegt das Produkt Bier also in den Händen von externen Spezialisten, Absatzmittlern, Vermarktungspartnern bis hin zum Gastronom und Einzelhändler. Auf jeder Stufe dieser Wertschöpfungskette selbst finden wieder komplexe Abläufe um das Produkt statt, so dass sich leicht erahnen lässt, dass die Integration eines neuen Vertriebskanals in die bestehenden, geübten und fein aufeinander abgestimmten Kommunikations-, Informations- und Vertriebsstrukturen eine sehr anspruchsvolle und hochsensible Herausforderung darstellt.

Die **Komplexität und Mehrstufigkeit der Vertriebswege** setzt der Disintermediation im Biermarkt enge Grenzen. Absatzmittler (Intermediäre) haben die Funktion, Transaktionen zwischen Wirtschaftssubjekten zu minimalen Kosten zu ermöglichen. Sinkende Interaktionskosten in elektronischen Märkten bedrohen die Rolle der klassischen Vermittler in der Distributionskette. Sie werden entweder aus dem Markt verdrängt (Disintermediation) oder gezwungen sein, sich zu differenzieren und auch im elektronischen Marktplatz aufzutreten (Reintermediation).[162] Der Hypothese, dass die herkömmliche Vertriebsstruktur auf der so genannten „letzten Meile" zum Verbraucher durch das Aufkommen von Internet und eCommerce verändert wird, kann in der Brauwirtschaft jedoch nicht zugestimmt werden.

---

[162] Vgl. Giaglis, G., Klein, S., O'Keefe, R., 1999, S. 390.

Die Herausforderung der Integration eines neuen Vertriebskanals erschöpft sich nicht in einer imagefördernden Internetpräsenz mit Merchandising-Shop- und Suchfunktionen. Die eigentliche Herausforderung heißt: Wie kann ein Unternehmen, ein Geschäftsbereich, eine Abteilung, ein einzelner Mitarbeiter und natürlich ein Konsument die **Online-Kanäle so nutzen, dass die Ziele im Kerngeschäft schneller, besser, sicherer und kostengünstiger erreicht werden.** Dies schließt Expansion durch Diversifikation auch mittels eCommerce ausdrücklich nicht aus. Das ist aber ein völlig anderer Ansatz als der, für den in den Jahren 1997 bis 2000 viele Milliarden Euro investiert wurden, um allein zu jener Erkenntnis zu kommen, dass auch die cleverste Nutzung der Online-Technologie nur Mittel zum Zweck und nicht Selbstzweck sein kann. Es gibt keine New Economy, die so „new" ist, dass sie ohne die Fundierung der Old Economy auskommt. Und schon gar nicht kann sie online die Gesetze der Betriebswirtschaft aushebeln. WebVan, einer der ersten Home-Delivery-Services in den USA, ist eines von vielen, tragischen Beispielen hierzu. Auch Unternehmen der Old Economy, die eigene StartUps zum Zweck eines separat geführten eCommerce ins Leben riefen, haben sich nach kurzen schmerzvollen Erfahrungen von dieser Strategie wieder getrennt und sind dabei, den Online-Geschäftsbereich in das Kerngeschäft zu integrieren.

Auch aus der Sicht des Unternehmens gilt es, neue Technologien vor ihrer Einführung auf Chancen und Risiken gleichermaßen zu überprüfen. So manches Unternehmen wird die Kosten-Nutzen-Relation seines eBusiness-Ansatzes als nicht zufrieden stellend bezeichnen. Nun gilt die Brauwirtschaft als eine sehr bodenständige Branche. Sie zeichnet sich aber dadurch aus, immer ein offenes Ohr für die Wünsche der Absatzmittler und Konsumenten zu haben. So ist z. B. die Warsteiner Brauerei als Marktführer bei aller Zukunftsorientierung und allem Ehrgeiz stets darauf bedacht, besonders vorsichtig, umsichtig, ja sensibel im Umgang mit ihren Konsumenten und Absatzmittler-Partnern zu sein. Die eingangs gestellte Frage, warum der Internet-Hype an den Deutschen Brauern so weitgehend schadlos vorbei gegangen ist, soll im Folgenden beantwortet werden: Die grundsätzlichen Chancen des eBusiness werden wohl gesehen, die Risiken aber auch. Solange die Input-Output-Relation, also das Verhältnis von Marktchance zu Investition, schwer zu quantifizieren ist, begnügen sich die meisten Unternehmen mit einer gefälligen, aber eher statischen Internet-Präsenz.

Ein besonders wichtiger Grund für eine eher vorsichtige Vorgehensweise bei der Implementierung von Multikanal-Vertriebsstrukturen liegt darin begründet, dass in der Getränkeindustrie die **Rücksichtnahme auf die bestehenden Vertriebsstrukturen** sowie die Erwartungen und Befindlichkeiten der Partner in der Absatzvermittlung von größter Bedeutung ist. Dies gilt für die Warsteiner Brauerei in besonderem Maße, denn das stringente Ab-Rampe-Vertriebssystem der Warsteiner Brauerei sorgt in letzter Konsequenz dafür, dass kein Kunde auf der Letztverteilerebene direkt beliefert wird. Die Warsteiner Brauerei arbeitet eng und ausschließlich mit mehr als 850 direkten und etwa ebenso vielen indirekten Getränkefachgroßhändlern zusammen, mit denen sie gemeinsam und in partnerschaftlicher Weise die Kunden aus Gastronomie, Getränke-

Abholmarkt (GAM) und LEH vor Ort und bis in den Point of Sale (PoS) betreut. Unterstützend kommt hier ein umfangreicher und schlagkräftiger Außendienst zum Einsatz.

Als Sortimentslogistiker und Vertriebspartner vor Ort ist der Getränkefachgroßhandel der wichtigste Partner der Brauerei, wenn es um die Vermarktung ihrer Produkte in den Absatzkanälen Gastronomie und Getränkemärkte geht. Einige große Unternehmen in dieser Branche sind auch in der Sortimentslogistik für den LEH Absatzpartner. Diese Branche bewegt fast 15 Mrd. Euro und ist mit etwa 4000 Unternehmen mittelständisch strukturiert. Serviceorientierung, ein Bündel von Dienstleistungen und die spezifischen Kenntnisse seines regionalen Absatzmarktes machen den GFGH zu einem wichtigen Partner für die Brauwirtschaft. Dies hat zur Folge, dass die Interessen der Vertriebspartner wie auch der Konsumenten bei allen Online-Planungen stets Berücksichtigung finden müssen.

Dies setzt eine **integrierte Kommunikationsstrategie** voraus, die über alle Kanäle hinweg eine enge Verbindung zum Markt, zum Kunden und zum Konsumenten hält. Die Motivation muss darin bestehen, über die Kommunikation die Bedürfnisse des Konsumenten eindeutiger zu identifizieren, seine immer schneller wechselnden Präferenzen schneller und besser kennen zu lernen und die so gewonnenen Erkenntnisse für das eigene Handeln nutzbar zu machen. Wie reagiert ein Mitarbeiter in der Konsumentenbetreuung einer Brauerei, der mit der E-Mail eines Konsumenten konfrontiert wird, der in der Gastronomie ein warmes Bier serviert bekommen oder im GAM eine Flasche mit überschrittenem Mindesthaltbarkeitsdatum gekauft hat? Die Beantwortung einer solchen Beschwerde kann zahlreiche Konfliktsituationen heraufbeschwören. Die Mitarbeiter, die solche E-Mails bearbeiten, müssen schon fast psychologisch geschult sein, um diplomatisch geschickt zu antworten. Niemand wird aber auch bestreiten wollen, dass viele frei geäußerte Meinungen der Konsumenten zu nützlichen Erkenntnissen führen können. Es kann nicht zielführend sein, erhebliche Mittel für Werbung und Imagepflege aufzuwenden und gleichzeitig den Konsumenten vor die Kommunikationswand laufen zu lassen. Going online bietet neben einer großen Chance auch das Risiko, sich mit einer Präsenz im Internet zu blamieren und Kunden und Konsumenten zu verärgern.

Ganz sicher ist, dass sich niemand den neuen Techniken entziehen kann, wenn er nicht im Abseits stehen will. Offenkundig ist aber auch, dass Erfolg im Wesentlichen eine Frage des **Timings** ist. Gerade hier hat sich in den zurückliegenden zwei Jahren gezeigt, dass das Timing der Brauereien nicht schlecht gewesen ist. Sicher ist auch, dass die Brauereien als Erste weltweit das Internet nutzen würden, wenn Bier digitalisierbar wäre und zum Download zur Verfügung stünde.

3.2 Sinnvolle Nutzung innovativer Vertriebs- und Kommunikationskanäle

Die Warsteiner Brauerei besitzt als Marktführer den ambitionierten Anspruch, in Bezug auf die Herausforderungen des eBusiness als Trendsetter Benchmarks zu setzen. Das Internet als Vertriebskanal im Sinne von eCommerce in Konkurrenz zu den konventionellen Kanälen zu etablieren, kann aus den in Kapitel 3.1 thematisierten Gründen als nicht zielführend betrachtet werden. Das Internet stellt für die Warsteiner Brauerei vielmehr ein Instrument dar, um die umfangreichen **Vertriebs- und Kommunikationsaktivitäten** in der Zentrale ebenso wie im Feld zu unterstützen.

Für einen Markenartikel im Premiumsegment, wie Warsteiner Premium Verum, ist ein wesentliches Kriterium die **Ubiquität im definierten Markt**. Dies führt zwangsläufig zur Frage nach der gewichteten Distribution. Die gewichtete Distribution gibt Aufschluss über die Bedeutsamkeit der Handelsbetriebe, die für den Absatz der betrachteten Herstellermarke gewonnen werden konnten. Sie zeigt, welchen Prozentanteil markenführende Geschäfte am gesamten Warengruppenumsatz aller einschlägigen Geschäfte haben. Die Marke Warsteiner hält im deutschen Handel mit 92 % die Spitzenposition. Im Bereich der Verbrauchermärkte (VM) und GAM sind es sogar fast 100 %.

Die Distribution innerhalb der Gastronomie ist für Brauereien von ebenso wichtiger Bedeutung. Hier schreibt sich ein seit Jahren anhaltender Trend von Fassbier zu Flaschenbier fort. Gerade die trendbestimmende, so genannte „junge" Gastronomie ist heute richtungsweisend für die Schaffung von Markenpräferenzen, Imagebildung und den Aufbau von Markenloyalität. Die umfassende Betreuung der Gastronomen ist für die Brauereien sehr kostenintensiv. Die Distributionskosten in diesem Bereich sind nicht notwendigerweise über den direkten Absatz refinanzierbar. Die Gastronomie verspricht aber eine andernorts kaum finanzierbare Produktpräsenz. Der Transfer des Konsumerlebnisses in der Gastronomie auf die häusliche Verwendung ist ein Ziel, das unter dem Motto „Fass zieht Flasche" schon lange zum Gedankengut in der Brauwirtschaft zählt.

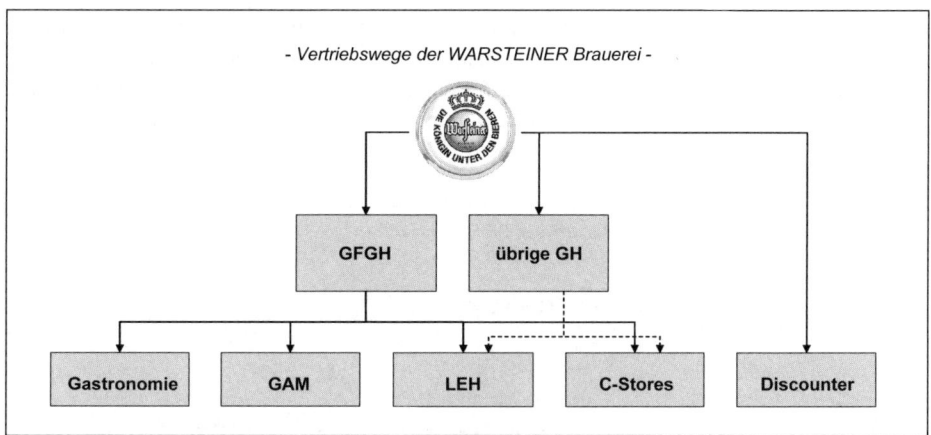

Abbildung 2:   Vertriebskanäle der Warsteiner Brauerei

Doch welche Bedeutung haben die verschiedenen Kanäle des Handels und der Gastronomie? Welchen Anteil am Bierabsatz haben sie? Selbstverständlich wissen die deutschen Brauer, wie viel Fassbier und wie viel Flaschenbier sie produzieren. Aber sie wissen aufgrund der Mehrstufigkeit ihrer Vertriebssysteme nicht immer, wohin der Getränkefachgroßhandel ihr Bier liefert. Dies führt für bestimmte Hersteller dazu, dass sie ihre Absatzgüter nach Abgabe in das Distributionssystem einem ungewissen, ihren Zielen möglicherweise diametral zuwiderlaufenden preispolitischen Schicksal überlassen müssen.[163] Die Möglichkeiten für eine zielkonforme Koordination und Integration der verschiedenen Vertriebskanäle sind bei Brauereien also begrenzt.

Aktuell treten die eine aggressive Akquisitionspolitik verfolgenden Global Player Carlsberg, Heineken und Interbrew in den fragmentierten deutschen Markt ein. Mit Beck's, Diebels und Paulaner sind schon namhafte deutsche Brauereien von fremden Investoren aufgekauft worden. Viele Manager in der Brauereibranche fürchten, dass die großen internationalen die vergleichsweise kleinen deutschen Brauereien übernehmen könnten. Vor dem Hintergrund des Eintritts globaler Braukonzerne in den deutschen Biermarkt gewinnt auch die Sicherung der Vertriebswege eine noch stärkere strategische Bedeutung. Die deutschen Marktführer gehen dazu über, vertikal vorwärts zu integrieren. Die drei führenden Premium-Brauereien Deutschlands, Warsteiner, Krombacher und Bitburger, haben die Premium Getränke Distribution GmbH in Köln als Holdinggesellschaft für Beteiligungen am Getränkefachgroßhandel gegründet. Das Gemeinschaftsunternehmen soll Beteiligungen an regional starken Getränkefachgroßhändlern erwerben, und so langfristig diesen wichtigen Vertriebskanal sichern. Die Veltins Brauerei, Nummer Vier im deutschen Markt, leistete mit ihrem Einstieg bei dem Getränkefachgroßhändler Bier

---

[163] Vgl. Ahlert, D., 1996, S. 175ff.

Schneider in Hagen ebenfalls einen Beitrag zur Sicherung ihrer Distribution im Kerngeschäft NRW. Neben diesen direkten Maßnahmen der Absatzsicherung wird in Zukunft
die Pflege der bestehenden Vertriebskanäle durch intensive Betreuung, bestmögliche
Unterstützung und umfangreichen Service eine noch wichtigere Rolle spielen.

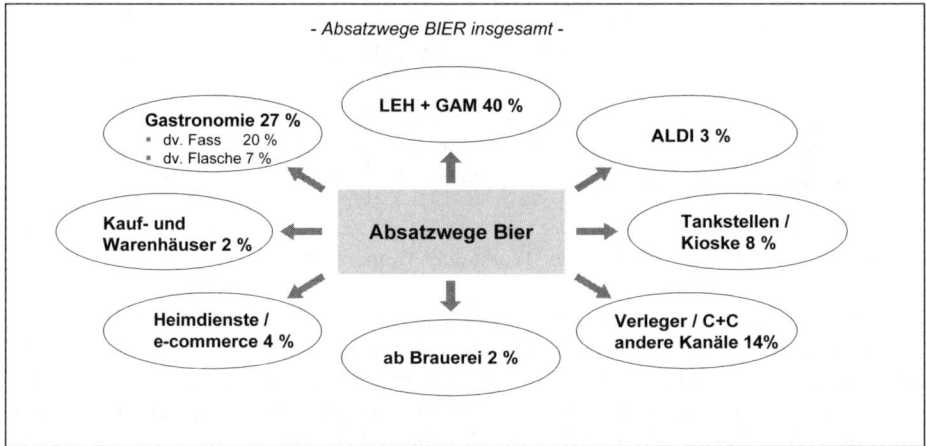

Abbildung 3:   Absatzwege Bier national nach Menge (Quelle: Lebensmittelzeitung,
                 26.05.2000, zit. nach A.C. Nielsen)

Um die Online-Kommunikation mit den Absatzmittlern im Sinne der beschriebenen
Zielsetzungen als Multichannel-Strategie einsetzen zu können, müssen die Bedingungen,
Chancen und Risiken der Online-Kommunikation in den einzelnen Vertriebswegen einer
differenzierten Untersuchung unterzogen werden.

Als Sortimentslogistiker und Vertriebspartner vor Ort ist der **Getränkefachgroßhandel**
der wichtigste Partner der Brauerei, wenn es um die Vermarktung ihrer Produkte in den
Absatzkanälen Gastronomie und Getränkemärkten geht. Die Potenziale der Kommunikation via Internet für die Brauerei und ihre Vertriebspartner im GFGH liegen angesichts
der gegenseitigen Abhängigkeiten und der Intensität der Geschäftsbeziehung in der Optimierung der Prozesse in der Wertschöpfungskette, Realisierung von Synergien und Reduzierung der Prozesskosten.

Das Geschäft mit dem LEH wird heute im Wesentlichen über ein Key-Account-
Management (KAM) betreut. Dabei wird den Zentraleinkäufern der Handelsorganisatio-
nen ein ganzes Bündel an verkaufsunterstützenden Maßnahmen zur Verfügung gestellt.
In diesem Bereich besteht ein hoher Bedarf an Verkaufsförderungsmaßnahmen, deren
Planung und Abstimmung. Hier erleichtert schon heute die internet-basierte Kommuni-
kation wesentlich die Abwicklung und Betreuung des Geschäfts.

Datenaustausch, Statistikübermittlung und Marktanalysen könnten genau wie zum GFGH über standardisierte, internetbasierte Schnittstellen, wie WebEDI oder XML-EDI, erheblich vereinfacht werden. Auch in diesem Vertriebsweg wird der Schwerpunkt im Rahmen der Multichannel-Strategie auf die Optimierung der Prozesse in der Wertschöpfungskette zu legen sein, wobei neben der Reduzierung vertriebskanalbezogener Prozesskosten weitere positive Effekte aus dem Gewinn an Zeit und Markttransparenz im Lastenheft stehen. Im Vertriebsweg Convenience-Stores und Discounter sind die Akquisitions- und Betreuungsanforderungen vergleichbar mit denen im LEH.

Dem Gastronomen obliegt die Aufgabe, das Produkt Bier dem Gast zu überreichen. In der **Gastronomie** als Interface zum Kunden findet der Vollzug eines komplexen und dennoch schnellen Leistungsprozesses statt. Laut GfK entscheiden in Deutschland rund 250.000 Gastronomen Tag für Tag, ob das Bier zu warm oder richtig gekühlt ist, ob vorgezapft und mit dem empfindlichen Produkt auch produktgerecht umgegangen wird. Allein 34.000 Warsteiner-Objekte, 5.000 Miller- und 3.000 König Ludwig-Gastronomen entscheiden somit über den Erfolg der Produkte der Warsteiner-Gruppe. Dementsprechend fokussieren die Online-Strategien der Warsteiner Brauerei für den Vertriebsweg Gastronomie auf die Betreuung. Viele nützliche Tools, die dem Gastronom hilfreich für sein Geschäft sind und den Interessen der Brauerei dienen, lassen sich problemlos digitalisieren.

3.3 Akzeptanz innovativer Vertriebsstrategien

Eine Akzeptanz-Analyse hinsichtlich der zu erwartenden Kundenreaktionen auf die Online-Strategien in den verschiedenen Vertriebskanälen führt zu einem differenzierten Bild. Man kann in Tabelle 1 erkennen, dass es **keine einheitlichen Content- und Interaktionsstrategien über alle Kundengruppen und Absatzkanäle** hinweg geben kann. Selbst bei aller Parallelität in der Betreuung der Absatzmittler in den Vertriebswegen LEH, Convenience-Shops und Discounter würden doch die Reaktionen auch in diesen Vertriebskanälen auf Online-Aktivitäten unterschiedlich sein. Die an späterer Stelle noch anzusprechende Notwendigkeit, die Vertriebsweg-individuelle Online-Kommunikation mit den klassischen Kommunikationskanälen zu synchronisieren, wird dadurch nicht gerade erleichtert.

	Direct Selling	Prozess-optimie-rung	Ver-kaufsför-derung	Markt-for-schung	Pre-Sales-Service	After-Sales-Service	Image-pflege
GFGH	-	+	+	0	+	+	0
Gastronomie	-	0	+	0	+	+	0
Getränkemärkte	-	0	+	0	+	+	0
LEH	-	+	+	0	+	+	0
Convenience-Shops	-	+	+	0	+	+	0
Discounter	-	+	-	-	+	+	0
Endverbraucher	+	0	+	0	+	+	0
+ Online-Aktivität wird akzeptiert			0 Neutral		- Online-Aktivität wird nicht akzeptiert		

Tabelle 1:   Akzeptanz verschiedener Online-Strategien

Eine Umfrage des Instituts für Handelsmanagement und Netzwerkmarketing (IfHM) der Westfälischen Wilhelms-Universität unter Konsumenten zum Thema „Bier und Internet" brachte ernüchternde Erkenntnisse über die **aktuelle Nutzung der Internet-Angebote von Brauereien** zutage.[164] Von den online und offline befragten 570 Probanden gaben nur 11,6 % an, je die Internetseiten einer Brauerei besucht zu haben. Als wesentliche Gründe für diese Abstinenz nannten die Befragten fehlendes Interesse (83,1 %), fehlender Nutzen (45,9 %), fehlende Bekanntheit einer Homepage (38,9 %) sowie Nichtwissen über die Existenz von Brauerei-Homepages (30,8 %). Vernichtend gering ist die tatsächliche Nutzung der auf Internetseiten von Brauereien angebotenen Funktionen (vgl. Abbildung 4). Mut macht dagegen die Tatsache, dass die generelle Bereitschaft zur Nutzung internetbasierter Zusatzfunktionen deutlich höher einzuschätzen ist.

---

[164] Vgl. hierzu und zu den folgenden Ausführungen: Ahlert, D., Evanschitzky, H., Hesse, J., Bier und Internet, unveröffentlichte Studie des Instituts für Handelsmanagement und Netzwerkmarketing, Münster.

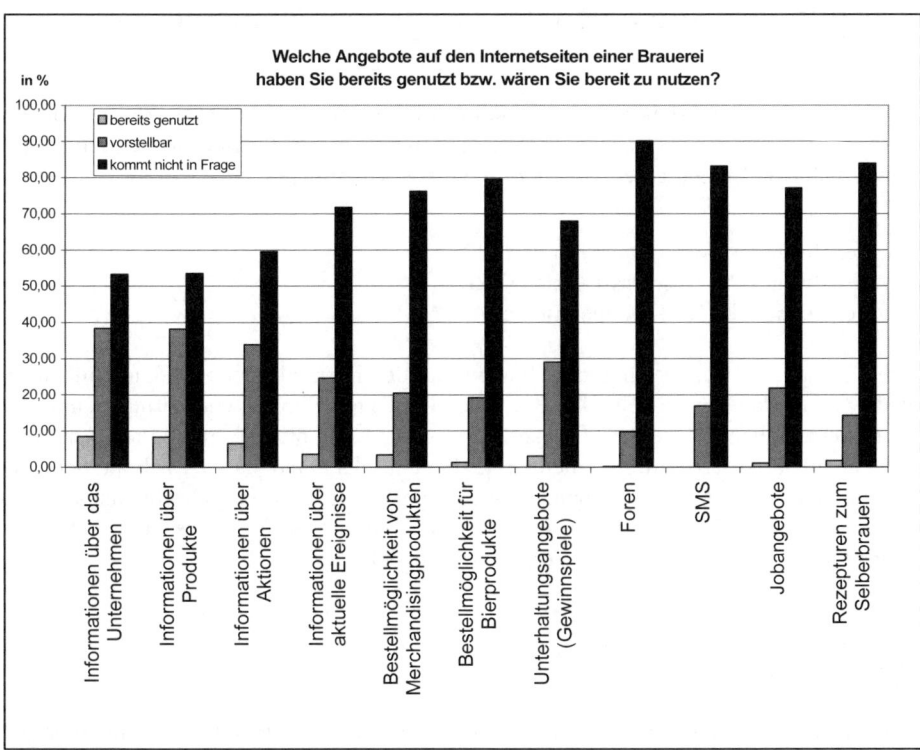

Abbildung 4: Nutzung und Bereitschaft zur Nutzung von Angeboten auf Internetseiten einer Brauerei (Quelle: Ahlert, D., Evanschitzky, H., Hesse, J., Bier und Internet, unveröffentlichte Studie des IfHM, Münster).

Weiter ist zu konstatieren, dass die Qualität einer Brauerei-Internetseite für etwa 72 % der Befragten nicht kaufentscheidungsrelevant ist, unabhängig von einem bereits getätigten Besuch der Seite. Darüber hinaus können sich 75 % der Probanden nicht vorstellen, Bier über das Internet zu beziehen, vornehmlich aus Gründen der Umständlichkeit (48 %). Das gleiche Bild zeigt sich bei der Akzeptanz von Online-Merchandising. 77 % lehnen den Bezug von Merchandising-Artikeln über das Internet ab. Als Gründe führen die Ablehner mangelndes Interesse (88,5 %) und zu große Umstände (60 %) an. Dagegen billigen die Befragten denjenigen Brauereien, die online und offline Produkte anbieten, eine hohe Service- (57,9 %) und Kundenorientierung (57,7 %) sowie Fortschrittlichkeit (71,7 %) zu. Einen komparativen Konkurrenzvorteil sieht die Mehrheit der Befragten (60,5 %) in der Online- und Offlinedarbietung von Waren allerdings nicht. Die Ergebnisse machen deutlich, dass auf der Diffusionskurve der Nutzung von Online-Funktionen die Angebote der Brauwirtschaft noch am Anfang stehen.

4. Multikanalstrategien der Warsteiner Brauerei

Aus den bisherigen Erfahrungen mit Online-Aktivitäten und der Analyse der differenzierten Anforderungen, Chancen und Risiken in den unterschiedlichen Vertriebswegen
lassen sich **drei Säulen einer Multikanal-Strategie** definieren:

- der Business-to-Consumer-Bereich (B2C)
- der Business-to-Business-Bereich (B2B)
- der Bereich der B2B-Kooperationen

Die Nutzung des Internets und der Umgang mit den internetbasierten Kommunikations-
und Vertriebskanälen sollen alle Bereiche des Unternehmens durchdringen und zur
Selbstverständlichkeit werden. Nur so lassen sich Medienbrüche, frustrierte User, Konsumenten und Absatzmittler vermeiden. Es liegt auf der Hand, dass es sich hierbei nicht
um eine einmalige Kraftanstrengung, sondern um einen Lern- und Gewöhnungsprozess
handelt. Die Verantwortung für das Fortschreiten dieses Prozesses sollte im Top-
Management von Marketing und Vertrieb angesiedelt sein.

4.1 Der B2C-Bereich

Nie zuvor hatten Unternehmen, die Nahrungs- und Genussmittel oder Konsumgüter herstellen, in der Kommunikation die Chance, einen so engen Kontakt zum Konsumentenmarkt aufzubauen, wie dies heute durch die Internet-Technologie möglich ist. Die Beherrschung der technischen Anforderungen stellt eine notwendige, keinesfalls jedoch
hinreichende Bedingung für die Erreichung der Zielsetzungen in der Kommunikation mit
dem Konsumenten dar. Das Internet ist in diesem Zusammenhang als Technologie zur
Kommunikation (Enabler) zu verstehen, es verkörpert keine Kommunikation an sich.

Es ist verständlich, dass am Beginn jeder Online-Strategie die Präsentation des Unternehmens und seiner Produkte im Web im Vordergrund steht. Wenn man sich an die ersten Web-Präsenzen erinnert, war es wichtig, sich im Internet genau so darzustellen, wie
man sich dem Markt, dem Konsumenten und der Öffentlichkeit bisher präsentierte. Von
Jahr zu Jahr wurde nicht nur das Erscheinungsbild der Warsteiner-Site immer markenadäquater, auch die Inhalte wurden zunehmend unter den Fragestellungen, welchen Nutzen sie dem User stiften und ob sie zu einem erneuten Besuch führen, aktualisiert.

Das Thema **Aktualität der Website**, die tagesaktuelle Pflege, gewann immer mehr an
Bedeutung. Es reicht nicht aus, das Internet-Angebot zwei Mal pro Jahr komplett zu re-
launchen. Vielmehr sollte der Relaunch ein permanenter Prozess sein. Es mag trivial

klingen, aber tatsächlich ist es heute so, dass die Warsteiner Brauerei das Internet als integralen Bestandteil ihrer Kommunikations-Strategie begreift.

Das Internet bietet zum ersten Mal die Möglichkeit einer echten **Interaktivität**, eines Real-time-Dialoges mit dem Konsumenten. Aus der Kommunikation mit dem Konsumenten, z. B. in Form von Shop-Funktionen für Merchandising-Artikel, Gewinnspielen, Wettbewerben u. ä. lässt sich viel über ihn erfahren, über seine Gewohnheiten und Präferenzen. Mit CRM-Strategien kann es gelingen, den Kunden optimal zu betreuen und ihm ein gutes Gefühl individueller Zuwendung zu geben.

4.2 Der B2B-Bereich

Derzeit verfügt die Warsteiner Brauerei noch über keine Online-B2B-Plattform. Spezialisten der Brauerei arbeiten an einem Konzept, welches sich in der Phase der Feinabstimmung befindet. In diesem Zusammenhang ist es wichtig, dem Kunden nicht nur eine Vielzahl an Möglichkeiten anzubieten, sondern ihn bei der praktischen Anwendung der hilfreichen Tools zu unterstützen. Vor dem Hintergrund der rasanten Entwicklung der internet-basierten Plattformen kommen positiven persönlichen Erfahrungen im Umgang mit dem neuen Medium eine besondere Bedeutung zu.

Ebenso wichtig ist es, in fundierten Gesprächen und Diskussionen über alle Absatzmittlerstufen hinweg gemeinsam mit den Partnern herauszufinden, welche Angebote einen wirklichen Nutzen stiften. Folgender Grundgedanke steht dabei im Vordergrund: Im mehrstufigen Multikanal-Vertrieb kann eine Information am falschen Ort erheblichen Schaden anrichten. Vor diesem Hintergrund kommt der Prüfung und Festlegung der „Sicherheitslevel" der einzelnen Informationsbereiche erhebliche Relevanz zu.

Oberste Zielsetzung ist es, eine strukturierte, konsistente und interaktive **Informationsplattform** zu schaffen, an der alle Kunden partizipieren können. Insofern kann von einem „offenen" System gesprochen werden. Der Gedanke der Kundenorientierung spiegelt sich in der Konzeption der Inhalte wider. Die verschiedenen Services lassen sich den Modulen Kundendaten, Produkte, Vermarktung, Warsteiner World, Services, Hilfe sowie Dialog zuordnen – die wichtigsten von ihnen sollen nachfolgend kurz aufgegriffen werden:

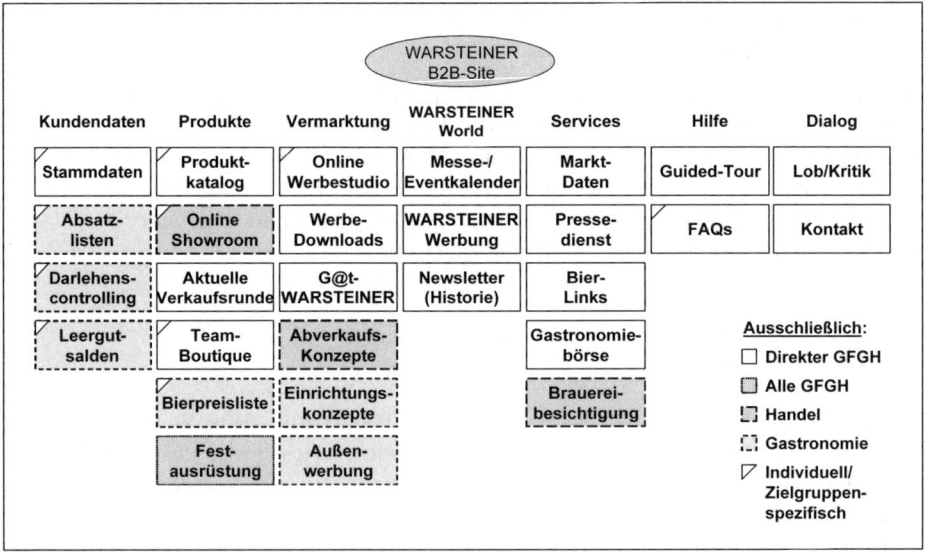

Abbildung 5:   Konzeption der Warsteiner B2B-Site

Modul Kundendaten: Jeder Kunde, der sich für die B2B-Site registrieren will, muss seine im SAP-System der Warsteiner Brauerei vorhandenen Stammdaten verifizieren, um eine permanente Pflege der Adressdaten zu gewährleisten. Hat sich der Nutzer erfolgreich eingeloggt, kann er kundenbezogene Daten, wie Absatzstatistiken oder Leergutsalden, zeitnah abrufen. Auch ist es möglich, die Darlehensstände der relevanten Gastronomen darzustellen, um somit dem Fachgroßhandel eine permanente Überprüfung und Risikobewertung seiner Darlehensbestände zu ermöglichen.

Modul Produkte: Die vielfältigen Werbemaßnahmen werden durch Rückvergütungen der Anzeigenkosten unterstützt. Hierbei ist es von Bedeutung, dass der Markenauftritt der Herstellermarke – das Corporate Design – gewahrt wird. Die Werbeagenturen des Handels, die mit der Erstellung von Handzettelanzeigen und Insertionen in Tageszeitungen beauftragt werden, sind auf dem neuesten Informationsstand zu halten. Deshalb müssen auch diese Anspruchsgruppen einen – natürlich eingeschränkten – Zugang erhalten. Bei der Entwicklung der Promotions in Zusammenarbeit mit dem Handelspartner entsteht klassischerweise ein erhöhter Abstimmungsaufwand. In diesem Service-Modul ist es möglich, dem jeweiligen Kunden den Planungsstand in der jeweils aktuellsten Variante zu zeigen. So können alle relevanten Mitarbeiter auf Kunden- und Anbieterseite von jedem Ort aus den aktuellen Informationsstand abrufen.

Die punktuelle Forcierung bestimmter Sortimentsbestandteile ist heute ein wesentlicher Baustein in der Vertriebsplanung (Verkaufsrundenplanung). So weisen viele Artikel gewisse saisonale Schwerpunkte oder sonstige Konsumhöhepunkte auf. Hier können High-

lights des Sortiments herausgehoben werden und die aktuell abrufbaren Verkaufsförde-
rungs-Mittel/-Aktionen angeboten und somit eine Art Vorverkauf erreicht werden, bevor
der jeweilige Außendienst-Mitarbeiter die Gespräche vor Ort führt.

Mittelfristig soll in diesem Service-Modul auch eine Art Online-Shop verwirklicht werden, d. h. eine direkte Bestellmöglichkeit für den direktbeziehenden GFGH.

Modul Vermarktung: Im Online-Werbestudio können nach einer Art Baukastensystem
vom Kunden Anzeigenmotive erstellt werden, die über definierte Hintergründe, Key-
Visuals, Headlines, Produkte und Preis verfügen. Die fertigen Anzeigen können als
Grobdaten abgespeichert und dem jeweiligen Werbedienstleister zur Erstellung der
Drucklithos als Vorgabe gegeben werden.

Modul Services: Jedes Markenartikelunternehmen führt ein permanentes Monitoring
der Absätze und Umsätze im Markt durch und verschafft sich über die eigene Marktstel-
lung sowie über die der Wettbewerber einen umfassenden Überblick. Diese Marktfor-
schungsinformationen sind auch für die Handelspartner von wesentlicher Bedeutung und
werden heute in Chartform bei den Jahresgesprächen vom Verkaufspersonal präsentiert.
Da nicht jedes einzelne Handels-Outlet persönlich betreut werden kann, können Daten
über den Markt, die Wettbewerber und andere Auswertungen, z. B. Ad-hoc-Unter-
suchungen aus dem Bereich der Konsumentenforschung, ebenfalls Abverkäufe unterstützen.

In der Summe bietet diese B2B-Plattform Tools und Möglichkeiten, die es heute in der
Offlinewelt schon gibt. Selbstverständlich ließen sich all diese Informationen unter Ein-
sparung dieser nicht ganz billigen Plattform regelmäßig per E-Mail verschicken. Man
könnte geneigt sein, jeden einzelnen Punkt zu hinterfragen und als „nice to have" einzu-
stufen und somit aus Kostengründen nicht zu realisieren. Sicherlich ist die Diskussion
über diesen Punkt noch nicht am Ende angelangt. Aus der Zusammenführung von diversen Kommunikationsprozessen erwachsen aber auch enorme Chancen. Und nicht zuletzt
hilft die Plattform, 24 Stunden am Tag kommunikationsbereit zu sein.

4.3 Der Bereich B2B-Kooperation

B2B bedeutet auch Offenheit für Systeme, an denen die gesamte Getränkebranche teil-
nimmt, Hersteller wie Absatzmittler. Die dritte Säule der Warsteiner Multichannel-
Strategie, B2B-Kooperationen, dient vor allem der **Prozess-Optimierung in der
Supply-Chain.** Zu den mit kollaborativem Supply-Chain-Management verfolgten Zielen
gehören besonders die Realisierung von Synergien, Reduzierung von Transaktionskosten
und Gewinnung von Transparenz und Zeit in der Bearbeitung des Absatzmarktes.

Im Sinne dieser Zielsetzungen beobachtet die Warsteiner Brauerei Projekte, die aus dem
Verbundgruppenbereich der wichtigen Kundenklientel GFGH initiiert werden. Ein aus-

sichtsreiches konkretes Projekt ist beispielsweise die **Abwicklung der Bestellvorgänge** online über eine Transaktionsplattform namens GFGH.net. Mit der Anbindung an die Warenwirtschaftssysteme der wichtigsten Absatzmittlerpartner werden benötigte Marktinformationen über den gesamten Weg der Produkte online und fast realtime bereitgestellt. Bislang muss jedes Industrieunternehmen zu jedem Handelsunternehmen die entsprechenden Kommunikationswege aufbauen – teils unter sehr unterschiedlichen Hard- und Softwarevoraussetzungen.

Fehlende Standards und Normen für Methoden und Prozesse sowie hohe Kosten und technische Anforderungen der Implementierung solcher Kommunikationssysteme verhinderten bislang, dass die zur Ausschöpfung der Potenziale notwendige kritische Masse von Anwendern elektronischer Datenübertragung erreicht werden konnte. Mittels internetbasiertem EDI (Electronic Data Interchange) sorgen Transaktionsplattformen dafür, dass zwischen allen Geschäftspartnern sozusagen „dieselbe Sprache" gesprochen wird. Durch die Verwendung globaler Standards und die einfache und flexible Integration der Wertschöpfungspartner lassen sich Daten über die ganze Lieferkette elektronisch abbilden und synchronisieren und damit stets aktuell und konsistent halten. Die gesteigerte Validität und Transparenz der Daten sowie ihre anwendergerechte Aufbereitung stellen eine wichtige Verbesserung dar.[165]

Der **standardisierte Datenaustausch** wird an den Schnittstellen der Unternehmen – Handel wie Industrie – über spezielle Konverter in die hausinterne Sprache übersetzt und mit den bestehenden Systemen, wie beispielsweise SAP, verbunden. Über die auf diesem Wege fast verzögerungsfrei erhältlichen Absatzinformationen lassen sich weitere Ziele erreichen, die insbesondere der Lebensmittelhandel unter dem Schlagwort Efficient Consumer Response (ECR) schon seit Jahren unterstützen will. ECR, die effiziente Reaktion auf die Kundennachfrage, ist ein Konzept zur Optimierung des Güter- und Informationsflusses zwischen Industrie und Handel in den Bereichen Warenversorgung (Efficient Replenishment), Sortimentsgestaltung und -präsentation (Efficient Assortment), Verkaufsförderung und Werbung (Efficient Promotion) sowie Neuproduktentwicklung und -einführung (Efficient Product Introduction).[166] Das ECR-Europe Executive Board hat seine strategische Mission definiert als „Working together to fulfil consumer wishes better, faster and at less cost".[167]

Die Höhe der Transaktionskosten durch die notwendigen Investitionen in die Ausgestaltung der technischen Systeme und das IT-Know-how der Mitarbeiter war eine bedeutende Ursache dafür, dass die kritische Masse an Teilnehmern und damit auch die mit ECR proklamierten Ziele nicht erreicht werden konnten. Unternehmen mit einem geringen Umsatz- und Belegvolumen konnten häufig keinen „Return on Investment" aus EDI ge-

---

[165] Vgl. Biehl, B., 2000a, S. 58; Rode, J., 2000, S. 38.

[166] Vgl. Ahlert, D., Borchert, S., 2000, S. 3 ff.

[167] ECR Europe, 2000.

nerieren. Dies machte ECR zu einem „Club der Großen". Allenfalls Drohungen konnten kleine und mittlere Unternehmen motivieren, in EDI einzusteigen.[168]

Extranet-Plattformen versprechen einen Ausweg aus dieser nicht zufrieden stellenden Situation, da sie geringere technische, fachliche und finanzielle Anforderungen auf dem Weg zur EDI-Fähigkeit aufweisen. Sie lassen es zu, mit relativ geringem Aufwand und sehr zeitnah aus den Verkaufsinformationen am POP die vorgelagerten Produktions- und Logistikprozesse zu optimieren. Es bleibt jedoch abzuwarten, welche Plattform sich zukünftig und dauerhaft im Markt durchsetzen wird.

Die hier formulierten Ziele finden ihren Niederschlag im Konzept des **Collaborative Planning, Forecasting and Replenishment** (CPFR), zu deutsch Kooperative Planung, Prognose und Bestandsführung. CPFR ist ein Modell zur Verringerung der Differenz zwischen Angebot und Nachfrage innerhalb der Wertschöpfungskette.[169] Bei CPFR vereinigen Hersteller und Händler ihr Wissen und ihre Informationen, um eine valide Verkaufsprognose zu erstellen. Diese Planung dient als Grundlage für die Anpassung von Produktion und Lagerhaltung und die Abstimmung von Warenfluss und Werbung an die erwartete Nachfrage. Unmittelbares Ziel von CPFR ist, die Produktverfügbarkeit und damit den Servicegrad zu steigern. Die größere Planungsgenauigkeit erlaubt eine abgestimmte Produktionsplanung, bessere Ressourcenallokation und deutliche Reduzierung der Bestandsmengen.[170]

Unabdingbare **Voraussetzung zur Realisierung** dieser Pläne ist eine schnelle und fehlerfreie Verarbeitung der Informationen als Grundlage jeglichen Handelns an jedem Punkt der Wertschöpfungskette. Erst vernetzte, unternehmensübergreifende Prozesse und Entscheidungsstrukturen, moderne web-basierte Kommunikationstechnologien und Software mit regelbasierten Planungs- und Steuerungsmethoden ermöglichen den Paradigmenwechsel von der sequenziellen Wertschöpfungskette zum Wertschöpfungsnetzwerk.[171] Die Beherrschung der informationellen Anforderungen stellt eine notwendige, keinesfalls jedoch hinreichende Bedingung für die Erreichung der ECR-Zielsetzungen dar. Den zur Anwendung kommenden Technologien ist eher eine Funktion als ‚Vehikel' zuzuweisen. Die erfolgskritische Bedeutung ist den so genannten „weichen" Faktoren zuzumessen. Als wesentlicher Erfolgsfaktor ist hier das Change Management als Prozess aktiv gestalteten Wandels anzusehen. Diese Einschätzung trägt der Tatsache Rechnung, dass nicht die Konzeptionierung den kritischen Teil des für ECR notwendigen Verände-

---

[168] Vgl. Biehl, B., 2000a, S. 58; Biehl, B., 2000b, S. 44.

[169] Vgl. VICS, 2000.

[170] Vgl. Spalink, H., Berten, B., 2000, S. 50; Kurt Salmon Associates, 2000.

[171] Vgl. Kloth, R., 1999, S. 56 ff.

rungsprozesses darstellt, sondern die Herausforderung in der anschließenden Realisierung zu finden ist.[172]

5. Fazit

Es ist deutlich geworden, welch komplexe Rahmenbedingungen, Abhängigkeiten und Vernetzungen Produktion und Vertrieb eines so scheinbar einfachen Produktes wie Bier mit sich bringen. Im Getränkemarkt herrschen nicht die Zwänge, die der Konsumentenmarkt beispielsweise auf die Finanz- und Versicherungswirtschaft ausübt oder die der Computerindustrie ideale Chancen zum Direktvertrieb geben, wie es der Computerhersteller DELL bewiesen hat. Die Möglichkeit, Online-Bankgeschäfte zu tätigen, wird zur Schließung vieler Bankfilialen führen und die Strukturen einer ganzen Branche verändern. Wo Unternehmensleistungen digitalisierbar sind, hat das Internet bereits zu tiefgreifenden Veränderungen geführt. Wo eBusiness unmittelbarer Bestandteil des Kerngeschäftes ist, hat es bereits heute nennenswerten und positiven Einfluss auf Umsatz- und Ertragsentwicklung, wie in der Versandhandelsbranche. Nach Branchen differenziert führen also jeweils andere Rahmenbedingungen zu unterschiedlichen Ausprägungen von Chancen und Risiken im eBusiness.

Es gibt viele Gründe, warum die Brauereien und die gesamte Getränkeindustrie im Bereich eBusiness nicht zu den Ersten am Markt gehörten. Das hält die Brauereien aber nicht davon ab, innerhalb der Getränkebranche nach sinnvollen Anwendungen der Online-Kommunikation zu suchen und diese Erfolg versprechend einzusetzen. Deshalb forciert z. B. die Warsteiner Brauerei die durchgängige Nutzung der Online-Kommunikation über alle Unternehmensbereiche hinweg. So ist die interne Kommunikation insbesondere mit dem Außendienst bereits weitgehend auf Online-Medien umgestellt worden. Das Kommunikationsmedium Internet wird so, intern wie extern, zum Arbeitsmittel, wie Fax und Telefon. Jeder Mitarbeiter im Innen- oder im Außendienst muss den professionellen Umgang mit den verschiedenen Medien beherrschen.

Genau dieser Lern- und Gewöhnungsprozess muss forciert werden, weil nur dann die **vollständige Integration der Online-Kommunikation** in die bestehenden Kommunikationskanäle gelingen kann. Im Rahmen eines integrierten Multichannel-Managements ist das Internet geeignet, durch eine Verbesserung der Kommunikation mit den Absatzmittlern und den Endkonsumenten die Unternehmensziele verwirklichen zu helfen.

---

[172] Vgl. von der Heydt, 1998, S. 169 ff.

Der Außendienstmitarbeiter vor Ort, in der Gastronomie wie auch im Handel ist das Aushängeschild der Brauerei. Er ist der Mitarbeiter, der den Kontakt zum Getränkefachgroßhandel, zum Gastronomen, aber auch zum Leiter eines Getränkemarktes hält. Er ist derjenige, der ständig am Ort des Verkaufs dafür Sorge zu tragen hat, dass der markengerechte Auftritt der Produkte gewährleistet ist. Die persönliche Kommunikation mit den Absatzmittlern ist heute wichtiger denn je. Deshalb ist es nicht übertrieben, von der „Renaissance der Feldorganisation" zu sprechen. Die internetbasierte Kommunikation leistet hier einen großen Beitrag. In diesem Bereich liegen die größten Reserven zur Steigerung der Absätze sowie zur Festigung und zum Ausbau der Marktposition.

Was für den Kontakt zu den Geschäftspartnern gilt, ist auch in der Kommunikation mit dem Endverbraucher unerlässlich. Wie eingangs erwähnt, intendieren einige Marketingmanager so genannter Fernsehbiere eine Reduzierung der Investitionen in das Sponsoring auf ein aus heutiger Sicht vernünftiges Maß. Gleichzeitig gilt es, die klassische Werbung effektiver in den richtigen Kanälen einzusetzen und die Visibilität am PoS zu erhöhen. Auch wenn die Kommunikation zunehmend durch Online-Aktivitäten unterstützt wird, so kommen Premium-Brauereien nicht umhin, in den so genannten klassischen Medien hohe Präsenz zu zeigen.

Literatur

AHLERT, D. (1996), Distributionspolitik: Das Management des Absatzkanals, 3. Aufl., Stuttgart, Jena.

AHLERT, D., BORCHERT, S. (2000), Prozessmanagement im vertikalen Marketing – Efficient Consumer Response (ECR) in Konsumgüternetzen, Berlin/Heidelberg.

AHLERT, D., EVANSCHITZKY, H., HESSE, J., Bier und Internet, unveröffentlichte Studie des Instituts für Handelsmanagement und Netzwerkmarketing, Münster.

BIEHL, B. (2000a), ECR und die Welt des Internets – Fünfte europäische Konferenz in Turin diskutiert EDI-Durchsatz und Global Commerce, in: Lebensmittelzeitung, 30.03.2000.

BIEHL, B. (2000b), Antreten zum Appell – 1. ECR-Deutschland-Tag als Motivations-Show – Kritische Masse eingefordert, in: Lebensmittelzeitung, 16.06.2000.

ECR EUROPE (2000), What is ECR? Description of the philosophy of ECR Europe. http://www.ecrnet.org/ECR/ecr.home.

GIAGLIS, G., KLEIN, S. & O'KEEFE, R. (1999), Disintermediation, Reintermediation or Cybermediation? The Future of Intermediaries in Electronic Marketplaces, Proceedings of the 12th Bled Electronic Commerce Conference, Global Networked Organizations, Vol. 1: Research, Bled, Slovenia, S. 389-407.

GORGS, C. (2001), Warsteiner Brauerei – Der Charme des Schecks, in: Wirtschaftswoche Nr. 18, 26.04.2001.

HEYDT, A. VON DER (1998), Efficient Consumer Response (ECR) Basisstrategien und Grundtechniken, zentrale Erfolgsfaktoren sowie globaler Implementierungsplan, 3. Aufl., Frankfurt a. M. u. a.

ISA CONSULT (2000), Die Brauwirtschaft in Nordrhein-Westfalen – Sozialpartnerprojekt Nordrhein-Westfälische ErnährungsWirtschaft, Bochum 29.09.2000.

LEBENSMITTELZEITUNG SPEZIAL E-COMMERCE (2000), 1/2001.

KLOTH, R. (1999), Waren- und Informationslogistik im Handel, Wiesbaden.

KNOLMEYER, G. F. (1999), Kundenorientierung, Mass Customization und optimale Variantenvielfalt, in: Grünig, R., Pasquier, M. (Hrsg.), Strategisches Management und Marketing, Festschrift zum 60. Geburtstag von Richard Kühn, Bern, Stuttgart, Wien, S. 67-91.

KÜHN, I. (2000), Bier sucht Nachwuchs, in: Lebensmittelzeitung, Nr. 21, 26.05.2000, S. 42 f.

KURT SALMON ASSOCIATES (2000), CPG Industry Trends are Driving us Toward CPFR. http://www.kurtsalmon.com.

LATZ-WEBER, H. (2001), Wetter und Export machen das Geschäft, in: Lebensmittelzeitung Nr. 46, 16.11.2001, Journal: Fachthema Bier.

MEFFERT, H. (1994), Marketing-Management: Analyse, Strategie, Implementierung, Wiesbaden.

OC&C STRATEGY CONSULTANTS (2001), Multichannel Retailing: Der deutsche Einzelhandel steht noch am Anfang, Düsseldorf.

RODE, J. (2000), Wege aus dem Chaos – GCI: Handel und Industrie einigen sich auf Internet-Standard, in: Lebensmittelzeitung, 04.08.2000.

SPALINK, H., BERTEN, B. (2000), Kooperation schöpft Markt besser aus – Studie von KSA belegt die positiven Effekte von CPFR, in: Lebensmittelzeitung, 28.01.2000.

VICS (2000), CPFR Voluntary Guidelines – Executive Summary. http://www.cpfr.org/Index.html.

WARSTEINER.DE, http://www.warsteiner.de/de/produkte/intro.asp.

Heiner Evanschitzky, Helmut Gawlik

Banking im Aufbruch: Kundenbindung durch Multikanal-Management

1   Kundenbindung bei Finanzdienstleistern
2   Das Kundenbindungsmanagement als Kernaufgabe
   2.1   Kundenzufriedenheit als Ausgangspunkt
   2.2   Das Management der Kundenbindung
      2.2.1   Kundenbindung aus nachfragerbezogener Perspektive
      2.2.2   Kundenbindung aus anbieterbezogener Perspektive
3   Kundenbindungsmanagement vor dem Hintergrund des Multikanal-Management
   3.1   Multikanal-Management bei Bankdienstleistern
   3.2   Chancen und Risiken des Multikanal-Management
   3.3   Maßnahmen des Kundenbindungsmanagement durch den koordinierten Einsatz mehrerer Vertriebskanäle
      3.3.1   Leistungspolitische Instrumente
      3.3.2   Preispolitische Instrumente
      3.3.3   Kommunikationspolitische Instrumente
      3.3.4   Distributionspolitische Instrumente
      3.3.5   Mixübergreifende Instrumente
4   Zusammenfassung und Ausblick

1. Kundenbindung bei Finanzdienstleistern

Die Finanzdienstleistungsbranche steht vor einem Jahrzehnt bedeutender Veränderungen.[173] Die Gründe dafür liegen neben den verstärkt auf den Markt drängenden neuen Wettbewerbern, die den Wettbewerbsdruck insbesondere im Privatkundengeschäft der Finanzdienstleister erhöhen, in der zunehmenden Akzeptanz und Verbreitung der neuen Informations- und Kommunikationstechnologien.[174] Insbesondere das Internet ermöglicht eine **Verschiebung der Informationsasymmetrien** zugunsten des Kunden, indem es die Vergleichbarkeit der Leistungen verschiedener Anbieter erleichtert.[175] Der Bindung des Kunden durch den Anbieter kommt vor dem Hintergrund der Veränderungen der Kunden- und Wettbewerbssituation eine wachsende Bedeutung zu.[176]

Kunden – das haben zahlreiche empirische Studien gezeigt[177] – werden bzgl. des Nutzungsverhaltens von Bankdienstleistungen immer anspruchsvoller. Sie nutzen die Filiale vor Ort ebenso selbstverständlich wie Telefonbanking, sie nutzen das Internet und gebrauchen Selbstbedienungsterminals. So werden auch Bankkunden zu „hybriden Konsumenten", die ihre Bedürfnisse über mehrere Kanäle befriedigen möchten.

Dieser Beitrag soll zeigen, wie Bankdienstleister sich den Chancen und Risiken dieser Entwicklung stellen.

2. Das Kundenbindungsmanagement als Kernaufgabe

2.1 Kundenzufriedenheit als Ausgangspunkt

Kundenzufriedenheit bildet die Basis für die Kundenbindung. Grundsätzlich unterscheidet man in der (Kunden-)Zufriedenheitsforschung ein- und mehrdimensionale Erklärungsansätze. **Eindimensionale Ansätze** fassen Zufriedenheit und Unzufriedenheit nicht

---

[173] Vgl. Leichtfuß, R., et al., 2000, S. 12.

[174] Vgl. Leichtfuß, R., et al., 2000, S. 12., Albert, H., 2000, S. 352.

[175] Vgl. Meyer zu Selhausen, H., Stenke, K., 1998, S. 389.

[176] Vgl. Albert, H., 2000, S. 352.

[177] Vgl. Reichardt, C., 2000, S. 21; Ahlert, D., Evanschitzky, H., Hesse, J., 2001; Ahlert, D., Evanschitzky, H., Heinrich, D., 2002.

als zwei voneinander unabhängige, eigenständige Konstrukte auf, sondern als Ausprägungen *eines* psychischen Zustandes. Dementsprechend wird von einem einzigen, bipo-
laren Bewertungskontinuum ausgegangen, dessen Endpunkte Zufriedenheit und Unzufriedenheit bilden. Zufriedenheit und Unzufriedenheit werden demnach von
grundsätzlich gleichen Faktoren beeinflusst. Zu den bedeutendsten eindimensionalen
Ansätzen zählen die Equity Theory[178], die Comparison Level Theory[179] und das Expec-
tancy/Disconfirmation Paradigma (häufig auch Confirmation/Disconfirmation (C/D-
Paradigma genannt).

Mehrdimensionale Ansätze gehen davon aus, dass Zufriedenheit respektive Unzufriedenheit von verschiedenen Faktoren bestimmt wird. Folglich wird vorausgesetzt, dass
für die Entstehung von Zufriedenheit und Unzufriedenheit zwei voneinander unabhängige Faktoren verantwortlich sind und somit zwei verschiedene Bewertungskontinua existieren. Die Zwei-Faktoren-Theorie von Herzberg et al.[180] gehört ebenso zu den mehrdimensionalen Ansätzen wie das Kano-Modell der Zufriedenheit, welches auf einen
Ansatz aus dem Qualitätsmanagement zurückzuführen ist.

Das **C/D-Paradigma** hat in der Zufriedenheitsforschung die größte Akzeptanz und
Verbreitung gefunden.[181] Im Gegensatz zu anderen Modellierungsansätzen kann das
C/D-Paradigma insgesamt als theoretisch sehr gut anwendbar eingestuft werden. Zufriedenheit entsteht demnach durch einen Vergleichsprozess. Den Ausgangspunkt dieses
Vergleichs bildet der wahrgenommene Zustand des Beurteilungsobjekts (z. B. ein Händler). Diesem stellt der Urteilende einen bestimmten Vergleichsstandard gegenüber. Entspricht das Niveau der Ist-Komponente dem Vergleichsstandard, liegen Konfirmation
(Bestätigung) und daraus resultierend Zufriedenheit vor. Ebenfalls zufrieden ist das In-
dividuum im Falle einer positiven Disconfirmation (Nicht-Bestätigung), wenn der wahrgenommene Ist-Zustand die Soll-Komponente übertrifft. Demgegenüber führt die negative Diskonfirmation, bei der das Niveau der Ist-Komponente den Vergleichsstandard
unterschreitet, zu Unzufriedenheit.

---

[178] Vgl. Adams, J., 1963, S. 422 ff.

[179] Vgl. Thibaut, J.W., Kelley, H.H., 1959.

[180] Vgl. Herzberg, F., Mausner, B., Snyderman, B., 1959/1993.

[181] Vgl. z. B. Schwetje, T., 1999, S. 38.

2.2 Das Management der Kundenbindung

2.2.1 Kundenbindung aus nachfragerbezogener Perspektive

Kundenbindung stellt aus nachfragerbezogener Perspektive ein **mehrdimensionales Konstrukt**, also eine nicht direkt messbare Größe, dar.[182] Sein Bezugsobjekt ist die Geschäftsbeziehung zwischen Anbieter und Kunden.[183] Das Konstrukt Kundenbindung besteht aus den **Dimensionen** *bisheriges Verhalten* und *Verhaltensabsichten des Kunden*.[184] Die aktuelle Kundenbindung umfasst einerseits in der Dimension bisheriges Verhalten die Faktoren *bisheriges Kauf- und Weiterempfehlungsverhalten*, andererseits in der Dimension *Verhaltensabsichten* die Faktoren *Wiederkauf-, Zusatzkauf-* und *Weiterempfehlungsabsicht* eines Kunden gegenüber einem Anbieter oder dessen Leistungen.[185] Diese Faktoren können aus psychologischen, situativen, ökonomischen, rechtlichen oder technologischen Bindungsursachen resultieren.[186]

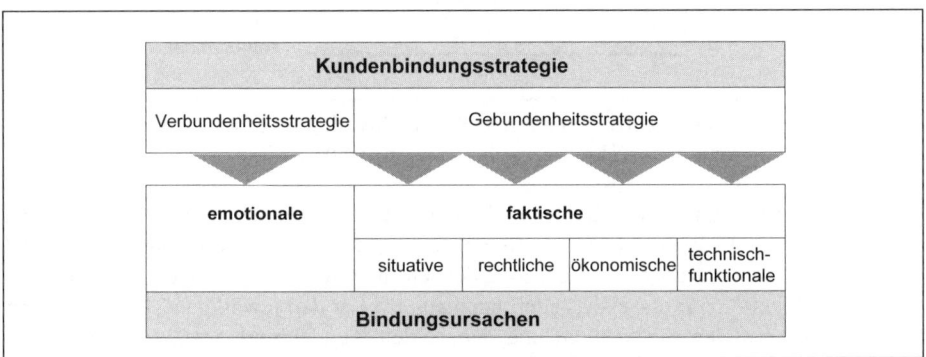

Abbildung 1:   Ursachen und Wirkungen des Konstrukts Kundenbindung, eigene Darstellung in Anlehnung an Homburg, C., Faßnacht, M., 1998, S. 415

Kundenbindung aus der nachfragerbezogenen Perspektive wird auch als **Kundenloyalität** bezeichnet, die i. d. R. durch die Wiederkaufabsicht sowie das Weiterempfehlungsverhalten gemessen wird.[187] Zu den psychologischen Bindungsursachen zählt die Kun-

---

182 Vgl. Homburg, C., Faßnacht, M., 1998, S. 415 sowie zum Begriff des Konstrukts Homburg, C., Giering, A., 1996, S. 6.

183 Vgl. Diller, H., 1996, S. 81.

184 Vgl. Homburg, C., Faßnacht, M., 1998, S. 415.

185 Vgl. Meyer, A., Oevermann, D., 1995, Sp. 1341; Homburg, C., Faßnacht, 1998, S. 415.

186 Vgl. Meyer, A., Oevermann, D., 1995, Sp. 1341.

187 Vgl. Homburg, C., Bruhn, M., 1999, S. 8.

denzufriedenheit. Da sie sich als einzige Variable auf alle fünf Faktoren auswirkt, kommt ihr eine besondere Bedeutung bei der Entstehung von Kundenloyalität zu.[188] Es wird vermutet, dass sich der Zusammenhang zwischen Kundenzufriedenheit und Kundenloyalität durch eine sattelförmige Funktion beschreiben lässt, wie sie in Abbildung 2 dargestellt ist.[189]

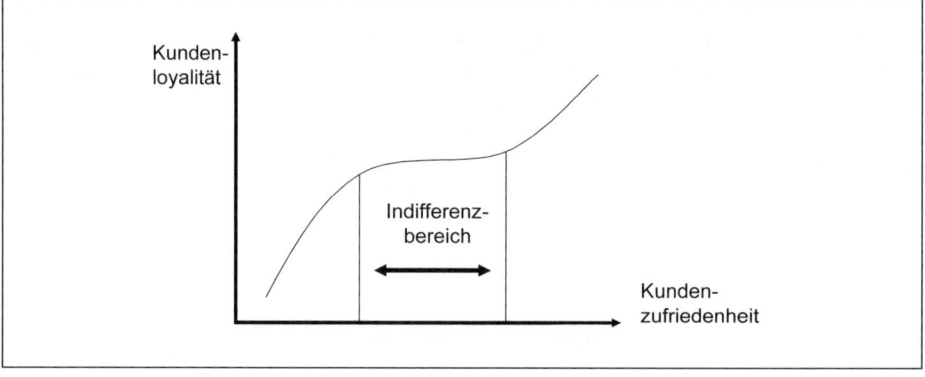

Abbildung 2:   Kundenzufriedenheit und Kundenloyalität (eigene Darstellung in Anlehnung an Homburg, C., Rudolph, 1998, S. 53)

Während Veränderungen der Kundenzufriedenheit im mittleren Zufriedenheitsbereich (Indifferenzbereich) keine nennenswerten Effekte auf die Kundenloyalität haben, geht man sowohl bei sehr zufriedenen als auch bei sehr unzufriedenen Kunden von einer signifikanten Reaktion auf diese Veränderungen aus.[190] Für den jeweiligen Zusammenhang zwischen der Kundenzufriedenheit und den beiden Kundenbindungsfaktoren Kaufverhalten und Wiederkaufabsicht wird außerdem angenommen, dass er umso stärker ist, je besser das Image des Anbieters beziehungsweise des Produkts ist und je größer die Wechselbarrieren sind. Der Zusammenhang gestaltet sich umso schwächer, je stärker das Bedürfnis des Kunden nach Abwechslung („Variety-Seeking"-Motiv) und je größer die Anzahl attraktiver Alternativen ist.[191]

---

[188] Vgl. Homburg, C., Faßnacht, M., 1998, S. 416.

[189] Vgl. Homburg, C., Rudolph, B., 1998, S. 52.

[190] Vgl. Homburg, C., Faßnacht, M., 1998, S. 417 f.

[191] Vgl. Homburg, C., Faßnacht, M., 1998, S. 419 sowie zum Begriff des Variety Seekings Diller, H., 1996, S. 84.

2.2.2 Kundenbindung aus anbieterbezogener Perspektive

Aus Anbietersicht bestehen die Vorteile hoher Kundenloyalität in gesteigerter Kauffrequenz, höheren Rechnungsbeträgen, geringeren Betriebskosten, höherer Preistoleranz sowie den ausgesprochenen Weiterempfehlungen der Kunden. Die Profitabilität loyaler Kunden steigert sich im Laufe einer Kundenbeziehung.[192]

Kundenbindung aus anbieterbezogener Perspektive wird auch als **Kundenbindungsmanagement** bezeichnet und kann als Teilaspekt des Konzepts des Beziehungsmarketings gesehen werden.[193] Das Kundenbindungsmanagement umfasst alle Maßnahmen eines Anbieters, die dazu dienen, die Einstellung von Kunden zur Geschäftsbeziehung dahingehend zu beeinflussen, dass sie zur Aufrechterhaltung und Intensivierung der Beziehung bewegt werden.[194] Man unterscheidet zwei Strategien des Kundenbindungsmanagements: Die Verbundenheits- und die Gebundenheitsstrategie.[195]

Die **Verbundenheitsstrategie** soll zu einer Loyalität des Kunden führen, die der Bindung und der Beziehung zustimmt (zustimmende Loyalität).[196] Dies wird durch das Management der Kundenzufriedenheit und des Kundenvertrauens erreicht, wobei das Kundenvertrauen als eine die Kundenzufriedenheit ergänzende emotionale und zukunftsgerichtete psychologische Bindungsursache angesehen wird.[197]

Die **Gebundenheitsstrategie** soll Kundenloyalität durch den Aufbau von Wechselbarrieren erreichen.[198] Diese Wechselbarrieren können materieller, rechtlicher, wissensmäßiger oder emotionaler Natur sein.[199] Eine reine Gebundenheitsstrategie wird in der Literatur als nicht Erfolg versprechend angesehen, da sie zu Pseudo-Loyalität oder resignativer Loyalität führen kann, die wiederum leicht zu einer Wechselabsicht des Kunden führen können. Sie kann aber als Ergänzung der Verbundenheitsstrategie dienen.

Voraussetzung für ein erfolgreiches Kundenbindungsmanagement ist die regelmäßige Überprüfung des Zielerreichungsgrades durch das Betreiben von Kundenzufriedenheitsforschung durch den Anbieter.[200] Die Ermittlung der Kundenzufriedenheit ermöglicht darüber hinaus die Erkennung unzufriedener Kunden sowie die Identifikation von An-

---

[192] Vgl. Reichheld, F. F., Sasser, E. W., 1999, S. 139 ff.

[193] Vgl. Meyer, A., Oevermann, D., 1995, Sp. 1344; Homburg, C., Bruhn, M., 1999, S. 5.

[194] Vgl. Meyer, A., Oevermann, D., 1995, Sp. 1344; Krafft, M., 1998, S. 168.

[195] Vgl. Bliemel, F., Eggert, A., 1997, S. 5 ff.

[196] Vgl. Bliemel, F., Eggert, A., 1997, S. 9.

[197] Vgl. Bliemel, F., Eggert, A., 1997, S. 8 und S. 16.

[198] Vgl. Bliemel, F., Eggert, A., 1997, S. 10.

[199] Vgl. Stahl, H., 1999, S. 50.

[200] Vgl. Stauss, B., Seidel, W., 1998, S. 203.

satzpunkten zur Leistungsverbesserung.[201] Die Gesamtzufriedenheit und die Zufriedenheit mit einzelnen Leistungsbestandteilen werden mittels standardisierter Fragen in schriftlichen, telefonischen oder persönlichen Interviews ermittelt.[202]

Die Einrichtung und Pflege einer **individuellen Kundeninformationsbasis** ist eine weitere Voraussetzung für den Erfolg des Kundenbindungsmanagements.[203] Sie ermöglicht neben der Wirtschaftlichkeitsanalyse des Kundenbindungsmanagements auch die zur Steigerung der Wirtschaftlichkeit nötige effiziente Kundenauswahl.[204] Wichtige Instrumente bei der Auswahl wirtschaftlich attraktiver Kunden sind dabei die Berechnung des Kundenlebenswertes (Customer Lifetime Value) sowie die Kunden-Portfolioanalyse.[205]

3. Kundenbindungsmanagement vor dem Hintergrund des Multikanal-Management

Die beschriebene Zunahme des Wettbewerbs, die auch auf dem Markt für Finanzdienstleistungen zu beobachten ist, und die gestiegene Markttransparenz aus Verbrauchersicht lassen die Realisierung eines erfolgreichen Kundenbindungsmanagements auf den ersten Blick als schwierig erscheinen. Die Notwendigkeit eines solchen ist jedoch größer denn je, da sich im verteilten Markt für Finanzdienstleistungen Profitabilität und Wachstum über die Vertiefung der Kundenbeziehungen erreichen lassen.[206] Zudem ist der Kunde bei Unzufriedenheit mit dem bisherigen Anbieter im Internet einfacher als zuvor in der Lage, zu einem anderen Anbieter zu wechseln.

3.1 Multikanal-Management bei Bankdienstleistern

Die Kunst des Multikanal-Managements liegt darin, die Stärken eines jeden Kanals zu erkennen und den entsprechenden Kanal genau nur für solche Leistungen bzw. Kundengruppen anzubieten, die die kanalspezifischen Vorteile voll ausschöpfen. „Jeder Vertriebskanal bietet spezifische Vorteile, die ein anderer nicht bietet und ist deshalb beson-

---

[201] Vgl. Meffert, H., Schwetje, T., 1998, S. 2.

[202] Vgl. Homburg, C., Fassnacht, M., Werner, 1999, S. 396 ff.

[203] Vgl. Meffert, H., 1999, S. 129.

[204] Vgl. Bruhn, M., Georgi, D., 1999, S. 434 f.

[205] Vgl. Peter, S., 1997, S. 266.

[206] Vgl. Reichardt, C., 2000, S. 20.

ders zur Erfüllung bestimmter Leistungen geeignet." Diese Meinung vertrat mit 82 % die große Mehrheit der befragten Bankdienstleister, die im Rahmen einer groß angelegten empirischen Studie des Instituts für Handelsmanagement und Netzwerkmarketing befragt wurden.[207] Direktbanken bewerteten die Aussage wesentlich negativer als andere Unternehmen. Entscheidend für das Internet wird es aus Kundensicht sein, welche Leistungen über das Medium **schneller, bequemer, preislich attraktiver und mit einer höheren Qualität** erstellt werden können. Wertpapiergeschäfte kann der Kunde zum Beispiel mittlerweile mithilfe des Internets selbstständig zu jeder Tageszeit und ohne zeitliche Verzögerungen ausführen. Außerdem hat er Zugriff auf umfassende Research-Informationen und bezahlt insgesamt einen geringeren Preis als früher. Auch die Banken müssen daran interessiert sein, solche Leistungen mithilfe zusätzlicher Anreizsysteme in das Internet zu verlagern.[208] Neben den Effizienzvorteilen durch die zunehmende Technisierung bietet sich ihnen vor allem der Vorteil, dass das Personal in den Filialen zielorientierter eingesetzt werden kann. Bisher wird dort noch viel Zeit für das Erfassen von Überweisungsträgern oder ähnliche „Produktions"-Tätigkeiten verwendet. Wenn die Mitarbeiter hiervon entlastet werden, können sie sich mehr auf die entscheidenden Tätigkeiten, z. B. die persönliche Beratung und Vertrauensbildung, konzentrieren. Laut einer Umfrage des Fraunhofer-Instituts streben 95 % der Bankinstitute nach solch einer veränderten Aufgabenstellung in den Filialen.[209] Dies schlägt sich in der Unterscheidung zwischen verschiedenen Filialtypen nieder. Beratungs-/Kompetenzcenter sollen sich um die hochwertigen Aufgaben kümmern, während Standardgeschäfte und einfache Betreuungsleistungen in Servicecentern und Selbstbedienungszonen abgewickelt werden. Ein weiterer bedeutender Vorteil der Filiale ist die lokale Verbundenheit. Die Mitarbeiter können auf die speziellen Bedürfnisse der Kunden ihrer „Nachbarschaft" eingehen.[210]

Neben dem Internet und den Filialen kommen außerdem noch andere Vertriebskanäle – wie ein Call-Center oder der mobile Vertrieb – hinzu. Ziel muss es jedoch immer sein, sich auf die Kernfähigkeiten der einzelnen Vertriebskanäle zu fokussieren und auf dieser Basis ein Vertriebssystem zu entwickeln, dass die Kompetenzen zu einer Gesamtleistung verknüpft.

Nun stellt sich die Frage, welche konkreten Leistungen für das Internet geeignet sind. „Je komplexer eine Leistung, je weniger der Kunde sie selbstständig bewältigen kann, desto weniger wird das Internet bei der Leistungserstellung zum Tragen kommen." Diese Aussage bewerteten 66 % der im Rahmen der oben erwähnten Studie[211] Befragten als mindestens zutreffend. Die relativ hohe Standardabweichung von 1,04 zeigt, dass hier

---

[207] Vgl. Ahlert, D., Evanschitzky, H., Heinrich, D., 2002.

[208] Vgl. Gerpott, T.J., 2000, S. 42.

[209] Vgl. Bullinger, H.-J., Engstler, M., Jordan, L., 2000, S. 46 ff.

[210] Vgl. Bekier, M.M., Flur, D.K., Singham, S.J., 2000, S. 82 f.

[211] Vgl. hier und im Folgenden Ahlert, D., Evanschitzky, H., Heinrich, D., 2002.

kein einheitliches Meinungsbild vorhanden ist. Insbesondere die Direktbanken mit ihrer besonders internetaffinen Zielgruppe bewerteten die Aussage stark unterdurchschnittlich (vgl. Abbildung 3).

Die zwei entscheidenden **Kriterien**, die hier für die Internettauglichkeit eines Produktes Berücksichtigung finden müssen, sind der **tatsächliche Komplexitätsgrad** eines Produktes und der vom Kunden **subjektiv empfundene**. Betrachtet man zum Beispiel das derzeitige Nutzungsverhalten der Kunden im Internet-Banking, stellt man fest, dass die Abwicklung des Zahlungsverkehrs den größten Anteil der in Anspruch genommen Leistungen ausmacht. Dies ist die am höchsten standardisierte Leistung einer Bank und sehr einfach über das Internet darstellbar. Außerdem wird sie vom Kunden am häufigsten in Anspruch genommen, so dass er mit dieser Leistung vertraut ist und es sogar als bequem empfindet, diese selbstständig von zu Hause aus nutzen zu können.

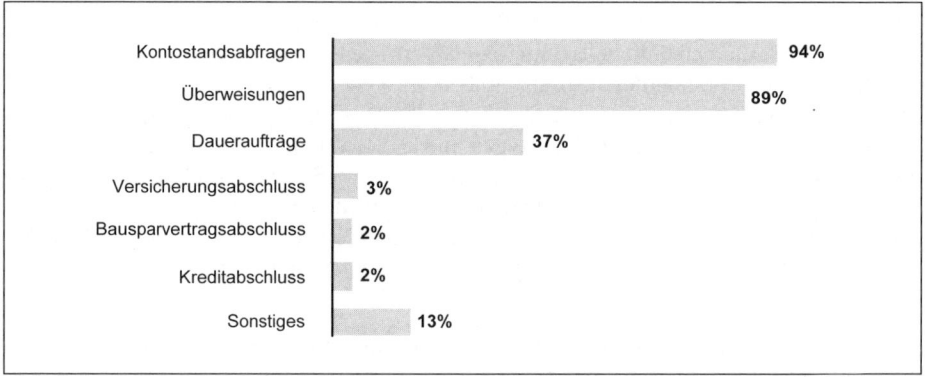

Abbildung 3:   Benutzte Dienstleistungen beim Internet-Banking in den letzten drei
                 Monaten, Mehrfachnennungen möglich; Quelle: Forrester Research,
                 in: o. V., 2001, S. 101

Wird hingegen nun der Anteil der Kunden, die das Internet für den Abschluss eines Kredits genutzt haben, betrachtet, fällt dieser sehr niedrig aus. Obwohl die Bank auch hier zumeist einfache Standardbewertungskriterien bei der Kreditbewilligung anwendet, empfinden viele Kunden eine höhere Komplexität. Ein Kredit wird nicht gleichermaßen häufig in Anspruch genommen, was die Vertrautheit mit dieser Leistung stark reduziert. Möchte eine Bank Kredite auch über das Internet vertreiben, muss sie dem Kunden entsprechende Hilfestellungen zur Verfügung stellen, um den vom Kunden subjektiv empfundenen Komplexitätsgrad zu reduzieren.

Im Online-Banking befindet sich das Feld der Kundenberatung noch in einer Frühphase. Zwar gibt es schon erste Ansätze für **virtuelle Berater**, eine Substitution der persönlichen Beratung ist jedoch nicht abzusehen.[212] Je weiter die technische Entwicklung voranschreitet, desto mehr werden auch Beratungsleistungen und komplexere Transaktionen integrierbar. Insbesondere im Retailbanking geht man davon aus, dass bis 2010 nur noch 20-30 % der Transaktionen und 40-50 % der Beratungstätigkeit über die neu gestalteten Filialen laufen werden.[213] „Viele Dienstleistungen können am besten vertriebskanalübergreifend erbracht werden." Diese Ansicht teilten 67 % der befragten Experten. Hier geht es in erster Linie um die Frage, ob sich die Vertriebskanäle auf die Abwicklung einzelner Geschäftsbereiche spezialisieren oder ob es vorteilhaft ist, deren Leistungserstellung auf mehrere Vertriebskanäle zu verteilen. Die Antwort auf diese Frage hängt stark von dem jeweils betrachteten Geschäftsfeld ab. Für die Abwicklung des Zahlungsverkehrs wäre es aus oben genannten Gründen sicherlich erstrebenswert, diese ausschließlich ins Internet zu verlagern. Im Bereich des Vermögensmanagements hingegen, der sehr beratungsintensiv ist, können sich die Vertriebswege Internet und Filiale hervorragend ergänzen. Das Internet kann den Kunden zum Beispiel mithilfe von virtuellen Beratungscentern zu speziellen Themengebieten auf ein persönliches Gespräch mit seinem Berater vorbereiten. Für potenzielle neue Kunden bietet sich zudem die Möglichkeit, sich im Internet vorab erst einmal anonym über die Angebote einer Bank zu informieren. Hier muss dann aber eine einfache persönliche Kontaktmöglichkeit gegeben sein, um diesen Kunden nicht gleich wieder zu verlieren.

Um vertriebskanalübergreifende Leistungen innerhalb eines Multikanal-Systems anbieten zu können, ist ein Datawarehouse unabdingbar. Dem stimmten 90 % der Experten zu. Dementgegen steht die heute noch weit verbreitete Situation, dass über einen Kunden mehrere unabhängige Datensätze in den verschiedenen Vertriebskanälen vorhanden sind.[214] Nur mit einer entsprechenden IT-Unterstützung kann eine **vertriebskanalübergreifende Betreuung** der Kunden gewährleistet werden. Jedem Mitarbeiter in jedem Vertriebskanal müssen die gleichen Informationen über den Kunden zur Verfügung stehen.[215] Durch einen für alle Vertriebskanäle einheitlichen Kundendatensatz werden Fehler bei der Kundenansprache vermieden und die Datenpflege wird erleichtert.

3.2 Chancen und Risiken des Multikanal-Management

Eine wesentliche Chance, die sich aus der Integration verschiedener Kanäle im Sinne des „Multikanal-Management" ergeben kann, ist die Möglichkeit, Kundenbeziehungen zu individualisieren. Das Konzept des **One-to-One-Marketing** setzt auf eine solche Indivi-

---

[212] Vgl. Nölke, U., 2000, S. 58 ff.

[213] Vgl. Leichtfuß, R., et. al., 2000.

[214] Vgl. Piller, F.T., 1998.

[215] Vgl. Hientzsch, R., 2000, S. 55 f.

dualisierung mit dem Ziel, das Geschäftsvolumen pro Kunde durch die Kenntnis seiner individuellen und sich dynamisch verändernden Bedürfnisse zu steigern.[216] Die Grenzkosten der Erweiterung des Geschäftsanteils pro Kunde werden dabei als niedriger eingestuft als die Grenzkosten des im Massenmarketing angestrebten Ausbaus des Marktanteils pro Produkt. Die Grundidee des One-to-One-Marketing basiert auf dem Beziehungsmarketing. Auch hier werden Kundeninformationen durch die unmittelbare Interaktion mit dem Kunden gewonnen und dienen der individuellen Anpassung des Leistungsangebots an den einzelnen Kunden.[217] Erst durch interaktive Medien und neuere Softwareentwicklungen aber wird es möglich, die für das One-to-One-Marketing notwendigen Informationen von vielen Kunden kostengünstig zu sammeln und einzusetzen. Neben den geringen Kosten für die Sammlung und den Einsatz der Kundeninformationen machen die geringen Kommunikationskosten und die direkte Adressierbarkeit des Mediums Internet ein effizientes One-to-One-Marketing und somit ein individualisiertes Kundenbindungsmanagement erstmals in großem Umfang möglich.

Finanzdienstleistungen können aus Kundensicht als ein Bündel von Eigenschaftsmerkmalen, die jeweils einen bestimmten Basisnutzen stiften, verstanden werden. Der individuelle Nutzen aus der Geschäftsbeziehung entwickelt sich dabei für den Kunden aus den wahrgenommenen kumulativen Zufriedenheiten mit den einzelnen Eigenschaftsmerkmalen.[218] So erwartet der Kunde vom Anbieter nicht den Verkauf einzelner Finanzprodukte, sondern eine umfassende Problemlösung aus einer Hand.[219] Sowohl ein großes Potenzial zum Beziehungsaufbau als auch eine hohe Eignung für interaktive Medien führen zu einer hohen Eignung der Finanzdienstleistung für das Kundenbindungsmanagement im Internet.[220] Die **Eignung für interaktive Medien** resultiert dabei aus der Immaterialität der Finanzdienstleistung, die als digitales Produkt vollständig über das Internet abgewickelt werden kann.[221] Eine weitere Eigenschaft der Finanzdienstleistung ist die Integration des Kunden in den Leistungserstellungsprozess, die zu einer begrenzten Standardisierbarkeit der Leistung führt. Diese Eigenschaft sowie die fehlende Möglichkeit einer Qualitätsprüfung der Dienstleistung durch den Kunden vor dem Kauf sind Gründe für das hohe subjektiv empfundene Kaufrisiko bei Finanzdienstleistungen, das den Kunden nach Möglichkeiten zur Risikoeingrenzung suchen lässt. Markentreue und ein spezielles Informationsverhalten, wie beispielsweise die Orientierung an neutralen Stellen, sind häufig zu beobachtende Verhaltensstrategien der Kunden bei der Suche

---

[216] Vgl. Peppers, D., Rogers, M., 996, S. 37 ff.

[217] Vgl. Röder, H., 1999, S. 218.

[218] Vgl. Schäfer, H., 2000, S. 103.

[219] Vgl. Reichardt, C., 2000, S. 90.

[220] Vgl. Bliemel, F., Fassott, A., 1999, S. 21.

[221] Vgl. Reichardt, C., 2000, S. 76.

nach Vertrauens- und Kompetenzsignalen.[222] Bei der Entstehung von Kundenloyalität kommt dem Image des Anbieters der Finanzdienstleistung besondere Bedeutung zu.[223]

Durch die Integration des Kunden in den Leistungserstellungsprozess und dem damit verbundenen **Prozesscharakter des Konsumerlebens von Dienstleistungen** ergibt sich zudem die Notwendigkeit einer Berücksichtigung des Kundenprozesses bei der Ermittlung von Kundenzufriedenheit mit Finanzdienstleistungen. Der Kundenprozess bezeichnet die Abfolge von Interaktionen innerhalb der Inanspruchnahme einer Dienstleistung aus Kundensicht mit allen Kontaktsituationen und deren jeweilige Bewertung.[224] Dabei gehen die Zufriedenheiten mit den einzelnen Episoden der Erstellung der Dienstleistung in die Gesamtzufriedenheit mit der Dienstleistungstransaktion ein, die sich wiederum auf die Beziehungszufriedenheit mit dem Dienstleister im Zeitablauf und damit auf die Kundenloyalität auswirkt.[225] Sowohl merkmalsorientierte als auch ereignisorientierte Verfahren eignen sich für die prozessuale Ermittlung von Kundenzufriedenheit. Erforderliche Modifikationen bei merkmalsorientierten Verfahren sind hierbei die kontaktpunktspezifische Auswahl der in den Fragebogen einzubeziehenden Merkmale sowie die zusätzliche Ermittlung der Zufriedenheiten mit den einzelnen Episoden, der vollständigen Transaktion und der generellen Beziehungszufriedenheit. Zudem sollte die Ermittlung der Kundenzufriedenheit möglichst prozessbegleitend stattfinden. Mittels Critical Incident Technique sowie Lob- und Beschwerdeanalyse ermittelte Informationen können nachträglich den einzelnen Kontaktpunkten, Episoden und Transaktionen zugeordnet werden.[226]

Die Grundlage eines erfolgreichen One-to-One-Marketing bilden detaillierte Informationen über den einzelnen Kunden. Die Erfassung der Kundendaten in einer bereichsübergreifenden und unternehmensweiten Kundendatenbank stellt somit eine grundlegende Voraussetzung für das One-to-One-Marketing dar.[227] Die Gewinnung, Verarbeitung und Verwaltung der in der Kundendatenbank gespeicherten Informationen mit dem Ziel, aus der Vielzahl von Kundendaten die erfolgversprechenden Kunden herauszufiltern und mithilfe des für sie bestgeeigneten Marketing-Mix eine langfristige und möglichst profitable Beziehung aufzubauen, wird als **Database Management** bezeichnet. Die in der Datenbank gespeicherten Kundenprofile enthalten vier verschiedene Datenarten:[228] Neben den Grunddaten, zu denen die grundlegenden demografischen und psychografischen Informationen über den Kunden zählen, werden insbesondere alle Angaben über den voraussichtlich auftretenden Bedarf des Kunden erfasst. Diese so genannten Potenzialda-

[222] Vgl. Meffert, H., 1998, S. 1075.

[223] Vgl. Homburg, C., Faßnacht, M., 1998, S. 419.

[224] Vgl. Stauss, B., Seidel, W., 1998, S. 207.

[225] Vgl. Meffert, H., Backhaus, K., 1997, S. 5.

[226] Vgl. Stauss, B., Seidel, W., 1998, S. 223.

[227] Vgl. Mertens, B., Kolthof, S., 1999, S. 400.

[228] Vgl. Link, J., Hildebrand, V., 1993, S. 36; Blattberg, R.C., Thomas, J.S., 1999, S. 366.

ten werden um die Reaktionsdaten des Kunden auf bisherige Marketingaktivitäten ergänzt. Die Reaktionsdaten enthalten neben außerökonomischen Angaben zu Anfragen,
Reklamationen und besonderen Vorlieben des Kunden auch ökonomische Daten zu bisher erteilten Aufträgen und der Höhe des mit dem Kunden erzielten Deckungsbeitrags.
Auch Aktionsdaten, die alle Informationen zu bisher erfolgten Kommunikationsaktivitäten umfassen, sind Teil des in der Datenbank gespeicherten Kundenprofils.[229]

Das Internet erlaubt eine automatisierte Aktualisierung des Datenbestandes im Moment
des Anfalls der Daten. Bei einem Teil der im Kundenprofil gespeicherten Daten ist deren
explizite Angabe seitens des Kunden erforderlich. So kann dem Kunden beispielsweise
die Möglichkeit gegeben werden, seine besonderen Vorlieben und Interessengebiete an-
zugeben und so die Daten in seinem Kundenprofil selbst zu ergänzen und zu pflegen.
Andere Informationen können entweder von Mitarbeitern in die Datenbank eingefügt
werden (z. B. Informationen aus dem Beschwerdemanagement) oder mittels einer Analyse der Logfiles oder des Einsatzes von Cookies automatisch per Software generiert
werden.[230] Des Weiteren können Informationen aus vom Kunden eingegebenen Aufträgen automatisch dem Kundenprofil hinzugefügt werden.

Da die für das Kundenprofil relevanten Daten aus verschiedenen Bereichen einer Unternehmung stammen, sind sie häufig in verschiedenen Datenbanken innerhalb des Unternehmens gespeichert. Erst der Einsatz eines **Data Warehouse** erlaubt es, die Informationen aus unterschiedlichen Datenbanken miteinander zu verknüpfen.[231] Darüber hinaus
ermöglichen **Data-Mining-Verfahren**, aus der Vielzahl der Informationen automatisch
Zusammenhänge zwischen verschiedenen Kundenprofilen zu erkennen und diese bei der
Prognose des Kundenbedarfs zu berücksichtigen.[232] Der Aufbau einer Kundendatenbank
mit detaillierten Informationen über den einzelnen Kunden und umfangreichen Analysemöglichkeiten ist eine Voraussetzung für die Ermittlung des Kundenwerts und wird
durch das Internet zu niedrigen Grenzkosten ermöglicht.[233] Auch wird die Ermittlung
des Kundenwerts mittels prospektiver Techniken, die im Gegensatz zu gegenwartsbezo-
genen und retrospektiven Techniken Informationen der Gegenwart und Vergangenheit
auch zur Vorhersage künftiger Entwicklungen einsetzen, durch das Internet erleichtert.
So werden für die Ermittlung des Customer Equity neben Informationen zur erwarteten
Länge der Kundenbeziehung, den erwarteten Ein- und Auszahlungen und den nötigen
Marketinginvestitionen zu Beginn und während des Kundenlebenszyklus auch Informationen über die Reaktion einzelner Kunden auf die Ausgestaltung des Marketing-Mix
benötigt. Durch die hohe Eignung des Internets für die Messung individueller Zahlungs-

---

[229] Vgl. Link, J., 1999, S. 176 f.

[230] Vgl. Kuß, A., Tomczak, T., 2000, S. 161 f.

[231] Vgl. Blattberg, R.C., Thomas, J.S., 1999, S. 369.

[232] Vgl. Stolpmann, M., 2000, S. 60 ff.

[233] Vgl. Peter, S., 1997, S. 274; Krafft, M., 1998, S. 169.

bereitschaften und Werbewirkungen auf den Kunden kann ein zentraler Bestandteil des Customer Equity über das Internet ermittelt werden.[234]

Gerade der Umgang mit der sich durch Data-Mining zwingend ergebenden unüberschaubaren Menge an Daten führt zu erheblichen Kosten für den Bankdienstleister. Es ist in vielen Fällen so, dass überhaupt nicht klar definiert ist, was mit den Daten geschehen soll; Auswertungsroutinen liegen nicht vor. Ebenso ist nicht gesagt, dass Kunden freigiebig ihre z. T. intimen Daten preisgeben. Trotzdem bilden gerade die informationstechnologischen Maßnahmen den Ausgangspunkt für den koordinierten Einsatz der Kundenbindungsmaßnahmen.

3.3 Maßnahmen des Kundenbindungsmanagement durch den koordinierten Einsatz mehrerer Vertriebskanäle

Die Maßnahmen des Kundenbindungsmanagement können analog den klassischen Marketinginstrumenten in leistungspolitische, preispolitische, kommunikationspolitische und distributionspolitische Maßnahmen eingeteilt werden.[235] Multikanal-Management bietet dabei die Basis für eine kanalübergreifende Koordination dieser Aktivitäten.

3.3.1 Leistungspolitische Instrumente

Leistungspolitische Instrumente des Kundenbindungsmanagement eignen sich vor allem zur **Steigerung der Kundenzufriedenheit und zur Minderung der Attraktivität des Konkurrenzangebots**. Dabei kann zwischen Maßnahmen, die Unzufriedenheit abbauen, und Maßnahmen, die Zufriedenheit schaffen, unterschieden werden. Maßnahmen, die zum Abbau von Unzufriedenheit eingesetzt werden, setzen an den Schwachstellen des Leistungsangebots an, die vom Anbieter durch Kundenzufriedenheitserhebungen ermittelt wurden und versuchen, diese zu beseitigen. Maßnahmen, die dazu dienen, Zufriedenheit zu schaffen, sollen die Erwartungen des Kunden weit übertreffen und ihn dauerhaft von der Vorteilhaftigkeit des Anbieters und seines Leistungsangebots überzeugen. Wenn dies gelingt, wird dem Kunden das Konkurrenzangebot im Vergleich unattraktiver erscheinen, was sich gemeinsam mit der hohen Kundenzufriedenheit positiv auf die Kundenloyalität auswirkt.[236] Mittels des Einsatzes interaktiver Medien kann ein Mehrwert für den Kunden geschaffen werden. Sie bieten dem Anbieter nicht nur die Möglichkeit, das bisherige Leistungsangebot jederzeit und umfassend auf der Website des Unter-

---

[234] Vgl. Krafft, M, 1998, S. 167 ff.

[235] Vgl. Meyer, A., Oevermann, D., 1995, Sp. 1348 f.

[236] Vgl. Peter, S., 1997, S. 242.

nehmens verfügbar zu machen, sondern ermöglichen zusätzlich, dem Kunden umfangreiche Zusatzleistungen anzubieten.[237] Mittels modularer Angebotsstrukturen wird der Kunde in die Lage versetzt, die Kernleistung mit individuell gewünschten Zusatzleistungen anzureichern. Ihm bietet sich somit die Möglichkeit der individuellen Leistungsinanspruchnahme.[238] Bei der Auswahl der angebotenen Zusatzleistungen seitens des Anbieters ist auf eine hohe Affinität mit der Kernleistung zu achten, da bei einem geringen Bezug zwischen Zusatz- und Kernleistung die Gefahr besteht, dass der Kunde dem Anbieter die Kompetenz für den Zusatzservice abspricht und ihn somit nicht nutzt.[239] Neben der Leistungsindividualisierung ermöglichen neue interaktive Medien auch eine schnellere Bereitstellungsgeschwindigkeit der Leistung, insbesondere von Informationen.[240] Die Zufriedenheit des Kunden mit einem Finanzdienstleister hängt jedoch zunehmend von der Qualität der Beratung und nicht direkt von den Produkteigenschaften ab.[241] Ein weiteres leistungspolitisches Instrument der Kundenbindung ist daher die persönliche und individuelle Beratung, die trotz der dem Kunden durch die neuen Medien zur Verfügung stehenden größeren Informationsbestände aufgrund der zunehmenden Komplexität der Märkte ihre Bedeutung für die Kundenbindung behält.[242] Als Kundenbindungsinstrument dient sie neben der Befriedigung sozialer Bedürfnisse dazu, individuelle und maßgeschneiderte Lösungen für die Probleme des Kunden zu finden und dadurch Vertrauen in die Geschäftsbeziehung aufzubauen.[243] Dabei ergibt sich für den Kunden durch den Einsatz interaktiver Medien die Möglichkeit, diese auch außerhalb der Geschäftszeiten und in der vertrauten heimischen Umgebung in Anspruch zu nehmen.[244]

Die meisten Finanzdienstleister bieten derzeit keine Beratung im Internet an, sondern lediglich die Möglichkeit einer Terminvereinbarung für eine telefonische oder persönliche Kundenberatung durch Filial-, Call-Center- oder Außendienstmitarbeiter. Die Skania Lebensversicherung bietet als erste europäische Versicherungsgesellschaft eine telefonische Beratung per Call-back-Button an, bei der je nach Bedarf während des Gesprächs Bilder und Präsentationen auf dem Bildschirm des Kunden eingespielt werden und so komplexe Zusammenhänge anschaulicher dargestellt werden können. Der Kunde ist dabei in der Lage, einzelne Elemente der Darstellungen zu markieren oder zu entfernen und besitzt somit die Möglichkeit der Interaktion auch auf dem Bildschirm.[245] Momen-

---

[237] Vgl. Krafft, M., 1998, S. 174; Homburg, C., Bruhn, M., 1999, S. 20 f.

[238] Vgl. Meyer, A., Blümelhuber, C., 1999, S. 209.

[239] Vgl. Meyer, A., Blümelhuber, C., 1999, S. 200.

[240] Vgl. Gerpott, T., 2000, S. 39.

[241] Vgl. Höper, J., 2000, S. 396.

[242] Vgl. Reichardt, C., 2000, S. 20; Gerpott, T., 2000, S. 40.

[243] Vgl. Mandac, L., 2000, S. 153.

[244] Vgl. Höper, J., 2000, S. 398.

[245] Vgl. Reichardt, C., 2000, S. 100.

tane Hindernisse einer breiten Einführung der Videoberatung liegen in der Hardwareausstattung der Kunden und den für eine qualitativ hochwertige Videoübertragung zu geringen Übertragungsgeschwindigkeiten des Internets.[246] Eine Ausstattung insbesondere der profitablen Kunden mit Webkameras seitens der Finanzdienstleister ist jedoch für die Zukunft denkbar. Es ist darüber hinaus eine Kostenpflichtigkeit der für den Kunden momentan kostenlosen, für die Finanzdienstleister aber kostenintensiven Beratung vorstellbar.[247]

3.3.2 Preispolitische Instrumente

Preispolitische Instrumente der Kundenbindung können den **Aufbau ökonomischer Wechselbarrieren** fördern und das Konkurrenzangebot unattraktiver erscheinen lassen.[248] Aufgrund der technischen Möglichkeiten des Internets lässt sich insbesondere die Individualität der Dienstleistungen im Internet kostengünstiger als bisher erbringen.[249] Die dadurch erzielte Kostenersparnis kann ganz oder zum Teil in Form von Preisnachlässen oder günstigeren Konditionen an den Kunden weitergegeben werden. Dies kann neben der Form des mengen- oder loyalitätsabhängigen Pricings auch in Form eines Mehrproduktpricings geschehen.[250] Der Einsatz des Internets im Zusammenspiel mit einer Kundendatenbank ermöglicht hierbei die automatisierte Gewährung eines Preisnachlasses in Abhängigkeit von bisher getätigten Käufen und vom Kundenwert. Ebenso wird die automatisierte Gewährung von Preisnachlässen zur Reaktivierung und Intensivierung von Geschäftsbeziehungen ermöglicht. Die rechtlichen Bestimmungen lassen den Einsatz von preispolitischen Instrumenten in Deutschland jedoch nur in begrenztem Umfang zu.[251] Insbesondere die Direktbanken verfügen aufgrund eines hohen Einsatzgrades von Informations- und Kommunikationstechnologie und des teilweisen Verzichts auf Beratung über günstige Kostenstrukturen und geben diese in Form niedriger Preise an ihre Kunden weiter.[252] Aber auch die traditionellen Kreditinstitute gewähren vor allem bei Online-Transaktionen Preisnachlässe.

---

[246] Vgl. Höper, J., 2000, S. 400.

[247] Vgl. Reichardt, C., 2000, S. 91.

[248] Vgl. Peter, S., 1997, S. 245.

[249] Vgl. Kuß, A., Tomczak, T., 2000, S. 160.

[250] Vgl. Simon, H., 1999, S. 239.

[251] Vgl. Peter, S., 1997, S. 245.

[252] Vgl. Brabeck, R., Schoene, K., 2000, S. 60.

3.3.3 Kommunikationspolitische Instrumente

Neben der Schaffung von **Vertrauen** dienen die kommunikationspolitischen Instrumente des Kundenbindungsmanagement dem **Abbau von Unzufriedenheit** und der Erzeugung von hoher **Kundenzufriedenheit**. Auch können soziale und psychische Wechselbarrieren durch den Einsatz dieser Instrumente geschaffen werden. Voraussetzung für den wirksamen Einsatz kommunikationspolitischer Instrumente ist die Schaffung leicht zugänglicher Kanäle, über die ein Informationsaustausch stattfinden kann.[253] Der offene und intensive Dialog mit dem Kunden bildet die Basis für einen kontinuierlichen Vertrauensaufbau.[254] Das Internet als interaktives Medium eröffnet hierbei neue Möglichkeiten. So kann der direkte Dialog zwischen Kunde und Anbieter durch einen jederzeit möglichen E-Mail-Austausch oder die Einrichtung von Mailinglisten intensiviert werden.[255] Auch die Einrichtung eines so genannten Call-back-Buttons, mit dem der Kunde einen telefonischen Rückruf anfordern kann, ist möglich. Elektronische Kundenforen bieten den Kunden darüber hinaus die Möglichkeit, untereinander Informationen auszutauschen und eine themenspezifische Community, also einen organisierten Zusammenschluss von Nutzern zum Thema Finanzen, zu bilden.[256] Mittels der beschriebenen, leicht zugänglichen Kommunikationskanäle wird der Kunde im Falle des Auftretens von Unzufriedenheit in die Lage versetzt, diese unmittelbar zu äußern. Durch eine schnelle Beschwerdebearbeitung und eine problemgerechte Falllösung seitens des Anbieters kann Beschwerdezufriedenheit erreicht werden, die sich positiv auf die Kundenloyalität auswirkt.[257] Der intensivierte Dialog zwischen Kunde und Anbieter ermöglicht zudem die Gewinnung weiterer Informationen über den einzelnen Kunden und erlaubt dem Anbieter somit eine noch genauere Kenntnis der individuellen Kundenbedürfnisse. Diese zusätzlichen Informationen können dem Kundenprofil hinzugefügt werden. Der Rückgriff auf eine Datenbank mit detaillierten Kundeninformationen ermöglicht neben der Unterstützung der Mitarbeiter an den Kontaktpunkten auch eine individualisierte Kommunikationspolitik.[258] Mittels der direkten Ansprache des Kunden mit auf seinen Bedarf zugeschnittenen Angeboten kann die Geschäftsbeziehung mit dem einzelnen Kunden ausgeweitet und gleichzeitig die Kundenzufriedenheit gesteigert werden.[259] Die Einholung der jederzeit widerrufbaren Erlaubnis des Kunden, ihm individuelle Angebote zukommen zu lassen, vermeidet dabei im Rahmen des so genannten Permission Marketing

---

[253] Vgl. Peter, S., 1997, S. 248.

[254] Vgl. Tomczak, T., Dittrich, S., 1999, S. 174.

[255] Vgl. Krafft, M., 1998, S. 176.

[256] Vgl. Schneider, K., 2000, S. 120.

[257] Vgl. Stauss, B., 1999, S. 216 f.; Spohr, 2000, S. 56 f.

[258] Vgl. Krafft, M., 1998, S. 176.

[259] Vgl. o.V., 2000, S. 25.

die beim Kunden im klassischen Direktmarketing auftretenden Reaktanzen.[260] Der Schutz der Privatsphäre des Kunden stärkt darüber hinaus das Vertrauen in den Anbieter.

Nahezu alle im Internet vertretenen Finanzdienstleister veröffentlichen auf ihren Webseiten ihre Adresse, Telefon- und Faxnummer und geben ihren Kunden somit die Möglichkeit der Kontaktaufnahme außerhalb des Internets. Die Kontaktaufnahme mittels des Mediums Internet wird häufig durch die Angabe einer oder mehrerer E-Mail-Adressen oder der Bereitstellung eines Kontaktformulars ermöglicht, die dem Besucher der Website meist nach wenigen Klicks angezeigt werden.[261] Die vom Kunden erwartete Schnelligkeit und Qualität der Antworten ist allerdings nicht bei allen Finanzdienstleistern gegeben.[262] Um trotzdem ein hohes Serviceniveau zu halten, wird versucht, mithilfe von vorstrukturierten Kontaktformularen Kundenbeschwerden strukturiert zu erfassen und somit besser bearbeiten zu können. Die Möglichkeit individualisierter Angebote im Rahmen eines One-to-One-Marketing wird bislang von keinem Finanzdienstleister in Deutschland genutzt.

Die Segmentierung der Kunden auf Basis der gespeicherten Kundenprofile kann als Zwischenschritt zwischen dem standardisierten Massenmarketing und einer individualisierten Kundenansprache gesehen werden.[263] Für die Zukunft ist mit einer immer genaueren Segmentierung der Kunden bis hin zu einem Segment-of-One auch in Deutschland zu rechnen, wie es beispielsweise von der National Australia Bank bereits praktiziert wird. Dort werden Kunden gezielt mit individuellen, auf ihre Bedürfnisse zugeschnittenen Angeboten zum passenden Zeitpunkt über den Kommunikationskanal ihrer Wahl angesprochen.[264]

3.3.4 Distributionspolitische Instrumente

Eine **Erhöhung der Kundenzufriedenheit** kann auch durch den Einsatz distributionspolitischer Instrumente der Kundenbindung erreicht werden.[265] Mit dem Internet steht dem Kunden dabei nicht nur ein neuer Distributionskanal zur Verfügung, sondern es wird ihm die bequeme, jederzeitige und weltweite Inanspruchnahme von Finanzdienstleistungen ermöglicht.[266] Die Leistungsinanspruchnahme kann dem Kunden vom Anbieter nicht nur über das eigene Internetangebot, sondern auch von fremden Internetangebo-

---

[260] Vgl. Godin, S., 1999, S. 40.

[261] Vgl. Stoof, L., 2000, S. 62 f.

[262] Vgl. Riedl, J., 1999, S. 235; Stoof, L., 2000, S. 62 ff.

[263] Vgl. Strabel, P., 2000, S. B 7.

[264] Vgl. Reichardt, C., 2000, S. 109.

[265] Vgl. Peter, S., 1997, S. 252.

[266] Vgl. Krafft, M., 1998, S. 176.

ten aus ermöglicht werden. Dabei ist seitens des Anbieters auf das Image des Absatz-
mittlers und die Gefahr des Verlustes des direkten Kundenkontakts zu achten.

Während bei den klassischen Filialbanken eine Hinwendung zum Multikanal-Vertrieb zu
beobachten ist und dem Kunden damit zunehmend neben dem bestehenden Filialnetz
und Telefonservice die Option des Onlinebankings angeboten wird, nutzen Versicherungen das Internet bislang kaum als Vertriebskanal.[267] Dies kann sowohl in der rechtlichen
Situation als auch im möglichen Konfliktpotenzial zwischen den etablierten Vertriebswegen und dem neuen Medium Internet begründet sein. Neben dem Internet werden zudem weitere Vertriebskanäle, wie das interaktive Fernsehen, das Mobiltelefon oder Fi-
nanzshops in Supermärkten, an Bedeutung gewinnen.[268] Für das Jahr 2010 wird damit
gerechnet, dass 60 % der Bankkunden Mehrkanalnutzer sind, 20 % ausschließlich die
Filiale nutzen und 20 % reine Direktbanking-Kunden sind.[269] Den Filialen wird dabei
als Vertriebskanal insbesondere für komplexe Produkte mit hohem subjektiv wahrgenommenen Risiko und langer Vertragsdauer weiterhin eine hohe Bedeutung zukommen,
während sich standardisierte Leistungen mit hoher Kontakthäufigkeit und geringem Er-
klärungsbedarf besonders für den Vertrieb via Internet eignen.[270] Eine ähnliche Entwicklung ist bei den klassischen Direktbanken und Direktversicherungen zu beobachten.
Sie bieten ihren Kunden in Ergänzung zu den bestehenden Vertriebskanälen Telefon und
Internet im Rahmen des so genannten clicks-and-mortar-Konzepts zunehmend die Möglichkeit des persönlichen Kontakts.[271]

3.3.5 Mixübergreifende Instrumente

Der Vorteil **übergreifender** Kundenbindungsinstrumente gegenüber den individuell
eingesetzten Instrumenten des Kundenbindungsmanagement besteht darin, dass sie verschiedene Kundenbindungsinstrumente unter einem Dach vereinen und somit alle De-
terminanten der Kundenbindung beeinflussen können.[272] So werden Kundenclubs in der
Finanzdienstleistungsbranche traditionell häufig als übergreifendes Kundenbindungsinstrument eingesetzt.[273] Das Internet macht darüber hinaus ein neues übergreifendes
Kundenbindungsinstrument möglich: Das themenbezogene Portal. Unter einem themen-
bezogenen Portal versteht man eine Webseite, die sich auf ein bestimmtes Thema konzentriert und dem Kunden umfassenden Content zu diesem Thema bietet. Ein **finanz-**

---

[267] Vgl. Reichardt, C., 2000, S. 12.

[268] Vgl. Walter, R., Disterer, W., 2000, S. 121 f.

[269] Vgl. Reichardt, C., 2000, S. 21.

[270] Vgl. Meyer, A., Oppermann, K., 1999, S. 112 ff.

[271] Vgl. Dombret, A.R., 2000, S. 368.

[272] Vgl. Peter, S., 1997, S. 254.

[273] Vgl. Tomczak, T., Dittrich, S., 1999, S. 173.

themenbezogenes Portal stellt damit für den Kunden ein Eingangstor zu Finanzinformationen, Finanzdienstleistungen und seiner Finanzcommunity im World Wide Web dar.[274] Die inhaltsbezogene Akzeptanz seitens des Kunden ist dabei von einer Zusammenstellung der Inhalte, der so genannten **Unique Content Proposition**, abhängig, die dem Kunden einen echten Mehrwert bietet und sich von den Angeboten der übrigen Anbieter unterscheiden soll. Dem Kunden kann zudem die Möglichkeit der Personalisierung der Startseite des Portals gegeben werden, so dass er sich eigenständig für ihn relevante Informationen und Services zusammenstellen kann, die ihm beim erneuten Besuch des Portals nach erfolgter Anmeldung automatisch und aktualisiert angezeigt werden. Die Anmeldung des Kunden ermöglicht darüber hinaus eine genaue Zuordnung der während des Besuchs ermittelten Kundeninformationen zum individuellen Kundenprofil.

Der Anbieter als Betreiber des Portals hat zudem die Möglichkeit, dem Kunden durch Kooperationen mit anderen Anbietern im Rahmen eines Netzwerks eine **nachfragegetriebene, umfassende Problemlösung** zu bieten. Als Systemkopf dieses Netzwerks behält er den direkten Kundenkontakt und ist in der Lage, umfangreiche Informationen über seine Kunden zu erheben. Die Kenntnis der genauen Bedürfnisse seiner Kunden ermöglicht dem Anbieter, ihnen im Rahmen des One-to-One-Marketing maßgeschneiderte Angebote zu machen. Die damit erzielte, gesteigerte Kundenzufriedenheit und das Vertrauen in einen Anbieter, der genau auf die Bedürfnisse des Kunden eingehen kann, führen in Verbindung mit einem durch eine eigenständige Markenpolitik erzielten unverwechselbaren Image zu einer hohen Kundenloyalität.[275]

4. Zusammenfassung und Ausblick

Ziel dieses Beitrags war es, die durch die neuen Informations- und Kommunikationstechnologien entstehenden **Möglichkeiten für das Kundenbindungsmanagement** insbesondere im Privatkundengeschäft der Finanzdienstleistungsbranche darzustellen sowie Defizite bei der Nutzung der sich bietenden Chancen aufzudecken.

Anhand des Konzepts des One-to-One-Marketing wurde dargestellt, dass Anbieter dem Risiko einer sinkenden Kundenbindung mit einer Individualisierung der Kundenbeziehung entgegenwirken können. Die Erfassung und Auswertung der genauen Bedürfnisse des Kunden mittels Database Management ermöglichen es dem Anbieter im Zusammenspiel mit dem interaktiven Medium Internet, dem Kunden individuelle und maßgeschneiderte Problemlösungen anzubieten. Es wurde klar, dass das verfügbare Potenzial

---

[274] Vgl. Schneider, K., 2000, S. 120.

[275] Vgl. Brabeck, R., Schoene, K., 2000, S. 60.

des One-to-One-Marketing von den Finanzdienstleistern noch nicht vollständig genutzt wird. Dabei wurde das Fehlen einer individuellen Interaktion als Hauptdefizit und der Aufbau von Portalen, die eine umfassende Lösung der Kundenprobleme ermöglichen, als Handlungsmöglichkeit aufgezeigt.

Die Fähigkeit des Anbieters, die Probleme des Kunden individuell und umfassend zu lösen, wird auch in Zukunft die Grundlage einer starken Kundenbindung sein. Dies ist nur durch eine **individuelle Beratung** möglich, die in Zukunft als Videoberatung auch über die neuen interaktiven Medien erbracht werden wird. Neben der Stärkung des Kundenvertrauens in die Transaktionssicherheit wird es dabei wichtig sein, dass es den Anbietern gelingt, ihre Internetangebote auch auf den neuen multimedialen Endgeräten, wie Mobiltelefon und Set-top-Box, verfügbar zu machen. Während viele Finanzdienstleister heute fast ausschließlich eigene Produkte anbieten, werden sie ihren Kunden in Zukunft eine breite Palette von Produkten verschiedener Anbieter kombiniert mit einer kompetenten Beratung anbieten müssen, um ihre Kundenbeziehungen nicht zu gefährden.

Literatur

ADAMS, J. S., (1963), Towards an understanding of inequity, in: Journal of Abnormal and Social Psychology, Heft 67/5, S. 422-433.

AHLERT, D. (HRSG.) (1999), Diskussionsforum für Handel, Distribution und Netzwerkmanagement 1999, Münsteraner Diskussionsforum für Handelsmanagement und Distribution e.V. Münster.

AHLERT, D., EVANSCHITZKY, H., HESSE, J. (2001), E-Commerce zwischen Anspruch und Wirklichkeit, Frankfurt a. M.

AHLERT, D., EVANSCHITZKY, H., HEINRICH, D. (2002), Erfolgsfaktoren von Bankdienstleistern, Münster.

AHLERT, D. U. A. (HRSG.) (2000), Internet & Co. im Handel, in: Roland Berger-Reihe: Strategisches Management für Konsumgüterindustrie und – handel, Berlin, Heidelberg, New York.

ALBERT, H. (2000), Interaktives Customer Relationship Marketing im Multi-Dialog-Mix, in: Die Bank, H. 5, S. 352-354.

BEKIER, M. M., FLUR, D. K., SINGHAM, S. J. (2000), A future for bricks and mortar, in: The McKinsey Quarterly, 2000 No. 3, p. 78-85.

BLATTBERG, R.C., THOMAS, J.S. (1999), The Fundamentals of Customer Equity Management, in: Bruhn, M., Homburg, C. (Hrsg.), Kundenbindungsmanagement, 1999, S. 359-385.

BLIEMEL, F., EGGERT, A. (1997), Kundenbindung – eine neue Sollstrategie?, Arbeitspapier Nr. 2/97 des Lehrstuhls für Marketing, Universität Kaiserslautern, Kaiserslautern, 1997.

BLIEMEL, F., FASSOTT, G., THEOBALD, A. (HRSG.) (1999), Electronic Commerce, Wiesbaden.

BRABECK, R., SCHOENE, K. (2000), Defizite beim Dialog mit dem Kunden, in: Bank Magazin, Heft 4, S. 60-62.

BRUHN, M., GEORGI, D. (1999), Wirtschaftlichkeit des Kundenbindungsmanagements, in: Manfred Bruhn, Christian Homburg (Hrsg.), Kundenbindungsmanagement, S. 411-440.

BULLINGER, H.-J., ENGSTLER, M., JORDAN, L. (2000), Szenario Finanzdienstleistungsmarkt 2000plus – Chancen für kleine und mittlere Filialbanken, Trendstudie, 2. überarbeitete Auflage, Fraunhofer-Institut für Arbeitswirtschaft und Organisation IAO, Stuttgart.

DILLER, H. (1996), Kundenbindung als Marketingziel, in: Marketing ZFP, Heft 2, S. 81-94.

DOMBRET, A.R. (2000), Ausgewählte Strategieansätze für Finanzdienstleister, in: Die Bank, Heft 6, S. 368-369.

GERPOTT, T.J. (2000), Kundenbindung – Konzepteinordnung und Bestandsaufnahme der neueren empirischen Forschung, in: Die Unternehmung, Heft 1, S. 23-42.

GERPOTT, T. J., KNÜFERMANN, M. (2000), Internet-Banking – Eine empirische Untersuchung bei deutschen Sparkassen, in: Bank-Archiv, Jänner 2000, S. 38-50.

GODIN, S., (1999), Permission Marketing, New York: Simon & Schuster.

HIENTZSCH, R. (2000), Vertriebswege – Den Mix koordinieren, in: Bankmagazin, April 2000, S. 54-56.

HERZBERG, F., MAUSNER, B., SNYDERMAN, B. (1959/1993), The Motivation to Work, Nachdruck der Originalausgabe von 1959, New Brunswick u. a.

HOMBURG, C., BRUHN, M. (1999), Kundenbindungsmanagement – Eine Einführung in die theoretischen und praktischen Problemstellungen, in: Bruhn, M., Homburg, C. (Hrsg.), Kundenbindungsmanagement, 1999, S. 3-35.

HOMBURG, C. (1998), Kundennähe, Kundenzufriedenheit und Kundenbindung bei Dienstleistungsunternehmen, in: Bruhn, M., Meffert, H. (Hrsg.), Dienstleistungsmanagement, S. 405-428.

HOMBURG, C., FAßNACHT, M. (1998), Kundenähe, Kundenzufriedenheit und Kundenbindung bei Dienstleistungsunternehmen, in: Bruhn, M., Meffert, H. (Hrsg.), Handbuch Dienstleistungsmanagement. Von der strategischen Konzeption zur praktischen
Umsetzung, S. 405-428.

HOMBURG, C., FAßNACHT, M., WERNER, H. (1999), Operationalisierung von Kundenzufriedenheit und Kundenbindung, in: Bruhn, M., Homburg, C. (Hrsg.), Kundenbindungsmanagement, 1999, S. 389-410.

HOMBURG, C., RUDOLPH, B. (1998), Theoretische Perspektiven zur Kundenzufriedenheit, in: Simon, H., Homburg, C. (Hrsg.), Kundenzufriedenheit – Konzepte, Methoden, Erfahrungen, 3. Aufl., S. 31-54.

HOMBURG, C. GIERING, A. (1996), Konzeptualisierung und Operationalisierung komplexer Konstrukte, in: Marketing ZFP, Heft 1, S. 5-24.

HOMBURG, C., GIERING, A., HENTSCHEL, F. (1999), Der Zusammenhang zwischen Kundenzufriedenheit und Kundenbindung, in: Bruhn, M., Homburg, C. (Hrsg.), Kundenbindungsmanagement, S. 81-112.

HÖPER, J. (2000), Das Internet als Beratungsmedium – Stärken und Schwächen, in: Die
Bank, Heft 6, S. 396-400.

KRAFFT, M. (1998), Kundenwert und Kundenbindung, in: Albers S. Clement, M., Peters,
(Hrsg.), Medien, S. 165-178.

KRAUSE, R.H. (2000), Trinkaus startet Internet Brokerage – Marketingstrategie, Pro-
duktphilosophie, Preispolitik, in: Die Bank, Heft 1, S. 28-31.

KUß, A., TOMCZAK, T. (2000), Käuferverhalten, 2., völlig neu bearbeitete Aufl., Stuttgart.

LEICHTFUß, R./SCHULTZ, T. (2000), Sieben Thesen zur Privatkundenbank der Zukunft,
in: Frankfurter Allgemeine Zeitung, 13.11.2000.

LEICHTFUß, R. ET. AL. (2000), Finanzdienstleistungen nach der digitalen Revolution, in:
Deutsche Sparkassen Zeitung Nr. 49 vom 7. 7. 2000, S. 12.

LINK, J. (1998), Database Marketing, in: Friedhelm Bliemel/Georg Fassott/Axel Theobald (Hrsg.), Electronic Commerce, 1999, S. 173-190.

LINK, J., HILDEBRAND, V. (1993), Database Marketing und Computer Aided Selling,
München.

MANDAC, L. (2000), Das Internet – Eine Bedrohung für den stationären Einzelhandel?,
in: Ahlert, D., et. al. (Hrsg.), Internet, S. 145-158.

MEFFERT, H. (2000), Marketing, 9. Aufl., Wiesbaden.

MEFFERT, H. (1999), Kundenbindung als Element moderner Wettbewerbsstrategien, in:
Bruhn, M., Homburg, C. (Hrsg.), Kundenbindungsmanagement, S. 115-133.

MEFFERT, H., BACKHAUS, K. (Hrsg.) (1997), Kundenzufriedenheit – Dokumentation des Workshops vom 26./27. Juni 1997, Dokumentationspapier Nr. 113 der Wissenschaftlichen Gesellschaft für Marketing und Unternehmensführung e. V., Münster.

MEFFERT, H., SCHWETJE, T. (1998), Meßprobleme der Kundenzufriedenheit – Erfahrungen aus einem Marktforschungsprojekt, Arbeitspapier Nr. 114 der Wissenschaftlichen Gesellschaft für Marketing und Unternehmensführung e. V., Münster, 1998.

MERTENS, B., KOLTHOF, S. (1999), Internet Business Intelligence, in: Friedhelm Bliemel, Georg Fassott, Axel Theobald (Hrsg.), Electronic Commerce, 1999, S. 383-402.

MEYER, A., BLÜMELHUBER, C. (1999), Kundenbindung durch Services, in: Manfred Bruhn, Christian Homburg (Hrsg.), Kundenbindungsmanagement, S. 189-212.

MEYER, A., OEVERMANN, D. (1995), Kundenbindung, in: Tietz, B., Köhler, R., Zentes, J., (Hrsg.), Handwörterbuch, Sp. 1340-1351.

MEYER, A., OPPERMANN, K. (1999), Vertrieb von Financial Services – Gedanken zur zukünftigen Gestaltung kundenorientierter Geschäftsmodelle, in: Torsten Tomczak u. a. (Hrsg.), Vertriebswege, S. 108-122.

MEYER ZU SELHAUSEN, H., STENKE, K. (1998), Die Ambivalenz der Auswirkungen von IT-Innovationen auf die Kreditwirtschaft, in: Franke, N., von Braun, C.-F., (Hrsg.), Innovationsforschung, S. 388-396.

NÖLKE, U. (2000), Die Freunde im Netz, in: Bank Magazin, Heft 5, S. 58-60.

o.V. (2000), „Permission Marketing" statt Werbeflut im Internet, in: FAZ Nr. 166 vom 20. 7. 2000, S. 25.

PEPPERS, D., ROGERS, M. (1996), Strategien für ein individuelles Kundenmarketing – Die 1:1-Zukunft (The One to One Future), übersetzt von Erwin Schumacher, München.

PETER, S.I. (1997), Kundenbindung als Marketingziel, in: Neue betriebswirtschaftliche Forschung, Bd. 223, Wiesbaden: zugl. Diss. Mannheim 1996.

REICHARDT, C. (2000), One-to-One-Marketing im Internet – Erfolgreiches E-Business für Finanzdienstleister, Wiesbaden.

REICHHELD, F.F., SASSER, E.W. (1999), Zero Migration: Dienstleister im Sog der Qualitätsrevolution, in: Bruhn, M., Homburg, C., (Hrsg.), Kundenbindungsmanagement, S. 135-150.

RIEDL, J. (1998), Rahmenbedingungen der Online-Kommunikation, in: Friedhelm Bliemel, Georg Fassott, Axel Theobald (Hrsg.), Electronic Commerce, 1999, S. 227-246.

PILLER, F. T. (1998), Kundenindividuelle Massenproduktion, Die Wettbewerbsstrategie der Zukunft, München.

RÖDER, H. (1999), Electronic Commerce und One-to-One-Marketing, in: Bliemel, F., Fassott, G., Theobald A. (Hrsg.), Electronic Commerce, S. 213-224.

SCHÄFER, H. (2000), Kundenbindung in der Versicherungswirtschaft – Neo-institutionsökonomische Analyse und marketingpolitische Ansatzpunkte, in: Zeitschrift für die gesamte Versicherungswissenschaft, Heft 1, S. 89-120.

SCHNEIDER, K. (2000), Geschäftsmodelle in der Internet-Ökonomie, in: Ahlert, Dieter u. a. (Hrsg.): Internet & Co. im Handel, Berlin, Heidelberg, New York, S. 109-124.

SCHWETJE, T. (1999), Kundenzufriedenheit und Arbeitszufriedenheit bei Dienstleistungen: Operationalisierung und Erklärung der Beziehungen am Beispiel des Handels, Schriftenreihe Unternehmensführung und Marketing, Bd. 37, Wiesbaden.

SIMON, H. ET. AL. (1999), Kundenbindung durch Preispolitik, in: Bruhn, M., Homburg, C., (Hrsg.), Kundenbindungsmanagement, S. 237-253.

STAHL, H.K. (1999), Kundenloyalität kritisch betrachtet, in: Hinterhuber, H.H., Matzler, K., (Hrsg.), Unternehmensführung, S. 41-59.

SPOHR, T.(2000), Kundenbindung durch Beschwerdemanagement, in: ZfV Nr. 2 vom 15. 1. 2000, S. 54-57.

STAUSS, B., SEIDEL, W. (1998), Prozessuale Zufriedenheitsermittlung und Zufriedenheitsdynamik bei Dienstleistungen, in: Simon, H., Homburg, C., (Hrsg.), Kundenzufriedenheit, S. 201-224.

STOLPMANN, M. (2000), Online-Marketing-Mix, Bonn.

STOOF, L. (2000), Die größten 100 Banken im E-Mail-Test, in: Bank Magazin, Heft 5, S. 62-65.

STRABEL, P. (2000), Kundensegmentierung durch Electronic Banking, in: Börsen-Zeitung Nr. 120 vom 24.06.2000, Sonderbeilage Electronic Banking & E-Commerce, S. B 7.

THIBAUT, J.W., KELLEY, H.H. (1959), The Social Psychology of Groups, New York u. a.

TOMCZAK, T., DITTRICH, S.(1999), Kundenclubs als Kundenbindungsinstrument, in: Bruhn, M., Homburg, C., (Hrsg.), Kundenbindungsmanagement, S. 171-187.

WALTER, R., DISTERER, G. (2000), Multimediale Kiosksysteme als virtuelle Bankfiliale, in: Die Bank, Heft 2, S. 118-122.

Teil III

Implementierung von Multikanalstrategien

Anita Hukemann, Martin Weich

Business Intelligence-Anwendungen für Multikanal-Strategien

1   Einleitung
2   Begriffliche Abgrenzung
    2.1   Business Intelligence
    2.2   Phasen der marktlichen Transaktion
    2.3   Customer Touch Points
3   Informationstechnologische Aspekte der Multikanalsteuerung
    3.1   Multiple Informationsgewinnung über Kunden an
          verschiedenen CTPs
    3.2   Dimensionsübergreifende Analyse
4   Optimierung von Multikanalsystemen durch Business Intelligence
    4.1   Vorgehensweise
    4.2   Fokus Prozessebene: Pfad- und Sequenzanalyse
    4.3   Fokus Kanalebene: Deckungsbeitragsrechnung
    4.4   Fokus Kundenebene: Segmentierung
    4.5   Ebenenübergreifende Instrumente
5   Zusammenfassung und Ausblick

1. Einleitung

Um die Beziehung zwischen Kunde und Unternehmen zu intensivieren, haben zahlreiche Unternehmen heute verschiedenste Kanäle zum Kunden geschaffen. Häufig werden aber multiple Kanäle voneinander unabhängig betrieben und können sich so ggf. kannibalisieren. Die Integration der Kanäle untereinander hat vielfach noch nicht stattgefunden. Für die Umsetzung einer erfolgreichen Multikanal-Strategie ist es Aufgabe des Management, ausgerichtet an den Kundenbedürfnissen einen optimalen Kanalmix herzustellen. Dieses Optimum gilt es mithilfe von Business Intelligence-Anwendungen herauszufinden und stetig weiter zu entwickeln, denn nur eine integrierte und koordinierte Entwicklung, Gestaltung und Steuerung aller Kanäle kann dieses Ziel erreichen. Im Folgenden wird auf die Datengrundlagen und deren Integration eingegangen sowie auf die Analysemöglichkeiten, die sich in den Dimensionen Kanal, Kunde und Prozess ergeben.

2. Begriffliche Abgrenzung

2.1 Business Intelligence

Der zunehmende Einsatz von IT-Systemen in Unternehmen sorgt für einen ständigen Strom von Daten über Kunden und Prozesse. Diese Daten lagern jedoch in der Regel unstrukturiert in verschiedenen Systemen und werden nur selten systematisch genutzt.[276] Business Intelligence setzt genau an dieser Stelle an. Basierend auf betriebswirtschaftlichen Fragestellungen werden verfügbare Daten entscheidungsorientiert zusammengestellt, analysiert und den Nutzern in geeigneter Form visualisiert.[277]

Hierzu ist die Schaffung einer gemeinsamen Datenbasis in einem Data Warehouse als Ausgangspunkt notwendig. In diesem Data Warehouse stehen die Daten in für Analysen vorbereiteter Form zur Verfügung. Grundsätzlich kann man **drei Analyseansätze** unterscheiden:

---

[276] Vgl. Homburg, Ch., Schäfer, H., Beutin, N. (2002).
[277] Vgl. Schinzer, H. (1999), S. 55.

- **Eindimensionale Fragestellungen** (z. B. Ø Umsatzrendite, Anzahl verkaufter Produkte).
- **Mehrdimensionale Fragestellungen** (z. B. Anzahl Kunden im Verkaufsgebiet Nord mit einem Deckungsbeitrag größer X und einem Umsatz größer Y).
- **Mustererkennung in komplexen Datenbeständen** mittels Data Mining (z. B. Produktverbunde, Kundensegmentierung).

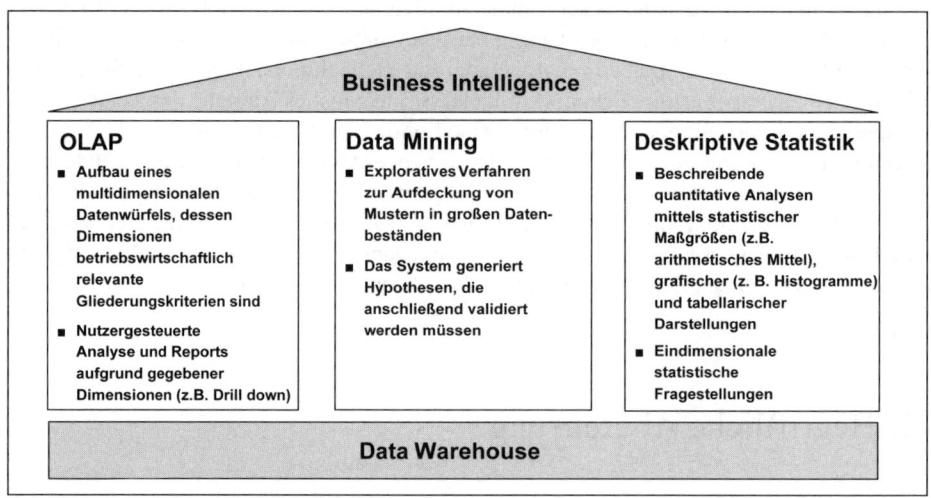

Abbildung 1:   Übersicht Business Intelligence

Wie aus Abbildung 1 ersichtlich, baut Business Intelligence stets auf einem Data Warehouse auf, um mittels deskriptiver Statistik, OLAP und Data Mining qualitativ hochwertige entscheidungsrelevante Informationen aus der Fülle der Unternehmensdaten zu gewinnen und für die Nutzer geeignet zu visualisieren.

2.2 Phasen der marktlichen Transaktion

Wesentlich bei der Betrachtung von Multikanalstrategien erscheint der Ablauf der marktlichen Transaktion, da es sowohl zum Kanalwechsel innerhalb einer Phase als auch zwischen den Phasen kommen kann. Die Strukturierung der Phasen der marktlichen Transaktion sind vielfältig. Angelehnt an die Prozessmodelle zur Erklärung von Kaufentscheidungsprozessen und die Transaktionskostenökonomie haben Schmid[278] und spä-

---

[278] Vgl. Schmid, B., 1993, S. 466.

ter Korb[279] ein Phasenmodell der marktlichen Transaktion entwickelt, welches auch hier als Grundlage des Kaufprozesses dienen soll. Die folgende Abbildung stellt den Transaktionsprozess als Ganzes dar, nachfolgend wird auf die Charakteristika der einzelnen Phasen eingegangen.

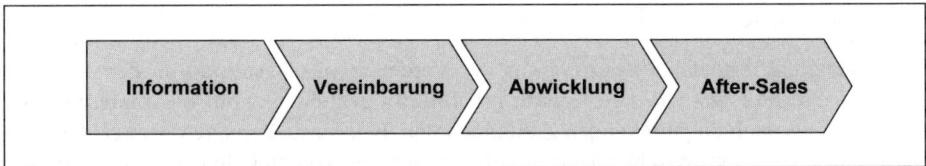

Abbildung 2:   Phasen der marktlichen Transaktion[280]

Informationsphase

Kaufentscheidungen werden im Allgemeinen von verschiedensten Informationen beeinflusst. Zu unterscheiden ist hierbei vor allem nach Produkt- und Preisinformationen sowie nach Informationen über Anbieter bzw. Nachfrager.[281] Werden Informationen aktiv gesucht, entsteht bei Beschaffung der gesuchten Informationen je nach Informationskanal häufig eine Divergenz zwischen Zeit- und Kostenaufwand. Vielfach werden die Informationen in der Informationsphase aber von Konsumenten nicht wissend gesucht, sondern unbewusst und passiv wahrgenommen. Für die passive als auch aktive Informationsbeschaffung stehen dem Konsumenten in der ersten Phase des Kaufprozesses unterschiedliche Quellen zur Verfügung.[282] Je nach Produkt und Konsumentenzielgruppe kommen unterschiedliche Informationsquellen in verschiedenen Informationskanälen zum Einsatz. Hier bedarf es einer optimalen Abstimmung des Informationsmix, um einerseits den Konsumenten gezielt anzusprechen, ihn aber gleichzeitig nicht mit Informationen zu überfrachten, insgesamt unter Minimierung der Kosten für die Informationserzeugung und -bereitstellung.

Vereinbarungsphase

Kennzeichen der Vereinbarungsphase ist eine konkrete Auseinandersetzung des Konsumenten mit Informationen über die Anbieter. Die Ausgestaltung der Leistung, Preisver-

[279] Vgl. Korb, J., 2000, S. 38 ff.

[280] Vgl. Picot, A., Reichwald, R.,Wigand, R., 2001, S. 338.

[281] Vgl. Korb, J., 2000, S. 37.

[282] Kotler, P., Bliemel, F. unterscheiden zwischen persönlichen Quellen (z. B. Familie, Freunde), kommerziellen Quellen (z. B. Werbung, Verkäufer, Verpackung), öffentlichen Quellen (Testinstitute, Verbraucherverbände) und Erfahrungsquellen. Beachtung können hier allerdings nur die kommerziellen Quellen finden, da die anderen außerhalb des Einflussbereiches des Anbieters stehen. Vgl. Kotler, P., Bliemel, F., 2001, S. 11 f.

handlungen, Konditionen und Vertragsabsicherungen sind Gegenstand der Vertragsaus-
gestaltung. Somit ist das Ergebnis der Vereinbarungsphase ein vertragsrechtlicher Abschluss zwischen Anbieter und Nachfrager eines Gutes bzw. einer Dienstleistung.[283]
Daher ist besonders für die Vereinbarungsphase die Nutzung von Multikanal-Systemen
von Bedeutung, um evtl. Rechtsunsicherheiten in Onlinemedien durch ein Offlineange-
bot der Vereinbarungsphase zu entkräften.

Abwicklungsphase

Die vertraglich festgelegte Leistung aus der Vereinbarungsphase muss in der Abwicklungsphase erfüllt werden. Die **Leistungserfüllung** schließt sowohl die Lieferung der
Waren ein als auch die anfallenden Zahlungen und evtl. Versicherungen. Betrachtet man
den Bereich der elektronischen Märkte, tritt – abgesehen von digitalen Gütern – in dieser
Phase ein Wechsel des Kanals auf, da eine Distribution der physischen Güter nur über
einen Offlinekanal möglich ist.[284] Handelt es sich um digitale Güter, ist ein Wechsel des
Kanals nicht notwendig und aus ökonomischen und praktischen Gründen nicht ge-
wünscht.

After-Sales-Phase

Um eine optimale Kundenbetreuung zu gewährleisten und eine hohe Wiederkaufrate zu
fördern, bauen viele Anbieter die After-Sales-Phase aus. Angefangen beim Beschwerdemanagement bis hin zu Kundenclubs und Communities sind hier dem Ideenreichtum
der Unternehmen keine Grenzen gesetzt, den Versuch zu unternehmen, die Kundenbindung auf vielfältige Weise zu erhöhen. In erster Linie steht **die aktiv gestaltete Kon-
taktpflege mit dem Kunden** im Vordergrund. Ob es sich allerdings um personalisierte
Maßnahmen handelt, hängt in erster Linie von der vorherigen Leistungserstellung ab.[285]

2.3 Customer Touch Points

Innerhalb des Durchlaufs der Phasen der marktlichen Transaktion tritt ein Kunde an verschiedenen Stellen in Kontakt mit dem Unternehmen. Diese Berührungspunkte des Kunden, auch **Customer Touch Points (CTPs)**[286] genannt, entsprechen dem Schnittpunkt
zwischen Vertriebs- bzw. Kommunikationskanal und der Prozessphase der marktlichen
Transaktion. Die vielfältigen Formen der Kontaktaufnahme von Kunden mit Unternehmen (u. a. Call-Center, Filiale, Web) ergeben eine Vielzahl von denkbaren Kombinati-
onsmöglichkeiten von CTPs bis zum Abschluss einer marktlichen Transaktion. Diese

---

[283] Vgl. Korb, J., 2000, S. 39.
[284] Vgl. Luxem, R., 2000, S. 14-26.
[285] Vgl. Korb, J., 2000, S. 39.
[286] Vgl. Schwanitz, 2001, S. 140 f.

können in einer Customer Touch Point-Matrix abgebildet werden, in der eine Dimension durch die Prozessschritte der marktlichen Transaktion gebildet wird. Die zweite Dimension entsteht durch die Möglichkeiten der Interaktion des Kunden mit dem Unternehmen in den verschiedenen Kanälen.

Beispielhaft soll die CTP-Matrix anhand des Kaufs eines Home-Cinema-Systems bei einem Multikanal-Elektronik-Händler vorgestellt werden:

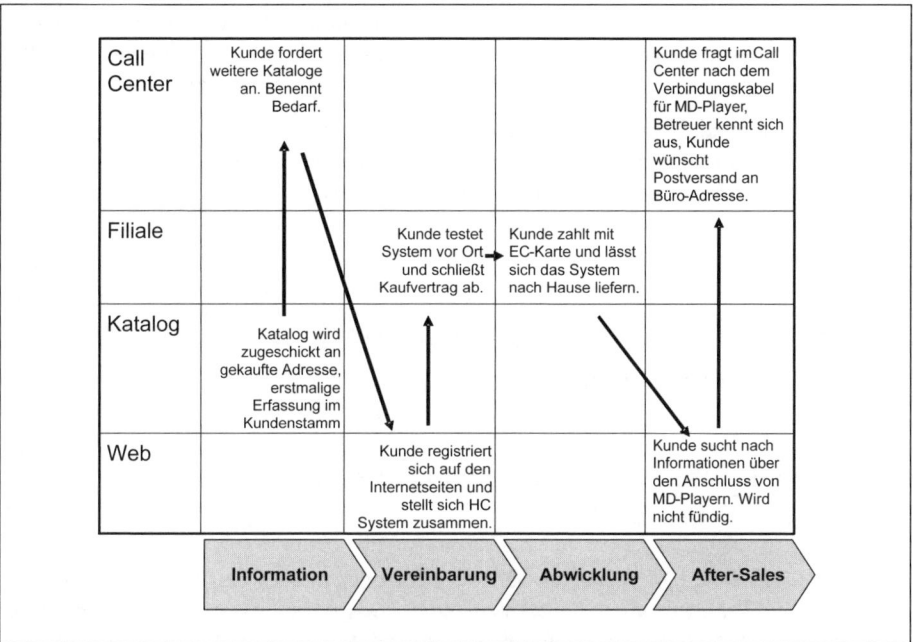

Abbildung 3:   CTP-Matrix – Beispiel Kaufprozess[287]

Der allgemeine Katalog mit Elektronikartikeln wird einem potenziellen Kunden unaufgefordert zugeschickt, die Adresse wurde gekauft. Der potenzielle Kunde zeigt Interesse an den Produkten, ruft beim Call-Center an, um einen zusätzlichen Katalog über Home-Cinema-Produkte zu bekommen. Er äußert außerdem das Interesse an weiteren Produkten. Auf der Internetseite findet der Kunde weitere Informationen, registriert sich, surft detailliert einige Produktseiten ab und stellt sich das für ihn optimale Home Cinema-System zusammen. Später geht der Kunde in die Filiale, um sich die Produkte real anzu-

---

287 Eine ähnliche Abbildung findet sich bei Schwanitz, J., 2001, S. 590. Hier wurde die Grafik aus Gründen der Anschaulichkeit mit Beispielen versehen und um einige Kanäle verkürzt.

schauen, das Bild und den Klang der Geräte zu testen. Daraufhin schließt der Kunde den Kaufvertrag über das Home-Cinema-System im Filialgeschäft ab, bezahlt per EC-Karte und lässt sich das System nach Hause liefern. Einige Wochen später schafft sich der Kunde einen Mini-Disc-Player an. Zu Hause beim Anschluss an das Home-Cinema-System stellt der Kunde fest, dass die mitgelieferten Kabel den Mini-Disc-Player nicht mit dem Home-Cinema-System verbinden können. Der Kunde sucht im Internet nach einer Lösung des Problems, wird aber nicht fündig, da die FAQs nur Standardfragen abdecken. Auf der Site bittet er das Call-Center um Rückruf. Das Call-Center ruft zurück und der Kunde schildert sein Problem. Der Kundenbetreuer erkennt das Problem und bietet ihm ein entsprechendes Kabel an. Das Kabel soll dem Kunden per Post zugehen. Da er aber selten zu Hause ist, soll das Päckchen an seine Büroadresse geschickt werden. Das Päckchen geht dem Kunden zu und er schließt den Mini-Disc-Player an.

Wie das Beispiel zeigt, fallen Kundendaten in unterschiedlicher Form und Güte an allen CTPs an. Die informationstechnologischen Besonderheiten einer Multikanalstrategie sollen hier verstärkt Beachtung finden und werden im folgenden Kapitel erläutert.

3. Informationstechnologische Aspekte der Multikanalsteuerung

3.1 Multiple Informationsgewinnung über Kunden an verschiedenen CTPs

An allen CTPs fallen Kundendaten an, die mehr oder minder detaillierte Aussagen zu Interessen und Präferenzen der Kunden zulassen. Die Erfassung der Kundendaten erfolgt auf vielfältige Weise: Das Spektrum reicht von formulargestützten Eingaben des Kunden auf der Website über Beschwerdeerfassungen durch den Sachbearbeiter im Call-Center bis hin zum impliziten Profiling eines Kunden durch Auswertung der Server-Log-Files. Hinzu kommen Daten aus dem Backoffice, wie z. B. Rechnungen und Rücksendungen. Betrachtet man die Vielzahl der CTPs, wird deutlich, wie vielfältig auch die Arten der Datenerhebung sind. Problematisch ist allerdings nicht die Erhebung der Daten, sondern vielmehr die Integration der erhobenen Daten in ein geschlossenes, kanalübergreifendes Informationssystem. Aufgrund der Multikanal-Umgebung ist es notwendig, eine Sammlung, Verdichtung, Bereinigung und Integration der Kundendaten über die verschiedenen Kanäle hinweg durchzuführen.

Abbildung 4:   Datenklassifikation nach Link/Hildebrand[288]

Nach Link/Hildebrand[289] werden die Kundendaten klassifiziert nach Grunddaten, Po-
tenzialdaten, Aktionsdaten und Reaktionsdaten. Zu den Grunddaten (G) gehören alle
längerfristig gleich bleibenden und weitgehend produktunabhängigen Kundendaten.
Name, Anschrift und Telefonnummer gehören ebenso zu den Grunddaten wie auch
Klassifizierungen nach Kaufverhaltensmerkmalen, soziodemographischen Faktoren etc.
Die **Potenzialdaten** (P) umfassen produktgruppen- und zeitpunktbezogene Daten, die
Richtwerte über kundenindividuelles Nachfrageverhalten liefern. Der produktspezifische
Gesamtbedarf sowie die derzeitige Ausstattung eines Kunden mit Produkten sind eben-
falls bei den Potenzialdaten erfasst. Die Schwierigkeit bei der Erfassung der Potenzialda-
ten besteht darin, dass häufig nur durch Befragung die jeweiligen Bedarfe ermittelt wer-
den können, hierbei aber nur selten die genannten Werte mit den realen Bedarfen des
Kunden übereinstimmen. **Aktionsdaten** (A) dokumentieren die kundenspezifischen
Marketingmaßnahmen, wie z. B. Art und Häufigkeit der Kontakte, ggf. auch anteilige
Kosten der Maßnahmen. Die **Reaktionsdaten** (R) halten das Kundenverhalten fest und
geben Aufschluss über die Wirksamkeit der eingesetzten Marketingmaßnahmen. Zu den
Reaktionsdaten gehören neben den Aufträgen des Kunden auch die Kundenanfragen,
Reklamationen, Retouren und sonstige direkte Kommunikationskontakte mit dem Kun-
den.

Im Multikanal-Umfeld ist es notwendig, über alle Kanäle hinweg auf die Kundendaten
zugreifen zu können. Oft herrscht aber das Bild der *Dateninseln* vor. Jeder Kanal erfasst
eigene Grund-, Potenzial-, Aktions- und Reaktionsdaten, auch wenn es sich um eine

---

[288] Vgl. Link, J, Hildebrand, V., 1993, S. 34-43.

[289] Vgl. Link, J, Hildebrand, V., 1993, S. 34-43.

weitgehend identische Kundenbasis handelt. Führt man sich einmal das Kaufprozessbeispiel aus dem vorhergehenden Kapitel vor Augen, lässt sich anschaulich zeigen, inwieweit die einzelnen Kanäle Daten generieren und wie verzahnt die Situation ist.

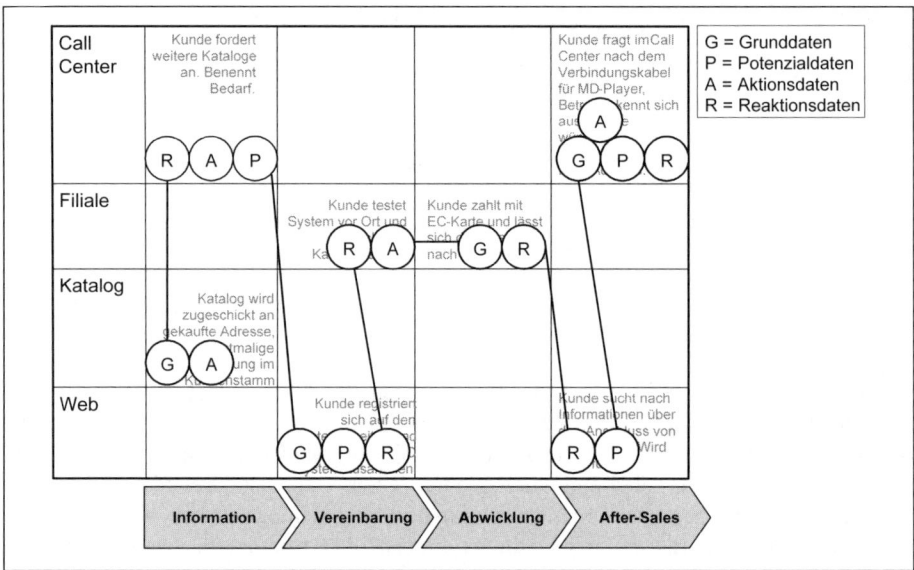

Abbildung 5:   Datengewinnung in Multikanal-Systemen

Wie die Grafik zeigt, fallen in allen Kanälen die entsprechenden Datentypen an. Betrachtet man nur die Grunddaten, so findet die Aufnahme des Kunden in den Kundenstamm im Kanal Katalog statt, der Kunde ergänzt seine E-Mail-Adresse im Kanal Web, fügt im Kanal Filiale seine Bankdaten und Lieferadresse hinzu und benennt im Kanal Call-Center sogar noch eine zweite Lieferadresse. Bei einer Insellösung würden diese Daten jetzt in vierfacher Form vorliegen, kein Grunddatensatz wäre jedoch vollständig. Online Shop, Call-Center-, CAS-, Warenwirtschafts-, Kundenclub-Systeme etc. generieren Daten, die allen Kanälen zur Verfügung stehen sollten. Ein ständiger Zugriff auf die einzelnen operativen Daten ist allerdings nicht empfehlenswert, da die Performance der einzelnen Systeme darunter leidet. Daher ist es sinnvoll, die Daten der verschiedenen Anwendungssysteme in einem **Data Warehouse**[290] möglichst zeitnah zu integrieren.

---

[290] Unter einem Data Warehouse i. e. S. versteht man eine von den operationalen DV-Systemen isolierte Datenbank, die als unternehmensweite Datenbasis für alle Ausprägungen managementunterstützender Systeme dient und durch eine strikte Trennung von operationalen und EUS-Daten und Systemen gekennzeichnet ist. Vgl. Holten, R., Rotthowe, T., Schütte, R., 2001, S. 5.

Der Aufbau eines Data Warehouse ist aufwändig und mit hohen Kosten verbunden. Eine **Kosten-Nutzen-Analyse** sollte durchgeführt werden, denn den Nutzenkategorien, wie Kostenersparnis, Produktivitätsverbesserung und Wettbewerbsvorteil, stehen nicht nur die Anschaffungskosten für die Hard- und Software des Data Warehouse gegenüber, sondern auch ein hoher Instandhaltungsaufwand, da aufgrund von marktlichen Veränderungen das Warehouse häufig modifiziert werden muss. Will man jedoch ein ganzheitliches Management der Multikanal-Strategien verwirklichen, kann auf ein Data Warehouse als Grundlage für Business Intelligence-Anwendungen nicht verzichtet werden.

3.2 Dimensionsübergreifende Analyse

Die **Optimierung des Kanalmixes** wird als wesentlicher Erfolgsfaktor für das Management von Multikanal-Systemen herausgestellt.[291] Dabei steht die Koordinierung der Kanäle im Vordergrund, um einerseits ein Optimum an Kundenzufriedenheit herzustellen, andererseits aber auch ein Maximum an Prozesseffizienz zu erzielen. Es handelt sich somit um einen klassischen **Zielkonflikt.** Zur Optimierung des Multikanal-Systems bedarf es sowohl einer Anwendung von Business Intelligence-Instrumenten auf Kundenebene, auf Prozessebene als auch auf Kanalebene. Die folgende Abbildung zeigt die verschiedenen Ebenen. Dargestellt sind hier drei verschiedene Kundengruppen, die den marktlichen Transaktionsprozess über gruppencharakterische CTPs durchlaufen.

---

[291] Vgl. Wirtz, B., 2002, S. 679.

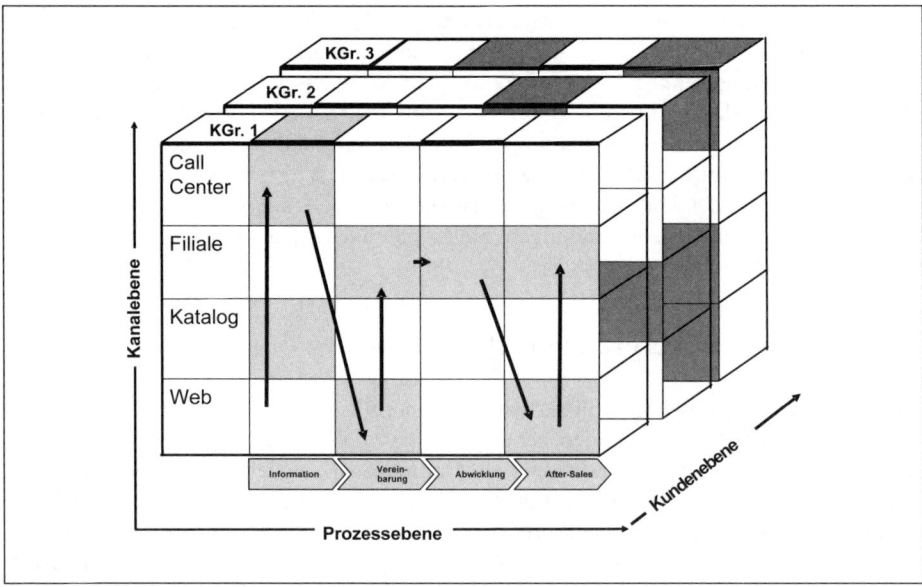

Abbildung 6:   Kanal-, Kunden- und Prozessebene als Analyseobjekt

Veranschaulichen lässt sich dieses Optimierungsproblem am Beispiel der Werbebudge-
tierung. Die Werbeabteilung soll das Werbebudget optimal auf die entsprechenden Kanäle verteilen, um eine möglichst große Werbeeffizienz zu erzielen. Dafür müssen die
geeigneten Kunden angesprochen werden (Kundenanalyse). Nachdem die Zielgruppe
identifiziert wurde, ist zu prüfen, welche Kanäle von der Zielgruppe während der Informationsphase präferiert werden (Kanalanalyse). Schließlich ist herauszufinden, auf welche Werbeträger die Zielgruppe in den ausgewählten Kanälen optimal reagiert (Prozess-
analyse). Eine singuläre Betrachtung der einzelnen Dimensionen ist notwendig, jedoch
nicht hinreichend, um eine optimale Gestaltung des Multikanal-Systems herbeizuführen.
Im Folgenden werden die einzelnen Analyseebenen und beispielhafte Instrumente vorgestellt. Im Anschluss daran wird eine dimensionsübergreifende Analyse dargestellt.

4. Optimierung von Multikanalstrategien durch Business Intelligence

4.1 Vorgehensweise

Zur Nutzung von Business Intelligence-Methoden zur Optimierung von Multikanalsystemen bietet sich folgende Vorgehensweise an:

1. **Konkretisierung der betriebswirtschaftliche Fragestellung**
   Welches Thema oder welcher Bereich soll verbessert bzw. optimiert werden? Als Einstieg in diese Thematik sollte ein eng begrenztes Aufgabenfeld gewählt werden, in dem aber hohe Optimierungspotenziale vermutet werden.

2. **Zusammenstellung der notwendigen Daten (Kundendaten-Management)**
   Aus dem definierten Aufgabenfeld wird der notwendige Datenbedarf abgeleitet. Die vorhandenen Daten werden bereinigt, zusammengefügt und auf ihre Datenqualität hin überprüft.

3. **Durchführung von Analysen**
   In der Regel besteht die Notwendigkeit bei der Anwendung von komplexen Analysen, die Ergebnisse in ihrer Güte zu bewerten und verschiedene Verfahren anzuwenden, um die gefundenen Ergebnisse zu validieren.

4. **Visualisierung der Ergebnisse**
   Die gefundenen Ergebnisse sind benutzergerecht aufzubereiten. Dabei empfehlen sich vor allem eine grafische Darstellung sowie die Trennung zwischen Übersichts- und Detailinformationen.

5. **Ableitung und Umsetzung von Handlungsempfehlungen**
   Aus der Diskussion der Ergebnisse sollten Maßnahmen zur Optimierung abgeleitet werden.

6. **Controllingzyklus**
   Diese Maßnahmen müssen auf ihre Wirksamkeit hin laufend kontrolliert und ggf. angepasst werden.

Bei den folgenden Analysen mit dem Fokus auf die jeweiligen Ebenen wird diese Vorgehensweise angewendet. Anschließend erfolgt eine ebenenübergreifende Analyse, die sich innerhalb der einzelnen Analysephasen auch am oben vorgestellten Vorgehensmodell orientiert.

4.2 Fokus Prozessebene: Pfad- und Sequenzanalyse

Um einen Produkt- oder Dienstleistungskauf zu tätigen, führen in einem Multikanal-Unternehmen viele Wege zum Ziel. Welche Wege werden jedoch am häufigsten beschritten? Welche Wege durch die Kanäle führen zu einem erfolgreichen Abschluss einer marktlichen Transaktion? Um die Abfolge der beschrittenen Wege durch die Kanäle zu untersuchen, wird häufig das Verfahren der **Pfadanalyse** eingesetzt, das die Identifikation der am häufigsten verwendeten Kontaktpfade ermöglicht. Auf diese Weise können Erkenntnisse über Informationssuch- und Kaufstrategien von Konsumenten abgeleitet werden, die eine Grundlage für die inhaltliche und formale Ausgestaltung des Multikanalsystems liefern. Datengrundlage bilden die erhobenen Aktions- und Reaktionsdaten, die innerhalb der verschiedenen Kanäle anfallen und in der CTP-Matrix abgebildet werden. Abbildung 7 veranschaulicht zwei häufig gewählte Pfade. Pfad 1 kennzeichnet eine Kundengruppe, die Transaktionen mit Vorliebe in der Filiale abwickelt. Pfad 2 hingegen kennzeichnet eine Kundengruppe, die alle Kanäle mit Ausnahme des Katalogs gleichmäßig nutzt und hier als Channel Hopper bezeichnet wird.

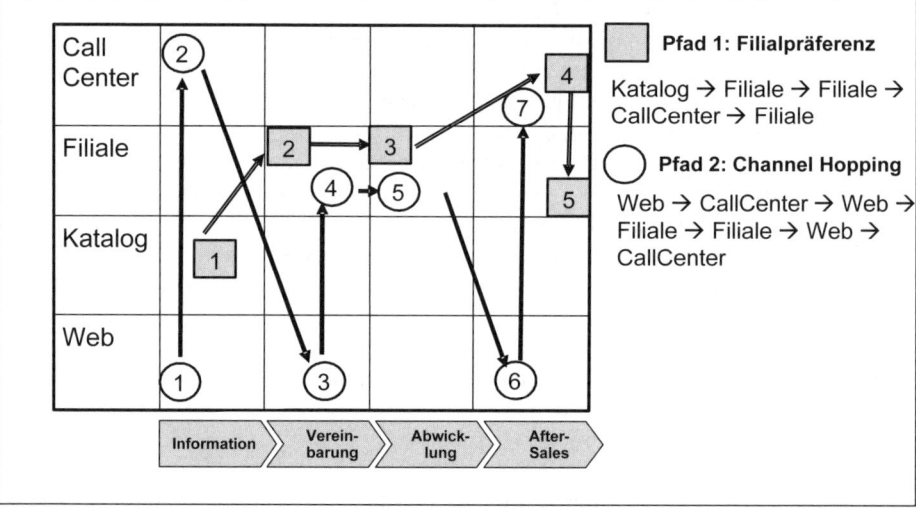

Abbildung 7:   CTP-Matrix zur Visualisierung der Pfade

Abgesehen von der Pfadanalyse für einzelne Transaktionen ist es sinnvoll, typische **Kaufverhaltensmuster in ihrer zeitlichen Reihenfolge** zu analysieren. Für ein Handelsunternehmen im Bereich Unterhaltungselektronik wurde eine Analyse der vorhandenen Bestelldaten durchgeführt. Dabei stand insbesondere die Frage nach typischen zeitlichen Kaufverhaltensmustern von Wiederholungskäufern im Vordergrund. Als Analyse-methode wurde die **Sequenzanalyse** gewählt. Um die Anwendbarkeit dieser Methode sicherzustellen, müssen folgende Anforderungen an den Datenbestand erfüllt sein: [292]

- Die einzelnen Transaktionen müssen eindeutig einem Kunden zuordenbar sein (z. B. über eine Kundennummer).
- Die vorhandenen Daten müssen in eine zeitliche Rangfolge gebracht werden können (z. B. über das Datum der Bestellung).

Aus der Analyse des Kaufverhaltens aller Kunden über die relevanten Kanäle ergab sich unter anderem folgendes **Kaufsequenzmuster:**

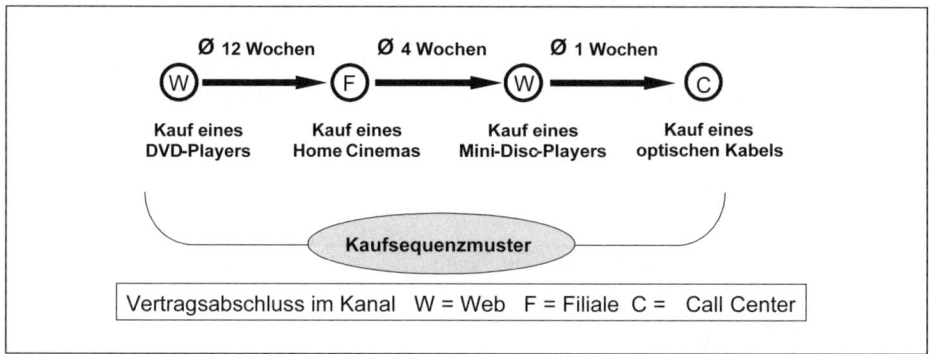

Abbildung 8:   Kaufsequenzmuster von Bestelldaten eines Handelsunternehmens

Es existiert somit eine Gruppe von Kunden, die ein bestimmtes Set von Produkten in-nerhalb bestimmter Zeitabstände kaufen. Dieses erkannte Muster bildet die Basis für ei-ne „individualisierte" Ansprache. Das Ziel einer sich anschließenden Werbekampagne wäre somit, dieses Muster zu unterstützen und zu forcieren. Kunden die z. B. einen DVD-Player im Web bestellten, bekommen nach einigen Wochen nochmals Post bzw. E-Mails, die zum Kauf eines Home-Cinemas auffordern. Zum einen können dadurch Umsätze früher realisiert und zum anderen Kunden stärker an das Unternehmen gebun-den werden.

---

[292] Vgl. Bensberg, F., 2000, S. 188 f.

4.3 Fokus Kanalebene: Deckungsbeitragsrechnung

Eine schnell durchzuführende Analyse stellt die Deckungsbeitragsrechnung dar, da der Deckungsbeitrag nach den Ebenen und Hierarchien des Bezugsobjektes differenziert werden kann. Bei der **Kanaldeckungsbeitragsrechnung** werden den jeweiligen Kanälen die kanalspezifischen Kosten und Erlöse auf den unterschiedlichen Zurechnungsstufen gegenübergestellt. Die Zuordnung der Erlöse ist dabei indessen nicht unproblematisch. Aufgrund der Bestelldaten ist in der Regel der Kanal des Transaktionsabschlusses klar zu erkennen. Wenn sich jedoch jemand im Internet informiert und später in der stationären Filiale das Produkt erwirbt, so wird der Umsatz der Filiale zugeordnet. Vorstellbar ist aber, dass ohne die Informationen aus dem Kanal Web die Kaufhandlung nicht stattgefunden hätte. In diesem Fall wäre ein **Splitting des erzielten Umsatzes** auf die beteiligten Kanäle möglich. Inwieweit allerdings die Informationsprozesse dem tatsächlichen Kaufakt zuzuordnen sind, ist auf diesem Wege nicht zu identifizieren. Von einem Splitting muss daher in diesem Fall abgesehen werden, da keine Anhaltspunkte über die interne Verrechnung vorliegen. Ein spezifischer Vorteil der kanalbezogenen Deckungsbeitragsrechnung ist aber, dass explizit eine Berücksichtigung der Betriebskosten der einzelnen Kanäle stattfinden kann.

DB-Rechnung Handelsunternehmen	Kanäle			
	W	F	K	C
Nettoerlöse				
./. Wareneinsatz				
DB I				
./. direkt zurechenbare Vertriebskosten				
DB II				
./. Lager- und Logistikkosten				
DB III				

Abbildung 9:   Kanalbezogene Deckungsbeitragsrechnung eines Multikanal-Handelsunternehmens[293]

Auf diese Weise ergibt sich eine differenzierte Deckungsbeitragshierarchie, die als Entscheidungsgrundlage für Kanalentscheidungen dienen kann. Als einziges Entscheidungskriterium sollte der Deckungsbeitrag allerdings nicht herangezogen werden, da

---

[293] Vgl. Schögel, M., 2001, S. 50.

Verbunde zwischen den Kanälen nicht in die Berechnung einbezogen werden. Es liegt nur eine vertikale Messung des Beitrags eines Kanals zum Geschäftserfolg vor. Resultiert aus der Deckungsbeitragsrechnung, dass man einen Kanal aus dem Mix eliminieren sollte, kann das Befolgen der Handlungsanweisung in praxi durchaus die schlechtere Möglichkeit darstellen. Für die **Verbundeffekte zwischen den Kanälen** sind weitere horizontale Analysen nötig, die sowohl die Kunden- als auch die Prozessperspektive berücksichtigen.

4.4 Fokus Kundenebene: Segmentierung

Um die Komplexität der unterschiedlichen Kundenanforderungen beherrschen zu können, bietet sich an, nach gleichen Verhaltensmustern und Präferenzen der Konsumenten zu suchen. **Segmentierungsverfahren** können im Rahmen des Data Mining zur Identifikation homogener Kundengruppen eingesetzt werden. Zur Abgrenzung der Segmente können z. B. die Grunddaten der Protokolldatei des Shop-Logfiles herangezogen werden. Diese liefern relativ zeitstabile, technografische Segmentierungskriterien, wie z. B. die Internetadresse, den Browser- und Betriebssystemtyp des Kunden.[294] Einen Ansatz zur verhaltensorientierten Marktsegmentierung bieten dagegen die zeitpunktbezogenen Interaktionsdaten. Da diese Interaktionsdaten die produktbezogenen Informationsaktivitäten des Konsumenten dokumentieren, erschließt sich die Möglichkeit einer verhaltensorientierten Kundensegmentierung. Auf diese Weise können Kundensegmente mit homogenen Informationsprofilen entdeckt werden, die als Entscheidungsgrundlage für die Aktionsplanung dienen. Exemplarisch wurde auf Basis der nachgefragten Produktinformationen eines Elektronikhändlers eine Kundensegmentierung durchgeführt. Wichtig hierbei war die Möglichkeit, die verschiedenen Informationsnachfragen direkt einem bestimmten Kunden zuordnen zu können.

Die Analyse der Kundensegmente liefert jedoch einen wertvollen Informationsbeitrag zur Ansprache spezifischer Kundengruppen. So bieten die identifizierten Kundengruppen eine Grundlage zum zielgerichteten Einsatz von Marketingfolgeaktivitäten. Im Rahmen eines Closed-Loop-Ansatzes kann anschließend die Reaktion der Kundensegmente auf die vom Unternehmen initiierten Marketingaktionen gemessen werden. Zu diesem Zweck muss allerdings eine kontinuierliche Datenerfassung und -auswertung sichergestellt werden. Weitere Analysen ergaben, dass aufgrund der individuelleren Ansprache die Responseraten deutlich höher waren als bei einer Kampagne ohne segmentspezifische Ansprache.

---

[294] Vgl. Bensberg, F., Hukemann, A., Mayer, R., 2001, S. 163-164.

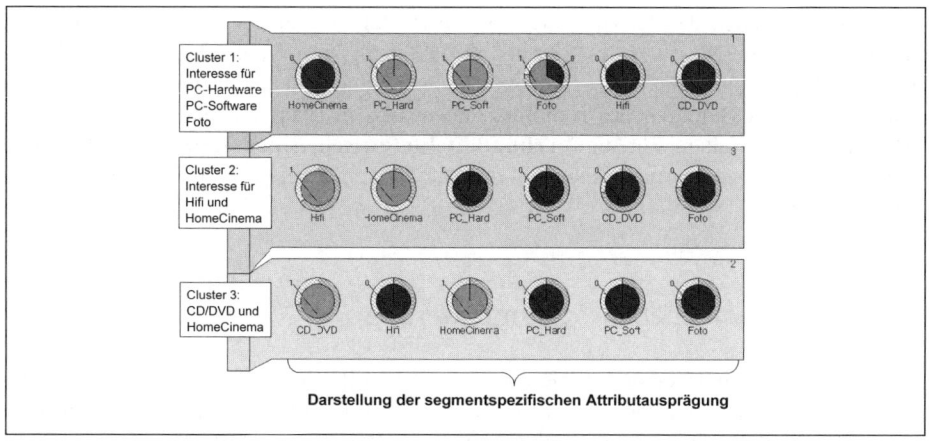

Abbildung 10:   Kundensegmentierung eines Elektronikhändlers auf Basis des Informationsverhaltens im Onlineshop

Neben der Kundensegmentierung auf Basis des Informationsverhaltens kann auch eine **Segmentierung auf Basis des Kaufverhaltens** durchgeführt werden. Einerseits können Cluster bzgl. gekaufter Produkte erstellt werden, andererseits aber auch Cluster über präferierte Kanäle, die zum Transaktionsabschluss führen. Hierzu ist dann allerdings eine Datengrundlage erforderlich, die chronologische Aussagen über das Interaktionsverhalten der Kunden ermöglicht.

4.5 Ebenenübergreifende Instrumente

Für die Optimierung von Entscheidungen über den adäquaten Kanalmix ist die Frage zu klären, welcher Ergebnisbeitrag von den jeweiligen Kanälen erbracht wird. Eine eindimensionale und singuläre Betrachtung einzelner Kanäle kann dabei schnell zu falschen Entscheidungen führen. In dem vorliegenden Beispiel wurde ein Unternehmen mit drei Kanälen zum Kunden (Filiale, Web und Katalog) untersucht. Erste Aufgabe war es, die notwendigen Daten zusammenzustellen. Hierzu war es vor allem erforderlich, die Daten der verschiedenen Kanäle miteinander verknüpfen zu können. Dieses betrifft insbesondere die Verknüpfung von Informationsprozessen mit den tatsächlichen Bestellungen bzw. Käufen. In einem ersten Schritt wurden alle Deckungsbeiträge von Einkanalkunden dem entsprechenden Kanal zugeordnet (vgl. Abbildung 11). Dabei zeigte sich ein deutlicher Verlust für den Kanal Web.

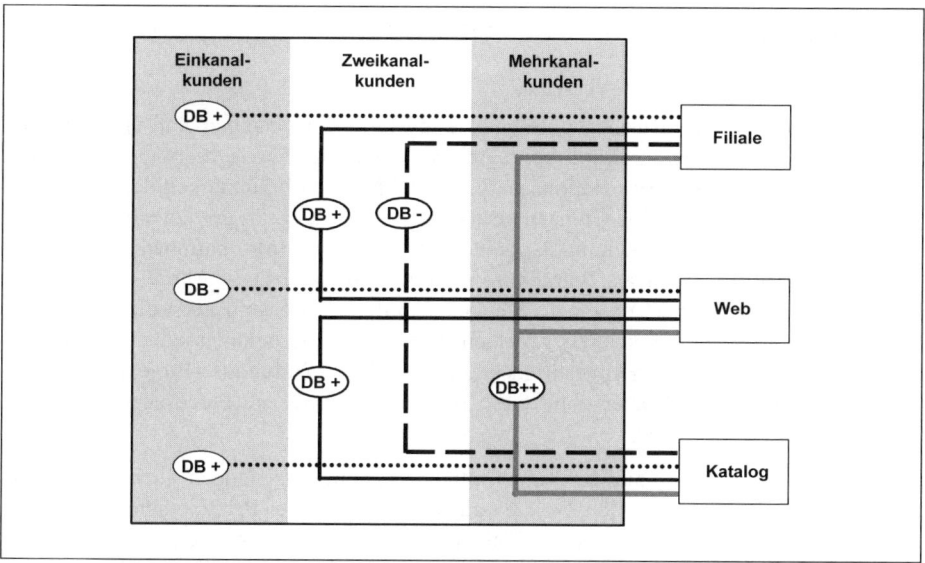

Abbildung 11:   Kundendeckungsbeiträge der verschiedenen Kanalnutzungen

Danach wurden die Deckungsbeiträge der Kunden zugeordnet, die zwei oder drei Kanäle für die Interaktion mit dem Unternehmen gewählt haben. Hierbei zeigt sich, dass insbesondere **der Verbund** aus Filialgeschäft und Web sowie zusätzlich der Katalogversand **für sehr hohe Kundendeckungsbeiträge** verantwortlich waren. Eine singuläre Betrachtung der Kanäle in Bezug auf realisierte Umsätze hätte zu falschen Ergebnissen führen können. Die Kunden haben den Katalog und den Onlineauftritt zur Informationsgewinnung und Kaufentscheidung genutzt und anschließend im Filialgeschäft umgesetzt.

Auf Basis der **Pfadanalyse** aus Kapitel 4.2 lässt sich durch Zuordnung von Deckungsbeiträgen zu den genutzten Pfaden auch eine **ABC-Analyse** der erfolgreichsten Pfade durchführen. Welche Pfade erwirtschaften den höchsten Deckungsbeitrag? Handelt es sich bei diesen Pfaden auch um häufig beschrittene Pfade zum Transaktionsabschluss? Integriert man **weitere Daten** in das Data Warehouse, wie z. B. mikrogeographische Daten, sind ebenfalls detailliertere Analysen über die Kundensegmente (vgl. Kapitel 4.4) möglich. Ist das Segmentierungskriterium der Kanalmix, den der Kunde wählt, oder hängt sogar der gewählte Kanalmix vom sozialen Umfeld des Kunden ab? Die Klärung jeder dieser Fragen mithilfe von Business Intelligence bringt das Unternehmen ein Stück näher zum optimalen Kanalmix.

5. Zusammenfassung und Ausblick

Die Möglichkeiten von Business Intelligence in Multikanalsystemen sind vielfältig. Angefangen von einfachen Deckungsbeitragsrechnungen über Segmentierungen, Pfad- und Sequenzanalysen sowie Assoziationsanalysen bis hin zu Kombinationen der verschiedenen Analysen sind hier keine Grenzen gesteckt. Die Aussagekraft der jeweiligen Analyse ist allerdings fest an die Datenqualität gebunden. Liegen die Informationen aus allen Kanälen integriert in einem Data Warehouse vor und sind die Grund-, Aktions-, Reaktions- und Potenzialdaten eindeutig einem Kunden zuordenbar, so sind auch aussagekräftige Analyseergebnisse zu erzielen. Hier herrscht bei vielen Unternehmen jedoch Nachholbedarf, da oftmals die hohen Investitionskosten von Data Warehouse-Projekten abschreckend wirken, man sich aber ohne diese Investition vielfältige Steuerungsinstrumente nicht zunutze machen kann.

Problematisch bei der Steuerung von Multikanalsystemen ist jedoch auch die Interdependenz zwischen den Kanälen. Studien aus dem Bereich der Printmedien[295] haben ergeben, dass Kannibalisierung nicht stattfindet, die Kanäle sich aber in unbekanntem Ausmaß gegenseitig fördern. Hierzu sind weitere Studien notwendig, um herauszufinden, ob diese These auch auf andere Branchen übertragbar ist und inwieweit die Förderung eines Kanals durch andere Kanäle möglich ist. Mit Blick in die Zukunft ist auch die evolutionäre Entwicklung der Kanäle zu betrachten. Neue Kanäle, wie z. B. UMTS und Location Based Services, kommen hinzu. Andere Kanäle, wie z. B. das analoge Fernsehen, werden in absehbarer Zeit eingestellt. Somit ist ein kontinuierliches Controlling der Kanalkonfigurationen sicherzustellen, damit die Multikanal-Strategien zyklisch bewertet und optimiert werden. Hier besteht weiteres Potenzial, Business Intelligence-Anwendungen zu nutzen. Sei es zur deskriptiven Statistik, zur mehrdimensionalen Auswertung mittels OLAP bis hin zu Mustererkennungen in großen Datenbeständen mittels Data Mining. Denn nur wenn es gelingt, die Kanal-, Prozess- und Kundenebenen wirtschaftlich zu gestalten, können Multikanalstrategien zum Erfolg führen. Business Intelligence ist ein Schlüssel dazu!

---

[295] Vgl. Deleersnyder, B. et al., 2002.

Literatur

BECKER, J., SCHÜTTE, R. (1996), Handelsinformationssysteme, Landsberg, Lech.

BENSBERG, F. (2000), Web Log Mining als Instrument der Marketingforschung in internetbasierten Märkten, Münster 2000.

BENSBERG, F., HUKEMANN, A., MAYER, R. (2001), Web Log Mining als Controllinginstrument für Online-Shops, in: Controlling, 13. Jg. Heft 3/2001, S. 157-166.

DELEERSNYDER, B., GEYSKENS, I., GIELENS, K., DEKIMPE, M. (2002), How Canibalistic is the Internet Channel?, Research in Management of the Erasmus Research Institute of Management Rotterdam, Rotterdam.

HOMBURG, C., SCHÄFER, H., BEUTIN, N. (2002), Sales Excellence – systematisches Vertriebsmanagement als Schlüssel zum Unternehmenserfolg, Mannheim.

HOLTEN, R., ROTTHOWE, T., SCHÜTTE, R. (2001), Data Warehouse Managementhandbuch – Konzepte, Software, Erfahrungen, Berlin.

KORB, J. (2000), Kaufprozesse im Electronic Commerce, Wiesbaden.

KOTLER, P., BLIEMEL, F. (2001), Marketing-Management, 10. Aufl., Stuttgart.

LINK, J., HILDEBRAND, V. (1993), Database Marketing und Computer Aided Selling, München.

LUXEM, R. (2000), DIGITAL Commerce – Electronic Commerce mit digitalen Produkten, Köln.

PICOT, A., REICHWALD, R. WIGAND, R. (2001), Die Grenzenlose Unternehmung, 4. Aufl., Wiesbaden.

SCHINZER, H. (1999), Data Warehouse und Data Mining: marktführende Produkte im Vergleich, München.

SCHMID, B. (2000), Elektronische Märkte, in: Weiber, R. (Hrsg.), Handbuch Electronic Business, Wiesbaden 2000, S. 179-207.

SCHÖGEL, M. (2001), Multichannel Marketing – Erfolgreich in mehreren Vertriebswegen, Zürich.

SCHWANITZ, J. (2001), Web-Controlling in der Multikanal-Vertriebssteuerung, in: Die Bank Heft 8/2001, S. 589-595.

WIRTZ, B. (2002), Multi Channel-Management – Struktur und Gestaltung multipler Distribution, in: WIST Heft 05/02, S. 676-682.

Clemens Brandstetter, Marc Fries und Jan Sondermann

E-Business im Vertrieb – Integrierte Lösungskonzepte zur Vermeidung von Absatzkanal-Konflikten

1   Einführung
2   E-Business im Vertrieb
    2.1   Herausforderungen im E-Business
    2.2   Channel-Konflikte als Barriere für E-Business
        2.2.1   Ursachen der Channel-Konflikte
        2.2.2   Konsequenzen von Channel-Konflikten
3   Die Umsetzung von Multi-Kanal-Strategien
    3.1   Erfolgsfaktoren
        3.1.1   Einheitliches Markenmanagement
        3.1.2   Konsequentes Kommunizieren der Multi-Kanal-Fähigkeiten
        3.1.3   Kanalübergreifende integrierte Leistungsangebote
    3.2   Umsetzung und Integration von Multi-Kanal-Strategien
        3.2.1   Kompetenzfelder von Hersteller und Handel
        3.2.2   Gemeinsame Ziele vs. Interessenkonflikte
4   Ansätze zur Lösung der Channel-Konflikte
    4.1   Das Selling Network
        4.1.1   Die Vorgehensweise
        4.1.2   Die System-Funktionalitäten
        4.1.3   Die Kunden-Sicht
        4.1.4   Die Händler-Sicht
        4.1.5   Die Zentral-Sicht
        4.1.6   Die Technologie-Sicht
    4.2   Vorteile und Nutzenaspekte
5   Ausblick

1. Einführung

Nichts ist beständiger als der Wandel. Dies gilt insbesondere in den letzten Jahren für den Bereich des Vertriebs bzw. den Verkauf von Produkten und Dienstleistungen sowie der Güterdistribution. Vertikale Integrationen, zunehmende Konzentrationsprozesse und die fortschreitende technologische Entwicklung sind nur einige Beispiele für die Herausforderungen, die das Management von Unternehmen annehmen und lösen muss.

Gerade die technischen Innovationen, wie z. B. das Internet, bieten Unternehmen bei der Wahl ihrer Absatzkanäle **neue Möglichkeiten zur Distribution** ihrer Waren. Ob diese Chancen auch genutzt werden können, hängt jedoch von einer Reihe von Faktoren ab. So haben viele Unternehmen die Herausforderungen und Risiken ihrer E-Business-Umsetzungsvorhaben unterschätzt und sind in der Vergangenheit vielfach an der Komplexität der Projektvorhaben gescheitert.

Nach der generellen Ernüchterung rund um das Thema Internet befinden sich Unternehmen heute mit ihren E-Business-Aktivitäten in der zweiten Phase: Unstrittig ist, dass es künftig kaum ein Unternehmen geben wird, das ohne internetbasierte Geschäftsprozesse auskommen und im Wettbewerb bestehen können wird. Tatsache ist aber auch, dass ein reiner Online-Vertrieb den stationären Handel und andere traditionelle Absatzmittler nicht vollständig verdrängen können wird. Vielmehr geht es für Unternehmen in Zukunft darum, Online- und Offline-Geschäft erfolgreich miteinander zu verknüpfen.[296] Hierbei geht es nicht um eine „New" oder „Old Economy" – falls es sie wirklich je gegeben haben sollte –, sondern um eine effiziente Verknüpfung der Absatzkanäle. Multi-Kanal-Strategien müssen unternehmensindividuelle Lösungskonzepte zur Vermeidung von Channel-Konflikten finden.

Thesen und Trends im Vertrieb[297]
1. *Der Verkauf und die Güterdistribution werden künftig auf Basis zunehmend weniger Zwischenstufen erfolgen. Unternehmen werden Zwischenstufen eliminieren, die keinen Mehrwert leisten und unnötig Marge verzehren.*
2. *Das Bestreben von Unternehmen, ihre Produkte direkt zu vertreiben, wird sich weiter verstärken.*

---

[296] Vgl. Rees, D., 2002, S. 31.
[297] Vgl. Belz, C., Bussmann, W., 2000, S. 134 ff.; Simon, H., 2002, S. 15 ff.

3. *Unternehmen werden ihre Unterstützungsleistungen für ihre Vertriebspartner (eigene oder fremde Absatzmittler) weiter ausbauen, um die Total Cost of Operations zu optimieren.*

4. *Das Management multipler Vertriebskanäle wird zu einer zentralen Herausforderung für Unternehmen.*

5. *E-Commerce: Internet und E-Commerce verändern fundamental den Verkauf (Customer Self Service; Verringerung von Fix- und Transaktionkosten im Vertrieb).*

2. E-Business im Vertrieb

Mit dem Aufkommen von Internet und E-Commerce seit Anfang der 90er-Jahre entstand zu den bestehenden Absatzkanälen ein **zusätzlicher Vertriebsweg** zum Kunden. In den ersten Jahren des Internets wurde dabei zunächst stets eine Grenze zwischen „Old Economy" und der hoch gelobten „New Economy", die allein auf den elektronischen Vertriebsweg setzte, gezogen.

Die Erfahrung zeigt, dass diese Betrachtungsweise zu eng gefasst war und die verschiedenen Vertriebswege und Geschäftsmodelle nicht isoliert angegangen, sondern nur kombiniert eingesetzt für Unternehmen effektiv genutzt werden können. Untersuchungen belegen, dass Kunden, denen die Möglichkeit geboten wird, Absatzkanäle parallel je nach Bedarf und Situation zu nutzen, deutlich umsatzstärker sind als Ein-Kanal-Kunden[298]. Vor allem Cross-Selling-Potenziale kommen hier zum Tragen. Aber auch die Tatsache, dass insbesondere kaufkraftstarke Kunden zunehmend kombinierte offline- und online-Absatzkanäle verlangen, muss Berücksichtigung finden[299]. Zudem bieten die vielfältigeren Kontaktarten mit dem Kunden individuellere Beratungs- und Betreuungsmöglichkeiten. Eine höhere Kundenbindung und die Abschöpfung zusätzlicher Ausgabeanteile werden möglich.

Die Potenziale für eine solche **effektivere Kundenbearbeitung** scheinen damit auf Basis der Implementierung einer Multi-Kanal-Strategie vielversprechend zu sein. Entsprechend groß ist daher nach wie vor das Interesse, das Internet als Vertriebs- und Kommunikationskanal zu nutzen. So möchten beispielsweise über die Hälfte aller Hersteller, die heute ihre Produkte noch nicht im Internet anbieten, gerne online verkaufen[300].

---

[298] Vgl. OC&C-Studie, 2001.

[299] Vgl. Wirtz, B., 2002.

[300] Vgl. Forrester Research, 2001.

Was sind aber nun die **Gründe**, warum bei vielen Unternehmen E-Business-Vorhaben noch nicht angegangen wurden? Woran sind Unternehmen in der Vergangenheit gescheitert, die das Internet für sich nutzen wollten?

2.1 Herausforderungen im E-Business

Die Praxis zeigt, dass Unternehmen eine Reihe von Herausforderungen bewältigen müssen, um E-Business-Vorhaben erfolgreich planen und implementieren zu können.[301]

1. **Unterschätzte Komplexität:** Eine „bunte Webseite" allein reicht nicht aus, um erfolgreich zu sein. Hierbei handelt es sich nur um den vom Kunden sichtbaren Teil des Systems. Viele andere Punkte müssen berücksichtigt und Fragen geklärt werden, um ein lauffähiges E-Business-System zu realisieren, das der Kunde letztendlich auch akzeptiert und nutzt. Beispielhaft zu nennen sind die Bereiche:
   - Daten-Integrität und Daten-Sicherheit,
   - Leistungsfähiges Fulfilment, z. B. Logistik,
   - Systemintegration,
   - Systemstabilität und -performance,
   - Kompatibilität der Systeme,
   - aktueller und attraktiver Content.

2. **Falsche Verantwortlichkeiten**: Für die erfolgreiche Etablierung des Internets als Kommunikations- und Vertriebskanal darf es weder eine rein technische noch eine einseitig marketingorientierte verantwortliche Führung geben. Beide Aspekte müssen dem Konzept „Hand-in-Hand" zum Erfolg verhelfen. Viele unterschiedliche Fähigkeiten und Ressourcen inner- und außerhalb des Unternehmens müssen gebündelt eingesetzt werden.

3. **Unterschätztes Thema:** E-Business muss ebenso wie alle anderen unternehmerischen Tätigkeiten als ein sich immer weiterentwickelndes, an die sich verändernden Anforderungen und Rahmenbedingungen anzupassendes System verstanden werden. Bei einem E-Business-Projekt handelt es sich nicht um ein abgeschlossenes Projekt, sondern um einen Teil der Unternehmensstrategie. Dies bedeutet zugleich, dass die grundlegenden Entscheidungen nicht in einzelnen Fachabteilungen, sondern auf Management-Ebene getroffen werden müssen.

4. **Unterschätzte Investitionen:** E-Business ist teuer. Kosten für Hardware, Software und Arbeitsleistung können schnell hunderttausende bis mehrere Millionen Euro umfassende Budgets erfordern. Während die einmaligen Kosten meist

---

[301] Vgl. Brandstetter, C., Fries, M., 2002, 49 ff.

noch genau kalkuliert werden können, werden die laufenden Investitionen häufig unterschätzt oder teilweise gar nicht berücksichtigt.

5. **Keine E-Business-Strategie:** Nur mit einer unternehmensübergreifenden Strategie führt E-Business zum Erfolg. Ziele müssen in Inhalt, Ausmaß und Zeitbezug klar definiert werden. Einzelne Stufen für die Implementierung sind festzulegen. Zum Scheitern verurteilt sind häufig isolierte Ansätze eines Internet-Shops. Versuche, diesen „spontanen" Online-Absatzkanal später erfolgreich in eine Multi-Kanal-Strategie zu integrieren, sind meistens vergebens.

6. **Zu vorsichtiges Engagement:** Wenn man sich für die Etablierung des Internets als Kommunikations- und Vertriebskanal im Unternehmen entschieden hat, darf der Idee keine halbherzige Realisation folgen. Ein unprofessioneller Internet-Auftritt schadet dem Unternehmen mehr, als dass er zusätzlichen Nutzen bringt.

7. **Channel-Konflikte:** Mögliche Konflikte mit den Absatzmittlern lassen z. B. Hersteller oft davor zurückschrecken, ihre E-Business-Vorhaben in die Tat umzusetzen. Durch den direkten Vertrieb des Herstellers an den Endkunden können gewachsene, erfolgreiche Beziehungen mit Handelspartnern gestört, und damit die klassischen Vertriebskanäle beeinträchtigt werden.

Da Channel-Konflikte nicht nur in den zurückliegenden Boom-Jahren des Internets eine wesentliche Barriere darstellten, sondern auch heute nach wie vor einer der Haupthinderungsgründe für die Umsetzung von E-Business-Vorhaben im Vertrieb anzusehen sind, wird im Folgenden auf die Channel-Konflikte und mögliche Ansätze zur Umgehung von Channel-Konflikten im Rahmen eines Multi-Channel-Vertriebes vertiefend eingegangen.

2.2 Channel-Konflikte als Barriere für E-Business

Die Gefahr einer Eskalation möglicher Absatzkanal-Konflikte veranlasst viele Unternehmen, die Chancen eines Online-Absatzkanals ungenutzt zu lassen.

So sehen rund 66 % der Hersteller, die im Rahmen einer von Forrester durchgeführten Studie befragt wurden und bereits online verkaufen, Channel-Konflikte als ihre größtes Problem in Bezug auf ihr Online-Geschäft an.

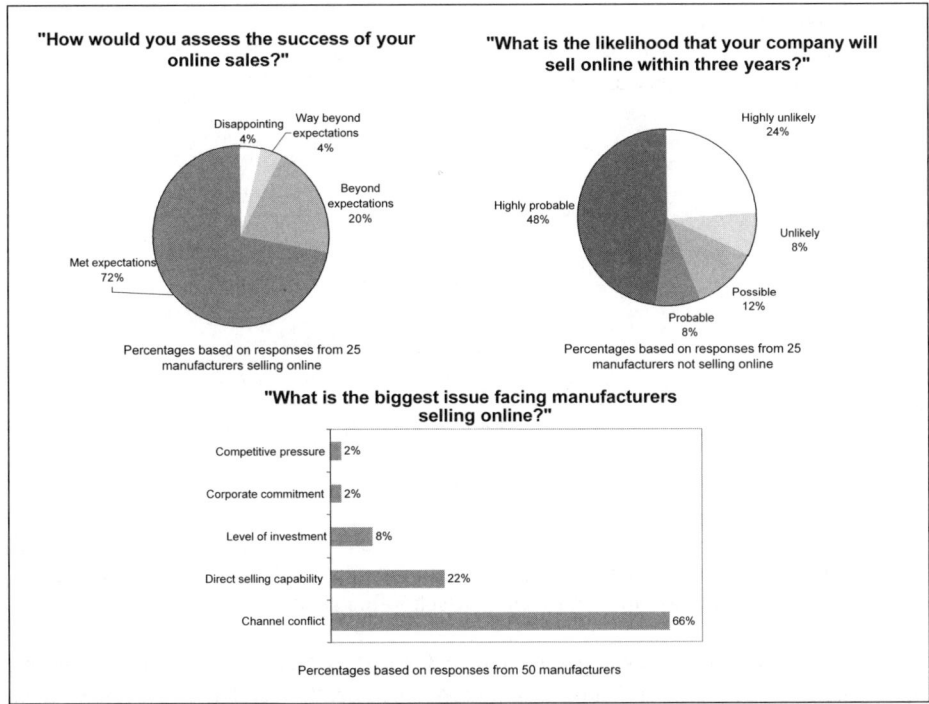

Abbildung 1:   Channel-Konflikte als Kernproblem für den Internet-Vertrieb[302]

2.2.1 Ursachen der Channel-Konflikte

Ursache für die Entstehung von Channel-Konflikten sind die im Vergleich zu den Rahmenbedingungen des traditionellen Handels heute veränderten, unterschiedlichen, zum Teil gegensätzlichen **Handelsstrukturen sowie Kommunikations- und Verkaufsmöglichkeiten** des „Internet-Zeitalters".

Gemäß der traditionellen Handelsstruktur verläuft der idealtypische Distributionsweg vom Hersteller über den Großhandel zum Einzelhandel, der schließlich die Produkte direkt an den Kunden abverkauft. Die **traditionellen Rahmenbedingungen** sind gekennzeichnet durch:

---

[302] Vgl. Forrester Research, 2001.

- 1:1-Kommunikation,
- Kommunikation des Kunden nur mit dem Einzelhändler,
- keine Informationstransparenz,
- Verkäufermarkt,
- Standardisierung des Produktangebots.

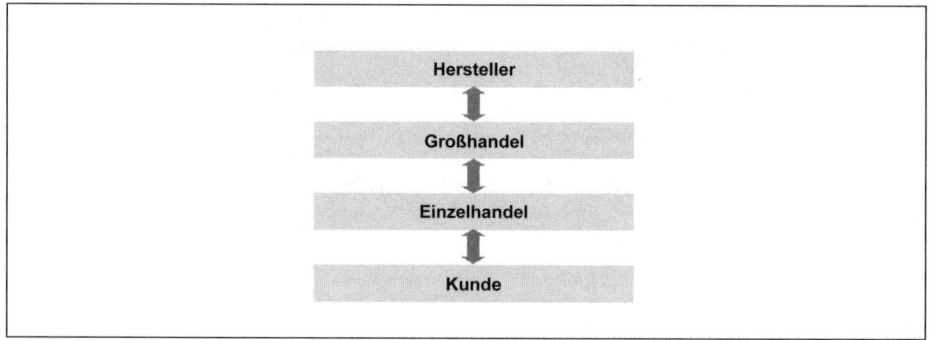

Abbildung 2:   Die traditionellen Rahmenbedingungen von Kommunikation und In-
                 teraktion innerhalb der Wertschöpfungskette

Infolge der neuen Nutzungsmöglichkeiten und des Einsatzes des Internets werden die
gewachsenen, traditionellen Handelsstrukturen zunehmend verändert und Grenzen mehr
und mehr aufgelöst. Dabei wird das traditionell mehrstufige Handelsmodell durch die
physische Trennung von Warenpräsentation und Erwerb der Ware infrage gestellt.[303]

Die neuen, durch das Aufkommen des Internets **veränderten Rahmenbedingungen**
sind bestimmt von:

- n:n-Kommunikation,
- Kommunikation des Kunden mit allen Beteiligten,
- Disintermediation von Produktpräsentation, Verkauf und Auslieferung,
- Informationstransparenz,
- Käufermarkt,
- Versionierung des Produktangebots.

---

[303] Vgl. Ahlert, D., Becker, J., Kenning, P., Schütte, B., 2000.

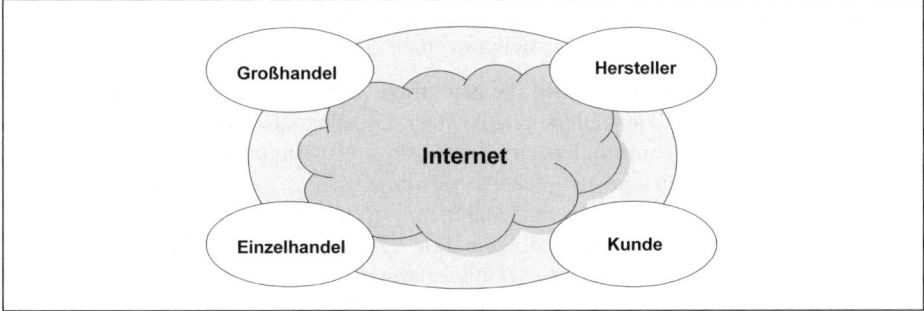

Abbildung 3:   Die neuen Rahmenbedingungen für Kommunikation und Interaktion
                 innerhalb von Netzwerken

Gerade die genannten **Charakteristika des „Internet-Zeitalters"** begründen den Chan-
nel-Konflikt und bergen die Gefahr, wenn Hersteller und Handelspartner eine unabge-
stimmte bzw. ungenügend abgestimmte Marktbearbeitung verfolgen, gegenüber den
Kunden suboptimal aufzutreten. Die Tatsache, dass der Kunde mit allen Beteiligten
kommunizieren kann, zwingt daher Hersteller und Händler vielmehr, eine integrierte,
abgestimmte Lösung zu suchen.

Der Kunde erwartet in allen Absatzkanälen das gleiche Sortiment und identischen Service. Der Kunde wird keinen Unterschied zwischen Hersteller und Händler machen wollen. Durch die **technologiegetriebene Informationstransparenz** wird er Leistungsdiffe-
renzen bemerken und zu seinem Vorteil nutzen. Aufgrund des erleichterten Anbieter-
bzw. Produkt-Vergleichs wird es umso wichtiger, dem Kunden ein abgestimmtes, integriertes Leistungspaket mit ggf. individuellen Produktlösungen anzubieten.

Vor diesem Hintergrund gewinnt die Frage, **wer welche Aufgaben zwischen Hersteller
und Händler** zu übernehmen hat, an zentraler Bedeutung. Abstimmung und Integration
bieten für beide Parteien – und zuletzt auch für den Kunden – Vorteile. Allerdings müssen sich Hersteller und Händler einigen, auf welche Standards gesetzt werden soll und
wie die Integration in der Praxis konkret aussehen soll, ohne den eigenen jeweiligen
Handlungsspielraum zu verlieren.

2.2.2 Konsequenzen von Channel-Konflikten

Entscheidet sich ein Hersteller, seine Produkte zusätzlich zu den bisherigen Absatzmittlern auch online zu verkaufen, wird es dem Kunden möglich, zwischen den verschiedenen Absatzkanälen zu wählen. Er kann sich z. B. dafür entscheiden, nicht mehr zu seinem Einzelhändler vor Ort zu gehen, sondern per Mausklick über das Internet direkt
beim Hersteller die Ware zu bestellen. Gegebenenfalls wird sich der Kunde sogar erst

über das Produkt im Einzelhandel umfassend informieren und beraten lassen, um anschließend im Internet-Shop des Herstellers von zu Hause aus zu bestellen.

In dem beschriebenen Szenario wird die Nachfrage von der Einzelhandelsstufe auf den Online-Absatzkanal des Herstellers gelenkt. Der Einzelhändler wird eine direkte Wettbewerbssituation oder **Kannibalisierung** in Form von verloren gegangenen Umsätzen jedoch nicht akzeptieren und möglicherweise die Zusammenarbeit infrage stellen. Im Extremfall wird der Händler Gegenmaßnahmen ergreifen, und z. B. mit Auslistung der im Internet angebotenen Produkte drohen. Für den Hersteller ist es daher erfolgsentscheidend, dass es ihm gelingt, die Handelspartner zu ihrer Zufriedenheit in die E-Commerce-Lösung einzubinden. Der zusätzliche Online-Kanal wird ansonsten das klassische, stationäre Handelsgeschäft schwächen. Ohne die notwendige **Integration** sind Konflikte vorprogrammiert.

Umgekehrt kann es für den Hersteller ebenso nachteilig sein, wenn er nicht aktiv wird und viele seiner Partner im stationären Handel einen eigenen Internet-Shop etablieren. Jeder Händler „bastelt" an seiner eigenen Idee mit einer eigenen Web-Seite und einem eigenen Konzept. Da jeder für sich genommen die E-Commerce-Prozesskette nur unzureichend abbildet, kann es für alle Beteiligten nur zu suboptimalen Lösungen kommen. Auch hier ist erforderlich, dass Händler und Hersteller zusammen eine integrierte Lösung erarbeiten, von der alle profitieren. In jedem Fall muss vermieden werden, dass die über Jahre aufgebauten Hersteller-Handels-Beziehungen belastet oder gar aufs Spiel gesetzt werden. Vielmehr geht es darum, den Online-Kanal als zusätzliche Chance zu verstehen, die Beziehungen zu festigen und auszubauen. Erst dann wird es gelingen, die gemeinsamen **Umsatz- und Kostensenkungspotenziale** auch zu realisieren.

Ein Ausweg aus dem Dilemma zwischen Chancen und Risiken des Internets in der Hersteller-Handels-Beziehung ist nicht einfach zu finden. Parallelen einer schwierigen und nur langsamen Umsetzung und Verbreitung finden sich auch im Zusammenhang mit dem Thema ECR. Woran liegt es, dass auch Konzepte wie Efficient Consumer Response[304] oder CPFR (Collaborative Planning, Forecasting and Replenishment), ebenso wie ein wertschöpfungskettenübergreifendes Category Management[305] sich in der Praxis bisher nur in Ansätzen etabliert haben? Die Theorien und Ansätze sind oftmals viel versprechend – im Alltag scheitern die Konzepte, jedoch häufig am fehlenden Vertrauen zwischen Hersteller und Händler.[306] Diese Barriere verhindert eine erfolgreiche Realisierung. Hinzu kommt, dass zur praktischen Umsetzung der visionären Konzepte noch umfassende Vorarbeiten von IT-technischer Seite sowohl von Handel als auch Herstellern zu leisten sind. Alte, heterogene, über Jahrzehnte gewachsene IT-Systemlandschaften und Datenbestände sind in neue, moderne IT-Architekturen stufen-

---

[304] Vgl. Ahlert, D., Borchert, S., 2000.

[305] Vgl. Ahlert, D., 2000.

[306] Vgl. Eggert, U., 1998, S. 183 ff.

weise zu migrieren, so dass eine integrierte Multi-Kanal- sowie unternehmensübergreifende Zusammenarbeit überhaupt erst möglich wird.

3. Die Umsetzung von Multi-Kanal-Strategien

Die Verantwortlichen von Unternehmen müssen bei dem Aufbau von Multi-Kanal-Vertriebssystemen verschiedenste Hürden und Konflikte meistern. Eine systematische Analyse und Planung ist daher erforderlich, um spätere Konflikte in den Absatzkanälen zu vermeiden.

Grundsätzlich sollten nachfolgende **Fragen** vor der Etablierung neuer Absatzkanäle und Umsetzung einer Multichannel-Strategie geklärt werden:[307]

- Welche Ziele werden mit dem neuen Vertriebsweg verfolgt?
- Wie soll das neue Vertriebssystem ausgestaltet sein? Welche Vertriebskanäle sollen für wen und wofür genutzt werden?
- Wie können die verschiedenen Vertriebskanäle gemanagt werden, so dass Konflikte vermieden werden?

Hinweise zum Umgang mit Channel-Konflikten:

- **Zielgruppe:** Werden bei den verschiedenen Vertriebskanälen (tatsächlich) die gleichen Zielkunden angesprochen?
- **Strategischer Fit:** Stehen die Vertriebskanäle wirklich im Wettbewerb untereinander oder ergänzen sie sich nicht vielmehr?
- **Wirkungszusammenhang:** Sind sinkende Umsätze in einem Vertriebskanal ursächlich auf zunehmende Anteile anderer Vertriebskanäle zurückzuführen?
- **Kosten/Profitablität:** In welchem Vertriebskanal werden höhere Deckungsbeiträge erwirtschaftet?

3.1 Erfolgsfaktoren

Laut einer aktuellen Studie von OC&C[308] verfügen erfolgreiche Multikanal-Anbieter über **drei herausragende Erfolgsfaktoren**: ein einheitliches Markenmanagement,[309]

---

[307] Vgl. Homburg, C., 2002, S. 38 ff.

[308] Vgl. OC&C-Studie, 2001.

[309] Vgl. Ahlert, D., Kenning, P., Schneider, D., 2000.

ein konsequentes Kommunizieren der Multikanal-Fähigkeiten gegenüber dem Kunden und ein kanalübergreifend integriertes Leistungsangebot.

3.1.1 Einheitliches Markenmanagement

Da der Kunde in mehreren Absatzkanälen gleichzeitig mit der Marke des Herstellers konfrontiert wird, ist es von grundlegender Bedeutung, dass ein einheitlicher Auftritt der Marke gewährleistet ist. Hier sind vor allem Punkte wie **Corporate Identity** und **Corporate Image** entscheidend. Ein Hersteller, der in drei verschiedenen Absatzkanälen drei verschiedene Logos oder Produktnamen für die identische Leistung kommunizieren würde, würde den Wiedererkennungswert der Marke gefährden und den Kunden unnötig verwirren.

Ebenso müssen kanalübergreifend **Sortiment**, **Preise** und der gebotene **Service** integriert werden. Fehlt es hier an der nötigen Abstimmung, kann die Marke geschädigt werden.[310] Differenzierungen in diesem Bereich zwischen den unterschiedlichen Absatzkanälen müssen für den Kunden nachvollziehbar sein und dürfen nicht zu Konflikten zwischen den Absatzkanälen führen. Beispielhaft für Konflikt-Potenzial wären hier Preisunterschiede beim Online-Kauf und dem anschließenden reklamationsbedingten Umtausch im stationären Geschäft. Ebenso wird es dem Kunden nicht verständlich sein, wie eine im stationären Handel teure Premiummarke mit all ihren Leistungsvorteilen im Internet zu Billigpreisen verkauft werden kann.

Empfehlungen:
- einheitliches Markenbild
- einheitliche Angebotsgestaltung
- einheitliche Positionierung

3.1.2 Konsequentes Kommunizieren der Multi-Kanal-Fähigkeiten

Auf Basis einer Multi-Kanal-Strategie mit Integration bestehender Absatzmittler und neuem Online-Geschäft ist es dem Anbieter möglich, viel individueller auf die **Bedürfnisse seiner Kunden** einzugehen. Wichtig ist, dass dem Kunden konsequent die Leistungspotenziale und die jeweiligen Vorteile der unterschiedlichen Einkaufsmöglichkeiten kommuniziert werden.

Es reicht nicht, im Internet-Shop eine Kontakt-Adresse aufzuführen. Vielmehr geht es darum, die weiteren verschiedenen Kanäle werbewirksam im jeweiligen Kanal abzubilden. Katalog-Nummern müssen in Off- und Online-Handel identisch sein. Anfahrtsskiz-

---

[310] Vgl. Meffert, H., 2002.

zen, Öffnungszeiten, Angebote müssen in alle Kanälen übergreifend für den Kunden einsehbar sein. Nur so gelingt es, den Online-Kunden in die stationären Outlets zu führen und umgekehrt Kunden zum Kauf über das Internet zu bewegen.

Je mehr Kanäle der Kunde nutzt, desto enger wird die **Kundenbindung** und entsprechend höher auch der mit dem Kunden getätigte Umsatz sein. Das Unternehmen erhält darüber hinaus über die verschiedenen Kanäle mehr und unterschiedliche Informationen über seine Kunden und kann damit wieder die Form der Markt- und Kundenbearbeitung überarbeiten und abstimmen.

Empfehlungen:
- konsequente Betonung der Multi-Kanal-Kompetenzen bei jedem Kundenkontakt
- Integration von stationärem Geschäft (bestehender Absatzmittler und -wege) in Online-Aktivitäten
- Integration des Internet-Shops in die Offline-Kanäle

3.1.3 Kanalübergreifende integrierte Leistungsangebote

Neben einem einheitlichen Markenmanagement und einer konsequenten Kommunikation der Multi-Kanal-Kompetenzen müssen ebenso das Leistungs- und Service-Angebot kanalübergreifend[311] aufeinander abgestimmt werden. Dies betrifft vor allem Bereiche wie Service-Hotlines, Warenwirtschaftssysteme, Kundendatenbanken und logistische Leistungen.

Ein Kunde, der bereits jahrelang im Versandhandel bestellt, muss bei seinem ersten Internet-Kauf alle Möglichkeiten wieder finden, auf die er bisher Wert gelegt hat. Warum sollte er sich noch einmal komplett registrieren müssen, wenn er doch bereits eine Kundennummer hat? Auch muss es ihm möglich sein, online gekaufte Produkt offline in der Filiale umtauschen zu können. Eventuelle Bonuspunkte seiner Kundenkarte möchte der Kunde ebenso bei Käufen in allen Absatzkanälen gutgeschrieben bekommen.

Solche Situationen können nur dann zur Zufriedenheit des Kunden gemeistert werden, wenn nicht nur der **visuelle Auftritt** in allen Kanälen angepasst ist, sondern auch die Bereiche im Hintergrund aufeinander abgestimmt sind. Die **Warenwirtschaftssysteme** aller Beteiligten müssen in der Lage sein, kanalübergreifend zwischen Händler und Hersteller kommunizieren zu können (**Datenintegrität**). Die jeweils aktuellen Kundendaten müssen verfügbar sein – egal, in welchem Absatzkanal es gerade zum Kundenkontakt kommt. Kundendatenbanken, Data Warehouse-Konzepte und integriertes Customer Relationship Management sind gefordert.

---

[311] Vgl. Schögel, M., 1997, S. 30 f.

Empfehlungen:

- kanalübergreifende Service-Hotlines
- Kompetenz der Mitarbeiter (Kenntnis aller Kanäle)
- kanalübergreifende Warenauslieferungen und -rücknahmen
- integrierte Warenwirtschaftsysteme
- zentrale Kundendatenbanken
- abgestimmte CRM-Maßnahmen

3.2 Umsetzung und Integration von Multi-Kanal-Strategien

Wie erfolgt die praktische Umsetzung der beschriebenen Konzepte und Empfehlungen? Wie können die Channel-Konflikte konkret umgangen werden?

Integration scheint der Schlüssel zum Erfolg im Multi-Kanal-Management zu sein.[312] Hierbei muss unterschieden werden zwischen den Möglichkeiten, die hierarchisch strukturierte Unternehmungen, wie z. B. Hersteller mit eigenen Abverkaufsorganisationen oder zentralgesteuerte, filialisierte Handelssysteme, im Vergleich zu kooperierenden Organisationen, wie z. B. Verbundgruppen oder Franchise-Systemen, haben.

Bei der Realisierung einer integrierten Multi-Kanal-Lösung haben **vertikal integrierte Unternehmen** die geringsten Hindernisse zu überwinden. Sie zeichnen sich dadurch aus, dass sie die gesamte Wertschöpfungskette kontrollieren. Wenn ein Unternehmen von der Produktion bis zur Distribution an den Endverbraucher alle Stufen in sich vereint, muss auf unterschiedliche Gruppen mit unterschiedlichen Interessen bei der Durchsetzung der integrierten Multi-Kanal-Strategie keine bzw. nur begrenzt Rücksicht genommen werden. Das Thema der Channel-Konflikte hat hier einen unternehmensinternen Charakter. Durch den hohen Bindungs- und geringen Autonomiegrad der Vertriebsorganisationen hierarchisch strukturierter Unternehmen[313] sind diese auftretenden Kanal-Konflikte jedoch wirkungsvoll und vergleichsweise einfach zu beseitigen.

Schwieriger wird die Umsetzung von integrierten Multi-Kanal-Strategien bei **kooperativen Systemen**, Netzwerken oder im Extremfall sogar ungebundenen Marktteilnehmern.[314] Da in diesem Fall der Distributionsweg in den Absatzkanälen von verschiedenen Gruppierungen kontrolliert wird, kommt es beim Versuch der Integration unweigerlich zu Auseinandersetzungen zwischen den verschiedenen Parteien. Jeder Hersteller und jeder Händler wird unterschiedliche Vorstellungen über die Realisierung einer erfolgreichen Multi-Kanal-Strategie haben.

---

[312] Vgl. Belz, C., Bussmann, W., 2000, S. 249f.; Eierhoff, K., 2002, S. 125.

[313] Vgl. Ahlert, D., 2000.

[314] Vgl. Ahlert, D., 2001.

Hier ist die Lösung der Konflikte weitaus komplexer. Die Interessen der einzelnen Parteien müssen analysiert werden. Vor- und Nachteile für die Interessensgruppen müssen ebenso berücksichtigt werden wie die Frage nach den eigentlichen Kompetenzen der einzelnen Partner.

3.2.1 Kompetenzfelder von Hersteller und Handel

Der Hersteller verfügt eindeutig über die Produkt- und Markenkompetenz. Durch erfolgreiches Marketing können Umsätze generiert werden. Das Markenmanagement ist die **Kernkompetenz des Herstellers**. Zudem verfügt er durch die zentrale Herstellung der Produkte über eine weitere maßgebliche Kompetenz und damit über die „besten" Produktinformationen. Der Hersteller hat hingegen keine direkte Kundenkompetenz bzw. direkte Endkundenerfahrung und auch keine oder nur sehr eingeschränkte lokale Kompetenz.[315]

Die **Stärken des Einzelhandels** liegen demgegenüber in seiner Servicekompetenz und seiner lokalen Präsenz mit direktem Kundenkontakt.[316] Er verfügt über das nötige Vertriebs-Know-how. Der Einzelhändler vor Ort wiederum hat nicht im ausreichenden Maße Internet-Know-how. Zudem ist ein professioneller Internet-Shop in vielen Fällen für ihn zu teuer.

3.2.2 Gemeinsame Ziele vs. Interessenkonflikte

Vor dem Hintergrund eines seit Jahren stagnierenden Marktumfeldes und vielfach realisierten Umsatzrenditen von weniger als einem Prozent sind sowohl Hersteller als auch Handel daran interessiert, durch eine Multi-Kanal-Strategie erzielbare Umsatzsteigerungs- und Kostensenkungspotenziale zu nutzen. Beide Gruppen sind darüber hinaus auch an einer **starken Marke** interessiert.[317]

Die **Problembereiche** liegen bei der Nutzung des Internet-Vertriebskanals beim Hersteller in möglichen Channel-Konflikten mit den nachgeschalteten Absatzmittlern. So wird es der Händler nicht akzeptieren, wenn der Hersteller allein von den generierten Online-Umsätzen profitiert. Provisionierungs-Modelle müssen hier ansetzen und können helfen, möglichen Verwerfungen zwischen den Parteien vorzubeugen.

---

[315] Vgl. Eggert, U., 1998, S. 186 ff.

[316] Tietz, B., 1992, S. 612ff.

[317] Tietz, B., 1992, S. 615f.

Der Hersteller wiederum möchte einen einheitlichen Marktauftritt, während die Händler sich eine individuelle Gestaltung ihrer Internet-Seiten ebenfalls nicht nehmen lassen wollen. Ein Kompromiss zwischen Individualität und Einheitlichkeit muss gefunden werden.

4. Ansätze zur Lösung der Channel-Konflikte

Zentraler Ansatzpunkt zur Lösung von Channel-Konflikten sollte ein **Online-Geschäfts-modell** sein, das die starken Kompetenzen der einzelnen Parteien fördert und wodurch die Problembereiche der jeweiligen anderen Stufe wirkungsvoll gelöst werden. Die unterschiedlichen Interessen müssen zu einem von allen Seiten akzeptierten Kompromiss zusammengeführt werden. Die **Erfolgsfaktoren** der Multi-Kanal-Strategien müssen konsequent beachtet und umgesetzt werden. Die Individualität der einzelnen Handelspartner muss garantiert werden, aber zugleich durch standardisierte Abläufe, Strukturen und Prozesse das notwendige Maß an Einheitlichkeit gesichert werden.

Deutlich muss hier noch einmal betont werden, dass die technologischen Möglichkeiten sicherlich die Grundlage für den Erfolg darstellen (notwendige Bedingung). Überzeugen wird das Online-Geschäftsmodell aber erst, wenn auch andere Bereiche, wie z. B. **Marketing** und **Kommunikation, integriert** eingesetzt werden (hinreichende Bedingung). Alle Beteiligten müssen gemeinsam und abgestimmt in allen wesentlichen Unternehmensfeldern zusammenarbeiten.

Ein zentrales Online-Geschäftsmodell ist vor allem für **dezentrale Organisationsformen** und **kooperierende Netzwerke** von größter Bedeutung für den Einstieg ins E-Business: Interessant ist die Lösung einer zentralen Plattform insbesondere auch für **kleinere Händler** wie z.B. bei Betrieben, die in einer Verbundgruppe zusammengeschlossen sind, und die sich einen eigenen Shop aufgrund der hohen Kosten nicht leisten könnten. So können z.B. die Mitglieder eines von der Verbundzentrale aufgesetzten zentralen E-Commerce-System günstig an den Online-Chancen partizipieren. [318]

Damit die Akzeptanz des Einzelhandels für den Online-Kanal gestärkt wird, kann es dabei zudem nötig sein, ein **Provisionierungs-Modell** einzuführen. Welcher Einzelhändler verweist seine Kunden gerne an die Shopping-Möglichkeiten seines Herstellers oder Franchise- bzw. Verbund-Systems, wenn er weiß, dass er an den zusätzlichen Umsätzen nicht beteiligt wird. Hier können Provisionen Anreize darstellen, damit der Einzelhänd-

---

[318] Vgl. Heckerott, B., 2001, S. 48.

ler für die Web-Seiten wirbt und die verschiedenen Absatzkanäle im operativen Geschäft auch tatsächlich zusammengeführt und aktiv eingesetzt werden.

4.1 Das Selling Network

Ein konkreter Lösungsansatz zur Nutzung der E-Business-Potenziale und zur Umgehung von Channel-Konflikten ist die Bildung eines Verkaufsnetzwerkes. Diese, auch als Selling Networks bezeichneten Netzwerke setzen an den Kompetenzen, Interessen und Konfliktpunkten aller Beteiligten an, um bestmögliche Ergebnisse zu erzielen. Hersteller, Händler und natürlich die Kunden müssen von einer leistungsfähigen und individuell abgestimmten Technologie zusammengeführt werden.

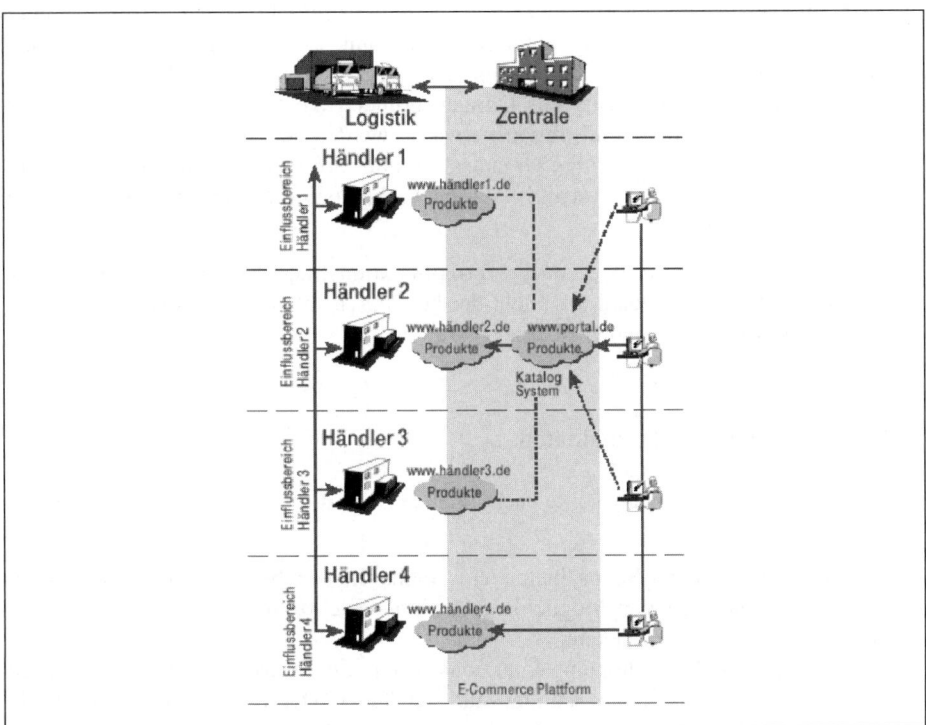

Abbildung 4:   Der Lösungsansatz des Selling Networks

4.1.1 Die Vorgehensweise

Zwei Hauptanforderungen sollten bei der Entwicklung eines Verkaufsnetzwerkes im Sinne eines Selling Networks zugrunde gelegt werden: Zum einen muss das Netzwerk der Handelspartner den stationären Handel vor Ort mit dem Internet-Auftritt **integrieren**. Zum anderen gilt es, bei der Realisation die **Anforderungen der Kunden zu berücksichtigen.** Die angestrebte Lösung muss somit kundenorientiert aufgebaut werden. Aufgrund dieser beiden Aspekte wird das Network streng aus Endkundensicht geplant. Natürlich muss eine Netzwerkstruktur sich auch an den Bedürfnissen und Anforderungen der kooperierenden Partner orientieren. Dies darf aber keinesfalls zu einer Vernachlässigung der Kundenwünsche aus politischen oder organisatorischen Gründen führen. Die Anforderungen der Einzelhändler und beteiligten Partner müssen analog aufgenommen und realisiert werden. Sie haben die Vertriebs-Kompetenz und können durch ihren direkten Kundenkontakt am besten auf die jeweiligen Bedürfnisse des Kunden reagieren.

Die **Datenverwaltung** stellt einen weiteren wesentlichen Punkt bei der Realisation eines Selling Networks dar. Die Gesamtadministration kann je nach Kompetenzschwerpunkt beim Hersteller oder bei den Filial-Unternehmen liegen. Dies muss im Einzelfall geklärt werden. Unstrittig ist aber, dass aus Effizienzgründen die Datenbestände systemübergreifend in einer Zentraladministration verwaltet werden sollten. Grundlegend müssen alle Beteiligten ihre Strategie, ihre Organisation und ihre Prozesse aufeinander abstimmen. Entsprechend wird ein System bzw. eine Technologie benötigt, die diese Anforderungen erfüllen können.

Welche Anforderungen konkret an die Basis-Funktionalitäten gestellt werden und wie ein Selling Network im Detail aus Sicht der beteiligten Interessensgruppen ausgestaltet werden kann, soll im Folgenden aufgezeigt werden.

4.1.2 Die System-Funktionalitäten

Eine Selling Network-Lösung sollte nachfolgende **Basis-Funktionalitäten umfassen**:

1. **Layout:** Die Internet-Shops bieten eine einheitliche Oberfläche für alle System-Partner mit individuellen Möglichkeiten, die jeder einzelne Händler an Layout und Content für sich festlegen kann.
2. **Shopping:** Standard Shopping-Funktionalitäten mit Preisdifferenzierungsmöglichkeiten für jeden einzelnen Händler sind verfügbar. Der Kunde kann je nach Geschäftsmodell des Betreibers optional auf einer möglichen Zentral-Seite ebenso einkaufen, wie auf den jeweiligen Händler-Seiten. Provisionierungs-Möglichkeiten sind integriert.

3. **Administration:** Die Verwaltung erfolgt sowohl zentral als auch dezentral. Zentrale und Händler vor Ort haben Zugriff auf die Administration. Hier können Möglichkeiten von Internet und Intranet kombiniert eingesetzt werden.
4. **Katalog:** Durch die Zentrale wird ein einheitlicher Produktkatalog angeboten, der durch zusammenstellbare Händler-Sortimente individualisiert wird. Aktions- und Promotionprodukte können ebenso durch den einzelnen Händler festgelegt werden.
5. **Logistik:** Verschiedene Fulfilment-Szenarien lassen sich im System abbilden, so auch ein duales Fulfilment durch Zentrale und Händler. Die Bestellübersicht und -bearbeitung wird durch den Händler übernommen.
6. **Statistik:** Verschiedenste Shop-Statistiken und Zentral-Statistiken sind für alle Handelspartner schnell und aktuell über das Portal abrufbar.

4.1.3 Die Kunden-Sicht

Der Kunde kann seinen Kaufabsichten entweder direkt über die am Selling Network angeschlossenen Händler oder indirekt über die Portal-Seite des Selling Networks nachgehen. Geht er zunächst auf die **zentrale Portalseite** des Online-Geschäftsmodells, findet er dort primär alle Informationen rund um das Geschäftsmodell. Sobald er konkret seinen Einkaufsabsichten nachgehen möchte, wird er gebeten, einen Händler des Selling Network auszuwählen. Dies kann zum Beispiel anhand von Postleitzahlen geschehen. Danach gelangt der Kunde bzw. Vertriebspartner auf den individuellen Shop seines gewählten Händlers und kann online einkaufen. Der von ihm angewählte persönliche Händler präsentiert dabei seinen Internet-Auftritt als einen **individuellen, dynamisch generierten Händlershop.** Durch vordefinierte Layouts wird sichergestellt, dass der Kauf des Kunden dabei konsistent im Corporate Design der gesamten Gruppe erfolgt. Aus Kunden-Sicht verschmelzen die Offline- und Online-Aktivitäten von Hersteller und Händler zu einem leistungsstarken Angebot der Selling Network-Kooperation.

Die Händler-Seiten sind individualisierbar durch vom Händler zu definierende Inhalte und Angebote, erinnern den Kunden aber optisch und funktionell an die anderen Händler-Seiten und die Zentral-Seite. So kann zum Beispiel den regionalen Bedürfnissen der Kunden entsprochen werden, ohne dass der Händler von dem Auftritt bspw. seiner Verbundgruppe abweichen muss. Auch im Check-Out wird dem Kunden sein Händler als Partner kommuniziert. Dies gilt ebenso für die Zentralbelieferung oder Abholung vor Ort. Das **Netzwerk** präsentiert sich als Einheit, geht jedoch individuell auf den Kunden ein.

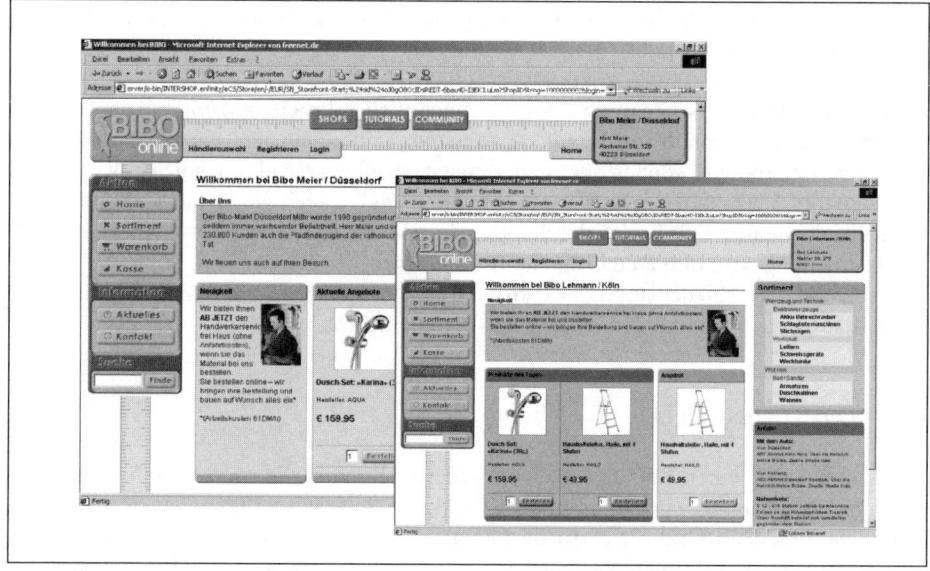

Abbildung 5:   Die Kundensicht – Individuelle Händlershops bei einheitlicher Corporate Identity

4.1.4 Die Händler-Sicht

Der Händler oder Vertriebspartner kann sich auf seiner **individuellen Webseite** mit eigener Internet-Adresse anmelden. Von dort kann er den Shop administrieren, Produkt-
und Service-Aufträge sowie den Erfolg des eigenen Internet-Shops verfolgen. Die Web-
Administration erfolgt über einen geschützten Bereich. Hier stehen dem jeweiligen
Händler umfangreiche Steuerungsinstrumente für die individuellen Gestaltungsmöglich-
keiten seines eigenen Shops zur Verfügung. Die Administrationsmöglichkeiten sind
ebenfalls vielfältig. So können dort unter anderem offene Aufträge aufgerufen und bearbeitet werden. So kann der Händler die Angebote seines eigenen Shops modifizieren, die
Web-Seiten in einem definierten Umfang verändern oder einfach nur Statistiken – beispielsweise hinsichtlich Besucherzahlen – analysieren.

Der Händler behält somit seine persönlichen Freiräume, profitiert aber gleichwohl vom
kanalübergreifenden **einheitlichen Auftritt** seiner Gruppe. Er kann die Chancen des Internets als Kommunikations- und Vertriebskanal nutzen, ohne selbst mit hohem Kapital-
einsatz eine Lösung entwickeln zu müssen.

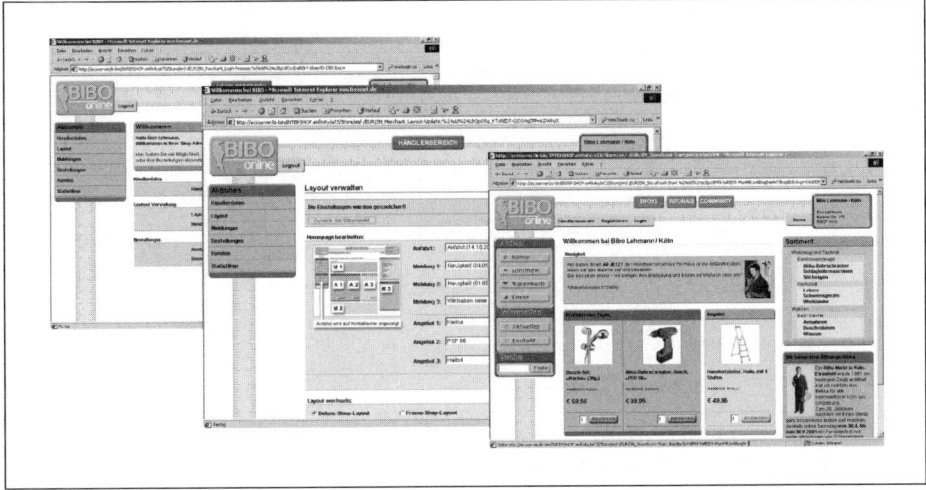

Abbildung 6:   Die Händlersicht – Umfangreiche Steuerungsmöglichkeiten für jeden
                 Händler

4.1.5 Die Zentral-Sicht

Aus Sicht der Zentrale der Verbundgruppe bzw. des Franchise-Systems oder auch Herstellers werden die **logistischen und technischen Prozesse** zwischen Kunde, Händler
und Zentrale unterstützt. Hierfür wurden zum Beispiel beim eSolution-Network von T-
Systems entsprechende Tools geschaffen, die eine einheitliche hohe Qualität von Präsentation und Administration ermöglichen. Die Tools müssen dabei an unterschiedliche Anforderungen der einzelnen Systeme und ihrer Mitglieder bzw. Vertriebspartner anpassbar
sein. Ebenso muss garantiert sein, dass die Tools sich mit den sich verändernden Markt-
erfordernissen weiterentwickeln können.

In der **zentralen Administration** werden alle Kunden-, Produkt- und Händlerdaten zentral gesteuert, verwaltet und aktualisiert. Die Administration der Provisionierungs-
Möglichkeiten fällt ebenfalls in diesen Bereich. Ebenso ist es Aufgabe der Zentrale, die
für alle Händler identischen Teile des Internet-Shops im Zeitablauf zu verändern, zu
verbessern und anzupassen.

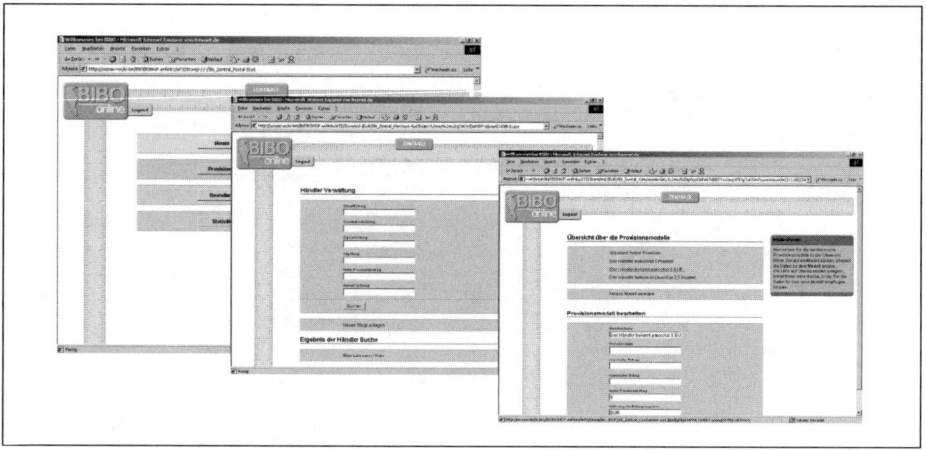

Abbildung 7:   Die Zentralsicht – Zentrale Steuerung aller Kunden-, Produkt- und
                 Händlerdaten

Die Zentrale erfüllt hierbei die Funktion eines **Systemkopfes**, der für alle beteiligten
Händler die zentrale Koordination ausführt.[319] Durch die Existenz eines Systemkopfes,
der für einen effizienzorientierten Versorgungshintergrund (Organisation, Prozesse, Informationstechnologie) sorgt,[320] werden weitere Potenziale für Umsatzsteigerung und
Kostensenkung realisiert. Zugleich hat die Zentrale den nötigen Überblick über alle Aktivitäten und kann notfalls regulierend oder modifizierend eingreifen.

4.1.6 Die Technologie-Sicht

Zentraler Ausgangspunkt bei der Umsetzung eines Selling Networks ist die IT-
Architektur des E-Commerce-Systems. Durch die zentrale Koordinationsfunktion bietet
sich ein **zentralisiertes E-Commerce-System** aus Kosten- und Effizienzgründen an. Die
Filialen bzw. Vertriebspartner greifen wie die Kunden über das Internet – oder alternativ
Intranet – auf die für sie relevanten Informationen und Funktionalitäten (Remote Administration) zu. Auch die Zentrale kann das System je nach Wunsch direkt oder remote
administrieren. Die notwendige Architektur kann dabei entweder auf unternehmenseige-
nen Servern oder extern, beispielsweise durch die Nutzung eines speziellen
Dienstleisters, betreut werden.

---

[319] Vgl. Belz, C., Bussmann, W., 2000, S. 250.

[320] Vgl. Ahlert, D., 2000.

Diese **zentrale Verwaltung der Daten** bietet gerade in den bereits erwähnten Bereichen der Warenwirtschaftssysteme und Kundendatenbanken somit spezifische Vorteile. Nur über einen zentralen Datenbestand, der sowohl zentral als auch dezentral verwaltet und benutzt werden kann, ist die Qualität und Aktualität der Daten jederzeit gewährleistet. Jede dezentrale Modifikation, z. B. durch einen Händler, die von den anderen Partnern nicht eingesehen werden kann, birgt die Gefahr von Abstimmungskonflikten.

4.2 Vorteile und Nutzenaspekte

Die **strategischen und operativen Vorteile** eines Selling Networks für alle Beteiligten liegen auf der Hand. Die Chancen des Internet-Geschäftes werden unter Integration des stationären Handels genutzt. Dabei werden Insel-Lösungen vermieden, da alle Vertriebspartner eine gemeinsame starke Lösung nutzen. Dadurch entfällt für den einzelnen eine aufwändige und kostenintensive Individual-Entwicklung. Experimente mit eigenen Lösungen und Risiken kostspieliger, demotivierender Fehlversuche können ebenso vermieden werden. Das Risiko wird durch Rückgriff auf speziell entwickelte Komponenten für alle Beteiligten minimiert. Des Weiteren entfallen die ansonsten hohen Einzelinvestitionen in Software, Hardware und Arbeitsleistung oder auch der Aufbau eigener E-Commerce-Kompetenz. So kann sich der Händler weiterhin auf sein Kerngeschäft konzentrieren.

Der **Kunde** profitiert von einer weiteren Möglichkeit zur Informationsgewinnung und durch den Einkauf über das Internet. Für ihn entsteht durch die Wahl seines persönlichen Händlers der Eindruck, dass er vor Ort einkauft. Er hat einen direkten Ansprechpartner, auf dessen Service er sich verlassen kann. Dadurch ist auch sein Vertrauen bzgl. Retouren- und Zahlungssicherheit gewährleistet.

Der **Händler** gewinnt bei geringem administrativen Mehraufwand einen zusätzlichen Absatzkanal. Sein finanzielles Risiko ist im Verhältnis zu den Nutzenpotenzialen gering. Durch das Portal hat er die Möglichkeit, mit den anderen Händlern seines Systems aggregiert Nebenprodukte einzukaufen. So kann das Händlerportal auch für normale Warenbestellungen genutzt werden. Zudem eröffnen sich dem Händler durch Anbindung an die zentralen Datenbestände neue Horizonte. Er kann bequem und schnell alle Verbandsinformationen abrufen und durch die Nutzung der zentralen Kundendaten ist ihm eine individuellere Kundenansprache möglich. Ebenso ist ein Erfahrungsaustausch – zum Beispiel über unternehmensinterne Newsgroups oder Verteiler – wesentlich vereinfacht.

5. Ausblick

Durch den **technischen Fortschritt** getrieben wird es im Handel in den nächsten Jahren weiterhin zu tiefgreifenden Veränderungen kommen. Neue Möglichkeiten der Informationstechnologie werden Wege zum Kunden eröffnen, die heute noch verschlossen sind. Die Nutzung verschiedener Vertriebskanäle zur Informationsbeschaffung und zum Einkauf von Waren und Gütern sowie Zahlungsvarianten über das Handy werden sich schon in Kürze etablieren. Die **Integration** der traditionellen Vertriebswege mit neuen Absatzkanälen wie dem Internet auf Basis verschiedenster Zugangsgeräte (Handheld, Mobiltelefon etc.) wird sich weiter intensivieren.

Unternehmen, die auch in Zukunft wettbewerbsfähig sein wollen, müssen diese Integration schnellstens umsetzen. Nur so schaffen sie für ihre heute bestehenden Absatzkanäle eine Grundlage, auf der weitere zusätzliche Absatzkanäle in Zukunft erfolgreich integriert werden können. Unternehmen werden immer wieder aufs Neue gefordert sein, ihre **Wege zum Kunden** zu **überdenken** und an die veränderten Bedürfnisse anzupassen. Die Ziele der Multi-Kanal-Strategien müssen dementsprechend modifiziert werden.

Mit jeder neuen **Absatzkanalinnovation** steigen auf der einen Seite die im vorangestellten Beitrag beschrieben Chancen. Auf der anderen Seite werden jedoch die Risiken, resultierend aus neu entstehenden Channel-Konflikten, zunehmen. So wird die Abstimmung der multiplen Kanäle untereinander mit steigender Anzahl der Vertriebswege sowie der Bedeutungsverlagerung innerhalb der Absatzkanäle im Zeitverlauf zunehmend komplexer. Unternehmen, die die Abstimmungsprobleme jetzt nicht in den Griff bekommen, ihre Vertriebskanäle also nicht aktiv gestalten und koordinieren, werden den Anschluss an die Konkurrenz verlieren und somit im Wettbewerb benachteiligt sein.

Literatur

AHLERT, D. (1996), Distributionspolitik, 3. Aufl., Stuttgart, Jena.

AHLERT, D. (2000), Münsteraner Schriften zur Distributions- und Handelsforschung, Band 7, Integriertes Markenmanagement und kundengetriebenes Category Management in Netzwerken der Konsumgüterdistribution, Münster.

AHLERT, D., AHLERT, M. (2001), Münsteraner Schriften zur Distributions- und Handelsforschung, Band 8, Innovative Management- und Controllingkonzeptionen für Netzwerke der Systemkooperationen und des Franchising.

AHLERT, D., BECKER, J., KENNING, P., SCHÜTTE, R. (2000), Internet & Co. Im Handel, Berlin.

AHLERT, D., BORCHERT, S. (2000), Prozessmanagement im vertikalen Marketing, Berlin.

AHLERT, D., KENNING, P., SCHNEIDER, D. (2000), Markenmanagement im Handel, Wiesbaden.

BELZ, C., BUSSMANN, W. U.A. (2000), Vertriebsszenarien 2005 – Verkaufen im 21. Jahrhundert, St. Gallen/Wien: Thexis/Uebenreuter.

BLACK DYKEMA, E. (2001), The Sharper Image: A Sharp Multichannel Retailer, The Forrester Brief, Heft 05/2001, Cambridge/USA.

BRANDSTETTER, C., FRIES, M. (2002), E-Business im Vertrieb, München.

BÜCHNER, H. et al. (2001), Web Content Management – Websites professionell betreiben, Bonn.

EIERHOFF, K. (2001), Stimmen beim 29. Deutschen Marketing-Tag – Wie sich die Geschäftsmodelle jetzt ändern in: Absatzwirtschaft, Heft 12/2001.

EGGERT, U. (1998), Der Handel im 21. Jahrhundert: Perspektiven 2010, Düsseldorf: Metropolitan.

ERNST & YOUNG (2001), Global Online Retailing Report, An Ernst & Young Special Report.

GLOS, A. (2001), Integrierter Vertrieb gewinnt, The Forrester Report, Heft 05/2001, Frankfurt.

HECKEROTT, B. (2001), Wie der Fachhandel Online- und Offline-Welten zusammenführt in: Absatzwirtschaft, Heft 11/2001.

HERTEL, J. (1999), Warenwirtschaftssysteme: Grundlagen und Konzepte, Heidelberg.

HOMBURG, C., SCHÄFER, H., SCHOLL, M., Wie viele Absatzkanäle kann sich ein Unternehmen leisten?; in: Absatzwirtschaft, Heft 3/2002, S. 38–41.

MEFFERT, H. (2000), Marketing: Grundlagen marktorientierter Unternehmensführung, 9. Aufl., Wiesbaden.

MEFFERT, H., BURMANN, C., KOERS, M. (2002), Markenmanagement, Wiesbaden.

NEWELL, F. (2001), Customer-Relationship-Management im E-Business, Landsberg, Lech.

OC&C STRATEGY CONSULTANTS (2001), Multichannel Retailing: der deutsche Einzelhandel steht noch am Anfang – Studie.

PREIßNER, A. (2001), Marketing im E-Business: Online und Offline – der richtige Marketing Mix, München, Wien.

REES, D. (2002), Viele Wege führen zum Kunden in: cybiz 5/2002.

SCHIRMAIER, R. (2001), Click & Buy, in IT-Management, Heft 12/2001, S. 34-38.

SCHÖGEL, M. (1997), Mehrkanalsysteme in der Distribution, St. Gallen.

SIEGEL, D. (2000), Web-Site-Design, Frankfurt.

SIMON, H. (2002), Verkaufen in Deutschland – Die großen Trends im Vertrieb, in: salesBusiness, Heft 03/2002.

SONDEREGGER, P. (2001), Cross-Channel Scenario Design, The Forrester Report, Heft 09/2001, Cambridge/USA.

STOLPMANN, M. (2000), Kundenbindung im E-Business: Loyale Kunden – nachhaltiger Erfolg, Bonn.

STRÄUBIG, M.E. (2000), Projektleitfaden Internet-Praxis: Internet, Intranet und Extranet konzipieren und realisieren, Wiesbaden.

TIETZ, B. (1992), Einzelhandelsperspektiven für die Bundesrepublik Deutschland bis zum Jahre 2010, Frankfurt am Main.

WIRTZ, B.W. (2002), So binden Sie Ihre Kunden auf den richtigen Kanälen, in: Absatzwirtschaft, Heft 04/2002.

ZRIKE, S.K. (2001), Channel Cooperation Pays Off, The Forrester Report, Heft 05/2001, Cambridge/USA.

Konzepte für das neue Jahrtausend

Das Lehrbuch zur BWL des Handels

Der Inhalt:
Neue Betriebstypen und elektronische Märkte
Prozessorientierte Strukturierungsansätze
Integrierte Warenwirtschaftssysteme
Personalwirtschaft

Das Buch:
Die Handelsbetriebslehre ist eine wirtschaftszweigspezifische Konkretisierung der Allgemeinen Betriebswirtschaftslehre. Wesentlicher Strukturierungsansatz ist die komplexe Aufgabenstellung der Unternehmensführung im Handel.

Die „Betriebswirtschaftslehre des Handels" ist aus didaktischen Gründen in einen explikativen und einen instrumentellen Teil gegliedert: Der explikative Teil vermittelt dem Leser einen gut verständlichen Überblick über die Institutionen des Handels. Im instrumentellen Teil werden die Probleme der Unternehmensführung im Handel unter entscheidungsorientierten Aspekten analysiert.

In der 5. Auflage wurde den neuesten Entwicklungen im Handel Rechnung getragen. Multi-Channel-Strategien, Gestaltungskonzepte für den Internet-Auftritt, neuere Ansätze der Sortimentssteuerung und Preisstrategien unter Beachtung der neuen Gesetzeslage wurden integriert.

Änderungen vorbehalten. Stand: Januar 2003

Klaus Barth/Michaela Hartmann/Hendrik Schröder
Betriebswirtschaftslehre des Handels
5., überarb. u. erw. Aufl. 2002.
XXVI, 525 S. Mit 63 Abb.
17x24 cm, Br.
€ 49,90
ISBN 3-409-53326-5

Gabler Verlag · Abraham-Lincoln-Str. 46 · 65189 Wiesbaden · www.gabler.de

GABLER

„Unternehmenskooperation und Netzwerkmanagement"
Herausgeber: Prof. Dr. Dieter Ahlert, Prof. Dr. Utho Creusen,
Prof. Dr. Thomas Ehrmann und Prof. Dr. Günther Olesch

Stefan Borchert
Führung von Distributionsnetzwerken
Eine Konzeption der Systemführung von Unternehmungsnetzwerken zur
erfolgreichen Realisation von Efficient Consumer Response-Kooperationen
2001. XXII, 246 S., 24 Abb., 12 Tab., Br. € 49,00
ISBN 3-8244-7437-9

Stefan Vogel
Projektcontrolling für innovative Angebotskonzepte
Das Beispiel Shop-Konzepte im Handel
2001. XXI, 266 S., 27 Abb., Br. € 49,00
ISBN 3-8244-7429-8

Eva-Maria Gust
Customer Value Management in Franchisesystemen
Konzeptionelle Grundlagen der Franchisenehmer-Bewertung
2001. XXIII, 235 S., 24 Abb., 24 Tab., Br. € 49,00
ISBN 3-8244-7484-0

Heinrich Schlüter
Franchisenehmer-Zufriedenheit
Theoretische Fundierung und empirische Analyse
2001. XXII, 245 S., Br. € 49,00
ISBN 3-8244-7479-4

Frank Markmann
Franchising in Verbundgruppen
Eine ökonomische Analyse der institutionellen Barrieren seiner
Implementierung
2002. XXIII, 197 S., 27 Abb., 12 Tab., Br. € 49,90
ISBN 3-8244-7704-1

Peter Kenning
Customer Trust Management
Ein Beitrag zum Vertrauensmanagement im Lebensmitteleinzelhandel
2002. XXV, 333 S., 51 Abb., 19 Tab., Br. € 54,90
ISBN 3-8244-7766-1

www.duv.de

Änderung vorbehalten.
Stand: Dezember 2002.

Deutscher Universitäts-Verlag
Abraham-Lincoln-Str. 46
65189 Wiesbaden